汉译人类学名著丛书

写 文 化

——民族志的诗学与政治学

（25周年纪念版）

〔美〕詹姆斯·克利福德　乔治·E.马库斯　编

高丙中　吴晓黎　李霞　等译

谢国先　校

EDITED BY JAMES CLIFFORD AND GEORGE E. MARCUS
WRITING CULTURE
The Poetics and Politics of Ethnography, 25th Anniversary Edition

© 1986,2010 The Regents of the University of California

Published by arrangement with the University of California Press

根据美国加州大学出版社 2010 年版译出

斯蒂芬·泰勒在田野中,玛莎·G.泰勒摄。

汉译人类学名著丛书

总　　序

学术并非都是绷着脸讲大道理，研究也不限于泡图书馆。有这样一种学术研究，研究者对一个地方、一群人感兴趣，怀着浪漫的想象跑到那里生活，在与人亲密接触的过程中获得他们生活的故事，最后又回到自己原先的日常生活，开始有条有理地叙述那里的所见所闻——很遗憾，人类学的这种研究路径在中国还是很冷清。

"屹立于世界民族之林"的现代民族国家都要培育一个号称"社会科学"（广义的社会科学包括人文学科）的专业群体。这个群体在不同的国家和不同的历史时期无论被期望扮演多少不同的角色，都有一个本分，就是把呈现"社会事实"作为职业的基础。社会科学的分工比较细密或者说比较发达的许多国家在过去近一个世纪的时间里发展出一种扎进社区里搜寻社会事实、然后用叙述体加以呈现的精致方法和文体，这就是"民族志"（ethnography）。

"民族志"的基本含义是指对异民族的社会、文化现象的记述，希罗多德对埃及人家庭生活的描述，旅行者、探险家的游记，那些最早与"土著"打交道的商人和布道的传教士以及殖民时代"帝国官员"们关于土著人的报告，都被归入"民族志"这个广义的文体。这些大杂烩的内容可以被归入一个文体，主要基于两大因素：一是它们在风格上的异域情调（exotic）或新异感，二是它们表征着一个有着内在一致的精神（或民族精神）的群体（族群）。

具有专业素养的人类学家逐渐积累了记述异民族文化的技巧，把庞杂而散漫的民族志发展为以专门的方法论为依托的学术研究成果的载体，这就是以马林诺夫斯基为代表的"科学的民族志"。人类学把民族志发展到"科学"的水平，把这种文体与经过人类学专门训练的学人所从事的规范的田野作业捆绑在一起，成为其知识论和可靠资料的基础，因为一切都基于"我"在现场目睹（I witness），"我"对事实的叙述都基于对社会或文化的整体考虑。

民族志是社会文化人类学家所磨砺出来的学术利器，后来也被民族学界、社会学界、民俗学界广泛采用，并且与从业规模比较大的其他社会科学学科结合，发展出宗教人类学、政治人类学、法律人类学、经济人类学、历史人类学、教育人类学……

人类学的民族志及其所依托的田野作业作为一种组合成为学术规范，后来为多个学科所沿用，民族志既是社会科学的经验研究的一种文体，也是一种方法，即一种所谓的定性研究或者"质的研究"。这些学科本来就擅长定性研究，它们引入民族志的定性研究，使它们能够以整体的（holistic）观念去看待对象，并把对象在经验材料的层次整体性地呈现在文章里。民族志是在人类学对于前工业社会（或曰非西方社会、原始社会、传统社会、简单社会）的调查研究中精致起来的，但是多学科的运用使民族志早就成为也能够有效地对西方社会、现代社会进行调查研究的方法和文体。

作为现代社会科学的一个主要的奠基人，涂尔干强调对社会事实的把握是学术的基础。社会科学的使命首先是呈现社会事实，然后以此为据建立理解社会的角度，建立进入"社会"范畴的思想方式，并在这个过程之中不断磨砺有效呈现社会事实并对其加以解释的方法。

民族志依据社会整体观所支持的知识论来观察并呈现社会事实，对整个社会科学、对现代国家和现代世界具有独特的知识贡献。中国古训所讲的"实事求是"通常是文人学士以个人经历叙事明理。"事"所从出的范围是很狭窄的。现代国家需要知道尽可能广泛的社会事实，并且是超越个人随意性的事实。民族志是顺应现代社会的这种知识需要而获得发展机会的。

通过专门训练的学者群体呈现社会各方的"事",使之作为公共知识,作为公共舆论的根据,这为各种行动者提供了共同感知、共同想象的社会知识。现代社会的人际互动是在极大地超越个人直观经验的时间和空间范围展开的,由专业群体在深入调查后提供广泛的社会事实就成为现代社会良性化运作的一个条件。现代世界不可能都由民族志提供社会事实,但是民族志提供的"事"具有怎样的数量、质量和代表性,对于一个社会具有怎样的"实事求是"的能力会产生至关重要的影响。

社会需要叙事,需要叙事建立起码的对社会事实的共识。在现代国家的公共领域,有事实就出议题,有议题就能够产生共同思想。看到思想的表达,才见到人之成为人;在共同思想中才见到社会。新闻在呈现事实,但是新闻事实在厚度和纵深上远远不够,现代世界还需要社会科学对事实的呈现,尤其是民族志以厚重的方式对事实的呈现,因为民族志擅长在事实里呈现并理解整个社会与文化。这是那些经济比较发达、公共事务管理比较高明的国家的社会科学界比较注重民族志知识生产的事实所给予我们的启示。

在中国现代学术的建构中,民族志的缺失造成了社会科学的知识生产的许多缺陷。学术群体没有一个基本队伍担当起民族志事业,不能提供所关注的社会的基本事实,那么,在每个人脑子里的"社会事实"太不一样并且相互不可知、不可衔接的状态下,学术群体不易形成共同话题,不易形成相互关联而又保持差别和张力的观点,不易磨炼整体的思想智慧和分析技术。没有民族志,没有民族志的思想方法在整个社会科学中的扩散,关于社会的学术就难以"说事儿",难以把"事儿"说得有意思,难以把琐碎的现象勾连起来成为社会图像,难以在社会过程中理解人与文化。

因为民族志不发达,中国的社会科学在总体上不擅长以参与观察为依据的叙事表述。在一个较长的历史时期,中国社会在运作中所需要的对事实的叙述是由文学和艺术及其混合体的广场文艺来代劳的。收租院的故事,《创业史》《艳阳天》,诉苦会、批斗会,都是提供社会叙事的形式。在这些历史时期,如果知识界能够同时也提供社会科学的民族志叙事,中国社会对自己面临的问题的判断和选择会很不一样。专家作为第三方叙事对于作为大共同体的现代国家在内部维持明智的交往行为是不可缺少的。

民族志在呈现社会事实之外，还是一种发现或建构民族文化的文体。民族志学者以长期生活在一个社区的方式开展调查研究，他在社会中、在现实中、在百姓中、在常人生活中观察文化如何被表现出来。他通过对社会的把握而呈现一种文化，或者说他借助对于一种文化的认识而呈现一个社会。如果民族志写作持续地进行，一个民族、一个社会在文化上的丰富性就有较大的机会被呈现出来，一度被僵化、刻板化、污名化的文化就有较大的机会尽早获得准确、全面、公正的表述，生在其中的人民就有较大的机会由此发现自己的多样性，并容易使自己在生活中主动拥有较多的选择，从而使整个社会拥有各种更多的机会。

中国社会科学界无法回避民族志发育不良的问题。在中国有现代学科之前，西方已经占了现代学术的先机。中国社会科学界不重视民族志，西洋和东洋的学术界却出版了大量关于中国的民族志，描绘了他们眼中的中国社会的图像。这些图像是具有专业素养的学人所绘制的，我们不得不承认它们基于社会事实。然而，我们一方面难以认同它们是关于我们社会的完整图像，另一方面我们又没有生产出足够弥补或者替换它们的社会图像。要超越这个局面中我们杂糅着不服与无奈的心理，就必须发展起自己够水准的民族志，书写出自己所见证的社会图像供大家选择或偏爱、参考或参照。

这个译丛偏重选择作为人类学基石的经典民族志以及与民族志问题密切相联的一些人类学著作，是要以此为借鉴在中国社会科学界推动民族志研究，尽快让我们拥有足够多在学术上够水准、在观念上能表达中国学者的见识和主张的民族志。

我们对原著的选择主要基于民族志著作在写法上的原创性和学科史上的代表性，再就是考虑民族志文本的精致程度。概括地说，这个"汉译人类学名著丛书"的入选者或是民族志水准的标志性文本，或是反思民族志并促进民族志发展的人类学代表作。民族志最初的范本是由马林诺夫斯基、米德等人在实地调查大洋上的岛民之后创建的。我们选了米德的代表作。马林诺夫斯基的《西太平洋上的航海者》是最重要的开创之作,好在它已经有了中文本。

我们今天向中国社会科学界推荐的民族志,当然不限于大洋上的岛民,不限于非洲部落,也不应该限于人类学。我们纳入了社会学家写美国工厂的民族志。我们原来也列入了保罗·威利斯(Paul Willis)描写英国工人家庭的孩子在中学毕业后成为工人之现象的民族志著作《学做工》,后来因为没有获得版权而留下遗憾。我们利用这个覆盖面要传达的是,中国社会科学的实地调查研究要走向全球社会,既要进入调查成本相对比较低的发展中国家,也要深入西洋东洋的主要发达国家,再高的成本,对于我们终究能够得到的收益来说都是值得的。

这个译丛着眼于选择有益于磨砺我们找"事"、说"事"的本事的大作,因为我们认为这种本事的不足是中国社会科学健康发展的软肋。关于民族志,关于人类学,可译可读的书很多;好在有很多中文出版社,好在同行中还有多位热心人。组织此类图书的翻译,既不是从我们开始,也不会止于我们的努力。大家互相拾遗补缺吧。

高 丙 中

2006 年 2 月 4 日立春

《写文化》与民族志发展的三个时代(代译序)

高 丙 中

这里译介的《写文化——民族志的诗学与政治学》是一次研讨会的论文集。1984年4月16—20日,十位中青年学者,其中八个是人类学家,一个是历史学家,一个是文艺学家,会聚在位于美国新墨西哥州圣菲(Santa Fe)的美洲研究院(School of American Research),召开了一个题为"民族志文本的打造"(The Making of Ethnographic Texts)的研讨会。与会者当时都已经在民族志的文本分析和实践创新方面积累了独到的成绩,无疑是探讨民族志问题的一时之选。在一周的工作日里,每个与会者在预先已经认真研读过与会论文的基础上,专门承担一篇会议论文的审议和批评。这种小型专题研讨会是非常有成效的知识生产机制。充分准备,坦率批评,深入讨论,会后各人对论文认真修改,最后汇编成书,让学界在1986年见到了公开出版的《写文化》一书。

《写文化》问世后立即在人类学界产生了爆炸性的反响,爆炸的余波也逐渐冲击到整个人文社会科学界。在过去20年里,它成为国际人类学界被引用得最多的一本书。一些资深人类学家因为认为它对以参与观察为途径的经验研究的反省破坏了科学民族志的学术基础,对它颇为不满(Marcus 1998:231-232)。但是这没有改变一个事实,即它在20年的时间里证明自己是民族志进入一个多元发展时代的主要推手。

把关于异地人群的所见所闻写给和自己一样的人阅读,这种著述被归为"民族志"。在千百年的文献里,民族志的文章形式可谓千姿百态,民族志的文章内容可谓千奇百怪,很难进行分类。但是从作者的异地经历的参与深度和讲述心态来看,民族志的演进大致可以划分为三个时代。

第一个时代的民族志是自发性的、随意性的和业余性的。有文字而又重文献的民族大都有自己的文化特色的民族志。中国史籍中的"蛮夷"传（偏重纪实的）、《山海经》中描写远方异族的文字（偏重想象的）可以归入此类。在西方追溯民族志的历史，希罗多德被推崇为最早的民族志作者。各个民族在文明的早期对异族的描述多有想象的内容，不仅是中国的《山海经》才写异形人，西方早期关于异族的记录也有这类想象，如对无鼻种族的描述、对嘴小到要用麦秆吸食的人种的描写（Oswalt 1972：14）。在中世纪，一些商人和朝觐者在东方旅行的见闻，如《马可·波罗行记》，是地理大发现之前的民族志的代表。在西方的地理大发现之后，大量出现的民族志才主要以无文字的原始部落为对象。探险家因为主要以地理发现为目标，与土著只有短暂的遭遇，又不懂当地语言，所以对土著的描述都很浮浅。其中一些探险活动与土著的联系受到后世人类学家的关注，如库克（James Cook）船长在1768—1779年对太平洋岛屿的探险。其中一些著述被后来的民族志学者所重视，如赫恩（Samuel Hearne，1745—1792）提供的关于加拿大西北部奇帕维安印第安人的知识成为关于这个部落的最早的民族志知识（Hearne 1795）。他描写了他们的季节性活动、超自然信仰体系、对爱斯基摩人的抢掠行动。它触及异族的生活达到了一定的深度，算得上是此类民族志中的佼佼者了。这些都是利用路过异地异族的见闻撰写的民族志游记。再就是到土著地区居住的西方人所编写的民族志报告。一种情况是作为俘虏或者是作为意外后果而被迫在土著社会生活较长时间，后来侥幸跑回白人社会，把自己的经历和见闻讲出来，写成有较好的资料价值的民族志，它们关于异族生活的记录相当准确、具体而生动（Oswalt 1972：28-32）。一种更常见的情况是传教士以多年生活为基础所写的民族志。传教士长年累月与土著打交道，也逐渐学会了土著的语言，可以进行比较广泛而深入的交流。但是他们的知识兴趣通常都很狭窄，他们的报告和记录主要围绕与宗教信仰有关的方面，很少把笔触伸向当地日常生活的多个方面（Oswalt 1972：41）。他们生活在当地，但是知识兴趣的褊狭使他们无意系统地表述当地社会生活。

在爱德华·泰勒（Edward Tylor）撰写《原始文化》（*Primitive Culture*，

1871)需要征引信息质量高的材料的时候,他应该是感到了已有的民族志记录的缺陷。所以他积极参与编撰《人类学笔记和问询》(Notes and Queries on Anthropology)(1874年初版),主要为那些往来于英国殖民地的各种人士业余写作民族志报告提供调查和写作的大纲,以便新兴的人类学知识群体能够有信息更丰富的民族志资料可用(Stocking 1995:15)。这是人类学从业余时代走向专业化时代的一个标志性事件,业余的人类学主动指导业余的民族志,就开始了人类学把民族志建构为自己的方法的奠基工作。这个指导性的手册后来不断得以修改,对于提高民族志的信息质量发挥了积极的作用。但是,人类学收编民族志、提升民族志,需要一个积累的过程,还需要一个"文化英雄"。

先有民族志很久了才有人类学。但是经过专业训练的人类学者来撰写民族志,民族志的发展就进入了一个新的时代,也就是通过学科规范支撑起"科学性"的时代。西方国家是从1840年前后一个一个开始成立民族学会、民俗学会、人类学会的。这些群体都需要来自实地的资料,有积极性介入被视为资料工作的民族志。人类学群体先是编撰调查手册(如英国的《人类学笔记和问询》)去影响他人调查并编写民族志的方式,后来就亲自披挂上阵。牛津大学的人类学教授厄里(Urry 1972)专门研究了英国人类学界指导实地调查的专用手册《人类学笔记和问询》从1874年到1912年期间四个版本的改进。第一版由泰勒等人执笔,其目的是指导旅行者对原始人进行准确的人类学观察,提供信息供英国国内的人类学者进行科学的人类学研究。第二版的民族志部分的引言是由大英博物馆民族志部的里德(Charles Hercules Read)撰写的,他在此提出了长期田野作业的命题:"一个显然的事实是,对构成本书的主体的询问题目哪怕是给出浮泛的答案,也有必要长期持续地居住在土著人之中"(引自Urry 1972:48)。在此期间,支配英国人类学的泰勒这种人文学科背景的学者逐渐被自然科学训练出来的学者所取代,其代表人物是哈登(Alfred Haddon)、塞利格曼(Charles Seligman)、里弗斯(W. H. Rivers)等人。在他们这些人负责的第四版的相关章节已经对田野作业的语言要求和一年周期的时间要求给出了明确的说法。1912

年的第四版与以前不同的是,它更像是主要为受过很好的专业训练的观察者而非旅行者准备的。马林诺夫斯基是带着这个手册去他的田野的。虽然他后来曾经把这个手册视为他的科学方法的反面教材(Malinowski 1944:27),但是他身后被公开的日记证明他是一边做田野一边参考该手册的,他甚至在一个段落里两次提到翻看该手册:

> 我写日记,一边看《人类学笔记和问询》,一边试着综合我得到的资料。准备出门。晚餐。在这期间试着把谈话引到民族学主题上。晚餐后与韦拉卫简单地谈话。又读了几页《人类学笔记和问询》,装好照相机。然后我到村子里去;月夜皎洁。(Malinowski 1967:30)

这个手册的新版本的系统指导以及马林诺夫斯基的个人际遇使《西太平洋上的航海者》成为民族志的一个新时代的标志。

马林诺夫斯基于1884年4月7日生于奥匈帝国统治下的波兰的克拉科夫,1902年进入大学读物理学和数学,并对哲学具有浓厚的兴趣。从基本的学科底子来看,他应该是一个受到现代科学专业训练的学子。1908年,他获得哲学博士学位,其具体的专业领域是物理学和数学。他在1910年进入英国的伦敦经济学院,作为一名研究生加入社会学和人类学的行列。此时的英国学术界大兴实地调查之风,其调查模式不外是在短时间里(几天和几周)借助翻译问问土著中的知情人。1914年,塞利格曼教授帮他弄到了一点资助,马雷特教授(R. R. Marett,1866—1945)等人正好要到澳大利亚开会,安排他做会议秘书,他的旅费由澳大利亚政府掏。他们在1914年7月第一次世界大战(1914年7月28日—1918年11月11日)爆发之前起航。学术会议结束后,他开始去做实地调查,这时是1914年9月12日。由于世界大战的形势,他在澳大利亚和新几内亚一直待到1920年。他在当地属于敌国公民,所幸他的一位老师哈登把他推荐给了他的私人朋友汉特(Atlee Hunt)这位澳大利亚政府的高级官员。他写了许多封信给有关人士为马林诺夫斯基要经费、要通行证,在不利于马林诺夫斯基的谣言兴起时(如说他同情德国、不值得信任等)为他说话(Young 1988:5)。

他在1914至1918年之间以澳大利亚为根据地,先后三次到新几内亚进行调查,三次调查花去了他两年半的时间。他第一次的调查依靠翻译,第二次和第三次的调查都是直接使用当地土著的语言。这段经历及所获资料构成他一系列著作①的基础以及他1920—1938年在伦敦讲学的核心。他的这些著述和教学活动作为榜样被后学所追慕,成为现代人类学的学术规范的核心内容。

马林诺夫斯基在《西太平洋上的航海者》的"导论"中总结自己的田野调查经验,确立了"科学人类学的民族志"的准则。科学的民族志必须做到搜集资料的主体与理论研究的主体的合一。这二者在发生学上的分离或者分工,经过许多人多年的努力,终于由马林诺夫斯基在自己身上首次完美地达到合一。在此前的努力过程中,两个研究项目值得特别一提。在1898年,哈登率里弗斯、塞利格曼等人在托雷斯海峡周围对土著进行实地考察,其调查方式是在非常短的时间里通过翻译询问土著中的信息提供人有关的问题,记录下答案作为研究资料。这种资料对于描述社会行动和复杂的情景来说,往往是过于简略了。这是人类学家主动去现场获得资料的开始,是人类学界把资料员和研究者的身份合一的努力的开始。随后,里弗斯在1906年出版《托达人》(The Todas)。这是他在印度的一个部落进行约半年的实地调查之后完成的。他在方法上取得了一些重要的进展,但是在时间上没有达到一年的周期,他也未能生活在土著人之中,搜集资料也依靠的是翻译。马氏检讨了这种调查工作的局限,指明了克服其局限的必由之路:人类学家去土著村落里生活,用一套有效的科学规则把资料员和研究者的身份完美地合而为一(马凌诺斯基2002[1922]:6—7)。成功地达到这个目标的首要原则是完全生活在土著人当中而无需其他白人的介入。他自己当时的做法是把帐篷搭建在土著的村落之中,与土著保持"亲密接触"。真正生活在土著之中与偶尔钻进土著人群询问若干问题在效果上是全然不同的。与询问相比,"参与其生活进行观察"在获得信息的深度和广度上是非常不同的。一些现象靠询

---

① 如《西太平洋上的航海者》(1922)、《原始社会的犯罪与习俗》(1927)、《原始社会的性与压抑》(1927)、《野蛮人的性生活》(1929),以及《珊瑚园艺及其巫术》(1935)。

问是根本无望获得的,只能在完全具体的现实状态中被观察。

"科学民族志"保证田野工作质量的其他条件是较长时间的实地生活经历以及对土著语言的掌握和熟练使用。据马林诺夫斯基自己回忆,他起初进入村子,只能用洋泾浜英语寒暄,自己很难与土著进行细致而明了的对话。他逐步试着采用土著人(Kiriwinian)的语言工作,开始在做记录时直接以转译法将土著的陈述要点转译为自己的语言写下来,可是转译常常将语境自身所有的重要特征消磨殆尽。他慢慢地不得不以土著语言把重要的短语按其被说出时的情形记录下来。他说,随着我的语言知识的进步,我记下了越来越多的土著语言的句子,直到最后,我发现自己完全以那种语言书写,对每一陈述都能逐字逐句飞快地笔录下来。用土著语言作为实地调查的工作语言,这是博厄斯、哈登、塞利格曼、里弗斯没有做到的,也是拉德克利夫-布朗在做安达曼人的调查的时候所做不到的(Stocking 1995:307)。马林诺夫斯基在连续时间的长度和语言的熟练程度上都是划时代的。居住一年左右、使用调查点当地的语言,后来成为人类学博士培养计划的要件。

《西太平洋上的航海者》的文本和马林诺夫斯基对民族志和田野作业的科学规则的陈述对于人类学作为一门科学被世人所接受发挥了关键的作用。1920年代以后的人类学学业的主流是由马林诺夫斯基奠定的范例和规则所构成的。

民族志发展的第三个时代是从反思以"科学"自我期许的人类学家的知识生产过程开始萌发的。知识创新的批判精神在现象学哲学、解释学、后现代主义思潮渗入实地调查的经验研究方法之后,在1960年代末和1970年代催生了人类学的反思意识(Scholte 1969)。人类学家对于自己的学术活动作为一种具有政治经济的动因和后果的社会实践的反思和批判是从人类学与殖民主义、帝国主义和欧洲中心主义的密切却被忽视的联系开始的(Gough 1968；Asad 1973)。民族志研究被置于反思性的审视维度之中,在1977年产生了影响深远的《摩洛哥田野作业反思》。民族志此前一直是通过田野作业单方面地记叙作为研究对象的群体的故事,拉比诺(Paul Rabinow)的这本薄薄的大作以十足的创意把田野作业过程本身作为记叙的对象。民族志在很长的时间里都是记叙异民族的奇特或神秘的现象的,同时,作为保证民族志的科学性的田野作业的过程对于圈外人来说也是秘而不宣的。拉比诺用民族志把这个秘制科学性的神秘过程展现出来,让读者看到,他在调查中并非客观的观察者,而是作为一个活生生的人在行动,甚至像当地的混混儿一样接受性招待;而那些被研究的人也是复杂的人,并非只是被观察者,他们也在主动利用他。

布尔迪厄在跋中直接把拉比诺的创意概括为"把对对象的研究作为研究对象"。他说,拉比诺把解释者的使命转变为针对他自己、针对他的解释。他以一组"决裂"来提升拉比诺的著作对于人类学的划时代意义:"这种以一种明显的自恋面向自我的转折,本身是一种与文学灵感迸发的那种自我满足的决裂,不仅如此,这远不是导致什么私下的坦白,代之的是对求知主体的一种客观化。但是,它标志着另一种更具有决定性的决裂,即与实证主义对科学工作的观念决裂,与对'天真的'观察的自满态度决裂,与对尼采所谓的'纯洁受孕的教条'的毫无杂念的自信决裂,与不考虑科学家、而把求知主体降低到登记工具的科学所依赖的奠基思想决裂……"(Rabinow 1977:163)。拉比诺把求知主体作为对象,承认知识是涉及主体的一种建构,凝视(gaze)、观察(observation)等看的方式不是天真纯洁的,结论的得出是复杂的人为产物,并不是像圣母玛利亚童贞受孕那样的无中生有。

通过民族志方法以反思人类学学术活动的主体(自我)及其背后所依赖的价值、假设,在拉比诺的《摩洛哥田野作业反思》之后蔚为风气,相继出版的杜蒙的《头人与我》(Dumont 1978)、克拉潘扎诺的《图哈密》(Crapanzano 1980)、德怀尔的《摩洛哥对话》(Dwyer 1982)都在尝试怎样在民族志中把调查对象写成主体、行动者。这些呼应渐成声势,后来他们在1984年采取集体行动聚会研讨,把目标定为:勾勒、彰显、辨析此前一个世纪产出民族志文本的实践,并检讨近期民族志撰写的各种创新。

1984年的研讨会文章和会上的讨论主要聚焦于跨文化描述的特殊修辞,作者权威与叙述形式的结合方式,口头话语(包括田野作业的话语)被记录成为代表性的叙述的方式,所描述的对象被分类与组合的方式,权力与知识所处的变化中的历史语境,学科的制约条件,民族志与相互牵涉的一些文体（诸如旅游读物、小说、历史记叙）的边界的变动，以及社会科学、文学和文化批评的现实主义和现代主义的风格（Marcus and Clifford 1985:267）。他们尝试去做的，既是对文化人类学的过去进行再解释，也要开启未来的可能性。原来，民族志通常是被看做很单纯（纯科学、客观）的，他们对一些代表作的复杂内容和方法的解析曾经一度被许多学者认为是否定了民族志，但是，后来的发展却显示，他们的努力让后来的学者进行新的探索具有了自觉性和正当性。

这次研讨会也留下了一些缺陷和遗憾。正如会议的组织者自我检讨时所说的，此次研讨会上没有一篇是从女性主义立场写作的，也没有一篇是从非欧洲的视角看问题的（Marcus and Clifford 1985:268）。这两个话题后来都是人类学的热点问题，女性主义和非欧洲白人男性中心的民族志给更多的人在世界学术界提供了进入并立足的机会。

同仁研讨会是磨炼思想的熔炉，参会的一些文章经过了较大的改进，如拉比诺的会议论文是"强而有力的作者：图书馆的幻象"，收入《写文化》时就修改得更精致了。但是，后来的文集也有一个美中不足。参会的十个人都提供了文章，但是文集只收录了其中九个人的会议论文的修改本。

文集中缺漏的是南非开普敦大学人类学系的桑顿（Robert J. Thornton）的文章，它在拖延了很久之后以"民族志整体观的修辞法"（Thornton 1988）为题发表在《文化人类学》杂志上。他原先提交给会议的论文题目是"章与句：民族志写作中作为修辞手法的分类"。他抓住了民族志的一个核心环节。通常认为，民族志研究者以整体观（holism）看待自己的对象，或者说，民族志的使命是以整体的方式写出一个社会、一种文化。不管怎么说，这种效果都要通过文本来达到。可是，分析起来，民族志的文本是由章句构成的，章句所写的只能是片段。从片段到整体或者整体性的效果，民族志肯定有特殊的招数。

桑顿认为，民族志的基本问题是如何运用"撰写"让"日常"与"历史"和"环境"发生关系。既然撰写是想象的一种产物，那么正是在想象中，微观宇宙和宏观宇宙的合成才得以发生。不像只是描绘眼前的软体动物的动物学，民族志学者必须把社会想象为一个"整体"（whole），并且通过对眼见的地方、耳闻的谈话、遇到的人的描述将他对"整体的想象"传达给读者。作者认为对整体的想象是民族志诗学的必需环节,因为正是它赋予民族志一种"完整性"。可是,在文本中,这种对整体的描述是离开了空间的描写,民族志文本是以一些章节和副标题统领一个一个的部分而成,日常生活的各种"只言片语"被排列其中。要解决这个问题而达到整体性的效果,民族志依靠的是一种修辞技术,即"分类"。"民族志最为基本的修辞和想象都奠基于作为一种修辞手法的分类","分类的诗学"是获得"整体性"的手段(Thornton 1988:286)。由对象的分类获得关于对象的整体的认知,这是语言艺术,也是基于逻辑预设:分类的逻辑是需要假设整体的存在的,所以当分类被认为是周延的时候,分类的集合就被认为代表着整体。分门别类地描述社会生活的许多方面,这些方方面面就可能让读者觉得自己借此达到了那个社会整体。大致说来,他不是从文本与社会实体的关系,而是从文本与修辞的关系看待民族志的社会、文化"整体"的来源。这是新意之所在,也是争议之所在。

总之,从1984年的研讨会到1986年《写文化》问世,民族志的主-客体单向关系的科学定位受到强烈的质疑,反思的、多声的、多地点的、主-客体多向关系的民族志具有了实验的正当性。后来的发展说明,《写文化》的出版是民族志进入新的时代的标志。

三个时代的民族志可以用婚恋的三个阶段进行类比。第一个时代的民族志作者与对象就好像是跨国婚姻的第一次见面,时间短,语言又不通,回头要讲给其他也对此关心的人听,除了若干直观的描述,再想多说,只有靠转述或自己的想象(或许是一见钟情似的万般好,或许是种族隔阂的各种误解)。第二个时代的作者与对象好似已经进入了婚后同居状态,其共同的生活经历使所有对这种关系有兴趣的人都认为当事人之间是知根知底的。作者就像是媳妇回娘家,讲婆家的新奇事情或者日常琐事,娘家人自然都是相信的,尽管媳妇有可能是只找合适的话说而实际上的情况要复杂得多。第三个时代的作者与对象的关系像是现代闹离婚纠纷的一对儿。讲事实的一方明确知道,自己所说的并非唯一被听到的叙述,对方也要说话的。大家把话都说出来,是非曲直,由陪审团评判。

在民族志发展的三个时代,观察者进入对象世界的深度、在文本中留给对象作为主体的空间以及对待读者的心态都表现出巨大的差别。第一个时代的主要特性是业余者的自由放任:由于进入写作的门槛低,那些人跑马看花,大多是浮光掠影,经常是信手拈来,自由发挥;一边是姑妄言之,另一边是姑且听之,爱信不信,悉听尊便。写作的理由和阅读的动力主要聚焦于"新奇"。第二个时代的主导特性是凭借专业规范所树立的公信而对科学的标榜:一改缘于遭遇、路过、旁观的资料获取机会,以专业训练的素养深入对象社会进行参与观察,语言工具够熟练,居住时间够长久;文本作为体现"科学"的工具,越纯粹越好,民族志是因客观而成立(Oswalt 1972:11)。民族志研究者坚信自己看到了真相,抓住了真理,讲的是事实,得出的结论是科学,那么,读者没有理由不信任研究者,没有理由不相信民族志。第三个时代的主要精神是对反思性和真诚的承诺。这个知识群体勇敢地承认民族志研究的实际状况与标榜的理想之间的距离。与以前的职业理想讲了太多的"真理"不同,现在更多的努力是在维护"真诚"的底线。现在的研究者有更多的坦白,交待更多的背景,体现更多的自知之明和自我反思。

第三个时代是一个多元发展的时代,民族志在各个方面都变得更开放。它在文体和风格上更开放,对话体受到青睐,修辞具有了正当的地位。它被人类学之外的更多学科所借重,其中,教育民族志、科学技术民族志的兴起尤其具有特殊的意义:民族志过去一直都是写现代学校教育和科学技术之外的社会世界的,这种变化说明了民族志的开放程度和开拓力度。*

---

* 除本书的各位译者外,陈俊杰、费乐祖、陆泰来以及参加我主持的"民族志方法"课的汪琳岚、章绍增等同学对译稿给予过指教,特致谢忱!

参考文献

Asad, Talal. 1973. *Anthropology & the Colonial Encounter*. Atlantic Highlands: Humanities Press International, Inc.

Crapanzano, Vincent. 1980. *Tuhami: Portrait of a Moroccan*. Chicago: The University of Chicago Press.

Dumont, Jean-Paul. 1978. *The Headman and I*. Austin: University of Texas Press.

Dwyer, Kevin. 1982. *Moroccan Dialogues: Anthropology in Question*. Baltimore: The John Hopkins University Press.

Gough, Kathleen. 1968. "New Proposals for Anthropologists". *Current Anthropology*, 9, pp. 403-407.

Hearne, Samuel. 1958 (original edition, 1795). *A Journey from Prince of Wales's Fort in Hudson's Bay to the Northern Ocean*, Richard Glover ed. Toronto: The Macmillan Co. of Canada, Ltd.

Malinowski, Bronislaw. 1944. *A Scientific Theory of Culture and Other Essays*. Chapel Hill: University of North Carolina.

——. 1967. *A Diary in the Strict Sense of the Term*. New York: Harcourt, Brace & World.

Marcus, George. 1998. *Ethnography Through Thick and Thin*. Princeton: Princeton University Press.

Marcus, George and James Clifford. 1985. "The Making of Ethnographic Texts: A Preliminary Report". *Current Anthropology*, Vol. 26, No. 2 (Apr.), pp. 267-271.

Marcus, George and Michael Fischer. 1986. *Anthropology as Cultural Critique: An Experimental Moment in the Human Sciences*. Chicago: The University of Chicago Press.

Oswalt, Wendell. 1972. *Other Peoples, Other Customs: World Ethnography and Its History*. New York: Holt, Rinehart and Winston, Inc.

Rabinow, Paul. 1977. *Reflections on Fieldwork in Morocco*. Berkeley, CA: University of California Press.

Scholte, Bob. 1969. "Toward a Reflexive and Critical Anthropology". In Dell Hymes ed. *Reinventing Anthropology*. New York: Random House.

Stocking, George. 1995. *After Tylor: British Social Anthropology 1888-1951*. Madison: University of Wisconsin Press.

Thornton, Robert. 1988. "The Rhetoric of Ethnographic Holism". In *Cultural Anthropology*, Vol. 3, No. 3 (Aug.), pp. 285-303.

Urry, James. 1972. "Notes and Queries on Anthropology and the Development of Field Methods in British Anthropology, 1870-1920". In *Proceedings of the Royal Anthropological Institute of Great Britain and Ireland*, No. 1972, pp. 45-57.

Young, Michael. 1988. "Malinowski Among the Magi: Editor's Introduction". In Michael Young ed. *Malinowski Among the Magi: The Natives of Mailu*. London: Routledge.

马凌诺斯基,2002,《西太平洋上的航海者》,梁永佳、李绍明译。北京:华夏出版社。

目　　录

中文版序:《写文化》之后20年的美国人类学
　　……………………… 乔治·E.马库斯 著　龚浩群 译(1)
25周年纪念版前言:关于《写文化》,2020年
　　……………………………… 金·弗顿 著　韩成艳 译(24)

前言
　　…… 詹姆斯·克利福德 乔治·E.马库斯 著　高丙中 译(43)
导言:不完全的真理
　　………………………… 詹姆斯·克利福德 著　吴晓黎 译(47)
寻常之地的田野工作
　　………………………… 玛丽·路易丝·普拉特 著　周歆红 译(74)
赫耳墨斯的困境:民族志描述中对颠覆因素的掩饰
　　……………………… 文森特·克拉潘扎诺 著　杨春宇 译(99)
从他的帐篷的门口:田野工作者与审讯者
　　……………………… 雷纳托·罗萨尔多 著　高丙中 译(128)
论民族志寓言
　　………………………… 詹姆斯·克利福德 著　康　敏 译(154)
后现代民族志:从关于神秘事物的记录到神秘的记录
　　………………………… 斯蒂芬·A.泰勒 著　李荣荣 译(181)
英国社会人类学中的文化翻译概念
　　………………………… 塔拉勒·阿萨德 著　谢元媛 译(200)
现代世界体系中民族志的当代问题
　　……………………… 乔治·E.马库斯 著　李　霞 译(227)
族群与关于记忆的后现代艺术
　　………………… 迈克尔·M.J.费希尔 著　吴晓黎 译(258)

表征就是社会事实：人类学中的现代性与后现代性
.... 保罗·拉比诺 著　赵旭东 译（303）
跋：民族志写作与人类学职业
.... 乔治·E.马库斯 著　李　霞 译（333）

参考文献 ....（339）
撰稿人及译校者简介 ....（375）
索引 ....（379）

中文版序:《写文化》之后 20 年的美国人类学[*]

乔治・E. 马库斯　著

龚浩群　译

在我看来,在美国社会和文化人类学的近期历史上,一个突出的事件就是这门学科(毋宁说普通人类学中四领域分支学科组织中的这个很有影响的组成部分)从 1980 年代开始,与在 20 世纪相当长的时间里一直容纳它的领地之间发生了深刻的断裂。当然,这个学科与那些形成了社会和文化人类学家的认同的制度模式的一些方面仍然保持着功能上的契合,如同一些人物,诸如布罗尼斯拉夫・马林诺夫斯基在英国和弗朗茨・博厄斯(Franz Boas)在美国,通过他们的著作所开创的那样。大多数的人类学家仍然从对美国之外的某一个地理区域的专门研究来开始其职业生涯[尽管很少有人接受过地区研究(areas studies)的专门化教育,这种教育在美国是从 1950 年代到整个 1970 年代广泛设立并鼓励学生选择。当时处于冷战和发展研究的氛围中,这种跨学科的项目得到巨大的投资,不过从那以后就一直在衰落。欧洲本身也已经成为了美国人类学家的具有相当高的合法性的异域,而且,一些专门领域,如科技研究,也获得了与传统的异域研究同等的声望和合法性]。至少从他们最初的学位论文研究开始,大多数人类学家仍然活动在田野工作与民族志的方法所确定的范围里,该方法的群体精神与专业教学之神话由奠基人物创立的传统所建立。然而,相关职业不断得以演进的方式以及这些职业现在日益被理解的方式,田野工作经验的实际性质,以及作为掌握田野工作的规范途径的田野工作故事怎样在专业领域内被讲述

---

[*] 本文原以《社会思想和评论:美国的人类学激情,约 2004 年》(Social Thought & Commentary: The Passion of Anthropology in the U. S., Circa 2004)为题首发于 *Anthropological Quarterly* 78, no. 3(2005):673 - 695。经作者同意,作为中文版序收录于本中文版 2006 年第一版。——编者

并传递的方式,研究的对象怎样被概念化,以及人类学首要的跨学科伙伴是谁——所有这些对于人类学专业的再生产至关重要的问题,都已经发生了戏剧性的变化。

当我在1970年代中期成为一名职业人类学家的时候,我在哈佛按照惯常的学徒模式进行准备。我被确认为是一名大洋洲专家,并且在波利尼西亚西部从事长期的田野工作(主要在汤加群岛)。我的田野工作的形成明确依据一些所关心的基本问题,如亲属制度、仪式、政治和宗教,并通过在当地社区居住和访谈的方法进行考察。虽然,在这个时候,至少在研究生当中,法国后结构主义者诸如福柯和巴特的影响、女性主义学者的成就、英国文化研究的实际重要性、创造一种结构主义的历史的努力(与当时盛行的各种马克思主义思潮相对)以及对田野工作的政治学的敏感(美国1960年代短期骚动的结果之一)就算没进入教室,也可以说全都进入了学术氛围。但是,我和我的同事仍然被认为正在从事着基础的"民族与地方"(peoples and places)模式的民族志研究。尽管就连在那时我们本来也可能为我们的学徒工作预见到不同的理论大纲和论题要点,但是我们的学徒工作在形式上仍然致力于在全球的民族志档案中增添作为比较材料或问题的资料,为了一门关于人的总体科学的、历史的、未完成的,也可以说是被中断了的,但仍然是拥有意识形态霸权的宏大规划,为社会和文化人类学的特别使命——描述和分析即便不是前现代的也是非现代的种种生活形态。

然而,尤其在杰出的研究生项目中,尽管许多更年轻的人类学家出于信念和领悟力并不完全赞同这种规划,但是参与这一学科就意味着通过民族志的形式与按照对田野工作的期望去遵从这一学科,而它们确实常常是接受人类学学术训练的主要吸引力。甚至在那时,更不用说此前和现在,美国人类学家的研究课题就是非常多样的。例如,特别是在"二战"后的头两个十年,在得到西方国家大力资助的发展研究的指示下,人类学家开始关注他们曾经研究过的传统民族所经历的各种变迁情形,这些人被作为农民、工人、城市居民还有跨国移民研究。但是,在所有的这种多样性和后殖民的转变中,作为基础的马林诺夫斯基式的民族志仍然占据着学科的中心地位,这种实践反过来又继续嵌入在训练模式中,定义着在吸引学者们进入人类学的学徒工作中什么能做和什么不能做。

今天,美国人类学仍然以同等的兴趣多样性为特征(虽然自从1980年代以来这些兴趣在构成和表达上与此前大相径庭),地区专门研究和田野工作的核心特征仍然得到坚持,但是范畴的设置、具体研究参与的更广泛课题的潜在意义,以及核心方法的实践本身都已经发生了明显的变化。在我们那一代开始初具轮廓的东西如今已成为主流。社会和文化人类学的研究项目逐渐被一系列跨学科影响所界定,截然不同于这个学科在发展期所受到的那些跨学科的影响。规定民族志方向的主题和争论不再起作用,而成为了学科历史中的一部分(甚至在教学中被当作了学科史)。更新的讨论领域和理论关怀产生于跨学科讨论,这些讨论以1980年代以来关于文化分析的丰富而广泛的基本关怀为基础,而不是产生于人类学家共同体自身围绕人类学研究的已有成果所开展的学科辩论和讨论。

也许更公平地说,当前社会和文化人类学的研究议题无论在风格、理论还是修辞上,都为这个时期的跨学科的热潮所俘虏,后者的活动圈子和共同体继续成为人类学家寻求其研究的有效性和回应的首要领域。这些都超越了传统上规定人类学研究的那些主题和概念。

在对学科边缘和其他学术共同体的好奇心的驱使下,美国的人类学总是以这种方式呈现出多样性。但是,在整个1970年代,这仍然是一种被明确组织起来的多样性。源于人类学和在人类学中土生土长的元讨论仍然影响了多样化的研究范式的形成,尤其是那些最具声望的范式的形式。相应地,诸如结构主义人类学和认知人类学这类的理论研究最重要并最有影响力,在各研究生院被细致地教导。这样的一个中心不再持续,以往虽得到了较多呈现,但尚未成为"二战"后人类学核心的各种兴趣——变迁、政治、行为主义、后殖民主义、全球化,今天构成了社会背景,大多数造就职业生涯的研究计划在此背景中得以界定,并依据在人类学之外的其他领域所生产出的社会与文化理论来制定。

因此,我自己这代人类学家代表着在"民族与地方"人类学的样板中进入这门学科的最后一代。我们见证了新的影响力的到来,却仍然在旧的样板中,这些旧样板确实在整个1970年代转变了传统人类学的做法。例如,在1970年代和1980年代的学术界的趋势下,如何定义关于美拉尼西亚人和澳洲土著的民族志的经典传统的问题以新的方式被重新提出来,如出现了从性别的角度重新阐述关于亲属制度的探讨。但是,在这些领域,对孤立社会的传统的关注有一段强烈闪耀的高光时刻,随即黯淡下去。从那时起,这些领域的研究更集中于关注这些民族的殖民和后殖民经历,关注他们在晚期现代性、全球化和本土运动的条件下对当下的体验——也就是说,关注曾一度被冷战时代的发展研究所限定的空间里现在所充斥着的所有东西。

较为老式的民族学对于民族与地方的档案的关怀可能在将来以一种新的方式重新兴起,但这不会出现在当前的地平线上。我当研究生时候的基础人类学现在看上去似乎是历史档案的一部分——它可能在新的研究浪潮中被重访,但是没有迹象表明这会在目前发生。

相反,在今天,人类学中的职业培训计划完全沉浸在以下知识资本的背景中,这在1970年代大多只是在学生中才被了解个大概。占据领域中心者和定义多种兴趣的边缘者之间的关系已经瓦解;中心和边缘已经变换了位置。在人类学再生产的每一处地方都是如此,不仅是在研究生和他们的导师的非正式院系文化当中,甚至还在于采取仍处于支配地位的马林诺夫斯基形式的核心方法的外壳当中。

进一步来说,年轻一代人类学家作为专业人士的感觉或自我形象也已经发生了变化。青年人类学家即使不完全践行激进主义者的言论和生活方式,他们在向同事展示他们的研究时也常常会采取一种鲜明的激进主义的导向或影射。在许多研究计划中,道德目的十分突出。实际上,许多年轻一代的人类学家正在寻求各种方式来推进他们的与激进事业明显相关的研究。这种自我形塑(self-fashioning)远不止是一种姿态,或者过去二十多年美国保守政治让左翼-自由派(left-liberal)学者疏离传统的政治参与的结果(因而使得人类学中的田野工作成为一个具有吸引力的、让年轻一代的学者们维系其政治情怀的替代性空间)。恰恰相反,自我形塑触及了田野工作中的工作关系如何在今天出现这一核心问题。这些工作关系从伊始就已经不可避免地政治化了。激进主义,或者它对老式的不动感情的学者的挑战,已经成为大多数田野工作计划的条件之一。

在接下来的话题中,我想概述这些变化是怎样发生的。这样做我需要强调两个使得社会和文化人类学中的这些变化得以被接受的背景。其一是在美国,普通人类学分为四个领域(生物人类学、语言人类学、考古学、社会和文化人类学),而社会和文化人类学只是其中之一,尽管它数目最多而且在机构设置上最为强大。其二是社会和文化人类学的各种公众如何能继续依据人类学的传统事业来理解它,而不论过去20年中发生的变化。

社会和文化人类学的发展已经对它历史上的四个领域的组织形式构成了真正的挑战,在这个广博的学科内部显示出紧张。这种紧张很少导致院系的分化,它因为专业的、有时是怀旧的或常常是情感方面的理由而被控制。普通人类学的意识形态和修辞甚至在社会和文化人类学中也仍然被强烈地表达出来。但是这样一来,社会和文化人类学家更难使他们的抱负中的实际变化以及他们进行研究的方式与下列情形协调一致:他们的公众——普通公众和学界公众——仍然把他们视为主要研究原始、异域和前现代的专家,而且就算他们对现代或当代世界有所有益建言,那也是因为他们在传统方面的这一专长。换句话说,公众仍然在很大程度上依据我所描述的传统的中心-边缘之分来理解社会和文化人类学。原封不动地延续四领域的修辞只会加重公众对当代的社会文化人类学的误解(不管这种误解是多么有理)。但是,不论是一般人类学内部,还是外在的公众,在接受社会和文化人类学的近期发展上的这些问题都产生于这样一个事实,即社会和文化人类学家还没有能够清晰地为自己(和他人)提供一个对研究计划的历史性修正,并以此来顺应自1980年代以来他们在基本的田野工作和民族志实践中所实际发生的急剧变化。

美国人类学家已经极为有效地驳斥了偏见和各种为人熟知的常识,并以此作为他们对美国社会的日常生活的贡献。但是在这种批评和治疗功能中,他们首先仍是作为关于遥不可及的异域的"他者"的专家而被接受。他们的合法性仍然依赖于将他们视作关于他者的专家的通常理解。然而,社会和文化人类学的将来取决于人类学家正在努力推进的另一种研究模式,但是对此他们还没有提供反思性的定义或重新表述。在一般人类学内外,一个重新确立中心、重新界定内部的讨论和争论,从而可能重新塑造这一学科及其未来的时期仍未到来。并且,由于情感上的和政治上的原因,这个时期仍在被抗拒。这是美国的社会和文化人类学所面临的关键束缚。

1980年代及之后:没有回头路

整个1960年代,甚至在此之前,出现了一股针对主流社会和文化人类学的反话语(counter-discourse)。人类学是殖民主义的一部分,而且在当下也无法回避过去。在学术界界定人类学的实证主义话语得不到田野工作的方法类型的支持,尤其是在1967年马林诺夫斯基的日记出版之后。作为为特殊而严密的调查方式提供正当理由的人类的概念或者文化的观念带上了瑕疵。但是,人类学总是对自身的基础持反思性的自我批评和健康的怀疑态度,这具有建设性意义。在1980年代的状况是,许多其他学科,尤其是像历史和文学研究这样的人文学科,努力在适应社会需要,所以对许多人类学所建立的框架性概念和立场表现出浓厚的兴趣。在文学、历史和艺术中,人们对文化差异的本质、对通过文化革新和生产来表达和操演权力所产生的兴趣,成为汹涌的潮流。至少在主观意图上,非西方,以及创造出了族群认同、女性认同和同性恋认同的差异,成为了使文学研究和历史学领域中的重要学者感到心有戚戚焉的主题。与此同时,西方的社会体制处于一种1960年代后的保守反应状态;特别是在美国,大量左翼-自由派的学术团体没有太多的政治表达或激进能量的发泄通道。所谓学术界的文化左翼通过批评性研究的风格来承受这种压力,从所谓的后现代主义的非政治特性走向马克思主义曲折变形后的文化研究,这受到了它的已经确立的英国式表达的启示。来源于日常生活的细腻观察和叙事,原本无名对象的声音中的证据——亦即民族志的基础材料,代替了对社会与文化的宏大理论或空想叙事而成为主流。(只有社会生物学戏剧性地在1970年代兴起,在一段时期内对抗了上述趋势;高潮过后,它现在又以进化心理学运动的名义回潮。总的来说,在美国,今天是在人文科学中再次出现对宏大叙事或解释框架的强烈欲求的时候;然而,迄今为止,除了进化心理学以外,在这个趋势中很难挑出诸如过去的马克思主义、帕森斯社会学或者结构主义那样具有影响力的范式。）

直到1980年代早期，人类学内部汇集的批评与人文科学中这种强劲的批评思潮交织在一起，其形式表现为将民族志作为文本和体裁，进而作为研究过程来进行批评。这一事件的重要成果就是《写文化》，此外还有许多其他著作，而时间上先于和平行于《写文化》批评的是用女性主义修正传统人类学的全部文献。对人类学修辞和表述的批评揭开和聚集了所有其他不断演变的内部批评，而且引发了替代性实践的希望，该希望在一段时期内寄托在民族志实验这一观念上。随着文学研究而来的是一个有力的开端，批评思潮的源流的影响——尤其是法国的后结构主义的影响，令美国人耳目一新。同时，出现了以新的方式书写历史和文化史的著作，它们表现出民族志和非历史(ahistorical)的基本特征。在美国、英国和澳大利亚的大学里，主要是文学与历史领域中的一些南亚学者精英围绕后殖民主义进行学术和文学生产，可能对今天社会和文化人类学主流的形成产生了最强烈的影响。

在1980年代早期以来的这个相同时期，关于人类学的历史，尤其是它的20世纪历史的学术研究在专业品质上有显著的提升。人类学的教师和学生可以了解到大量的批评性的学科史知识，这具有无法比拟的重要意义。就我所知，这些新的著作在教学中被广泛阅读和利用。例如，《人类学史》(History of Anthropology)年鉴的编写具有里程碑意义，它由乔治·斯托金(George Stocking)创立和编辑(1982年开始)，现在由理查德·汉德勒(Richard Handler)编辑。在我写作这篇文章的同时，我阅读了由迈克尔·扬撰写的马林诺夫斯基的非凡传记(Young 2004)，以及大卫·普莱斯撰写的关于1950年代美国激进人类学的著作(Price 2004)。

获知这个领域的20世纪发展史对于今天如何实践人类学具有深刻的影响：它不仅彻底使过去的权威性实践丧失了神秘色彩，而且为修正历史提供了源泉，这些历史在现实中很好地契合了学科的实际发展方式[例如，在《美国人类学家》的近期刊物上有一系列有趣的文章，它们指出了新博厄斯主义的复兴及其对人类学家的当前计划的意义，尤其是在马蒂·邦兹尔的文章里(Bunzl 2004)]。

迈克尔·费希尔和我共同写作的《作为文化批评的人类学：一个人文学

科的实验时代》与《写文化》(1986)同年出版,这部著述对1980年代的批评浪潮的潜在意义进行了深刻的陈述和辩论,尤其强调这一浪潮影响了美国正统的社会和文化人类学研究的风格和主题。在整个1980年代,民族志创作既致力于新的论题也致力于过去的论题,它的核心放在变迁中的文化与认同上,但是民族志的条件与风格发生了急剧的变化。方法和视角的多样性是源自比较文学和文化研究的著作的特点,并成为了最具创新性的甚至标准的民族志的特征。田野工作中的合作条件成为了民族志中更为明晰的部分。民族志的研究对象不再像过去那样以客观术语来进行建构。这些变化之所以发生,不仅是因为1980年代学术界里自我批评的效应,而且是因为知识领域中正在变化着的现实:人类学的研究对象从来就不是原始的;甚至在殖民时代人为的稳定情形下,他们也一直处于变化的状态;也可以令人信服地说,人类学规定其传统研究对象时所处的世界已经在20世纪的最后25年发生了巨大的变化,就如同人类学传统的象征方法的实践所发生的变化一样。

以知识界的潮流而言,后现代主义的世界在1990年代晚期转变为由全球化主宰的世界。对于文化分析而言,在全球化的情势下,1980年代所谓的后现代仍然是后现代,甚至有过之而无不及。在美国,对认同过程与政治的研究聚集了诸多流行的文化批评理论,而且开始主导人类学的传统研究对象——如民族和地方——的构成。如今我们可以在关于任何地方的民族志研究中发现,民族和地方的文化是非本质主义的、片段式的,而且总是被复杂的世界历史进程所渗透,这些历史进程在全球与地方之间起着调节作用。在1980年代《写文化》的批评之后,"公共文化"(Public Culture)的提出可能是在传统的地区专门研究中人类学正在变化的分析形式的主要表现,这是与阿君·阿帕杜莱(Arjun Appadurai)及他与其他人创立的一份同名期刊联系在一起的。与此同时,人类学雄心勃勃地在诸多新的讨论领域中开展研究,去研究各种制度诸如媒介、科学、技术、市场、广告与公司,不考虑规定传统研究对象的惯用的民族与地方的模式,到1990年代晚期,这些新的研究至少已经获得了与惯用模式同等的合法地位和声望。

因此,在今天,尽管人类学的传统兴趣的纲领仍然在延续,而且对它的公众来说也似乎如此,但是它的研究实践、它与研究对象的关系、它特有的极为多样的论题的实质与结构都与仅20年前迥然不同。我已经指出,在此发展过程中,最关键的问题是人类学自身无力提供本学科的元话语来定义这些变化的特质,至少在美国情况如此。相反,人类学从它参与其中的其他文献、研究计划和支持者的背景中获得最初的承认和知识上的依据。因此,在总体上人类学家倾向于把其他学科关心的问题作为自己所关心的问题,并从中获得研究动力。

例如,医学人类学作为已经创立的最具活力和最成功的分支领域之一,它的大多数研究路线都欣欣向荣,这得力于跨学科的支持者和其他专家,同时这种参与的努力也为它在人类学中赢得了声望。当前人类学当中关于科技的研究所获得的声望可以说也出于同样的情形。在这些新的领域,人类学家并不掌握什么属于他们自己的框架或资源,来依据研究议题和方法,设定学科的界桩。事实上,自从1980年代的《写文化》的批评对学科产生了重要影响以来,可以公平地说还没有其他同等重要的趋势,或者作为元话语的与之竞争的重要趋势,去为一门学科在它的新的和修正后的研究领域设定议题,这既不是20年前的结构主义、认知人类学、马克思主义或者象征/阐释主义的路径,也不是更早期的关于亲属制度、宗教、仪式和信仰的经典主题的讨论。

旧的中心不再持续,但这并不意味着人类学处于混乱或正在消解。相反,在人类学曾经沉浸其中并作出实质性贡献的诸多讨论领域,人类学却是缺乏学科意识的。就像许多关注当代文化分析的其他学科一样,相对于已经存在的其他话语和实践,人类学进入某些领域时可以说不可避免地是迟来的或者派生的。例如,今天人类学所关注的任何主题事实上都不可能没有被当代新闻界首先关注过,或者说新闻界已经更快且常常同样有效地承担起经典民族志的描述任务。即使不可避免地成为派生物,人类学进入某个讨论领域后还留下了一个问题,即象征性的民族志调查能提供什么特别的东西。这是一个值得回答的问题。准确地说,这是学科的元话语关于学科的新的和修正后的计划的任务,处于当前的求知欲和离心性的参与当中的人类学迟早不得不致力于这个任务。无论如何,在可以预见的未来,民族志不会再回到原有的民族与地方之调查领域中的档案功能。支持这种兴趣的理论、实践与主题被搁置了;在某些情况下,丧失了权威;或者根本无法再继续下去,因为必定要在其中开展田野工作的许多地方的环境不允许它存在。

几场著名的争论

也许值得追踪我对一系列类似于丑闻的争论所作的简要复述中勾勒出来的社会和文化人类学的那些变化。这些争论在当时获得了极为广泛的关注,不仅在人类学家当中,也在被主要的印刷和电子媒体所定义的过去(前因特网)的国家公共领域轰动一时(例如,除了一则争论之外,其他争论都受到了《纽约时报》的高度关注)。有趣的是,在1960年代,将人类学卷入其中的主要公共争论都与它的美国地缘政治学同谋有干系,有时表现为袒护新殖民行动,最为突出的是在泰国工作的人类学家为美国在东南亚的战争提供帮助。到了1980年代,这些争论集中在人类学表述传统主题的模式和效果上,以及这种表述本身所牵涉到的切实的社会利益。在下文的简要讨论中,我选择了那些不仅在公众中引人注目,而且颇具启示性的争论,它们作为征兆较为系统地体现了1980年代以来社会和文化人类学中的主要变化轨迹。例如,我本也可以讨论关于卡洛斯·卡斯塔尼达的"唐璜"系列著作*的真实性的争论,这一争论早于米德-弗里曼的争论,但它更多地反映了1960年代美国的反文化的希望(而且卡斯塔尼达相对于主流人类学来说只是一个边缘的神秘人物)。或者我也可以考虑萨尔曼·拉什迪/宗教裁决教令事件**,它在国际的、文化多样的公共领域激发了许多饶有兴味的讨论,并且实际上引发了前面所提到的"公共文化"运动,尽管它与人类学相关而且意味深长,但这一争论具有历史性与全球性的意义,因此它预示的是人

---

* 卡洛斯·卡斯塔尼达(Carlos Castaneda)是美国人类学家,他记述了自己与一位印第安巫医唐璜的故事。卡斯塔尼达的著作通过对书中的主人翁——老巫士唐璜超卓的人格与智能的描述来反思主流社会的价值标准。卡斯塔尼达的著作已有中译本出版,例如《力量的传奇:一个现代巫师的故事》(鲁宓译,内蒙古人民出版社,1999)等。——译者

** 萨尔曼·拉什迪(Salman Rushdie)是印度裔英国作家,他的小说《撒旦诗篇》(1989)被认为亵渎了伊斯兰教,伊朗宗教领袖霍梅尼下令以300万美金悬赏追杀他,进而引发全球文化界对捍卫创作自由的热烈讨论。——译者

类学所研究的世界的变迁而非我所集中关注的人类学的学科变迁。

1. 德里克·弗里曼(Freeman 1983)试图揭露玛格丽特·米德(Margaret Mead)早年的具有长期影响的著作——《萨摩亚人的成年》(*Coming of Age in Samoa*)。

澳大利亚人类学家德里克·弗里曼攻击玛格丽特·米德最广为人知的早期著作,这是在米德去世几年之后,也是在这部著作与美国人类学家正在进行的讨论有所关联的几十年之后。不过,在美国,对于广大的知识大众来说,这部著作是"人类学家做什么"的典型代表,而且也集中体现了人类学对于美国思想界的重要贡献——文化相对主义原则的真理。弗里曼针对这部著作进行了激烈而且十分公开的批判,认为此书是漫画,而米德是故作天真,为人类学制造了恶作剧和尴尬;这使得人类学不得不去捍卫一部早已过时却仍然处于这一领域的意识形态核心的著作,其目的是为了维护它在最重要和最广大的公众中的权威。这一争论出现时,正逢人类学在进行它最彻底的自我批评,通过对自身的表述习惯的高度精细的分析来挑战人类学经典作品和最新著作都证明了的那种意识形态。

2. 加纳纳思·奥贝塞克里(Gananath Obeyesekere)批评马歇尔·萨林斯(Marshall Sahlins)关于在夏威夷群岛上谋杀库克船长的叙述以及萨林斯的反驳(1990年代中早期)。

杰出的人类学家加纳纳思·奥贝塞克里深受后殖民主义论述风格的影响,这一风格主要起源于南亚学者关于历史和文学的研究著作(但是发端于1978年出现的里程碑式的著作——爱德华·萨义德的《东方学》)。奥贝塞克里的学术研究从斯里兰卡转移开来,同研究波利尼西亚的最重要的人类学家马歇尔·萨林斯展开了较量,针对的是萨林斯对库克船长在夏威夷的丧命之旅进行的诠释,以及由此引申出的其关于结构主义历史的重要见地。这是一场经典的关于民族志材料的细节和诠释的争论,这种争论在前几代人中就已经吸引了学科的注意力。但是,它也是一场将表述作为主要的批评对象的争论。(库克被夏威夷人神化是他们的思维模式的表现?或者这仅仅是一个欧洲神话,一个符合欧洲人关于原始人的——在这里是夏威夷人的——思维本质的信念的表述?)

这不是一场引起公共领域广泛关注的争论。但是，尽管如前所述它可能算是这门学科中典型的引起注目的争论，它也没能在人类学内部引发长期的关注或产生更多的关于辩论的文献。这场争论未能像之前人类学中的焦点争论那样发挥作用，这表明，学科关怀已经大大超越了就民族志材料的细枝末节进行争辩的重要而传统的问题，而后者恰恰是奥贝塞克里和萨林斯交换意见的形式。另外，这门多样性的学科已经变得过于分散，以至于除了参与者作为顶尖级人类学家的声望所吸引的注意力之外，难以给予这场争论更多的注意。事实上，尽管这场争论是由1990年代激发文化研究的主题所促动的（即奥贝塞克里关于表述他者的批评），但它仍然是针对旧的学科问题展开，从而对民族志专业知识的深度提出了要求，这对萨林斯有利。正因如此，学科的专业人士承认了萨林斯的成就，但随即也就失去了兴趣。

3. 人类学家大卫·斯图尔（David Stoll）揭露了由危地马拉的玛雅人、诺贝尔和平奖获得者丽格伯塔·孟珠（Rigoberta Menchu）所撰写的著名纪实性著作中的失实之处。

《我，丽格伯塔·孟珠》是一部关于危地马拉的玛雅人遭受压迫和种族屠杀的纪实作品，当它于1987年出版的时候曾经在美国产生了重大的影响。当时，多元文化主义以及围绕多样的族群认同和主体地位而进行的斗争正处于美国自由派/左翼的人文与政治话语的前沿，这部自传因此被看作关于一场巨大人权灾难的见证、翔实的资料乃至于真理。一位在孟珠著作的背景所在地区拥有长期经验的人类学家大卫·斯图尔，在2000年出版了一个重要的案例，对孟珠的那部有影响力的作品的准确性和资料的真实性提出了质疑。在这场争论中，表述再次成为了利害攸关的因素：一种是传统意义上的人类学真理，以准确、客观的报道作为基础；另一种是"土著的"（native）真理，以生命参与的复杂情形以及讲述真理的体裁作为基础。在这场争论中，人类学真理（指还未被重新建构、几乎没有受到《写文化》讨论影响的类型）反驳"土著"用他们自己的语汇和体裁述说的真理。这因而可以被看作这个时代一次成熟的争论，其中表述成为了文化分析的批评目标，而争辩真理意义的政治博弈在表述中是显而易见的。在一个表述中的交流不可预期和混杂的世界里，一种传统类型的人类学表述（衡量准确性的西方标准)直接面对着它的经典"他者"的独立表述。这次争论产生了精彩的反响(例如 Arias 2001),由此可以估量出在学术权威和他曾将之作为研究对象的社区里的他者之间的表述上的紧张关系。

4. 记者帕特里克·蒂尔尼(Patrick Tierney)在他的《埃尔多拉多的黑暗》(Tierney 2002)一书中,对拿破仑·沙尼翁(Napoleon Chagnon)关于雅诺玛玛族(Yanomamo)的民族志及生物医学研究——沙尼翁的研究是其中的一部分——的大背景所作的批判和曝光。

2002 年,帕特里克·蒂尔尼出版的作品对在雅诺玛玛族进行的一项长期研究提出了控诉。在美国人类学中,雅诺玛玛族早已成为了具有象征性的"原始"民族,这归因于拿破仑·沙尼翁的作品,他的早期专著《雅诺马马:凶猛的民族》(*The Yanomamo, the Fierce People*,1968 年出版,但是修订过数次)早已是人类学大学教学中的必读书。沙尼翁的研究长期以来经受过人类学中的质疑、讨论和大幅修订,但是它的更广阔的研究背景从未被清晰地论证过。这恰是《埃尔多拉多的黑暗》所做的,它阐明了沙尼翁的研究是生物医学研究的一个雄心勃勃的长期计划的一部分,而这项研究据说导致了对雅诺玛玛人的伤害。从批评人类学表述(再现)的角度看,这场争论和我前面所提到的争论一样,但它又超越了此批评,它将沙尼翁的研究视为技术-科学及其对其他世界——那些被人类学为西方世界所经典性地定义了的世界——进行同化的一部分。作为最近的、预兆性的标示着人类学在更广阔的公共领域被接受的这么一场公共争论,它大大超越了基于对其表述进行批评的科学真理——那是自 1980 年代的《写文化》时代以来所致力于的事业,标志着在人类学的跨学科参与中的一种转变——转而关注在一个后殖民、全球化的世界中,文化接触的不断变化着的属性。当一个原来被放在经典著作的传统——目前只是这一传统中的再现方式受到了批评——中看待的事例被放在更大的工具背景和计划中审视时,伦理的问题和人类学研究的目的突然发生了转化。

通过这一争论的征兆,我们可以看到,人类学的生产嵌入在当代世界里一系列更为复杂的关系当中,这个世界超出了它的殖民历史和它的马林诺夫斯基范式。我们可以说,无论它们的特定关怀是什么,社会和文化人类学中所有当代的民族志研究计划正在绘制和探索的就是：在生产关于特定的他者的知识时它们自身所处条件的网络。

过去二十年来的这些争论至多只是潜在地涉及当前许多人类学研究的正在转变中的情境——这种情境在关于新兴的人类学研究计划的学科元陈述中还没有得到清晰的表述,但是它们值得那些仍将人类学理解为主要是描写式地和客观地理解传统文化的公众的注意。对于人类学家全力以赴的当代研究中的复杂议题和情境而言,这些争论还不具备严重的破坏性,但是它们已经让人类学尴尬面对学科在它的主要公众当中继续拥有的形象和理解。这就引发出人类学在它的各种受众当中的误识(misrecognition)问题,和人类学渴望成为"公共知识"的问题。

当前的公共人类学的热潮

如果说在近年来社会和文化人类学的多样的求知欲和研究探索中具有一种现存的重要趋势的话,那就是对公共人类学(public anthropology)的呼唤,这种人类学的主要声望和存在理由来自它对世界范围的某些问题及事件所做出的直接的和实质性的贡献,它从过去的研究所积累的传统中吸取智慧并应用于当代[对于这种趋势有诸多论述,例如较有影响的由麦克兰西编辑的文集(MacClancy 2003)]。人类学从来都有公共关怀,正是学科内在的文化批评的维度构成了推动它研究其他社会的根本动力。近几十年来出现了应用的或实践的人类学(applied or practicing anthropology)(尽管用它自己的话说还处于学科中的二等公民的地位)。但是,对公共导向的、公民的人类学的期望日益高涨并在目前成为了主流。

我相信当前对公共人类学的渴望是我前面所提到的变迁的征兆。人类学在多方面展开,但是在每个领域都缺乏能对学科作出定义的研究纲领。在某种意义上,在人类学研究的理论基础中通常的激进姿态或成分,只是替代了在人类学运作的许多领域中对集体的、系统的研究纲领之规定的空白。人类学家以这种批评性的、伦理化的和通常是道德主义的姿态,来高扬他们因长期确立起来的成就模式而在他们拥有受众的公共领域所获得的大多数认可和赞赏。引人注目的是，人类学研究打动了其活跃于其中的其他权威的知识创造领域，这些领域反过来也以它们自身的规划打动了人类学家自己。在近年来对公共人类学的呼唤中，存在着一种对其自身研究进行这种派生式评估的独特氛围，它建立在其接受者的"评论"的基础上。因此，借用哲学家查尔斯·泰勒（Taylor 1992）在最近关于身份政治的重要讨论中所作的区分来说，这更是一种承认（recognition）的政治而非身份（identity）的政治。

人类学家看来很重视传统媒介的最权威领域——重要的报纸和媒介节目对他们的认可，尽管是通过"录音片断"、访谈、引用、读者来信或者是简短的专栏文章等形式。没有任何事物能超过对当前的、特别是发生在国外的事件或问题作出的被广为传播的评论的价值。在这些情境中被引用的人类学著作或人类学家在人类学家中间获得了新的地位，而且引起了人们对过去可能被忽视的资料的真正注意。

公共的/公民的人类学家在传播就美国和其他地区的事件的背景和构成作出的有学识的、精妙的和复杂的理解时，这种强有力的学科评价有许多值得称赞的地方。对广大公众的这种职责是任何名副其实的批评的人类学保持活力的手段。但是，我也对以单一、强烈的动机为特征的学术热情表示担心，担心它将垄断规定学科议题以及人类学家自身共同体的空间。考虑到在1980年代的《写文化》的批评之后，在研究中还没有出现任何其他带有范式特征的东西来团结和凝聚这门学科，这样一种促进学科团结的资源确实具有意义。在此意义上，那么对公共人类学的呼唤是一种颇有吸引力的替代之举。同时，这种呼唤反映出人类学跨学科参与的多样性以及影响人类学自身实践的学术共同体和实践的不同种类。它还映射出过去人类学开展学科探索的背景的真实变化。它还显示了把当代理解为从最近的过去融入不远的未来的势不可挡的体认时间的趋势。这就是当代人类学——现在的公共人类学在界定它的计划时所处的场景。

对公共人类学的期待暗示出，这门学科将在它的研究努力中更关注它的责任、它的伦理和它对各种他者的义务，而不是关注行会似的、封闭的痴迷，对将其作为一门学科进行推动的辩论、模式和理论传统的痴迷。这种发展有趣和独特,但是这门学科仍然需要自我反思性检讨的是,对公共人类学的呼唤如何以系统的方式改变它的研究议题的特质。这样就导致了不仅要考虑如何从它的潜在的最有声望的公众——国内和国际上主流的新闻媒体那里获取认可,还要考虑它所面对的各种同盟和支持者——它的许多地方上的和更亲密的公众。也就是说,其范围既包括其他认识到人类学的有效性和重要性的机构和学科,还包括人类学希望以激进主义身份与之紧密联系的社会运动,最后还要包括在自己田野工作的领域内的公众,也就是说,在特定的研究计划的范围内的研究对象和委托机构要能接受。

人类学的公众

人类学研究的每一个计划都构成了一个特定的接受公共领域,相当于与任何一项研究计划同时存在的各类支持者中的一个政论场所。在这个意义上,在人类学研究被执行的开端,对人类学研究的接受通过田野工作和写定的作品与受众的或公众的特定剧场保持着至关重要的联系。社会和文化人类学在它的当前状态下面对的关键任务可能是,将对这种接受水平的认可、理论化和吸收纳入学科的方法和实践中来。如果没有将田野工作中的接受程度这样融合到更宏大的研究设计中,那么,在说到大量的人类学研究在其研究对象和地方支持者中所引发的反应时,就只会出现不愉快和令人沮丧的不被承认的故事,它们现在与人类学自身希望成为激进的、公共性的期望大相径庭。

为了它的传统的公众(或委托人),社会和文化人类学被"包装"成对一些受众团体或支持者具有实际意义或者诠释用途的个案研究。实际上,民族志方法作为一种社会研究方法给各种机构、正式组织和政策制定者普遍提供信息,并因此在近年来享有新的声誉。除了它们通常依赖的定量研究模式外,公司、银行、政府部门、军队和广告公司等越来越多地倚重于民族志研究,采取它们的社会学或人类学的变体形式。人类学的研究偶尔会影响到决策层的基本立场。后者是人类学的赞助人和特定的公众,但是,其前提必须是人类学能够以个案研究的形式提供有用的结果。

其他的社会科学长期以来就是人类学的参考式公众，但是，自从1980年代民族志研究中陈旧的实证主义范式破裂以来，主流的社会科学家对于人类学家正在从事的事业感到越来越生疏，尤其是与做发展研究的时代相比较，能使他们相遇的跨学科背景已经更为少见了。相反，社会和文化人类学的主要的学术相关群体或公众已经转变为人文学科或成为学科与专业中的边缘地带，他们在20世纪八九十年代期间积极参与了多元构成的跨学科运动，发展出文化分析的形式与对象。然而，甚至在这里，人类学继续是这样一个空间：在其中长久以来的关于原始人的修辞——尽管它的表述受到了有力的批评——可能会出现某种替身或替代物，但它显然是西方思想不可或缺的部分。满脑子批评理论与解构模式的历史学家、艺术史家和文学理论家仍然将人类学生产理解为对原始社会和异域的关注，或者是对"他者"的空间的呈现，这种呈现在现在是可以被容忍的。

此外，通过寻求新的兴趣点和新的定位，在非同寻常的背景中——跨国科技领域，以及所谓由全球化产生的多地点过程的领域——从事民族志的人类学家，已经为自己发现了独特的受众阶层或公众。在这些场合，人类学的最令人兴奋的公众既不是美国人生活中被想象的传统"公众"，也不是人类学的赞助人或学院派支持者，而是当代的民族志研究自身的复杂路径所触及的公众。

传统上，人类学的这类公众将会是它的研究对象，而且人类学家有从他们的经典对象中获得反应和合法性的长期愿望——实际上这是他们的民族志的一个潜在标准。例如，特罗布里恩群岛的岛民，或者努尔人，或者萨摩亚人是怎样看待关于他们的人类学工作呢？这是对所有作为人类学研究对象的共同体、民族或地方都可以提出的问题。同样，人类学家在思索他们如何才能调节或参与到已经被他们研究过的、通常被圈定起来的研究对象与诸如国家和公司的支配性实体或权威的关系中去。研究对象早已成为人类学研究的被想象的或实际的支持者，这在大多数民族志中却从未被真正实现过。随着近年来本土运动的出现，民族志计划中这些被想象的和被期望的公众开始发挥实际作用，因此，激进主义不再仅仅是左翼-自由派学界为人类学摆出的学术姿态。它成为了传统模式中大多数计划的律令，无论民族志学者的个人信念是否是特别"政治的"。因此,田野工作的政治现在已经详尽地真实描述了作为研究对象的、最重要的地方公众的回应,那是长久以来人类学的潜力和愿望。

但是,在这种模式下,从人类学家期望在民族志研究过程中对从被划定的当地的研究对象那里获得反应和合作来看,有些公众并不是如传统方式那样被设定的。大多数的当代民族志在多地点、跨社区或至少跨场所的广阔背景下开展,生活于其中的研究对象彼此之间不一定有积极的联系。当前的民族志在包含机构与社区、精英与日常生活中普通文化的场所之间的关系网络或构造中出现。民族志的设计不仅要锻造对这些领域中研究计划的支持者,还要锻造超出惯常设想的田野工作的界限、与人类学家保持着非常特殊而持久之关系的受众。当这些人类学家生产著作并向专业共同体展示时,这往往被称作"向学界报告",部分地向有多元支持者的领地公开,其中学界支持者只是一部分——不过当然,他们是权威性的。评价和创造人类学知识——这些知识吸收公众作为定义田野工作的不可缺少的部分——的规则还有待建立或明确。处于田野工作范围内的这些公众可能是人类学最重要的接受者。

不过,这些工作的进展已初露端倪,例如,在两部获得由美国人类学协会的分支之一的美国民族学协会于2003年度颁发的"一等奖作品"的民族志中就有所体现,此奖项是美国人类学中对年轻学者创作的民族志的最重要的认可。这就是阿德里安娜·佩德里娜的作品《裸露的生命》(Petryna 2002)(关于切尔诺贝利事件幸存者的斗争)和金·弗顿的作品《博帕尔污染之后的倡议》(Fortun 2001)(关于跨国范围的环境公正和激进主义,从1984年灾难的数年之后在博帕尔的激进主义的田野工作开始)。这两项奖励不仅标志着美国人类学最重要的专业协会认可了新的方向和与之相应的田野工作的特殊模式,而且这些作品在它们的民族志报告中确实包含了多元化的公众。公共人类学的问题与其说是专业行会的工作如何被他人规范和使用(当然在这个意义上人类学所吸引的公众仍然存在),不如说是如何在呈现结果的根本模式中,报告在公共领域中田野工作自身所包含的投入和参与行为。将人类学家的元"公众"邀请到研究中来似乎是一种挑战,把在田野情境中从事的人类学成就为更多的挑战。这是在1980年代的批评中特别强调的反思性被夸大后,在民族志生产中导致的后果。在当代民族志的复杂的多点区域中,人类学自身是它自己的最好与最具创造性作品的最终的元公众。在这种立场下,人类学不得不重新定义在这种以公众为核心的研究特性中,它的边界何在。

四领域传统的残留的政治:要求科学的外表

社会和文化人类学在当前的主流和充满革新力量的边缘当中,都已远远偏离它在学科的传统的四领域概念中所扮演的角色,这一概念在美国人类学的许多圈子内维系并引发出强烈的奉献精神。在这个意义上,人类学的修辞仍然是通才式的,而且在专业上,在许多大学院系有官方地位。但是,如前所述,社会和文化人类学很大程度上在这种历史图式中沦为了可怜的伙伴。事实上,在美国的人类学系中,分裂的可能性已经成为事实而且在过去的几十年中成为了现实。在很多系,分支领域已经分裂为自主的派别。十几年以前,杜克大学的生物人类学家迁到了医学院,那里的人类学系变成了文化人类学系。其他院系,例如普林斯顿大学和霍普金斯大学的人类学系只是社会与文化人类学系,最引人注目的是斯坦福大学的人类学系,这个在"二战"后的美国学术扩张期间成立的一个重要的普通人类学系,在最近分裂成社会和文化人类学系以及一个独立的人类学科学系,前者以我前面所勾勒的趋势为取向,后者仍忠于四个领域的立场。这种分裂的政治及其导致的系所的命运,已经成为在人类学家中引起广泛兴趣的议题,和体现出基本趋势的一类象征性个案。

作为一个专业化组织,人类学仍然坚持四个领域和通才的观点。尽管缺乏对学术模式的有效整合,因而还不能创造出一个事实上统一的研究计划,但是,普通的四领域人类学的意识形态在许多人类学家当中仍然相当牢固,甚至在那些被卷入社会和文化人类学转型的人类学家当中也是如此。其他做法会严重损害这个领域在大学、媒体、政府和公司里它的最强有力的公众中特别享有的权威和声望。从管理和集体精神来说,四领域人类学的观念的力量可能会持续一段相当长的时间。四领域人类学的制度模板和忠诚意识仍然存在,但是,从为它的实际研究模式提供动力的求知欲来看,人类学也总是一个难以驾驭的领域。

社会文化人类学在美国走向何处?

费希尔与我在1986年提出的批评人类学(Marcus and Fischer 1986)的反响大大出乎我们的意料。我们最初的假设是:在许多外向型(outward directed)的民族志中已然存在一种嵌入性的批评理性,即反思人类学家所在的本土社会;这种批评的传统虽然在一定程度上受到了压抑,但仍然受到强有力的推动;当批评理论和反思的热情横扫人文科学的时候,关于人类学的总体观念陷入了混乱,这是一个聚焦和发展社会和文化人类学的实践中被边缘化的批评潜力的有利时机(在1980年代)。到了1990年代中期,在美国学术界,对这种总体批评趋势的热情已经有所回落,但是它仍然具有有力和持久的影响。正如我所说的,批评的目的和方法成为了文化与社会人类学的基本理论,涉及它的实践的风格、它的主题和它在学术生产环境中的政治。我们已经远远超越了"作为文化批评的人类学"最初的学术遗产,获得了批评理论来指导关于当代问题的各种计划与探索欲望,但对此还没有得到清晰确切的学科的元讨论或确立起清晰的目标。

人类学现在还绝对没有成为社会学,后者的兴趣完全局限于现代性的框架和概念类型。人类学的历史、感受能力和方法仍然是独特的。但是,在它特有的多样性当中,人类学对于在它当前介入充斥着其他调查风格和学科的研究领域时保持何种系统上的独特性,还没有作出清晰的自我反思性的理解。在我看来,这些新的介入形成更多地得益于20世纪八九十年代跨学科热潮时期的强烈影响的遗留,而非20世纪早期直至1970年代发展起来的独特的调查传统的延续和调整。

实际上,人类学家有一个稳固的关于跨学科领域和团体的学术指南,这些领域与团体与他们的研究相关,而且也是他们研究的诉求对象。人类学研究在1990年代后参与到一个更令人兴奋的跨学科世界,它模糊了类别,有时还跨越到学术界之外;从最好的意义上说,它制造了奇怪的盟友;人类学受到强烈兴趣的驱使去描述新兴的变迁情境,那里的社会与文化生活正在形成新的规则和形式。人类学在这些领域大有作为,而且正在公共人类学的学科口号下激励自己。

然而,如何使基于一个个计划的研究在人类学家共同体中基本上被接受还很不清楚,人类学家处于组织相当混乱或者可以说是离心式组织的状态,处于将他们卷入其中的新旧兴趣和不断演变的专门研究的困境中。在当代公共人类学的热潮中,这样一个问题或许被忽视了,即作为一个有着独特的过去而在1980年代经历了分裂的学科,它面临的危险是什么,这使得学科的连续性和变迁都无法依据人类学传统中的民族志研究的特征来加以领会。对于许多人类学家来说,他们在当下很少关心怎样依据独特但是有限的学科历史去反思今天的研究实践;在新的领域中,从文化研究中作为风格引进的兼收并蓄和方法多样化的姿态盛行一时,占据了人类学研究的意识形态的核心。然而,几乎无疑的是,关于人类学的主要的公共理解与学科内部的这些变化并不协调,有时甚至被这些变化所迷惑。作为个体的人类学家坚持他们在所处的特殊情境中按照范式所做的一切,而且确实取得了成效。但是总体来看,这门学科还不能确定其在这些新领域的边界,因此,它没有多少资源来减少对于当代人类学在做什么的较为宽泛的公共理解(例如研究孤立的原始社会,边缘化的与带有异域情调的差异可能对于人类发展的"宏大图景"意义重大,但是对于当代世界却并非如此)。

任务仍然是为人类学家自己再次说明,并在某种意义上再次发明他们对在现在从事人类学的理解,从而使对公共人类学的根本渴望在对此学科的目的有清晰理解的大众中得以实现。依我来看,在教学训练的工作中应当执行这样的任务:修正训练人类学者的学徒式研究的结构和预期目标。这些新的人类学者正处于一种夹缝下:一方面是资深人类学家的研究榜样,他们的研究反映了1980年代以后新领域中的兼收并蓄主义;另一方面是在马林诺夫斯基和博厄斯的名义下仍然坚固的训练模式,他们是人类学家培养工作的现代学院派风格的开创者。

2005年3月

参考文献

Arias, Arturo (ed.). 2001. *The Rigoberta Menchu Controversy*. Minneapolis: University of Minnesota Press.

Bunzl, Matti. 2004. "Boas, Foucault, and the 'Native Anthropologist': Notes Toward a Neo-Boasian Anthropology". *American Anthropologist*. 106 (3): 435 - 442.

Fortun, Kim. 2001. *Advocacy After Bhopal*. Chicago: University of Chicago Press.

Freeman, Derek. 1983. *Margaret Mead and Samoa: the Making and Unmaking of an Anthropological Myth*. New York: Holt Rinehart & Winston.

MacClancy, Jeremy. 2002. *Exotic No More: Anthropology on the Front Line*. Chicago: University of Chicago Press.

Marcus, George E. and Michael Fischer. 1986 (1999, second edition). *Anthropology as Cultural Critique: an Experimental Moment in the Human Science*. Chicago: University of Chicago Press.

Menchu, Rigoberta. 1987. *I, Rigoberta Menchu: an Indian Woman in Guatemala*. London: Verso.

Obeyesekere, Gananath. 1994. *The Apotheosis of Captain Cook*. Princeton: Princeton University Press.

Petryna, Adriana. 2002. *Life Exposed: Biological Citizens After Chernobyl*. Princeton: Princeton University Press.

Price, David. 2004. *Threatening Anthropology: McCarthyism and the FBI's Surveillance of Activist Anthropologists*. Durham: Duke University Press.

Sahlins, Marshall. 1996. *How "Natives" Think: About Captain Cook, For Example*. Chicago: University of Chicago Press.

Said, Edward. 1978. *Orientalism*. New York: Pantheon.

Stocking, George W. (ed.) 1982 -. *History of Anthropology Annual*. Madison: University of Wisconsin Press. (Several volumes in 1998, Richard Handler succeeded Stocking as editor of the series.)

Stoll, David. 2000. *Rigoberta Menchu and the Story of Poor Guatemalan*. New York: Harper Collins.

Taylor, Charles. 1992. *Sources of the Self: the Making of the Modern Identity*.

Cambridge: Harvard University Press.

Tierney, Patrick. 2002. *Darkness in El Dorado: How Scientists and Journalists Devastated the Amazon*. New York: W. W. Norton.

Young, Michael. 2004. *Malinowski: Odyssey of an Anthropologist, 1884 – 1920*. New Haven: Yale University Press.

25周年纪念版前言：
关于《写文化》，2020年

韩成艳　译　章邵增　校

时间回溯到20世纪80年代。时任美国总统为罗纳德·里根。债务危机击垮了一个又一个发展中国家。苏联式的政治开放（Glasnost）刚刚起步，却已屡遭挑战。全球化尚未全面铺开。那是一个塞宫门筑高墙的时代，而明显的不满情绪以及既有格局难以维系的感觉却在侵蚀着这高墙。

尽管如此，或者正因如此，人文领域和人文科学却欣欣向荣，乐于采纳新的视角，也不怯于自我转型，对权力运作方式的新观察使之愈发清醒，对文化、社会、生物及其他各种差异的新见解为之注入活力。关于语言、权力、性别、性和种族在历史上多重作用和交织方式的崭新洞见，不仅深化而且联结了曾经各立门户的诸多学术领域。文化人类学是其中一个关键节点，民族志则是重要的参照依据。对其他民族和文化的记述获得了越来越多的关注，但同时我们也意识到这项工作远不止这么简单，而是几乎都不可避免地陷入帝国圈套和自我幻想而令他者成为下等人。

这里尤为重要的是认识到文化是如何被书写的：通过在所认定的内部与外部、熟悉与陌生、意义与表征之间的互动，来呈现一个内洽却又开放的符号标记体系，且这个文本生产过程往往带着观察者与被观察者的不对称关系。这一认识引导了学者们去关注政治经济力量、科技发展以及社会冲突是如何塑造和改变文化形式的。这一认识也引导了学者们去关注他们自身探讨、分析和书写文化的方式如何再造了文化。由此我们对文化有了新的理解："文化"是在时间和空间里、在各种铭写（inscription）的过程中，不断地被建构和创造的东西。

1986年《写文化》的出版意义重大，它阐明了文化是如何被书写的，指出了民族志写作过程中书写方式会产生影响的一些关键点:不同语言之间的翻译,田野笔记的记录方式,民族志对话各方讲述和写作的体裁形式,民族志文本写作的方式,以及民族志参照并借自其他文学形式的手法。在所有这些关键点上,此后都涌现了富有启发性的论著,这些论著进一步阐发了文化确实是被书写的,以及是如何被书写的。

将文化视为被书写的,文化自身也变成了多少有点不一样的东西,变得不那么容易在时空上加以定位,也不那么稳定不变,而是更具有生成性,也更具有写作学的属性(grammatological)。对此,有人欢喜有人忧,也有人喜忧参半。《写文化》在概念和方法论方面的影响深刻持久,绵延至今。

1986 年,《写文化》就已经有了多种路径的解读。它聚焦于民族志的写作形式,激起了人们去反思文本化过程如何同时体现殖民秩序和后现代可能性。它关注各种情境中人们如何通过特定的讲述和写作形式不断地再造自我和集体认同,将文学理论、女性主义理论和精神分析理论进一步纳入民族志分析之中。它关注民族志权威的各种形式,无论是成问题的传统形式还是非传统形式,让人担心人类学者是否还会继续文化人类学的看家行当,即持续的田野工作。它关注普遍主义、本质主义、经验以及表述再现等的不足,让人担心文化分析学者可能在国内国外都不再有立足之地。以上这些(以及其他更多)关注焦点都引出了值得回味的犀利论辩和富有创造性的学术成果。这些关注点至今仍是有力的挑战,只不过今天所处的历史境遇却又迥异于当年了。

今天重读此书,认识到我们的研究方法如何预写了我们所能表达的内容,如何预设了我们所能打交道的对象,那么,我们需要重新思考文化分析这项工作本身是如何设计和组织的。

我的解读当然也是片面的和以个人处境为基础的。《写文化》一书出版之时,我是迈克尔·费希尔(Michael Fischer)、乔治·马库斯(George Marcus)和斯蒂芬·泰勒(Steve Tyler)的学生;那是一段极其振奋我心和促我转向的时光。从那以后,我就步入了科技研究(Science and Technology Studies,简称 STS)这个跨学科领域,多年来越来越关注科学是怎样被铭写、合法化和传播的,我也将科学史的维度纳入我的工作,而这一维度也重塑了我对人类学、文化分析和民族志的历史的理解。很多我的科技研究的研究生将他们大量的科学技术专业知识带到文化分析工作中，与他们的共事一直激励着我，让我不断探索如何充分发挥他们的背景和知识优势，同时也塑造了我参与合作的方式，本文即是一个例证。

在过去的四年里，我还［和迈克·弗顿（Mike Fortun），一位称职的科学史家］合作主编了期刊《文化人类学》。我在莱斯大学求学期间，该刊的编辑工作一度就在那里进行。乔治·马库斯是创刊主编；从一开始，刊物就定位在学科的前沿，理论实验和文本实验都可以在此进行，不同的学科视角和工作模式都可以在此交汇。在我看来，这份期刊的挑战就是要提供一块土壤去播种吉尔·德勒兹和菲利克斯·加塔利（Deleuze and Guattari 1986）所谓的弱势语言（minor language），这种语言在强势思维（majoritarian thought）的边界上运作，折射出强势思维，并激活其隐藏的潜能。这份期刊的挑战就是要努力保持批判的传统，要明白自身不断发展变化才能保持其批判性。《写文化》以及同时期其他批判性著作留给我们不朽的遗产，对此我在这里提出了一些议题，这些议题在我近期的日常工作中都清晰可循，这些议题也指导了我审读和编辑《文化人类学》期刊接收到的大量优秀投稿。我的评论是作为一个参与观察者而发，我参与并观察着《写文化》中教我们去反思的世事变迁。而我的思考框架则是立足于教师的身份，总是要考虑如何让学生能在多种阅读方式之间游刃有余，如何帮他们突破已然可以想见的思考方向。[1]

分析铭写

我告诉我的学生，写文化可以作为分析的对象、关注的焦点。学者们可以关注各种形式的铭写如何激发、实现、塑造和约束人们构思和表达的是什

---

[1] 特别感谢布兰登·卡斯特罗-库恩（Brandon Costelloe-Kuhn）、阿洛克·坎得卡（Aalok Khandekar）、迈克·弗顿、迈克尔·费希尔、乔治·马库斯和詹姆斯·克利福德（Jim Clifford）对于本文写作的帮助。

么,以及将什么东西关联起来。对铭写的阅读不仅仅是阅读其内容,即它们说了什么,也要去理解它们的结构及其所生产的东西,去理解文本如何在象征的、话语的和政治经济的广阔语境中运行。对铭写的阅读还在于看它们做了什么(其所做总是超出其初衷),看它们排斥了什么、替换了什么、又启动了什么。对铭写的阅读,还要去理解什么被视为表述和再现,而不是把铭写看作表述或再现本身——即再现人们如何建立事物之间的关联、如何想象他们自己(以及他们的铭写)所处的嵌套系统的描绘。

因为计算机与通信能力的发展,形式(form)的机器处理不断升级拓展,分析铭写的挑战也随之增加。当然,表达形式从来都是可以传播的,但是今天,互联网的速度、电脑幻灯片的便捷和图像处理软件的炫技,让表达形式的传播如虎添翼。今天人们的交流,用的是手机"拨通提示信号"*(而不是接通通话)、推特和短信。他们在脸书和虚拟人生游戏(Second Life)②这样的模式之中创造人物角色,也以此塑造人格角色。他们下载一个又一个表格(form),只需填写和发回即可。

由于审计和许可在新自由主义世界秩序中的运作方式,表格的作用也进一步强化了。这是一个会计审计的时代,而会计审计正是通过表格进行的。而且,在这个时代,许可证的运用真是史无前例。专利、版权、商标、护照:它们真的是用文字能许可一些事物、禁止其他事物。软件、音乐、游戏等的盗版和拒绝执行许可,引起了警方的大力关注,却又总能逃脱。

那么,《写文化》呼吁我们在未来的研究中去追问和关注的是什么呢?

詹姆斯·克利福德的几个引导性问题依然是极好的出发点:谁在说话?谁在写?什么时候?什么地方?和谁一道?对谁?在什么样的制度和历史局限下?什么样的"预知事实"(prefigured realities)(White 1973,1978)在

---

* "拨通提示信号"(flashing)是指去电者在接听者接听前有意挂断的电话,是一种单方通信。因为电话未接通,所以运营商不会收取费用。——译者

② 我是从特鲁瓦洛哥·奥都莫苏(Toluwalogo Odumosu)最近刚完成的学位论文中,了解到在尼日利亚手机"拨通提示信号"是一种通讯方式,其论文题目为《拷问移动:尼日利亚人利用移动电话的故事》(伦斯勒理工学院科技研究专业)。

组织和引导？

是否还有潜在的形式，就像斯蒂芬·泰勒所描述的那些组织、合法化和限制科学思维的形式？什么样的推理模式在起作用？思维怎样运行？从认知到概念、从特殊性到普遍性的思维方式，是习惯成自然，是法先人之法，还是古法不可循了？

借助伊恩·哈金(Ian Hacking)和米歇尔·福柯(Michel Foucault)，保罗·拉比诺(Paul Rabinow)从另一个角度鼓励大家关注"真理的体制"(regimes of truth)以及何为客观性。他问，哪些思辨模式在起作用？这些思辨模式是如何成为文本、成为权威的？这些思辨模式本身的历史性何在？我们能够避免将特定的——尤其是我们自己的——历史建构普遍化或本体化吗？

还有一系列有关比喻、修辞和叙事形式的问题。克利福德引导我们思考寓言和隐喻如何跨越多重表述而起作用，这其中也包括我们自己的表述。迈克尔·费希尔让我们思考怎样的叙事形式可以给人们一个空间去思索并重新发展其身份认同，去创造"有能动性的历史"以指引自己的未来。

我们还需要叩问非语言学的铭写形式。譬如各种人工环境，无论是在城市还是在科学实验室的尺度上，它们如何铭写，如何作为标记系统运行。数据库、计算机模型和数码地图，这些信息载体日新月异地塑造着我们当下的日常生活，它们是如何铭写的？

同样关键的是，当下我们还要追问哪些形式更加吸引人。在信息传播的旋涡中，哪些形式能够脱颖而出，值得我们的对话者去关注？哪些铭写能够塑造并承载意义，同时又能激发其生产者和使用者对它们的反思？哪些形式会令人担忧，而哪一些又让人忽视？

比如，民族志作者继续关心民族志的形式。如其应然。

民族志作者也应该做更多关于形式的实验，用那些已知有局限的形式去写作，以期能够民族志式地理解话语的局限到底是如何起作用的。在如亲属制度、经济和宗教等民族学范畴中写作，容许讲出来的有很多，但所受的限制也不少。我们应该像莉拉·阿布-卢格霍德(Abu-Lughod

2008)那样,继续在这些范畴中写作,把这种写作当作实验,来解析何得抑、何得扬。我们也可以按照小说、法律文书或者日本俳文③的文体惯例来写作[就像伊娃·赛奇维克(Eve Sedgwick)仿照詹姆斯·梅瑞尔(James Merrill)的"离别的散文"(Prose of Departure),在《关于爱的对话》中所做的那样],进一步了解是什么在允许和限制我们的表达及其有效性。实验在这里(如同在各科学领域)不仅有关于自由,也同样有关于桎梏。

这样,写作就不仅仅是表达,甚至不只是再现,而是产生洞见的方式。

做民族志

在教学中,我也这样讲,写文化也是在做(performance)分析的过程中开展的。文化的生产过程其实就是以传播为目的的文本化过程。

而文本化过程很微妙。正如文森特·克拉潘扎诺(Vincent Crapanzano)所探讨的,这一经典任务其实有点自相矛盾。民族志作者需以熟悉的术语来表述陌生的事物。他需要解码某些事物,来说明这个世界是编码的。同时他必须有说服力和权威性。然而他用以建立其权威的所有技巧也都有可能破坏他的权威。例如,他必须在场,在其所描述的场景之中,但也正因为成了当局者,而使他失去了旁观的距离和客观性的保证。克拉潘扎诺列举了乔治·卡特林(George Catlin)关于19世纪中期曼丹(Mandan)印第安人的欧吉帕(O-Kee-Pa)仪式的写作,歌德关于罗马狂欢节的描写,以及克利福德·格尔茨(Clifford Geertz)影响深远的"深层游戏:关于巴厘岛斗鸡的记述",描述了这些作者及其权威性何以能够在每一个作品中各不相同,却都是一个带着独特视角或解析能力的英雄形象。最终,也因此破坏和削弱了文本。克拉潘扎诺似乎在说,作者的英雄形象即便曾经树立过,现在也站不住脚了。

乔治·马库斯描述了文本化的其他技巧,指出了为什么某些分析(例

---

③ 俳文(haibun)就是穿插了俳句(haiku)的散文。

如,结合了政治经济和符号象征的分析)做不出来其实往往是文本化的失败,而不是其初衷的失败。全盘掌握复杂的分析很难,若是还要处理不同种类的数据、事例和观点更是如此。因此,要把全球因素与地方细节关联起来,这不仅是文本的挑战,也是理论的挑战。素材的衔接和安排都很重要,而民族志作者需要对事例有敏锐的洞察力,了解它们怎样跨越不同层次,产生跳弹效应*,进而改造各个层次的系统。马库斯关注的是描写的充分性,经验和理论描写的充分性,但这并不是他的最终目的。他进一步呼吁民族志工作需要更新——其实不如说重启——既有的社会理论创见。这一呼吁并不是针对明显志在立论的民族志,而是针对那种能让自己的观点搭台唱戏的写作,以欢迎论辩的姿态来确证、扩展或质疑现有的理论。

那么,我们下一步的努力方向是什么呢?怎样才能让我们的文本在帮我们传达观点的时候,不仅仅是作为传达的载体,而本身就是某种信息,通过形式就能表达观点?

首先,正如《写文化》所强力教导的,我们必须把文本作为文本来阅读,看看它们怎样成文成本,如何开篇、如何行文、如何收尾,注意脚注、照片和文本框怎样组合在一起,甚至在研究完成之前就开始想象甚至设计成书的封皮。我要求自己的学生这样做。

当我们尚在田野中游走之时,我们就应该开始想象我们的文本,由此我们会去注意我们之后做分析时所需要的田野素材。这意味着我们也必须边做田野边想象我们的叙述和观点,即便此时我们当然需要保持对田野的开放心态,回应田野本身的召唤,认识到田野的错综复杂会将我们带到理论所不能将我们带到的境地。对书写的预期能够指导我们的研究方向,却不对其加以限定。

这不仅仅是说要写得漂亮,或者讲人物和故事讲得感人肺腑。诗学本身也不认可无序的文本。这里的挑战就在于要将素材很有创意地放在一起,组织素材的方式要能够重组读者的体验。这里说的读者是作为对话者,

---

* 跳弹效应(ricochet effects)指子弹击中一个表面时反弹、弹跳或滑脱的现象,也泛指一种连锁的反应。——译者

是作为参与者,与我们作为研究对象的对话者是一样的。

这不是说精湛的解释能力已经过时。文化分析学者的解释能力,其重要性一如从前;这里的挑战在于,将其解读情境化和文本化,以使其能被人质疑、补充和提升。

拉比诺调侃了解释人类学的传统,他写道:"在这些叙事中,细节都很精准,图像有感召力,中立立场有示范性,而且模式复古。"不过,如今的问题已经不一样了,奚落的对象也该改一下了。在很多实例中都可以看到,文化分析中所谓的文学转向推动了对在场(presence)的热切追求,即便对在场假设(assumptions of presence)和逻各斯中心主义的批判已经有了越来越到位的分析。仿照拉比诺的手法,今天可以这样调侃:"在这些叙事中的场景都充满情感,作者自己往往也沉浸其中。作者的热情、'理论'、反思性和文学性都让人印象深刻,但是我们自始至终还是得服从作者的走向。文本依然是指令式的,像一部上好的情节剧一样,文本把它所描述的诸世界囊括于其中。"拉比诺点明了自我指涉只不过是又一个让作者建立权威性的工具而已。

在场不再是文化分析的保障,对在场的膜拜反而会限制我们想象哪些研究形式适合什么样的情境或问题。而有时候,人口普查和其他人口统计数据、国会听证会记录、有关我们的对话者的小说,或者我们的对话者阅读过的小说,都可以和"亲临其境"(being there)一样让人有所收获。这就要把各种不同的系统和能找到的各种素材都纳入视野之中。但这并不是说要面面俱到。

克利福德提醒我们,最好的民族志都是对真实(truth)的系统化、充分化利用和组织。这样的民族志能够表达通畅、令人信服且引人入胜,正是因为它们懂得增删取舍,不仅借重内容也通过形式,字字珠玑地刻画出那些特定的关联。克利福德强调,民族志作者的偏好可以指导其写作。

有不少案例和理论,可以借用以观照这一挑战。斯蒂芬·泰勒指点我们将《圣经》尤其是对观福音书*当作民族志。玛丽·路易斯·普拉特(Ma-

---

* 对观福音书是《新约圣经》前三卷《马太福音》《马可福音》和《路加福音》的合称。这三本福音书的内容、叙事、句法和用词皆很相似,使学者认为它们有所关联。——译者

ry Louse Pratt)为我们指出相近的或早期的形式,尤其是游记以及其他能在立场、叙事、描写和论证中进行主客体转换的体裁。拉比诺和克利福德则将我们引向狄更斯,把他与福楼拜形成对照。马库斯推荐了(并在其文中仔细解读了)保罗·威利斯(Paul Willis)的《学做工》(Learning to Labor)一书。迈克尔·费希尔关注汤亭亭(Maxing Hong Kingston)和查尔斯·明格斯(Charles Mingus)等人写的族群主题的自传,发掘其独特的、有利于展现族群性、处理族群性及设想其发展的文本策略。

斯蒂芬·泰勒在《写文化》中的文章描述了文本生产的目的不仅是进行表述和再现,还要有一种治疗的效果。要百分之百地搞清楚他的想法并不容易。他的文章显然是一篇上乘佳作;他的遣词造句和观点立论都技巧高超。尽管如此,他还是给读者留下了很多可去揣摩的。

总之,并不存在一个定式。合适的文本结构在组织素材的过程中形成。好的文本结构让读者仿佛置身于一个智力迷宫,为读者铺设了不同方向的道路,却并不限定读者何去何从。塔拉勒·阿萨德(Talal Asad)提醒我们,这些结构不需要以文字写出来。戏剧表演、舞蹈或者音乐也许是能将外来形式转换为与所预期之观众交流的形式的最佳方式。

如果一直以来我们以为读者基本上只是各自在读我们的书,现在让我们想象一下我们的书以及其他表达表演方式激起了读者之间的相互对话,想象一下可以由此激发出的集体性和合作关系。这并不是说我们以前不知道读者是在他们的社交圈子里读书的。但我认为,我们仍未真正意识到我们的作品促进了这些圈子的形成,推动了集体思考和讨论,产生了各种社会文化形式——正是这些社会和文化形式在反思和推动我们称之为文化的东西。④

---

④ 我多年来一直参与和研究环保运动,并关注其中很有特色的社区组织方式。不过,是我对科学共同体的研究工作才真正激发了我对集体性的兴趣,去探索集体性如何产生和维系,如何发展出自我批判反思和创造性地推动他们的工作的能力。这里所强调的我对文化分析学者之间新的合作形式的兴趣,部分就源于这一点。在我看来,我们需要搞清楚,何种集体性最能够将文化分析推进到一个新的阶段。乔治·马库斯也曾指出过这一点,近年来他常常提到,对民族志"发现"的集体探讨或者是关于这些发现的产生方式的真正的探讨,实在太少了。

设计研究

后现代民族志是一种合作发展的文本,它由一些话语碎片所构成,这些碎片意图在读者和作者心中唤起一种关于常识现实之可能世界的创生性幻想,从而激发起一种具有疗效的审美整合。总而言之,后现代民族志是诗——不是指它的文本形式,而是说它回归到了诗的最初语境和功能;凭借在表现方式上与日常言谈断开,诗唤起了共同体关于民族精神的记忆,并因此激起倾听者实施伦理行动(对照 Jaeger 1945:3-76)。

斯蒂芬·A. 泰勒,《后现代民族志》

  我觉得有一个最新的取向走在了我们的前面,也就是探究《写文化》如何影响了文化分析本身被生产和被参数化的方式。⑤ 在《写文化》一书中,乃至《写文化》所诞生于其中的以及产生初步影响的更广话语空间里,几乎都没有直接关于方法的讨论。例如,《写文化》书里就没有"方法"这一索引项。今天,《写文化》可以看作是一个方法层面的呼吁,一个对研究形式上的创新的呼吁。⑥

  把文化解读作是被书写的东西,在这样的解读中,文化不是在其铭写之外,而是在与铭写的互动中产生的。这意味着文化分析学者通过其研究参与了文化的生产。这也意味着文化永远不可能固定下来,而是一直在变化、催发并积累新的特性。

  这种不间断的文化演变已经日益加剧。无论在全球还是地方,抑或两者之间,无论在其内容还是形式上,电子化传播都在日益强化,文化就在这

---

  ⑤ 参数化就是对(计算机)模型诸方面加以定义的过程,这些方面对于针对模型提出的问题非常重要。我从我民族志工作中共事的环境模型建模专家那里借用了这一词汇。

  ⑥ 20世纪80年代,有很多复杂且重要的原因导致大家有意规避关于方法的直接讨论和教学。对于《写文化》圈子里的很多人来说,"方法"意味着对程式化的分析技巧的要求。对一些人来说,方法也标志着对表述再现之能力和透明度的自信。相比之下,在迈克尔·费希尔2009年发表的《人类学的未来》中,"方法和方法论义务"却是一条很长的索引项。

样充满各种压力源的嘈杂空间中成形。于是,文化演变快过以往,不断地开枝散叶、改头换面。

这常常会让人意识到他们的世界"超出了他们曾经接受的训练和教育,"迫使人们几乎一直处于学习模式(figuring-out mode)(Fischer 2003:9)。这也让他们有准备去面对丰富的民族志式的不期而遇。被变化所裹挟也努力去理解变化的人们,常常需要和珍视这种民族志式的遭遇,因为正是在这样的时刻,他们得以进行表述并直面各种困惑,从而相应地更新他们的表述。文化先人一步,需要一种语言。

加速了的文化生产也已经令文化分析的读者做好了准备。晚期资本主义、后社会主义、民主颓败、战争无止境的年代,人们不再轻易相信他们的所见所闻。许多人(当然不是全部)认识到新闻可以是一个笑话,而滑稽恶搞也可以闪现真知灼见。权威并不在于不容置疑,而在于承认不完全性。

西方无法充分表述西方之外的世界,这已经不是新鲜事。帝国当然还在起作用,却也愈发向世人彰显其视角的不完全性。塔拉勒·阿萨德在《写文化》中所指出的语言和文化的等级分化基本上还是表面上的。用殖民者语言做的独角戏,很难深入剖析问题的肌理。

诚然,脱口秀的嘈杂音也同样做不到,这些言论都是经许可才得说的,尽管舞台中间不是专家评论员就是明星主持人。今天我们能听到越来越多的声音,更为响亮,往往尖锐,每个人都信心满满到让人受不了。而呼吁合作生产,那就是另一回事了。

因此,"接入"(access)文化的方法需要升级了。这里借用数码术语非常合适。在今天数码技术的先锋派中,对"接入"的理解绝不仅仅停留在连接一台计算机或者宽带。接入的功能不仅仅是连接,而且包括作用于接入的内容,对其修改增补,从而使其具有新的意义。这就需要技术基础设施和实践模式都能允许合作,研究者与研究对象之间、研究者相互之间,以及研究者与读者之间等多层次的合作。合作,从构词上看就是指合在一起工作,但是,说起来容易做起来难。

《写文化》打开了一条渠道去关注田野实践以及田野作业所依赖的翻

译与书写模式。既然讨论到田野笔记实为文化被记录和生产的地方,就引出了新的问题,即文化分析学者自身如何生产、忽视或否定文化的各种可能性。

《写文化》也打开了新的渠道去关注当时民族志权威是如何得以建构的。书中多篇文章都以此为核心。克拉潘扎诺的文章以讽刺开篇,他把理想的民族志作者描述为类似希腊众神使者赫尔墨斯,外语讯息的翻译官。而宙斯却明白,当赫尔墨斯承诺不说谎的时候,他并未承诺说出全部真相。克拉潘扎诺说,民族志作者尚未领会这个重要的区别。雷纳托·罗萨尔多(Renato Rosaldo)对民族志作者作了更为严厉的批判,将民族志作者与审讯者的角色与策略做了很多对比。

斯蒂芬·泰勒开始探索新的可能性,指出观察者-被观察者这样的意识形态必须让位了,以便民族志互动成为互助合作和相互对话,使民族志互动成为故事的生产者。泰勒的目标就是形成*复调*,容纳多种面向和声音,而民族志的具体形式就是脱胎于这个互动过程,也与之相恰切。这里同样地,文本化被视为一种解释性、生产性的活动,而不是捕捉既已定型的事物的方式。

泰勒坚信"复调作品是获得相对视角的一种手段,而不仅是对作者责任的逃避,或一种心虚的过度民主。"不过,这确实关涉政治。阿萨德所描述的语言不平等和文化等级体系至今依然是个问题。差异的集中展现,永远也无法摆脱权力的运作,永远也离不开有组织力的系统。正如罗萨尔多所指出的,甚至连审讯者也能处理差异。然而,这样的方式却未真正把握差异、影响差异,未能推动其进入有话语风险的情境。⑦

那么,目前的挑战之一就是文化分析学者的立足点。明白经典的案例研究的丰富性,文化分析学者仍会继续做记录;但是也会征询,征询的不是

---

⑦ 泰勒也指出许多共同体长久以来就合作生产文本:例如神话和民间传说。克利福德则指出,詹姆斯·沃克(James Walker)关于拉柯塔族(Lakota)的四卷本著作,算得上早期的"合作式记录作品",也值得关注。

她的对话者已经知道的,而是他们想要说出和正在形成中的事物。[8] 她会力图理解他们的系统,去发现他们的系统哪些地方不稳定、在变动,哪些地方需要表述。就像马库斯描述的,她的工作是在这样一个时间状态,即"正在进入切近而未知的未来"(Marcus 2007：1131)。这不是任何研究主题——无论是关于事还是关于人——都可以做得到的。将研究题目选在一个动态的议题领域就成为研究设计中的一个关键环节;研究对象的选择也是一样。在探讨《尼萨》(*Nisa*)一书时玛丽·路易斯·普拉特指出,该书作者玛乔丽·肖斯塔克(Marjorie Shostack)发现并充分利用了这一事实,即"并不是所有土著居民都是相同或平等的"。随着我们重新考虑民族志可以变成什么,我们会越来越需要类似肖斯塔克这样的发现。我们的挑战并不在于找到有代表性的研究样本,而在于寻找那些准备好接入新表述的"研究对象"并与之建立友好合作关系[9]。

文化分析学者往往需要协助。如果文化有越来越多的面向和组合可能性,研究者需要合作才能达成理解。这也就牵涉到文化分析学者的工作方式、其所受制于的教职及其学术事业的其他方面。这并不是说不要再致力于独撰专题论文,只是这种做法值得反思。对开放接入(open-access)模式的发表和出版应该获得高度优先的投入。

有很多原因让我们认真思考"开放接入"式计算机基础设施、出版与实践。实际可用的基础设施确实是基础性地设定了在实践中可以做什么。各

---

[8]　(从迈克·弗顿那里)我了解到,征询(solicit)在词源上和在实践中都与关心(care)和解构相关联。根据德里达所讲授的,结构"是通过危机事件而被感知的,在危机的时刻,迫在眉睫的危险迫使我们集中关注一项制度的基石,正是这个基石同时包含着该制度得以存在的可能性和脆弱性。因此,可以在方法上对结构施加威胁,以便我们更清晰地把握这个结构,不仅要找出它的支柱,还要找出这个结构的神秘部位,这个神秘部位既不是构建性的,也不是损毁性的,而是不稳定性之所在。这一操作手段(在拉丁语中)就叫做征询(soliciting)。换言之,就是牵一发而动全身[英文 solicit 一词,来自 *sollus*(即古拉丁语'整体')和 *citare*(即'发动')]"(Derrida 1978)。加亚特里·斯皮瓦克(Gayatri Spivak)还作了补充,"一旦一个系统被'牵动'了……你就会发现一个无法按照逻辑规则去解释的过剩,因为这个过剩只能当作非此或非彼抑或非此亦非彼来解释"(Spivak 1976：xvi)。因此,细心征询能够成为一种民族志技巧,旨在帮助人们理解和表达那些此前无法说出的、面向未来的东西。

[9]　普拉特也指出人们的谈话意愿——如尼萨的意愿——受制于帝国主义以及其他权力结构、他们对回报的预期以及先前同访谈者的接触。因此,为能真正地介入,文化分析学者需要对多重历史、交际技巧和相关的投入都有非常敏锐细腻的意识。研究并不是在接触的那一刻才开始的。

个地方的人们以各种方式开展的合作,有赖于可以共用的、财力上负担得起的基础设施。此外,分工合作能够产生极为稳健且合格有效的成果。试想一下Linux电脑操作系统便知。因此,开放接入模式为更合作式的文化分析提供了一个可行的手段,也为共同体"成果"如何接受集体检查监督提供了有力的示范。

开放接入也指向了全球系统层次的问题。开放接入式的基础设施和实践是在对抗一个方兴未艾却已日益强化的生产模式,即将学术产品作为财产隔离起来的模式(Boyle 2003)。后者产生的一个结果就是,学术产品成为企业新的兴趣和利益所在,企业把学术产品及其得以研发的基础设施都当作专利保护起来。开放源码(或简称"开源")软件和开放接入许可则为一种不同的组织和导向提供了可能。这些新的实践确实成本很高,因为都是劳动和技术密集型的,然而这种投入是面向开放式传播而不是商业销售,是走向有创造力的公有地而不是圈地独占的体制。⑩

欲深入发掘《写文化》的意义,我们就必须探索我们自己是如何在技术上、社会上、审美上以及理论上开展工作的,要明白正是在这个过程中我们创造着文化。如果文化是被铭写的,那么当然它也就是被调停的和技术的;文化和民族志的诗学与政治都建基于基础设施之中。我们需要建立新式基础设施以使我们能够理解人与人之间的差异,能够重置独角戏和嘈杂音的声线,能让出乎意料的事物从民族志式的遭遇中浮现出来,能为各种回应给出空间。因此,发明新方法、新基础设施和新研究形式就成为关键的挑战。民族志本身已"在线"(on the line)。

《写文化》来电呼叫

用户指南

警告:[写文化]会让你难以捉摸。在电话交换机的逻辑和规则下运转,它其实让信息接收方陷入不安的状态。如果你选择接受这个任务,你就得学会怎样用耳朵去阅读。除了接听电话之外,你同时还要根据噪音频率、反编码

---

⑩ 在上一个十年中,学术出版界大规模重组,我在此期间编辑学术刊物的经历,使我提出这一观点并强调其重要性。

以及大量随机因素来调试自己的耳朵——总之,你需要对静电和占线干扰一直保持预期。

阿维塔尔·罗奈尔,《电话本》

女性主义文学学者阿维塔尔·罗奈尔(Avital Ronell)鼓励、期待并反复提醒批判学者们即使很难听清或者时常被静电切断,也要时刻保持"在线"倾听线上信息,而且要意识到挂断电话后电流都还在继续。她要求我们为干扰做好准备,通话中断后要回拨过去。也要知道什么时候挂断电话。⑪ 这个"用户指南"是罗奈尔《电话本》一书的开篇,指导我们如何阅读那本书。这个用户指南同样可以指导我们阅读《写文化》一书。⑫

像《电话本》一书那样,《写文化》有意塑造直面未来的主体。它强调,我们要持续关注什么出现"在线上"了,而我们需要做什么来回应。《写文化》的"来电"呼吁,就是要"调谐"我们的学问使之跟上特定历史时刻的节拍,此书在20世纪80年代中期做了示范,即要跟上对实验精神的需求,以便尝试新的路径,不断追求真正有创造力的东西。类似电话这样能建立新连接的发明创造,我们需要去发掘和理解,而非加以蔑视或否定。据此,文化分析学者不仅要去聆听这种电激人心的话音,还应该去创造新一代这样的声音。

像《电话本》一书那样,《写文化》也有意重置权威以及作者的位置;罗奈尔将她自己视为其文本的"接线员"而不是作者。这可不是一个循常的改

---

⑪ 《电话本》一书对海德格尔作了不懈的批评,批判他不肯挂断希特勒、国家社会主义以及对先于技术的意义的渴望(亦见 Derrida 1989)。正是技术组织着生活并设定了生活的可能性。技术是一切事物必经的总交换机。所以生活本来就已经一直是技术化的,即便直接驱动生活的是思考并审慎选择特定技术的需求。比如,今天的医生、患者和家庭,一不小心就会被玛丽·乔·古德(Mary Jo Good)称作"生物技术的拥抱"所俘虏,无力却必须作出艰难的判断,即判断在什么时刻医疗干预已经背离了治疗的初衷而变成了折磨(2007)。在数码技术和互联网的构筑中则需要另一种同样艰难的抉择。互联网的构筑风格既会塑造生活的可能性,也会书写文化,如何看待这一现象,劳伦斯·莱西格(Lawrence Lessig)提供了很好的视角,请参考他的书《虚拟空间的编码及其他法则》(Code and Other Laws of Cyberspace)和《编码:2.0版本》(Code: Version 2.0),后者写的是他自己的、允许读者去编辑文本的维基百科页面(2006, 2000)。

⑫ 罗奈尔的文本本身就是电话式的,它的行文、字体、中断(大篇幅插入其他理论家的写作)和"治疗效果"(泰勒)都是在模仿电话通话。

动。读者要小心了！当作者变成了接线员，她就不仅仅是代你去描写和阐释而已，她是在持续地读取你所在的系统——本地的或远距离的——的运行状况，依此将你接入系统、建立连线、插拔腾挪，转接你要的线路。在《写文化》中，民族志作者就变成了接线员。

在我看来，罗奈尔就是在建议我们与《写文化》连上线，让这个呼叫接通，努力以在连线这一端有意义的方式去解读它所传递的讯息，也倾听其中尚不明确的声音，以刺激我们去打开创新的频道。

这个呼吁中最难的部分是关于时间的，关于我们如何书写文化才能符合文化的历史性和未来的节拍。我们必须认真思考和应对不断变化的文化生产结构。⑬ 2008年夏天伊朗发生的事件表明，推特也许确实是一种革命的道路。⑭ "虚拟人生"也可以为人们提供关键的空间去塑造新的身份认同（Boellstorff 2008）。录像机、投影技术和互联网可以成为印度农村商讨自然资源管理和应对全球变暖的手段。⑮

如果我们把技术看作思想和生活得以生发的平台，那么确实一切都与技术相关。对待技术，我们不应一味服从或者盲目投入，而是应该去聆听，去参与，并且有时候去重新设计。我们的耳朵一定要去习惯新兴的铭写模式。来电一定要接听。

我们的书写在工作机制上也必然是以技术为基础的。在为《写文化》所作的导言中，克利福德已经表明，书中其他作者也如此回应：民族志是对有

---

⑬　因此，当下书写文化就需要我们去深入思考数码技术和互联网如何创造新的生产条件和可能性。像《炸成字节：数码爆炸后你的生活、自由和幸福》(*Blown to Bits：Your Life, Liberty, and Happiness after the Digital Explosion*)(Abelson, Ledeen and Lewis 2008)这样的文本值得我们关注。亦可参考尤查·本科勒(Yochai Benkler)的《互联网财富》(*The Wealth of Networks*)(2006)。

⑭　推特并不是(如当时往往被开玩笑地炒作中所说的)革命的最主要技术，但是同视频手机、脸书以及其他社交网络技术一道，推特确实协助协调当时的大规模抗议，并使伊朗政府无法禁绝视频在国内外的散播。这些技术是双刃剑——同时向审查和传播开放——然而在这次事件中，这些技术以惊人的方式展示了一大群人愿意冒险去质疑其政府的合法性。

⑮　此处，我所想到的是视频艺术家苏拉吉·萨卡(Surajit Sarkar)在"开动艺术大篷车计划"(Catapult Arts Caravan Project)中的作品。萨卡带着几组视频录像制作人员(有的来自大都市，有的来自小村子)进入村庄环境，在几周时间里录制收集了大量当地人的评论。然后在当地市场的一面墙上把这些评论用投影仪回放给村民，这样设计就是为了激发村民去思考未来自然资源管理的多种方案。

用的物品进行巧妙的加工,以促使让人们去想、去说、去做此前不可能想、说或做的事情。文化分析和民族志的工作是一种设计和生产的过程,这个过程在于变更改换那些已说的、可说的,改变由谁来说,与谁有关,改变什么不用理会,什么需要变革。《写文化》并没有提供一个蓝本,而是发出了一则呼叫。

金·弗顿(Kim Fortun)

伦斯勒理工学院

2009 年 8 月

参考文献

ABELSON, HAL, KEN LEDEEN AND HARRY LEWIS

 2008 *Blown to Bits: Your Life, Liberty, and Happiness After the Digital Explosion*. Upper Saddle River, NJ: Addison-Wesley.

ABU-LUGHOD, LILA

 2008 *Writing Women's Worlds: Bedouin Stories*. Berkeley: University of California Press.

BENKLER, YOCHAI

 2006 *The Wealth of Networks: How Social Production Transforms Markets and Freedom*. New Haven: Yale University Press.

BOELLSTORFF, TOM

 2008 *Coming of Age in Second Life: An Anthropologist Explores the Virtually Human*. Princeton: Princeton University Press.

BOYLE, JAMES

 2003 "The Second Enclosure Movement and the Construction of the Public Domain." *Law and Contemporary Problems* 66: 33 – 74.

DELEUZE, GILLES, AND FÉLIX GUATTARI

 1986 *Kafka: Toward a Theory of Minor Literature (Kafka: Pour une litterature mineure)*. Translated by Dana Polan, with a foreword by Reda Bensmaia. Minneapolis: University of Minnesota Press.

DERRIDA, JACQUES

 1989 *Of Spirit: Heidegger and the Question*. Translated by Geoffrey Bennington and Rachel Bowlby. Chicago: University of Chicago Press.

 1978 *Writing and Difference*. Chicago: University of Chicago Press.

FISCHER, MICHAEL M. J.

 2003 *Emergent Forms of Life and the Anthropological Voice*. Durham, NC: Duke University Press.

 2009 *Anthropological Futures*. Durham, NC: Duke University Press.

GOOD, MARY-JO DELVECCHIO

 2007 "The Biotechnical Embrace and the Medical Imaginary." In *Subjectivity:*

Ethnographic Investigations, edited by João Biehl, Byron Good, Arthur Kleinman. pp 362 – 380. Berkeley: University of California Press.

LESSIG, LAWRENCE

2006 *Code: Version 2.0*. New York: Basic Books.

2000 *Code and Other Laws of Cyberspace*. New York: Basic Books.

ODUMOSU, TOLUWALOGO

2009 "*Interrogating Mobiles: A Story of Nigerian Appropriation of the Mobile Phone.*" Dissertation submitted to the Department of Science and Technology Studies, Rensselaer Polytechnic Institute.

MARCUS, GEORGE E.

2007 "Ethnography Two Decades after Writing Culture: From the Experimental to the Baroque," *Anthropological Quarterly*. Volume 80, number 4, Fall. 1127 – 1145.

RONNELL, AVITAL

1989 *The Telephone Book: Technology, Schizophrenia, Electric Speech*. Lincoln: University of Nebraska Press.

SPIVAK, GAYATRI CHAKRAVORTY

1976 "Introduction." In *Of Grammatology*, by Jacques Derrida, translated by Gayatri Chakravorty Spivak, *ix-lxxxviii*. Baltimore: Johns Hopkins University Press.

WEBER, SAMUEL

1996 *Mass Mediauras: Form, Technics, Media*. Palo Alto: Stanford University Press.

WHITE, HAYDEN

1973 *Metahistory*. Baltimore: Johns Hopkins University Press.

1978 *Tropics of Discourse*. Baltimore: Johns Hopkins University Press.

前　言

高丙中　译

这些文章是集中讨论的产物。这些讨论在1984年的四月间在位于新墨西哥州圣菲的美洲研究院举行。按照该院"高级研讨会"的形式，讨论持续了一个多星期，参加的人数严格地限制在十位。小组讨论了事先已经在我们之中传阅的文章，它们探究了广泛的话题，这些话题都围绕着研讨会的焦点，即"民族志文本的打造"。一些参与者在近些年一直致力于民族志写作的革新，如保罗·拉比诺、文森特·克拉潘扎诺、雷纳托·罗萨尔多、迈克尔·费希尔；而其他参与者一直在努力发展对民族志的历史、修辞和现状进行批评的体系，如玛丽·路易丝·普拉特、罗伯特·桑顿、斯蒂芬·泰勒、塔拉勒·阿萨德、乔治·马库斯、詹姆斯·克利福德。所有这些人都与文本批评和文化理论有关：或者早先曾经投身其中，或者目前正在承担这方面的工作。在十位参加者之中，八位是人类学的背景，一位是历史学的背景，一位是文学研究的背景。小组的重心在一个领域，即文化人类学，这确保了共同的语言和文献征引范围，从而使交流处于一个高的水平。不过，研讨会所涉及的领域是交叉学科的。所有的参与者在他们最近的工作中都尽其所需地利用历史、文学、人类学、政治学和哲学的资源，都质疑了所谓的学科和文体。相关的更多的信息可以参看书后所附的"撰稿人介绍"，而本书总的"参考文献"给出了各个作者引用的相应文章的全部文献出处。十个人都在研讨会上提交了论文，其中九篇收进来了（由于偶然的原因，罗伯特·桑顿没有能够在截止日期之前修改好他的文章）。

通过批评性地审视民族志作者所做的主要事情之一，即"写"，这次研讨会既寻求对于文化人类学最近一段的历史进行重新解释，也寻求开启文化人类学未来的多种可能性。不过，当致力于文本分析和文学分析的时候，研讨会也在思考这些研究取向的局限。好几篇文章都强调，并且研讨会上也反复地涉及这样一些更大的语境：系统性权力的不平等、世界体系的制约、体制的型构作用——这些都不能被以文本的生产为焦点的研究给予完全的解释。有鉴于此，研讨会有自知之明地限定了一组重点，努力去集中探求文化表述的政治学和诗学。关于圣菲讨论会的更多说明（包括本书没有收录的那些议题），请参看发表在《当代人类学》(*Current Anthropology*)第26卷（1985年4月号第267—271页）上的报告。研讨会的组织和焦点促使我们断然地排除了一些内容，其中一些在这个报告和本书中紧接着的"导言"中有所讨论。

本书中的这些文章都是那次研讨会上提交的工作论文的修改版本。有些篇章现在已经很不一样。作为主编，我们不曾刺激他们达到主题的统一，也没有图谋在他们之间设计人为的"会谈"（conversation）。毫无疑问，读者们既会看见一致，也会发现摩擦。我们也不曾给这些论文强加统一的风格；相反，我们一直鼓励多样化。本书各个部分的先后顺序并没有太大的特殊意义。这里存在一个总的进程：从书本倾向的研究走向质疑这种重心的研究——例如，放在后面的拉比诺的文章就是对于整个"文本主义"取向的批评框架。这些文章的安排还体现一种动向，即从对于民族志的惯例的回顾性批评到对于实验工作在当前的各种可能性的讨论。按照这一逻辑，泰勒为"后现代民族志"招魂的文章应该放在结尾。但是实际上，他的文章是为了后现代而往前现代看，大致来说在此是不可分类的。我们确实不想留下这种印象：本书作为一个整体指向某个乌托邦的或者可预言的方向。

作为主编，我们特别感谢研讨会的参与者，感谢他们的合作和好脾气；感谢美洲研究院（特别是其主席道格拉斯·施瓦茨，出版部主任简·科普）的慷慨和激励；感谢加州大学圣克鲁斯分校的人文学部；尤其是要感谢莱斯大学的巴巴拉·珀德拉兹在玛琪·瓦尔德的协助下帮忙准备了手稿。加利福尼亚大学出版社的内奥米·施耐德和詹姆斯·克拉克提供了编辑上的帮助和鼓励。我们也对众多出版界或非出版界的手稿阅读者充满感激，不仅是因为他们特殊的建议，尤其是因为他们全体的热情。他们坚定了我们的这一信念:在所有那些民族志和文化批评正变得日益重要的领域,本书要击打出一种强有力的、引发争论的声音。这些读者中的许多人都完全有资格就我们的题目撰写稿件,集成一册出版,就像我们这十个聚在圣菲的人一样。在下面的章节里提出的问题正在被广泛地讨论;并不是我们发明了它们。我们保证,那些已经为这种讨论作出了贡献的人将看到,他们得到了应有的感谢,至少也被提及到了。

最后,作为一份祷词,我们抄录下列诗行在这里。这是我们的第一个作为编辑的读者简·科普拿着字典,模拟一种极度的失落情绪而创作的。

阐释者的困境,或,一首满是术语的诗篇

远在人类堕落之前,阐释者坐在那里,
簇拥着他的比喻可信而忠实,
陷入惊异之中,无所用心地把鲁特琴胡乱拨弄,
迷失得颠三倒四,不抱任何的希冀。

他发出真心里带着躲闪的喊声:
啊,来吧,谈友,请竖起耳朵倾听!
在我以前煽情的言辞里,我中伤,我撒谎,
现在你将听到,我的话语严谨而冷静。

我沾染了不无简略的现象学仪式,
加入了摆弄神秘的举隅法的队伍里,
多少个嗜酒的夜晚,废弃了我先前获得的知识,
并拥抱了认识论的异端这个昨日的异己。

唉,但我现在受不了转喻占满脑子!
这种感叹爆发出来就无可隐匿!

我失去了我曾经如此珍视的全部诗才……

带着生动十足的叙述,他溘然长逝。

詹姆斯·克利福德

加利福尼亚大学圣克鲁斯分校

乔治·E.马库斯

莱斯大学

导言:不完全的真理

詹姆斯·克利福德　著

吴晓黎　译

　　跨学科研究最近讨论得非常之多,其实跨学科并非对抗已经确立的学科(实际上也没有哪一门既成学科愿意放手)。要做跨学科的事,选择一个"题目"(一个主题)然后围绕它堆砌两到三个学科的知识是不够的。跨学科的性质在于创造一个不属于任何原有学科的新对象。

罗兰·巴特,"年轻的探索者"

　　你将比你预想的需要更多的表格。

埃勒诺勒·史密斯·鲍恩给田野工作者的建议,
《回到笑声》

　　本书扉页上的那张照片表现的是本书的作者之一斯蒂芬·泰勒1963年在印度工作的情形。民族志学者正在聚精会神地写着什么——作笔录？充实一则阐释？记录一项重要的观察？草就一首诗？何坐在热浪中,他在眼镜上挂了一片湿布当帘子,表情因此看不分明。一个对话者从他的肩膀上看过去——带着厌烦？耐心？惊奇？在这个画面里,民族志学者悬留在画框边缘——面目不详,差不多超然物外,只是一只在写字的手。这可不是人类学田野工作的通常写照。我们更习惯于玛格丽特·米德精力充沛地跟马努斯的孩子们玩游戏或询问巴厘村民的照片。参与观察,人类学工作的经典方法,给文本留下的空间很少。但是,在科林·特恩布尔(Colin Turnbull)对他在穆提(Mbuti)的俾格米人(pygmies)中的田野工作的记叙中,即便淹没在这样的细节里——在丛林小道上奔跑,不眠地参加夜间的歌咏,在拥挤的树叶小屋中睡觉——某些地方他仍然提到了他围着一台打字机忙碌。

在布罗尼斯拉夫·马林诺夫斯基的《西太平洋上的航海者》中,有一幅照片突出了位于基里维纳(Kiriwinan)房屋之间的民族志学者的帐篷,不过照片没有展示帐篷的内部。但在另一幅照片里,马林诺夫斯基刻意摆了一个姿势,记录了他自己在桌边写作的情形。(帐篷的两翼向后拉,他侧面坐着,一些特洛布里恩人站在外面,观察着这个奇怪的仪式。)这张不同凡响的照片仅在两年前才出版——是我们时代的标志而不是他的时代的标志。[①] 我们不是从参与观察或(适合于阐释的)文化文本开始的,而是从写作、从制作文本开始的。写作不再是边缘或神秘的一维,而是作为人类学家在田野之中及之后工作的核心出现。写作直到最近才得到描绘或严肃的探讨这一事实,反映了主张再现的透明性和经验的直接性之意识形态的顽强。按照这一意识形态,写作被简化为方法:做好田野笔记,精确绘制地图,"详细描写"结果。

收集在本书中的论文断言,上述意识形态已经溃败。这些文章认为文化是由相互激烈竞争的符码和表象构成,假设诗学和政治是不可分的,而科学位于历史和语言学过程之中,而不是之上。它们还假定,学术体裁和文学体裁相互渗透,描述文化的写作真正是试验性和伦理性的。它们把焦点放在文本生产和修辞上,以便突出文化叙述的建构的和人为的性质。这种做法削弱了过度透明的权威模式,把注意力引向民族志的历史困境,亦即,民族志总是陷入发明文化而非再现文化的境地(Wagner 1975)。这些文章所提问题的范围不属于任何传统意义上的文学,这一点将很快变得明显。大部分的文章虽然焦点在文本实践,然而都抵达了文本之外的语境:权力、抵抗、制度限制以及创新的语境。

民族志的传统是希罗多德的史学和孟德斯鸠的《波斯人信札》的传统。它偏过一个角度去看远近的所有集体性安排。它使熟悉的变得陌生,奇异的变得平常。民族志培养了一种对自身处境的清晰思考,如弗吉尼娅·伍

[①] 见马林诺夫斯基的书(Malinowski 1961:17)。这张帐篷内的照片由乔治·斯托金在《人类学史》(*History of Anthropology* 1:101)中刊出。这一卷书中还有其他一些表现民族志写作的生动照片。

尔夫所提倡的:"让我们永不停止思考——什么是我们身处其中的'文明'？这些仪式是什么,我们为何应该参与其中？这些职业又是什么,我们为什么应该从中获利？ 总之,它要把我们,受过教育的人的儿子,带往何方？"(Woolf 1936:62-63)。民族志积极地置身于强有力的意义系统之间。它在文明、文化、阶级、种族和性别的边界上提出问题。民族志解码又重新编码,说明集体秩序和多样性、包容和排斥的根据。它描述创新和结构化的过程,而它自身是这些过程的一部分。

民族志是新出现的跨学科现象。它的权威和修辞已扩展到许多把"文化"当作描述和批评的新的问题对象的领域。本书虽然从田野调查及其文本开始,但向更宽广的写作实践开放:关于文化、相对于文化以及在文化之间的写作。这一模糊的范围包括——这里只提一些发展中的视角——历史民族志[伊曼努尔·勒·罗伊·拉迪里(Emmannel Le Roy Ladurie),纳塔莉·戴维斯(Natalie Davis),卡洛·金斯伯格(Carlo Ginzburg)]、文化诗学[斯蒂芬·格林布拉特(Stephen Greenblatt)]、文化批评[海登·怀特(Hayden White),爱德华·萨义德,弗雷德里克·詹明信]、对日常实践和隐性知识的分析(皮埃尔·布尔迪厄,米歇尔·德·塞尔托)、情感的霸权结构的批评[雷蒙德·威廉斯(Raymond Williams)]、对科学团体的研究[追随托马斯·库恩(Thomas Kuhn)]、异想世界与奇幻空间的符号学[茨韦坦·托多罗夫(Tzvetan Todorov),路易·马林(Louis Marin)],以及所有聚焦于意义系统、有争议的传统或文化造物的研究。

这一复杂的跨学科领域的发展始自人类学的危机,如今仍是变化的、多样的。因此我不想给本书的探索性文章强加一种虚假的一致性。虽然作者们都大致赞同混合了诗学、政治学和史学的方法,他们也常常有不一致的时候。许多文章融合了文学理论和民族志。一些人查考上述方法的局限,强调制度化权力的限制和唯美主义的危险;其他人热情倡导试验性写作形式。但他们都出于对未来的可能性的承诺,以不同的方式共同分析了过去和现在的实践。他们视民族志写作为变动不居的、创造性的:以威廉·卡洛斯·威廉姆斯(William Carlos Williams)的话说,"历史对于我们,应该像小提琴家的左手一样"。

* * *

最近,"文学的"方法在人文学科流行开来。在人类学领域,只提少数人的名字:颇有影响的学者如克利福德·格尔茨、维克多·特纳、玛丽·道格拉斯、克劳德·列维-斯特劳斯(Claude Lévi-Strauss)、让·迪维尼奥(Jean Duvignaud)、埃德蒙·利奇,都对文学理论和实践有兴趣。他们各自以不同的方式模糊了艺术和科学之间的界限。但他们的做法并非新发明。马林诺夫斯基对作家(康拉德、弗雷泽)的认同是众所周知的。玛格丽特·米德、爱德华·萨丕尔和鲁思·本尼迪克特把自己看作既是人类学家又是文学艺术家。在巴黎,超现实主义运动和民族志专业定期交换观念和人员。但是,文学影响离人类学学科"严格的"核心还有一段距离,直到最近才有变化。萨丕尔和本尼迪克特毕竟还是让他们的诗歌躲开了弗朗兹·博厄斯的科学注视。尽管民族志学者常常被称为不成功的小说家(尤其是那些写得太好了的人),而认为文学程序渗透了再现文化的所有作品,却是人类学最近的观念。对越来越多的作品来说,人类学——尤其是民族志——的"文学性",远远超出了好的写作或独特的风格所能概括的。[②] 文学的过程——隐喻法、形象表达、叙事——影响了文化现象被记录的方式,从最初草记的"观察",到完整的书,到这些形构在确定的阅读活动中"获得意义"的方式。[③]

一直以来有一种说法:科学人类学也是一种"艺术",民族志具有文学品质。我们经常听说,某位著者的写作很有风格,某些描述生动或很有说服力(难道不是所有精确的描述都有说服力吗?)。一部作品在描述了事实之外,

---

[②] 对人类学中的"文学"扩展领域进行探讨的部分著述(不包括本书作者们的),有布恩(Boon 1972,1977,1982)、格尔茨(Geertz 1973,1983)、特纳(Turner 1974,1975)、弗兰德兹(Fernandez 1974)、戴蒙德(Diamond 1974)、迪维尼奥(Duvignaud 1970,1973)、法弗莱特-萨达、贡特拉斯(Favret-Saada 1980;Favret-Saada and Contreras 1981)、杜蒙(Dumont 1978);特德洛克(Tedlock 1983)、杰敏(Jamin 1979,1980,1985)、韦伯斯特(Webster 1982)、桑顿(Thornton 1983,1984)等人的作品。

[③] 见海登·怀特关于"预想的"现实的比喻理论的作品(White 1973,1978);亦可参照拉图尔和沃尔加(Latour and Woolgar 1979)认为科学活动如"铭写"(inscription)的观点。

还被认定表达生动或经过艺术构思；表现力和修辞功能被认为是装饰性的或仅仅是更有效地提出客观分析或描述的方法。因此，问题的事实部分至少在原则上是可以同它们的传达方式分离的。但民族志的文学或修辞之维不再可能如此容易地被分割开来。它们在文化科学的每一层面都很活跃。确实，用"文学"方法研究"人类学"这一学科的想法，有严重的误导作用。

本书所收的文章并不代表一个内在一致的"人类学"（Wolf 1980）内部的一种趋向或视角。旧有的人类学定义包括学科"四领域"：体质（或生物）人类学，考古学，文化（或社会）人类学和语言学，对此博厄斯可能是最后一个鉴赏者了。今天很少有人能够严肃地说这些领域共享统一的方法或研究对象，尽管主要因为制度安排，这一梦想还在持续。本书的文章占据了一片新天地，这是作为整个学科的终极目标的"人"的瓦解所开放出来的。它们吸收了文本批评、文化史学、符号学、哲学阐释学和心理分析领域的最近发展成果。一些年以前，在一篇尖锐的文章里，罗德尼·尼达姆考察了似乎导致学院人类学的学术分裂的诸因素：理论的不连贯，纠缠的根基，难以忍受的同伴，发散的专业化。他以一种反讽性的若无其事姿态，指出人类学领域可能很快就会重新分配到多个邻近学科中去。当前形式的人类学将经历"一种彩虹般的变形"（Needham 1970：46）。本书中的文章就是这种变形的一部分。

但如果说它们是后人类学的，它们也是后文学的。米歇尔·福柯（Foucault 1973）、米歇尔·德·塞尔托（de Certeau 1983）和特里·伊格尔顿（Eagleton 1983）最近都争辩说，"文学"自身是一个临时的范畴。他们认为，从17世纪开始，西方科学就从它的合法库存中排除了某些富于表现的样式：修辞（以"直白"、透明的含义之名），虚构（以事实之名），主观性（以客观性之名）。科学所排除了的这些品质就落户在"文学"范畴之中。文学文本被认为是隐喻和寓言性的，由杜撰而非观察到的事实构成；它们为作者的情感、沉思和主观"天才"保留了大片天地。德·塞尔托注意到，文学语言的虚构在科学上被谴责（而在美学上被欣赏），是由于其缺乏"单义性"——据说自然科学和标准的历史叙述都是绝不模棱两可的。按照这一公式，文学与虚构的话语与生俱来是不稳定的；它"在意义的分层上大做文章；它意在言外;它以那样一种语言描绘自己,从中它不断取得意义的效果,而这些效果却不能被框定或检查"(de Certeau 1983:128)。这一话语不可救药地是比喻性的和多义的,它不断地被从科学中驱逐出去,但并非总是很成功。(只要它的效果开始过于公开地被感觉到,一个科学文本就显得太"文学"了,比如说,似乎用了太多的隐喻,似乎依赖风格和形象描绘,等等。)④

到19世纪,文学作为与"文化"和"艺术"密切结盟的布尔乔亚制度出现。雷蒙德·威廉斯(Williams 1966)说明了这一特殊、精微的敏感性是如何回应感知到的工业、阶级社会的混乱和粗俗,而发挥某种上诉法庭的作用。文学和艺术实际上成为保存非功利的"更高级"价值的飞地。与此同时它们也是试验性的、前卫的越界实践施展身手的领域。从这一点来看,艺术和文化的意识形态构成没有实质或永久的地位。它们是不断变化的、有争论的,就像"文学"的特殊修辞。本书中的文章实际上并没有求助于在一个审美的、创造性和人性化的领域中划分出一种文学实践。它们各以不同的方式,试图挣脱关于艺术、文学、科学和历史的已接受的定义。如果它们有时候提到民族志是"艺术",也是在一个更古老的用法上——在它与高级或反叛性的敏感相联系之前——威廉斯所唤回的此词18世纪的意义:艺术意指对有用之器具物品的熟练的精加工。打造民族志是一件手艺活儿,与写作的世俗之事相关。

民族志的写作至少以六种方式被决定:(1)从语境上(它从有意义的社会环境中汲取资源并创造有意义的社会环境);(2)从修辞上(它使用有表现力的常规手法,也被后者使用);(3)从制度上(写作既处在特定的传统、学科和观众读者之中,又对立于所有这些);(4)从类属上(民族志通常区别于小说或游记);(5)从政治上(表达文化现实的权威是不平等地分配的,有时候是有斗争的);(6)从历史上(上述所有常规和限制都是变化的)。这些决定因素支配了内在一致的民族志虚构的铭写。

称民族志为虚构(fictions)可能会激怒经验主义者。但是近年的文本

---

④ "可能有人会反对说,比喻风格并非唯一的风格,甚至不是唯一的诗意风格,修辞也承认所谓的简单风格。但实际上它不过是一种装饰性更少的风格,或者更准确地说,一种装饰得更简单的风格,而且它也像抒情诗和史诗一样,有自己特殊的象征。完全缺乏象征的风格并不存在。"热奈特如此说(Genette 1982:47)。

理论很平常地使用的这个词,已经没有了虚假、不过是真理的对立面这样的含义。它表达了文化和历史真理的不完全性(partiality),暗示出它们是如何得以系统化并排除了某些事物的。民族志写作可以被很正确地称为虚构,在"制作或塑造出来的东西"——这个词的拉丁文词根 *fingere* 的主要含义——的意义上。但保存此词中不仅是制造而且是捏造、是发明并非真实的事物这样的意义也是很重要的。(*fingere* 的某些用法暗含着一定程度的虚假的意思。)阐释的社会科学家最近开始把好的民族志视为"真实的虚构",但通常付出了削弱这一用语的矛盾修饰法的代价,把它变成了所有的真理都是建构的这种陈词滥调。而本书收集的文章让此矛盾修饰法保持了锋芒。举例说,文森特·克拉潘扎诺把民族志学者描绘为诡术师,就像赫耳墨斯,保证不撒谎,但绝不保证会说出全部的真理。他们的修辞赋予他们要传达的讯息以力量,也扰乱这些讯息。其他的文章加强了这一点,强调文化虚构建立在系统性的和有争论的排斥(exclusions)之上。这些排斥可能包含了对不一致的声音的压制("两只乌鸦拒绝了!"),或者采用调和的方式,引用、"代言"(speaking for)和翻译他人的现实。被认为不相关的个人或历史境况也将被排除出去(你不可能什么都写)。此外,民族志文本的制造者(但为什么只是一个人?)避不开有表现力的比喻、象征和讽喻,它们在翻译意义的同时选择和强加意义。从更接近尼采而不是现实主义或阐释学的观点来看,所有建构的真理都是通过排斥和修辞的强有力的"谎言"而变得可能的。即使是最好的民族志文本——严肃、真实的虚构——也是真理的体系或组织。权力和历史通过它们而起作用,以作者不可能完全控制的方式。

民族志的真理因此本质上是不完全的真理——有立场的,不完整的。如今很多人都坚持这一点,那些害怕验证的清晰标准会消解的人则在战略要点上抵制它。但一旦被接受,成为民族志艺术的一部分,一种有力的不完全性就能成为机智表达的源泉。理查德·普赖斯的最近一部著作,《第一时间:一支美国黑人的历史视域》(Price 1983)是一个很好的例子,显示了对于真理严重的不完全性的自我意识。普赖斯叙述了他在萨拉马卡人(Saramakas),苏里南的一个逃亡黑奴后代的社会做调查的具体情境。我们从中看到他的研究在有关个体的被访人和建构最后写就的作品方面,所受到的外部的和他自我强加的限制。(该书没有采用打磨修饰得很好的专著形式,而确实像拼凑起来的东西,充满了漏洞。)政治和认识论方面敏锐的自我意识并不一定导致民族志的自我专注,或导向不可能确切了解他人的任何事情这一结论,《第一时间》就是一个证据。毋宁说,这一自我意识导向了一种具体的体悟,那就是为什么一则萨拉马卡民间传说——普赖斯记录下来的——教导人"知识就是权力,所以你一定不要把你知道的都说出来"(Price 1983:14)。

揭示与保密的复杂技术支配了"第一时间"的知识——关于这一社会在18世纪为生存而进行的至关重要的斗争的知识——的传递(重新发明)。老年人选择在雄鸡报晓的时刻、黎明前的一小时,通过有意设置障碍、离题、不讲完全,把他们的历史知识传授给年轻一代。省略、隐藏和不完全揭示的策略决定了民族志的叙述,如同它们决定故事在一代一代人之间的传递一样。普赖斯不得不接受这一吊诡的事实:"任何萨拉马卡叙述(包括那些在鸡鸣时分讲述的表面上意在传递知识的叙述)都会漏掉讲述者关于所说事件真正知道的大部分内容。人们设想一个人的知识是小幅度增长的,在生活的每一方面,一个讲话者有意告之他人的,都只比他认为他们已经知道的多一点点。"(1983:10)

下面一点很快就变得明显:没有一个"完整的"第一时间知识大全,没有人——最不可能的是来访的民族志学者——能够了解这一知识,除非通过一系列偶然的、饱含权力关系、结局开放的遭遇。"人们公认不同的萨拉马卡历史学家有不同版本的历史,而须由听者为自己拼凑起关于某一事件的他暂时愿意接受的版本"(1983:28)。尽管普赖斯,一个小心谨慎的田野工作者和历史学家,带着写作的武器,聚拢了一个其内容超过任何个人所知或所说的文本,这一文本"仍然只代表了萨拉马卡人集体保存的关于第一时间知识的冰山一角"(1983:25)。

制作秘密的口头知识的文字档案所引发的伦理问题是相当可观的,普赖斯公开地全力应付它们。他的解决方法,部分是通过出版一本由一系列碎片组成的书,来削弱他自己的叙述的完整性(但不是它的严肃性)。这样做的目的不是要表明不幸的空白仍然存在于我们关于 18 世纪萨拉马卡人生活的知识之中,而是要提出知识的内在不完美的模式,它在填补空白的时候也制造空白。尽管普赖斯自己并不是没有愿望写一本完整的民族志或历史,描绘"整个生活方式"(Price 1983:24),但《第一时间》从头到尾却回响着不完全性的声音。

民族志学者越来越像北美印第安人的克里族猎人,(故事说)他来到蒙特利尔的法庭上作证,法庭将决定他位于新詹姆斯湾水电站规划之内的狩猎地的命运。他将描述他的生活方式。但在法庭宣誓的时候他犹豫了:"我不敢肯定我能说出真相……我只能说我知道的。"

* * *

上面这位证人在一个权力具有决定性作用的语境中巧妙地说话,想起这一点是有用的。自从米歇尔·莱里斯的早期文章,"殖民主义之前的民族志"(Leiris 1950)1950 年发表(但为什么这么晚?),人类学不得不把历史决断和政治冲突放在它思考的中心。1950 年到 1960 年这突飞猛进的 10 年里,帝国的终结成为一个被普遍接受的方案,如果说还不是完成的事实。乔治·巴朗蒂埃的《殖民地状况》突然浮出水面(Balandier 1955)。正式或非正式的帝国叙述,不再是公认的游戏规则——它们将一个个被改造,或以各种方式反讽性地被抛开。持续的权力不平等很明显限制了民族志实践。这一"状况"最早在法国被感觉到,很大程度上是因为在越南和阿尔及利亚的冲突,以及一群具有民族志自觉意识的黑人知识分子和诗人——发起黑人传统认同运动的埃梅·塞泽尔(Aimé Césaire)、利奥波德·桑戈尔(Léopold Senghor)、勒内·梅尼(René Ménil)、莱昂·达马斯(Léon Damas)——的作品。1950 年代早期的《非洲的在场》(*Présence Africaine*)为这些作家和社会科学家如巴朗蒂埃、莱里斯、马塞尔·格里奥尔(Marcel Griaule)、埃德蒙·奥蒂格斯(Edmond Ortigues)和保罗·里韦(Paul Rivet)之间的合作提供了一个不寻常的论坛。在其他国家,良心的危机(*crise de conscience*)来得更晚一些。人们想到的有雅克·马凯有影响的论文

"人类学中的客观性"(Maquet 1964)、德尔·海姆斯的《重新发明人类学》(Hymes 1973),以及斯坦利·戴蒙德(Diamond 1974)、鲍勃·绍尔特(Scholte 1971,1972,1978)、热拉尔·勒克莱尔(Leclerc 1972)的作品,特别是塔拉勒·阿萨德的论文集《人类学与殖民遭遇》(Asad 1973),激发了更有利于澄清问题的争论(Firth et al. 1977)。

在流行的意象中,民族志学者已经从一个富有同情心的权威的观察者(也许玛格丽特·米德是最好的代表),转换为德洛里亚在《卡斯特为你等之罪而死》(Deloria 1969)中描绘的不讨好的形象。的确,这帧负面肖像有时候凝固为一幅漫画——雄心勃勃的社会科学家带走部落的知识而毫无回报,把粗糙的画像强加于敏感细致的人们,或者(最近)成为老于世故的被访人愚弄的对象。这些肖像画差不多也和参与观察的更早的英雄式版本一样是现实主义的。民族志作品真的陷入了一个充满持续和变化的权力不平等的世界,并继续卷入其中。它叙述权力关系。但它在这些关系中的功能是复杂的,经常是情感矛盾的,潜在地是反霸权的。

不同的民族志游戏规则正在世界的许多地方出现。一个研究美洲土著文化的外来者可能期待——也许作为继续研究的必要条件——为支持土著的土地要求而在诉讼中作证。国家和地方的本土政府如今对民族志的田野工作提出了各种各样的正式限制。上述情况以新的方式决定了关于特定的那些民族什么能够说,特别是什么不能说。一类新人物出场了,那就是"本土民族志学者"(Fahim, ed. 1982;Ohnuki-Tierney 1984)。研究自己的文化的局内人提供了新的视角和理解的深度。以独特的方式,他们的叙述既获得了力量也受到限制。加于民族志实践的各种各样的"后-"或"新-"殖民规则并不一定会鼓励"更好"的文化叙述。判断一个好的叙述的标准从不曾稳定下来,而是不断变化的。但从所有这些意识形态转换、规则变迁和新的妥协中出现的事实是,一系列历史压力开始在研究"对象"方面重新定位人类学。人类学不再带着自动的权威替那些被界定为不能为自己说话的人("原始的""前文字的""无历史的")说话。其他人群不再那么容易被抛入特殊的、几乎总是过去或正在过去的时代——把他们表现得仿佛他们没被包含在当下的世界体系之中,而正是这些世界体系把民族志学者和他们所研究的人民一道牵连其中。"文化"并非为了要被描绘而静止不动。试图使文化保持静态，必然包含了简化和排除，选择暂时的焦点，建构特定的自我-他者关系，以及一种权力关系的强加或谈判。

战后对殖民主义的批评——对"西方"表述其他社会的能力的削弱——已经被对表述本身局限性的重要的理论化过程所强化。我们没办法充分考察对维柯（Vico）称之为文化史的"严肃诗歌"的各种各样的批评。立场层出不穷："阐释学""结构主义""心态史""新马克思主义""谱系学""后结构主义""后现代主义""实用主义"，还有大量"替代性认识论"——女性主义的、民族的、非西方的。至关重要但并非总是得到承认的一环，是正在进行的对西方最自信、最有特色的话语的批评。不同的哲学可能暗中拥有这一共同的批评立场。例如，雅克·德里达对从希腊先贤到弗洛伊德的逻各斯中心主义的拆解，沃尔特·J.翁对识字后果的相当不同的诊断也全面拒绝了人类这个庞大的群体几千年来解释世界的制度化方式。对思想的霸权模式的新的历史研究（马克思主义者的、编年史作者的、福柯信徒的），与最新类型的文本批评（符号学、读者反应批评、后结构主义）都深信，那些在历史、社会科学、艺术甚至常识中似乎是"真实的"的东西，总是可以分析为一系列限制性和表现性的社会准则和惯例。不同类型的阐释哲学，从狄尔泰、保罗·利科到海德格尔，都提醒我们，最简单的文化描述也是有目的的创造，阐释者不断地通过他们研究的他者来建构自己。20世纪的"语言"科学，从索绪尔、雅各布森到沃尔夫、萨丕尔、维特根斯坦，证明系统性、语境性的言语结构确实存在，正是这些结构决定了所有现实的再现。最后，在许多研究领域，修辞重新成为重要的研究对象（几千年来它一直是西方教育的核心），从而可能对约定俗成的表达模式进行细致的剖析。新修辞学结合了符号学和话语分析，关注肯尼斯·伯克所称的"涵括情境的策略"（Burke 1969:3）。比起关注怎样说得好，它更多地关注在一个充满公共文化符号的世界，到底如何说，如何有意义地做。

11

在民族志对自身发展的理解中开始感觉得到上述批评的冲击。历史开始不再歌功颂德。新的历史试图避免成为对某些当下知识发现的记录（文化概念的起源，诸如此类），对为了确证特定范式而抬高或贬低知识先驱的做法也表示怀疑。[后一种方法见哈里斯(Harris 1968)和埃文思-普里查德的著述(Evans-Pritchard 1981)。]新的历史认为人类学的观念深陷于在地实践和制度限制之网,是对文化问题临时的并常常是"政治的"解决。这样的历史将科学理解为社会过程,它既强调过去与现在的实践之间历史的连续性也强调其间的非连续性,并常常使当前的知识看起来似乎是暂时的和流转的。在这样的历史叙述中,一个科学学科的权威总是要受到修辞和权力要求的调和。⑤

越来越多的政治/理论批评对人类学产生的另一个重要冲击,可以简单概括为对"视觉至上论"(visualism)的拒绝。翁(Ong 1967,1977)以及其他人,对感觉在不同的文化和不同的时代是如何划分等级的事实进行了研究。他认为在西方文字文化中,视觉压倒了声音、会话、触觉、嗅觉、味觉,成为真理的凭据。(玛丽·普拉特注意到,游记中对气味极为出色的捕捉,在民族志中实际上阙如。)⑥人类学调查中占据优势的方法,是参与观察、数据收集、文化描述,所有这些都预先假定了一个外部立足点——看、对象化,或者更近一点,"阅读"一个给定的现实。约翰尼斯·费边(Fabian 1983)用翁的作品来批评民族志,他探讨了把文化事实认定为观察到的事情——而不是,比如说听到的、在对话中想象出来的,或转录下来的事情——的后果。追随弗朗西丝·耶茨(Yates 1966),费边也指出,西方的分类想象本质上是极为视觉至上的,把文化组织得仿佛它们是记忆的剧场,或空间化的阵列。

在反对"东方主义"的相关争论中,爱德华·萨义德(Said 1978)指出了

---

⑤ 我没把各种"人类学"观念史包括在这一类别中,因为它们必然带有辉格党主义的色彩。我把乔治·斯托金的强烈的历史主义算在其中,他经常质疑学科的谱系(如 Stocking 1968:69 - 90)。特里·克拉克关于社会科学的制度化(Clark 1973)和福柯关于"话语形构"(discursive formations)的社会政治建构(Foucault 1973)的作品,做的是我上面所提的同一方向的研究。亦见哈托格和杜切的作品(Hartog 1980;Duchet 1971),德·塞尔托的很多作品(如 de Certeau 1980),布恩和拉普-爱森里希的作品(Boon 1982;Rupp-Eisenreich 1984),以及斯托金所编的每年一卷的《人类学史》(History of Anthropology),编者的路径大大超越了观念或理论的历史。在最近对科学调查的社会研究中也能发现同道:如诺尔-赛蒂娜和拉图尔等人的作品(Knorr-Cetina 1981;Latour 1984;Knorr-Cetina and Mulkay 1983)。

⑥ 普拉特在圣菲研讨会上提出。在最近的民族志写作中,相关的对声音的忽视已经开始得到修正,如费尔德的作品(Feld 1982)。对感官系统给予了不寻常的关注的,如斯都勒的作品(Stoller 1984a, b)。

欧美人长久以来把东方文化和阿拉伯文化视觉化的那些比喻。东方就是一座剧场、一个舞台，上演着不变的剧目，供欧美人从一个特权位置观看。[巴特(Barthes 1977)指出了狄德罗的新兴布尔乔亚美学中存在着类似的"视角"。]萨义德认为，东方被"文本化"了，它多层次和枝蔓丛生的故事和生存困境，被编织为一个条理清晰的符号体，适合于艺术品鉴赏家式的阅读。这个神秘、脆弱的东方，被外来学者的作品所抢救，仁慈地公之于世。如此这般的空间/时间运用（当然，并不只限于严格意义上的东方主义）的效果，就是授予他者一个孤立的身份，而给精明的观察者一个立足点，使他可以看而不被人看见，可以读而不被人打断。

一旦文化不再预先以视觉方式描绘——被描绘为客体、剧院、文本——就有可能想象一种各种声音和各种立场的意见相互影响的文化诗学。在一个更多的是话语的而非视觉的范式中，民族志的主导隐喻从观察的眼睛转移到有表现力的言辞（以及姿势）。作者的"声音"遍布于分析之中，而客观、疏离的修辞被放弃了。雷纳托·罗萨尔多最近的作品论述并证明了此点(Rosaldo 1984,1985)。文本规则方面的另外一些改变可以在本书斯蒂芬·泰勒的主张中看到[亦见特德洛克的论述(Tedlock 1983)]。民族志描摹声色形貌和表演行为的成分被合法化了。对于一个话语性的民族志，关键的诗学问题在于如何"以书面形式达到讲话所创造的效果，而又不简单地模仿讲话"(Tyler 1984)。从另一个角度我们注意到，或表面或批评，对民族志的凝视已经说过了多少话。但是对民族志的耳朵呢？这也是纳撒尼尔·塔恩(Nathaniel Tarn)在一篇访谈中表达的意思，他讲到了他作为一个拥有三种文化的法国/英国人，无止境地试图成为一个美国人的经验。

> 可能是民族志学者或人类学家又向着他认为的与熟悉之物相对的新异之物敞开了耳朵，但我仍然觉得我几乎每天都在此地的语言中发现新的东西。我几乎每天都学到新的表达，仿佛语言正从每一片可以想象的幼芽中生长出来。(Tarn 1975:9)

[13]

* * *

对文化再现的话语方面的兴趣，把注意力引向文化文本生产的关系而不是文化"文本"的阐释。不同风格的写作正在与这些新的复杂秩序——在一个历史性时刻的视界之内不同的规则和可能性——作斗争，并取得了不同程度的胜利。主要的试验潮流别处已经有过详细的评论了（Marcus and Cushman 1982；Clifford 1983a）。在此提到民族志中话语具体说明（specification of discourses）的一般趋向就足够了：谁在说话？谁在写？什么时候？什么地方？和谁一道？对谁？在什么样的制度和历史限制之下？

从马林诺夫斯基的时代起，参与观察的"方法"就在主观性和客观性之间起着微妙的平衡作用。民族志学者的个人经验，尤其是参与和移情，被视为调查过程的核心，但它们为观察的非个人标准和"客观"距离严格制约。古典民族志中作者的声音总是清晰的，但文本表达和阅读的惯例禁止作者的风格与所再现的事实之间有过于密切的联系。尽管我们立即就能分辨出玛格丽特·米德、雷蒙德·弗思或保罗·雷丁独特的声音，我们仍然不能自由地称萨摩亚人为"米德的"或称蒂科皮亚为"弗思的"文化，就像我们说狄更斯的世界或福楼拜的世界那样。作者的主观性与文本的客观所指是分离的。至多，作者个人的声音被视为弱意义上的风格：一种语调或对事实的润色。此外，民族志学者实际的田野经验只以非常风格化的方式表达（例如本书中玛丽·普拉特讨论的"到达故事"）。严重的混乱状态、暴力的情感或行为、审查制度、重大的失败、取向的改变、过度的愉悦，都从正式出版的记述中去掉了。

这一套叙述惯例在 1960 年代破裂了。民族志学者开始以打破盛行的主/客观平衡的方式写到他们的田野经验。此前也有类似尝试，不过都处于边缘地位：莱里斯脱离常轨的《影子非洲》（Leiris 1934）、《忧郁的热带》（1960 年之后它才在法国之外产生最强烈的冲击），以及埃勒诺勒·史密斯·鲍恩的重要作品《回到笑声》（Bowen 1954）。劳拉·博安南（Laura Bohannan）在 1960 年代早期不得不化名鲍恩，并把田野工作的叙述化装为

"小说",就是一个症候性的例子。但事情变化迅速,其他人——乔治·巴朗迪尔(Balandier 1957)、戴维·梅伯里-刘易斯(Maybury-Lewis 1965)、吉恩·布里格斯(Jean Briggs 1970)、让-保罗·杜蒙(Dumont 1978)、保罗·拉比诺(Rabinow 1977)——很快就用他们自己的名字"真实地"写作了。马林诺夫斯基在麦卢和特罗布里恩的日记(Malinowski 1967)的出版当众打乱了人类学的阵脚。自此之后,任何过于自信和一致的民族志声音都被暗暗打上了问号:它掩饰了什么样的欲望和疑惑?它的"客观性"是如何从文本中建构起来的?⑦

民族志写作的一个亚体裁出现了:自我反思的"田野工作叙述"。或世故又天真,或自白又分析,这些叙述为讨论认识论、存在和政治的广泛议题提供了重要的论坛。文化分析家的话语不再可能仅仅是一个"有经验"的观察者对习俗的描述和阐释。民族志的经验和参与观察的理想被证明是有问题的。不同的文本策略得到尝试。例如,按照新的惯例采用第一人称单数(民族志从来没有禁止过第一人称单数,民族志总是个人风格化的)。在"田野工作叙述"中,经验的客观性修辞让位于自传和反讽性的自我写照的修辞(见 Beaujour 1980, Lejeune 1975)。民族志学者,虚构作品中的一个人物,站在舞台中央。他或她可以谈论以前被认为是"无关"的话题:暴力和欲望,疑惑,以及与被访人的斗争和经济交易。这些事情(在学科内部长久以来被非正式地讨论着)不再处于民族志的边缘位置,而被视为构成民族志的不可避免的成分(Honigman 1976)。

有些反思性叙述曾致力于通过对话或讲述个人之间的冲突,具体说明被访人的话语以及民族志学者的话语(Lacoste-Dujardin 1977, Crapanzano 1980, Dwyer 1982, Shostak 1981, Mernissi 1984)。这些虚构的对话具有把"文化"文本(一个仪式、一种制度、一段生活史,或任何要描述或阐释的典型行为单位)转化为说话主体的效果,这一主体既看也被看,他/她逃避、争论、回过头来探查究竟。以这种民族志观点来看,任何叙述的真正所指都不是

---

⑦ 在一篇关于马林诺夫斯基和康拉德的文章里,我曾讨论过个人的主体性和权威的文化叙述之间的关系,将其视为相互加强的虚构(Clifford 1985a)。

一个被再现的"世界";现在它是话语的特定例子。但对话式文本生产的原则远远超越了"实际"遭遇的多少有些人为的表达,它将文化阐释放置于多种互相作用的语境中,迫使作者寻找各种方式,把经过协商的现实表达为多主体的、充满权力关系的、不统一的。这样看来,"文化"总是表达关系的,是沟通过程的铭写,这些过程历史地存在于处于权力关系之中的主体之间(Dwyer 1977,Tedlock 1979)。

对话模式原则上不是自传性的;它们并不必然导致过度的自我意识或自我专注。如巴赫金(Bakhtin 1981)指出的,在任何复杂地再现的话语空间(民族志的话语空间,或者在巴赫金的例子里,现实主义小说的话语空间),对话过程都层出不穷,众声喧哗。在传统民族志中,通过给一个声音以压倒性的权威功能,而把其他人当作可以引用或转写其言语的信息来源,"被访人",复调性受到限制和整编。一旦承认对话论和复调是文本生产的模式,单声部的权威就受到质疑,这种权威也被揭示为一门主张再现文化的科学的特性。具体说明话语的趋向——历史地、主体间地——重塑了这种权威,在这个过程中改变了我们向文化描述所提的问题。给出最近的两个例子就足够了。第一个涉及美洲土著的意见和看法,第二个涉及女性的意见和看法。

詹姆斯·沃克因他的经典专著《提顿族苏人奥格拉拉分支的太阳舞及其他仪式》(Walker 1917)而知名。这是一部观察、记录得非常仔细的文化阐释之作。但我们现在对它的读解,必定会为对它的"制作"的额外一瞥所补充——和改变。沃克作为一位医生和民族志学者于1896年到1914年之间在松树岭苏人保留地搜集的文献,被编为四卷本,有三个标题。第一卷[沃克著,《拉科塔信仰与仪式》(*Lakota Belief and Ritual*),1982a,雷蒙德·德梅利(Raymond Demallie)和伊莱恩·吉讷(Elaine Jahner)编]是注释、访谈、文本与沃克和众多奥格拉拉合作者所写所说的文章片段的一个集成。这一卷列举了超过30个"权威",尽可能标出了每一份文稿的陈述者、作者或抄录者的名字。这些人不是民族志的"被访人"。《拉科塔信仰与仪式》是一部合作的文献作品,它在编辑中让对传统的多种解释具有同等的修辞分量。沃克自己的描述和注解也只是片段中的一些片段。

沃克与翻译查尔斯·尼内斯(Charles Nines)和理查德·尼内斯(Richard Nines)以及托马斯·泰昂(Thomas Tyon)和乔治·索德(George Sword)——后两人用旧拉科塔文写了扩展性文章——有密切的工作关系。后两人的文章现在首次翻译和出版了。在《拉科塔信仰与仪式》中,有很长的一节写的是泰昂从松树岭的许多萨满教巫师中得来的解释;这部分对于以不同的、异质的风格阐释信仰问题[例如"灵力"(wakan)]关键的和难以把捉的品质提供了很好的启示。其结果是构成了一个抵制任何最终结论的、总是处于过程之中的文化版本。在《拉科塔信仰与仪式》中,编者提供了沃克的传记细节,包括为他提供资料来源的个人的线索,这些资料集自科罗拉多历史协会、美国自然历史博物馆和美国哲学协会。

第二卷的题目是《拉科塔社会》(Walker 1982b),集中了与社会组织各方面和与时间、历史概念大致相关的文献。此书包括了大量"冬季合计"(Winter Counts)(拉科塔编年史)和历史事件的个人回忆,这与最近质疑过于清晰地划分"有"历史和"没有"历史的民族的趋向一致(Rosaldo 1980; Price 1983)。第三卷是《拉科塔神话》(Walker 1983)。最后一卷将包括译成英文的索德作品。乔治·索德是一位奥格拉拉武士,后成为松树岭的印第安人犯罪法庭(Court of Indian Offenses)的法官。在沃克的鼓励之下,他详细地记录了当地的习俗生活,包括神话、仪式、战争与游戏,并附有他的自传。

合起来看,这些作品提供了处于一个历史关键时刻的拉科塔生活不同寻常的、多层次的记录——来自对"传统"采取各种立场的二十多个人专门阐释和转录的三卷本的文集,加上一位地位很高的奥格拉拉作者对拉科塔整体生活的详细描述。批评性地评估沃克对这些多样化的材料的综合处理由此成为可能。一旦完成,这五卷著作(包括《太阳舞》)将构成一个扩展的(分散的,而不是总体的)文本,代表着民族志生产(而不是"拉科塔文化")的一个特定时刻。我们现在必须学会阅读的,是这一扩展的文本,而不是沃克的专著。

这样的整体为正在进行的文化的创造(*poesis*)开启了新的意义和欲望。由于松树岭的奥格拉拉历史课上需要这些文献的副本,社区成员向科罗拉多历史协会发出请求,这才有出版这些文本的决定。对其他的读者来说,"沃克文集"让人学到的东西是不同的,它所提供的东西之一,是一个包含了历史(和个人)的民族诗学的模型。你很难给这些材料(很多是非常美的)贴上没有时间性的、非个人的标签,比如"苏人神话"。而且,在这样的扩展文本中,文化的陈述是谁写(表演?转录?翻译?编辑?)的问题是逃不掉的问题。在这里,民族志学者不再拥有毋庸置疑的抢救权利:这种权威长久以来与民族志学者将难以捕捉、"正在消失"的口头知识转换成清晰易懂的文本形式有关。詹姆斯·沃克(或任何人)是否能够以这些作品的作者身份出现是不好确定的。这种不清不楚乃是时代的标志。

西方的文本按照惯例都要附上作者名字。因此《拉科塔信仰与仪式》《拉科塔社会》和《拉科塔神话》在沃克名下出版也许是不可避免的。但当民族志复杂、多元的创造性质开始越来越明显——并负载政治意义——惯例开始在一些细小的方面有所松动。沃克的作品可能是合作文本的一个不寻常的例子,但它有助于我们看到幕后的情境。一旦"被访人"开始被当作合著者,而民族志学者既被当作是抄写员、档案保管员也是进行阐释的观察者,我们就能够对所有的民族志提出新的批评性问题。无论它们的形式具有多大的独白性、对话性或复调性,它们都是话语的等级制安排。

话语具体说明的第二个例子与性别有关。首先我要稍微谈谈它对民族志文本的阅读可能带来的冲击,然后探讨一下本书将女性主义视角排除在外如何限制和集中了它的话语立场。在许多可能的例子中我要举出的第一个,是戈弗雷·林哈特的《神与经验:丁卡人的宗教》(Lienhardt 1961),它确实是近期人类学著作中写得最精致的民族志之一。它对丁卡人对自我、时间、空间以及"神力"(the Powers)的感觉提供的现象学描述是无与伦比的。因此意识到林哈特描绘的几乎完全是丁卡男人的经验是震惊的。当说到"丁卡人"的时候,他可能涵盖了也可能没有涵盖女性。从出版的文本中我们常常很难判断。无论如何,他所选择的事例压倒性地是以男性为中心的。快速地读一遍关于丁卡人和他们的牛的导言一章,这一观点就得到了证实。其中只有一次提到了一位妇女的观点,她确认了男人与母牛的关系,却没有说任何女人与牛打交道的经验。这一观察使我们发现了一种含混,例如在下面的段落:"丁卡人经常把事故或巧合解释为神的行为,神通过向人/男人

(men)显示的征兆将真理从谬误中区分出来。"(Lienhardt 1961:47)men 一词在这里的用意当然是类属上的"人",然而由于周围的例子都来自男性的经验,它就滑向了性别化的意义一边。(征兆是否向女人显现?以值得注意的不同方式?)贯穿全书的语词如"丁卡人""丁卡人的",都具有了相似的含混性。

这里并不是要证明林哈特的欺骗性;他的书对性别的限定到了不同寻常的程度。真正浮现的,反而是干预了我们的阅读的历史和政治。属于一个特定时代和特定社会集团的英国学术界,比其他的社会团体更爱用 men 一词表示 people 的意思,这个文化和历史语境现在不像过去那样隐于无形了。我们现在在这里讨论的性别偏见在林哈特的书出版的 1961 年还不成问题。如果有问题的话,林哈特就会直接讨论这个问题了,就像更晚近的民族志学者现在感到有这个责任一样[例如梅格斯(Meigs 1984:xix)]。那个时候人们读"丁卡人的宗教"不像现在,现在人们必定读成丁卡男人的宗教,或许也可能只是丁卡女人的宗教。我们的任务就是在阅读时历史地思考林哈特的文本和它可能的阅读,包括我们自己对它的阅读。

在特定的社会环境中和女性主义的压力下,对文化再现中的性别的系统性质疑变得普遍,还只是过去十年左右的事情。大量的"文化"真理的描述现在看起来反映的只是男性经验领域的事。(当然也有倒过来的情况,尽管不常见:例如米德的作品,就经常聚焦于女性的领域而在这个基础上把文化作为一个整体加以概括。)然而,在意识到这些偏见的同时,也应该想到我们自己更"全"的版本自身也不可避免地显示出不完全;如果说很多文化描绘现在比过去似乎更有局限,这正是所有阅读的偶然性和历史运动的一个索引。没有人是从一个中立的或最后的立场阅读的。那些声称要忠实地记录或填补"我们"的知识空白的新叙述,常常违反了这一相当明显的告诫。

一个知识上的空白是什么时候被察觉的,被什么人?"问题"从何而来?⑧ 显然这不止是发现一个错误、偏见或疏漏这样简单的问题。我选择

---

⑧ "并不是鹳带来的!"[戴维·施耐德(David Schneider)在谈话中说]。福柯将他的路径描述为"问题系的历史"(history of problematics)(Foucault 1984)。

了两个例子(沃克和林哈特的),它们凸现了政治和历史因素对发现话语的不完全性的作用。这一点所暗含的认识论无法与科学依靠积累而进步的观念达成一致,而利害攸关的不完全性比常规的科学指令更强大——科学要求我们一点一点地研究问题,一定不能过于概化,通过积累有力的证据建构最美的科学篇章。文化不是科学的"客体"(假设这种东西真在自然科学中存在)。文化和我们对"它"的看法都是历史地生产、激烈地争斗出来的。既然察觉和填补一个空白导致对其他空白的意识,就不存在一个可以"填充"的整体图画。如果妇女的经验被意味深长地从民族志叙述中排除出去了,那么承认它的缺席,以及最近许多研究中对此的修正,却突出了男人的经验(作为性别化的主体,而不是文化类型——"丁卡人"或"特罗布里恩人")本身大都没有得到研究这一事实。当经典主题如"亲属关系"被细加批评审视(Needham 1974;Schneider 1972,1984),有关"性"(sexuality)的新问题就显形了。如此这般没有止境。很明显对于特罗布里恩岛民我们现在知道的比1900年人们知道的更多。但是"我们"是谁需要历史鉴别。(塔拉勒·阿萨德在本书中说,这一知识以某些"强势"语言例行公事地写就,这一事实并不是一个中立的科学事实。)如果"文化"不是一个描述客体,它也不是能够被明确地阐释的象征和意义的统一体。文化处于斗争之中,是暂时的、不断生成的(emergent)。局内人和局外人的表述和解释都卷入了这一生成过程。我一直在探寻的话语具体说明因此不止是作出谨慎界定的断言。它是彻底历史主义的和自我反思性的。

　　在这种精神的光照之下,让我回到眼下的这本书。每个人都能够想出那些本该被涵括的个人或视角。本书的焦点限制了它,它的作者和编者刚刚开始能够使这一受限的方式彰显出来。读者可能会注意到,它的人类学倾向使它忽略了照片、电影、表演理论、纪录片艺术、非虚构小说、"新新闻写作"、口述史以及各种形式的社会学。本书对从非西方经验和女性主义理论与政治中兴起的新的民族志的可能性相对关注较少。让我再详细说说受到排除的这最后一条,因为它关系到这些文章从中产生的大学环境中一个特别强大的知识和道德影响。因此它的缺席亟需解释。(但只讨论排除在外的各项中的这一项,并非意味着它提供了任何可以从它察知本书之不完全性的特权立场。)女性主义的理论化实践对于再思民族志写作显然潜在具有重大的意义。它讨论身份和自我/他者关系的历史、政治建构,探究性别化的立场——这样的立场使所有关于其他人或被其他人书写的叙述不可避免地是部分的叙述。[9] 那么,为什么本书中没有主要从女性主义立场发言的文章呢?

本书计划作为一个研讨会的成果出版,主办方为这个研讨会限定了十个参与者名额。从制度上,它被界定为"高级研讨会",其组织者,乔治·马库斯和我,没有多大问题就接受了这一形式。我们决定邀请正在做我们的相关主题的"高级"研究的人,我们理解为已经为民族志文本形式的分析作出了重要贡献的人。考虑到连贯性,我们将研讨会定位在人类学的学科界限之内和界限之上。我们邀请了因为最近在拓展民族志写作的可能性方面的贡献而知名的人,或那些我们知道在与我们的关注焦点相关的方面做得很好的人。研讨会规模很小,其组成也是临时的,反映了我们特定的个人关系和智识网络,以及我们对于进展中的相应工作的有限了解。(我将不谈个人性格、友谊等因素,尽管这些显然也是相关的。)

筹划这一研讨会的时候,我们面对一个在我们看起来是明显的——重要而遗憾的——事实。女性主义对于作为文本的民族志的理论分析贡献不多。女学者有文本创新(Bowen 1954;Briggs 1970;Favret-Saada 1980, 1981),却不是在女性主义基础上做的。少数相当晚近的著作(Shostak 1981;Cesara 1982;Mernisi 1984)以它们的形式反映了女性主义关于主体性、关联性和女性经验的主张,但同样的文本形式也为其他非女性主义的尝

---

[9] 我在前面强调的很多主题都得到了近期女性主义作品的支持。一些理论家已经使所有总体性的阿基米德视角问题化了(Jehlen 1981)。很多人严肃地再思了关系和差异的社会建构(Chodorow 1978,Rich 1976,Keller 1985)。许多女性主义实践质疑了主观和客观之间的严格划分,强调知识的过程模式,将个人的、政治的和再现的过程密切联系。其他一些人深化了对基于视觉的监督和描绘模式的批评,将其与宰制和男性欲望联系在一起(Mulvey 1975,Kuhn 1982)。对再现的叙述形式,就它们再次规定的性别化立场展开分析(de Lauretis 1984)。一些女性主义作品致力于政治化和颠覆所有自然本质和自然身份,包括"女性气质"和"女人"(Wittig 1975,Irigaray 1977,Russ 1975,Haraway 1985)。"人类学"范畴如自然与文化,公共的与私人的,性与性别都受到了质疑(Ortner 1974,MacCormack and Strathern 1980,Rosaldo and Lamphere 1974,Rosaldo 1980,Rubin 1975)。

验作品所共有。而且,这几位作者好像对修辞和文本理论不大熟悉,而我们希望这一理论与民族志发生关联。我们的焦点因此既在文本理论也在文本形式:一个站得住脚的、富有成效的焦点。

在这个焦点之内,我们不能吸收女性主义所生发的关于民族志文本实践的任何展开的争论。少数初露端倪的书或文章(例如,Atkinson 1982;Roberts, ed. 1981)都是已出版过的。这一情形后来也没有显著改变。女性主义无疑对人类学理论作出了贡献。不同的女人类学家,像安妮特·韦纳(Weiner 1976),都在踊跃地改写大男子主义的经典。但女性主义民族志的焦点,或者是忠实地记录妇女的经验,或者是修正人类学范畴(例如文化/自然的对立)。它还没有生产出非常规的写作形式,也没有对民族志的文本性本身进行深入反思。

这种一般状况的原因需要仔细探讨,但不是在本书之中。⑩ 就我们的研讨会和书来说,通过强调文本形式和给予文本理论以特别的地位,我们集中了话题,而排除了民族志的某些创新形式。这一情况是在研讨会的讨论中出现的,具体的制度力量——终身教职模式、经典、学科权威的影响、权力在全球范围的不平等——无处规避,这一点在讨论的过程中变得日益清楚。从这个角度说,民族志内容的问题(人类学档案中对不同经验的排除与包含、既成传统的改写)变得直接相关。正是在这方面,女性主义和非西方写作产生了最强烈的冲击。⑪ 无疑我们对形式与内容的截然分割——和我们对形式的崇拜——过去是,现在也是有争议的。它是现代主义的"唯文本论"(textualism)中当然隐含的偏见。(除了斯蒂芬·泰勒之外,研讨会中的

---

⑩ 玛丽莲·斯特拉森未发表的文章"驱逐一种世界观"(Strathern 1984)开始了这一工作,保罗·拉比诺在本书中讨论了这篇文章。德博拉·戈登(Deborah Gordon)在加利福尼亚大学圣克鲁斯分校的"意识的历史"课程上写的论文对这个问题有更充分的分析。我受惠于与她的谈话。

⑪ 实际上的普遍情况是,被排除在权力体制之外的群体,如女性和有色人种,没有那么多切实的自由沉溺于文本试验。在收于本书的以非正统的方式写就的一篇文章里,保罗·拉比诺建议应首先取得终身教职。在具体的语境中,专注于自我反思和风格可能是一种特权化的唯美主义的表征。因为,如果一个人不用担心他的经验之被排斥或真实再现,他就有更多自由去瓦解讲述的方式,重视形式超过内容。但我不大认同一个普遍的观念,即特权化的话语沉溺于审美或认识论上的微妙之处,而边缘话语"如实叙述"。相反的情况太常见了。(见本书中迈克尔·费希尔的文章。)

大多数人还不是彻底的"后现代"!)

当然,现在会已经开过,书也完成了,我们对这些事看得更清楚了。但甚至在更早的时候,在圣菲,关于将一些重要视角排除在外和如何对待它们就有过热烈的讨论。作为编者,我们决定不去搜集额外的文章以"扩大"本书,因为这似乎有装点门面之嫌,也反映了一种追求虚假的完全性的野心。我们对于有关被排除的立场的问题的回应就是让它们招人耳目好了。本书仍然是一个有局限的介入,没有包罗万象或覆盖全境的野心。它只发射出一束强烈的光,照亮事物的一部分。

* * *

这篇导言所追溯的历史和理论运动的一个主要后果,是撤走了一些个人和群体确定无疑地再现他者的立足之基。在"构造"的含义上,概念的转换发生了。我们现在是在移动的地面上建构事物。不再有可以纵览全局、绘制人类生活方式的地方(山顶),没有了可以从它出发再现全世界的阿基米德支点。山处于不断的运动之中,岛也一样:没有人能够毫不含糊地占有一个被圈住的文化世界,从那里开始向外的旅程并分析其他的文化。人类生活方式的相互影响、主宰、模仿、翻译和颠覆日益增长。文化分析总是陷于差异和权力的全球运动之中。无论人们怎么定义,此处不严格地使用的"世界体系"一词,现在已把这个星球上的各个社会联系在一个共同的历史过程之中。⑫

接下来的很多文章都在与这一困境作斗争。它们的重点各不相同。乔治·马库斯的问题是,民族志——在本国或国外做的——如何定义它们的研究对象,以既容纳细节充分的、地区性的、语境的分析,同时又描绘牵涉全球的力量?定义文化领域、分开宏观和微观层面的公认的文本策略已不足以应付这样的挑战。他探讨了模糊了人类学和社会学之区分的新的写作可

---

⑫ 这一术语当然来自沃勒斯坦(Wallerstein 1976)。不过,我发现他赋予全球历史过程的统一的方向感是有问题的。我同意奥特纳的保留意见(Ortner 1984:142 – 143)。

能性,颠覆了一种没有生产力的劳动分工。塔拉勒·阿萨德也在面对地球上的各个社会之间系统性的相互联络。但他发现持续、冰冷的不平等在世界的多样性之上强加了过于一致的形式,并严格地决定着所有民族志实践的立场。文化的"翻译"无论在文本形式上有多精妙、多有创造性,也是发生在支配了知识的国际流动的"强势"语言和"弱势"语言的关系之内。民族志仍在相当高的程度是一条单行道。迈克尔·费希尔的文章提出,全球霸权的观念可能忽略族群性(ethnicity)和文化接触的反思和创造的维度。[以类似的方式,我自己的文章视所有关于失去的本真性(authenticity)和正在消失的多样性的叙述为自我确认的寓言,直至它们被证实是另外的情况。]费希尔将民族志写作放置在一个族群性汇合的世界,而不是孤立的文化和传统组成的世界。在他的分析中,后现代主义不止是一个文学、哲学或艺术潮流。它是多元文化生活的一般状况,这种状况要求一个全然反思性的民族志有新形式的创造性和精细入微。

为人类学服务的民族志曾经关注被明确定义的他者,那些被定义为原始、或部落、或非西方、或前文字、或无历史的人与文化——这个名单如果扩展开来,很快就变得没有内在一致性。现在,民族志遭遇的是与它自己相关的他者,而亦视自己为他者。因此"民族志"的视角在各种各样的新情况下得到使用。雷纳托·罗萨尔多探索了民族志的修辞为社会历史挪用的方式,以及这种挪用如何使授予田野工作以权威的某些令人不安的预设显形。民族志学者独具特色的近身(intimate)和究根问底的视角出现在历史、文学、广告和许多意想不到的地方。研究异国情调的科学已经被"遣返回国"了(Fisher and Marcus 1986)。

民族志文化批评的传统职能[蒙田的文章"食人生番"(On Cannibals)、孟德斯鸠的书《波斯人信札》]带着新的明晰和活力再次兴起。人类学的田野工作者现在可以和先驱者如 19 世纪的亨利·梅休(Henry Mayhew),更近的如芝加哥城市社会学派(劳埃德·沃纳,威廉·F. 怀特,罗伯特·帕克)重新结盟了。社会学对日常实践的描述最近由于民族志方法学而变复杂了(Leiter 1980):哈罗德·加芬克尔(Harold Garfinkel)、哈维·萨克斯(Harvey Sacks)和阿伦·奇科尤瑞尔(Aaron Cicourel)的作品(也在本书中缺漏)反映了社会学中存在的与人类学相似的危机。与此同时,在伯明翰当代文化研究中心的马克思主义文化理论(斯图尔特·霍尔、保罗·威利斯)影响下,人类学民族志和社会学民族志之间一种不同的和解正在产生。在美国,田野工作者正在把他们的注意力转向实验生物学家和物理学家(Latour and Woolgar 1979, Traweek 1982),转向美国的"亲属制度"(Schneider 1980)、王朝的权贵(Marcus 1983),卡车司机(Agar 1985)、精神病人(Estroff 1985)、新城市社区(Krieger 1983),以及有问题的传统身份(Blu 1980)。这还只是一个不断增长的名单的开头。

至关紧要的是,不止于在国内的研究或对新群体的研究中采用人类学方法(Nader 1969)。民族志正进入长期被社会学、小说或前卫文化批评占据的领域(Clifford 1981),重新在西方文化内部发现了他性和差异。下面一点已经变得很清楚:无论发现于何处,任何"他者"的版本都同时是"自我"的建构;如迈克尔·费希尔、文森特·克拉潘扎诺和本书中的其他人所证明的,民族志文本的制作总是包含了一个"自我塑造"的过程(Greenblatt 1980)。文化的创造——及政治——是一个通过将特定事物排除在外,通过惯例、话语实践而不断地重构自我和他者的过程。收于本书的文章为分析这些过程——国内的和国外的——提供了工具。

这些文章不是预言。从整体来看,它们描绘了民族志制作的历史限制以及文本实验和新生的领域。塔拉勒·阿萨德的语调是审慎的,(像保罗·拉比诺一样)紧盯阐释的自由的制度局限。乔治·马库斯和迈克尔·费希尔探讨了替代性写作的具体例子。斯蒂芬·泰勒召唤那些还不(不能?)存在,但一定要想象,或最好要说出的东西。许多文章(特别是雷纳托·罗萨尔多、文森特·克拉潘扎诺、玛丽·普拉特和塔拉勒·阿萨德的)都在做廓清批评场地的工作——让经典退出舞台,为其他的可能性腾出空间。拉比诺确立了一个新的经典:后现代主义。其他文章(泰勒关于口头和表演模式的文章、我自己关于寓言的论述)为了现在的用途征收了旧有的修辞和方案。"为了现在的用途!"查尔斯·奥尔森(Charles Olson)的诗学规则应该指导这些文章的阅读:它们是对变化中的当下处境的回应,是介入而不是立场。如我在这里试图做的,将本书放在一个历史关节点上,是为了在没有关于历史发展的主导叙事——这样的叙事能为民族志提供一个内在一致的方向或未来——帮助的情况下,揭示它所站立的移动的地面。[13]

有点战战兢兢地编出这样一本有争议的论文集,希望它得到严肃的对待,而不是简单的反对,比如,说它是对科学的又一次攻击是或相对主义的煽动。诸如这样的反对意见至少应该说清楚,为什么对于民族志学者所做的主要事情——这就是写作——的切近分析,不应该在对科学研究结果的评估中占据核心地位。本书中的作者没人认为任何文化描述都一样好坏。如果他们支持一种如此无足轻重和自我拆台的相对主义,他们就不会花那么大的力气去写作详尽的、有承担的批评研究文章了。

最近提出来的更微妙的反对意见是针对此处表达的文学和理论的反思性的。文本和认识论的问题有时候被认为是麻痹性的、抽象的,是危险的唯我论——总而言之,是"有根基的"或"统一"的文化和历史研究之写作的障碍。[14] 不过,在实践中,文本和认识论的问题并不一定妨碍那些思考这些问题的人生产出诚实的、现实主义的叙述。所有收集在此的文章都指向新的、更好的写作模式。你不必同意他们的特定标准,但应严肃地对待这一事实:在民族志中,如在文学和历史研究中一样,什么可以算作"现实主义的",目前既是一个理论论争中又是实践中的实验问题。

民族志的写作和阅读是被最终超越了作者或阐释团体之控制的力量所多元决定的。现在这些不确定性——语言的、修辞的、权力的、历史的——在写作的过程中应该公开面对。不可能再规避它们了。但这样的直面提出了验证的棘手问题:如何评估文化叙述的真理?谁拥有区分科学和艺术、现实主义和幻想、知识和意识形态的权威?当然此类区分还将继续保持并重

---

[13] 我的历史主义的观念受到了弗雷德里克·詹明信近期作品(Jameson 1980,1981,1984a,b)的很大影响。不过,我没有接受他时常援用的、作为对后现代碎片化(认为历史是由各种地方叙事组成的)之替代物的主导叙事(生产模式的全球序列)。我在导言中力主的不完全性总是预先假定了一个地方性历史的困境。这一历史主义的不完全性不是没有置于情境之中的"不完全性和变迁(flux)",拉比诺指责其为一个有点僵硬地定义的"后现代主义"(见本书第322页)。

[14] 这样的反应常常是非正式地表达的,以不同的形式出现在下面这些作品中,如兰达尔(Randall 1984)、罗森(Rosen 1984)、奥特纳(Ortner 1984:143)、普鲁姆(Pullum 1984)、达恩顿(Darnton 1985)等人的作品。

新划分;但它们不断变化的诗学和政治基础将不那么容易被忽略了。至少在文化研究中,我们不再可能知道完整的真理,或哪怕宣称接近它。我在此强调的真理严峻的不完全性可能成为一些读者悲观的来源。但是,在承认没有人再能把他人当作孤立的客体或文本来书写的时候,难道没有一种解放在其中吗?而关于一个复杂的、有问题的、不完全的民族志的图景,难道不可以导向写作和阅读的更精妙更具体的方式、导向互动和历史性的文化新概念,而不是对民族志的放弃?本书中的大部分文章尽管提出了尖锐的批评,对民族志写作的态度仍是乐观的。他们提出的问题是鞭策,而不是障碍。

这些文章可能会被指责说走得太远了——诗歌将再次在城邦中遭禁,权力也不许踏上科学的殿堂。极端的自我意识的确有它的危险:反讽、精英主义、唯我论,将整个世界打上引号。但我相信读者发出这些危险信号(如本书中一些文章所做的),将是在他们已经与既有再现形式的变化的历史、修辞和政治短兵相接之后。在符号学、后结构主义、阐释学和解构之后,有大量关于回到朴素的言谈和现实主义的议论。但要回到现实主义,你必须首先离开它!而且,承认民族志的诗学维度并不要求为了假定的诗的自由而放弃事实和精确的描述。"诗歌"并不局限于浪漫的或现代主义的主观性:它也可能是历史性的、精确的、客观的。当然,它也像"散文"一样为惯例和制度所决定。民族志是混合的文本活动:它跨越不同的体裁与学科。本书中的文章并未声称民族志"只是文学",不过它们确实坚持民族志向来是写作。*

---

* 我要感谢圣菲研讨会的成员提出的许多建议,这些建议有的被这篇导言采纳了,有的没有。(我确实没有表达这一小群体的"本土观点"的企图。)在加利福尼亚大学伯克利分校和圣克鲁斯分校我与保罗·拉比诺共同为研究生开设的研讨班上,我欣然接受了对我关于这些话题的许多意见的攻击。特别感谢拉比诺和这些课上的学生。在圣克鲁斯,德博拉·戈登、唐娜·哈拉韦(Donna Haraway)和鲁思·弗兰肯堡(Ruth Frankenberg)在这篇导言上帮助了我,我也从海登·怀特(Hayden White)和殖民话语研究小组的成员那儿得到了重要的鼓励和刺激。出版社的各位审读者也给了我重要的建议,特别是芭芭拉·巴布科克(Barbara Babcock)。乔治·马库斯推动了整个课题的运转,他一直是一位无上宝贵的盟友。

寻常之地的田野工作

玛丽·路易丝·普拉特　著

周歆红　译

在《西太平洋上的航海者》(1922)的导论中,布罗尼斯拉夫·马林诺夫斯基庆贺了专业的科学民族志的诞生:"一个时代已经结束,在那个时代我们可以容忍把土著人描绘成失真幼稚的人物漫画呈示给我们。"他宣称:"那样的画像是虚假的,就像许多其他谎言一样已被科学戳穿"(Malinowski 1961:11)。这一论断表明民族志作者中业已形成一种惯习,即将民族志写作定义为高于和对立于旧有的不太专业化的写作体裁,诸如游记(travel books)*、个人回忆录、报刊文章,以及传教士、移民和殖民地官员等人的记述。虽然专业的民族志并不会取代所有这些体裁,但被认为将夺取后者的权威地位并纠正它们的滥用。在几乎所有的民族志中,被称为"单纯的旅行者""随意的观察者"等无趣的人物时不时地出现,结果只是让严肃的科学家来纠正或证实他们认识上的肤浅。

民族志通过与相近和早先的话语形成鲜明对照来进行自我定义,这种策略使它很难把自己当作一种写作方式来解释与审视。民族志通过与其他写作体裁的对立来确立自身的合法地位,做法如此过火以致遮蔽了这一事实:它本身的话语方式通常源于这些别类体裁,而且如今也仍然与之共享。虽然偶尔还有人将理想的民族志视为一种中立的、无修辞的话语,认为它对异文化现实的描述是"精确地按其本来面貌",而未经我们自身价值观和诠释模式的过滤。不过,这种错误的路径基本上已不再被遵循,我们可以说民族志也如其他任何一种话语形式一样受修辞的雕琢。对于那些有志于改变

---

* 也译为"旅行书",在西方社会指具有文学要素的游记,是旅行文学的一种样式。——译者

或丰富民族志写作,或仅为促进学科自我理解的人而言,这一认识显然相当重要。在本文中,我打算剖析民族志写作的一些修辞方式如何被应用,以及他们如何源自先前的话语传统。我打算特别关注民族志写作中个人性叙述(personal narrative)和非个人性描述(impersonal description)之间重要的关联(这是个被争论不休的问题),以便考察这种话语建构(discursive configuration)的历史,特别是它在游记写作中的历史。

最近在《美国人类学家》上的一场论战突显了民族志在确立与类似的写作体裁之关系时所遇到的困难。争论的焦点是弗洛林达·多内尔所著的《夏波诺:亲历远僻神秘的南美丛林中心地带》(Donner 1982)。此书是一位人类学专业研究生的个人叙事,她在委内瑞拉从事田野工作时,被雅诺马马一个边远群体选去与他们共同生活并学习他们的生活方式。这本书获得了巨大的成功。在书的封底,卡罗斯·卡斯塔涅达(Carlos Castaneda)将其誉为"糅艺术、巫术和杰出的社科成果为一体",王后学院的一位人类学教授称其为"一本罕见和精彩的书……勾勒了雅诺马马印第安人的世界,传递了隐藏于仪式中的神秘感和力度";《新闻周刊》称赞它"超越了人类学的问题和范畴,进入了一种迷人异文化的纵深之处"。

1983年9月这一期的《美国人类学家》上刊登了一篇指责多内尔剽窃和欺骗的文章,论战就此爆发。丽贝卡·B.德奥姆斯写道:"坦率地说,我认为很难相信多内尔曾在雅诺马马人那里生活过"(DeHolmes 1983:663)。她认为,多内尔的民族志材料确切而言是从别的来源那里老练地借用而来,并以某种混事实与幻想为一体的方式进行综合,而卡斯塔涅达正以此法著称(DeHolmes 1983)。德奥姆斯最严厉的指责是,多内尔书中大多数的内容完全抄袭自另一本关于囚禁经历的奇书,题为《雅诺阿马:被亚马逊印第安人绑架的白人女孩的故事》。此书1965年以意大利语出版,1969年有了英译本。这本书(其真实性无人来质疑)讲述了巴西人海伦娜·瓦莱罗的亲身经历,在童年时期她自己的家庭被雅诺马马的一个群体袭击,之后她被他们收养直至长大成人。①

---

① 碰巧的是,这本书本身也可能出个丑闻,因为它的编辑兼记录者埃雷托·比奥科(Ettore Biocca)声称此书由他所著,而没有给予讲述自己故事的瓦莱罗应得的署名权,这是不可原谅的。瓦莱罗的名字根本没有出现在封面上,而且人们也希望,除了攫取编著功劳外,比奥科可别又收取了版税。在故事的结尾,瓦莱罗独自生活在巴西的一个城市里,艰难地帮助她的孩子完成学业。

德奥姆斯指控《夏波诺》是剽窃之作,她所提供的证据是摘自两本书中的一系列段落和相当长的一个对比列表,表上呈示了她所称的两书"描述的事件相同,而且发生的时间顺序也相似或相同"。与我交换过意见的人类学家认为这些证据令人信服。他们同意德奥姆斯的看法,相信多内尔的整本书很可能是一种伪造,认为她很可能从未在雅诺马马人那里生活过。

有两个现象令我惊诧,一是人们如此迅速地得出这种极端的结论,二是讨论该话题时所采用的术语如此之模式化。探究多内尔的书是真还是伪,意思似乎就是探究她是否真的在雅诺马马人那里生活过,而其他事项都不必深究。同时我也特别怀疑,何以如此急迫地把事情了结并将多内尔牺牲掉,尽管许多人类学家显然读过并欣赏多内尔的书,而且也认为它可信。在我看来,用马林诺夫斯基的话来说,《夏波诺》正"被科学处决",而且未经充分的审判。这一事例明显威胁了学科间某些脆弱的界限。非常明显的是,它让民族志写作中某种恼人和棘手的混乱呈现出来,这种混乱源于个人经历、个人叙述和唯科学主义、唯专业主义之间矛盾和不确定的关系。为了更好地进行解释,请允许我对此案例稍作进一步的分析。

对于局外人而言,这场关于《夏波诺》的异常不充分的论争,最耐人寻味的难题之一是:本书所呈事实的准确性似乎不在论争之列。德奥姆斯对全书 300 页缜密的细究只发现了一处民族志的错误(提及在一排排木薯间奔跑)。这就默认如果拥有一定量的二手资料,即便未在实地有亲身经历,实际上也可构建一个可信的、生动的、民族志上也准确的对另一文化中的生活的叙述。我很惊异,为何民族志作者会如此愿意承认这种事?假如这样,多内尔的(所谓的)欺骗行为究竟属于什么性质的公共威胁呢?

被争论的不是民族志的准确性问题,而是民族志权威、个人经历、科学性和表达之原创性之间令人困惑的关系。如果多内尔果真在雅诺马马人那里生活过,为何她的文本与瓦莱罗的如此相似?但是按照民族志的标准,问题也可以反着提:她的描述为什么不能与瓦莱罗的文本相似?德奥姆斯所摘录并指责为抄袭的段落尽管绝非完全照抄,但的确与瓦莱罗的文本非常相似。所列的最初五个事件包括:(a)男人们之间用一种叫"纳布鲁什"的粗木棍打群架;(b)女人们的捕鱼技术;(c)女孩的成年禁闭礼(coming-of-age confinement）和之后以女人身份在群体中的出场；(d)箭毒的制作及其在猴子身上的试验；(e)被邀参加一场盛宴（DeHolmes 1983：665）。这其中有一个描写的是一般性的活动或习俗（捕鱼技术），另四个是关于仪式——即人类学家一直专门当作可编码和可重复的形式的事件，而非独特的事件。[30] 假如多内尔对这些仪式的描述与瓦莱罗所呈的细节不相符，那么按照人类学自身的标准来衡量，她的阐述必定是虚假的。但实际论争的情形恰恰相反。

最后，对德奥姆斯而言，民族志文本的权威最终直接靠作者的个人经历来树立，然后由表述的原创性来证实："若如卡斯塔涅达所誉，多内尔的《夏波诺》可被称为'杰出的社科成果'，那么必须明示，她的故事所基之民族志材料确确实实由她本人在雅诺马马人中间生活时所收集，而非对早先已出版述著的再创作。"

与此相对，对于在同一期刊物上评论此书的德布拉·皮基来说，《夏波诺》不符合科学规范是因为它对多内尔"在田野中的个人成长"有"自恋式的关注"。"将人类学限于特定人类学家们的个人经历，就会舍弃它作为一门社会科学的地位"，而且"将学科表现得平凡而琐碎"（Picchi 1983：674）。多内尔没能展现皮基所认为的人类学研究的标志性特征，这一特征就是"承诺在跨文化基础上对行为变量之间的关系进行纪实性描述"。对于皮基而言，借用和再创作的主意不成其为问题。因为多内尔摒弃了正式的田野工作方法，一开始就销毁了自己的调查记录本，皮基说："可以假定，书中包含的标准的人类学信息来自对她自己的记忆以及当今大量关于雅诺马马印第安人的文献资料的再建构"（同上）。皮基认为此书是一部真正的"关于雅诺马马印第安人的……基于12个月田野工作的民族志"，并把它推荐给教授人类学导论的教师。

为什么争论中没有涉及多内尔相当直率的声明：她所写的不是一部人类学或社会科学的著作？虽然它没有以民族志的标准行文进行写作，是什么使得她的个人性叙述进入人类学的视界？一旦进入这个视界，对它的评价标准又为何如此之混乱？

出于某种原因，所有这一切让我联想到一个在脱衣舞夜总会外厮混的少年,他被拖进夜总会,是为了把他移交给警察,再把他从警察局踢出来——这将给他以教训。"规训"因此经常被执行,如果在脱衣舞夜总会未必如此,但在学术界必定如此。多内尔所做的明显是写了一本令人恼怒和模棱两可的书,它是否"真实"?是否属于民族志?是否可归为自传?是否宣称了它在专业或学术上的权威?是否基于田野工作?等等这类问题都没有定论。这是忘恩负义的学徒最恶劣的行径。因为如果多内尔果真编造了她的大部分故事(她可能是这么做了),她因撒谎辱没了这个职业,而且她的谎言是如此天衣无缝。如果她确未编造自己的故事,那么她抢得了20世纪人类学的一条独家新闻。因为按她的陈述,其经历在许多方面是一个民族志学者的梦想。她是受这个群体的邀请去学习他们的生活方式;是他们坐下来教授她,而不是她对他们进行一系列的访谈。她用不着通过分送西方的物品来为自己打通道路,因而也免遭因用此法而带来的苦痛和负罪感;这个群体选择居住在相当偏僻的角落,因此这几乎是他们与外界的首次接触。她实现了民族志学者的这个梦想,但又拒绝将其转换为此学科的通货,而正是这个学科使得所有一切成为可能——这实在是一种彻头彻尾的背叛。

我对《夏波诺》这一案例进行详述是因为它揭示了个人性叙述——它并未被科学处决——在民族志"话语空间"中产生的混乱和含糊。在学院派人类学圈内并非无人知道多内尔这类个人性叙述。叙述个人田野经历的文本在人类学中是一个被认可的亚体裁(subgenre),但总是有一本正式的民族志(通常出版在前)相配套,而多内尔没有写(或尚未完成?)这么一本民族志。说起这类配套的书,人们会联想到诸如戴维·梅伯里-刘易斯(David Maybury-Lewis)的《野蛮人和无知者》和《阿奎-沙万特社会》;让-保罗·杜蒙(Jean-Paul Dumont)的《彩虹之下》和《头人与我》;拿破仑·沙尼翁的《雅诺马马人:凶猛的民族》和《雅诺马马人研究》。保罗·拉比诺(Paul Rabinow)的《符号控制》和《摩洛哥田野工作反思》。早先的例子包括克莱德·克拉克洪(Clyde Kluckhohn)和罗伊-富兰克林·巴顿(Roy-Franklin Barton)的作品;这种个人性叙述的亚体裁也是马林诺夫斯基的日记出版后进入的常规文本空间。

在这些配套的书中,正式的民族志被当作专业资本和权威性的述著;而个人性叙述通常被认为是自我放纵和琐碎的,或是在其他方面标新立异。但尽管有这种"规训",后者还是不断地出现,不断地被阅读,而且最重要的是不断在学科范围内被教授,人们可以想见这其中定有其充分的理由。

即使没有独立的自传性文本,个人性叙述也是民族志常规的组成部分。它几乎一成不变地出现在导论或开篇几章,其开场白一般描写作者初到田野的情境,例如,当地人最初对他的接待,缓慢而痛苦的语言学习过程和解决被排斥问题的过程,离开时的痛苦和失落感。虽然这些常规的开场白只在正式民族志描述的边缘存在,但它们并非无足轻重,而是起着至关重要的作用:将民族志描述根植于感受深刻的并为民族志作者带来权威的田野亲历。它们在象征意义和意识形态方面意味深长,因而经常成为了民族志作品中最令人难忘的片段——没有人会忘记埃文思-普里查德在《努尔人》中满载挫折感的导论。通常它们也为民族志文本的主体——民族志作者、当地人和读者——进行最初的定位。

我发现有一现象相当重要,这种以独立成书和篇头轶事的形式出现的个人性叙述事实上并未"被科学处决",而是作为民族志写作的常规形式留存着。考虑到民族志所承受的多重压力,这一事实尤其值得注意,这些压力对叙述产生不利影响(认为它"不过是轶事"),并将其贬低为可用知识的载体。与这些压力相对,还存在着一种迫切的感觉,即由于某种原因,民族志描述单凭自身是不够充分的。个人性叙述在民族志话语中有其常规的位置,这一事实解释了为何不论作者本人的意愿,《夏波诺》还是落入了人类学的视界,并且必须受到重视。而另一事实,即个人性叙述是边缘性和被污名化的,则解释了为什么像《夏波诺》之类的著作本该被认可,结果却遭否定。

我认为很显然,在民族志写作中个人性叙述与客观性描述是并存的,因为它调解学科内部个人性和科学性权威之间的矛盾,这一矛盾自田野工作成为方法论的规范之后尤为激烈。詹姆斯·克利福德称之为人类学"学科想融合客体实践与主体实践的不可能实现的企图"(见本书第166页)。田野工作制造了这样一种权威,这种权威在很大程度上根植于主观和感性的经历。一个人亲自体验当地人的环境和生活方式,在社区的日常生活中用自己的眼睛观察,甚至扮演某些(尽管是设计好的)角色。但在这样一种际遇中产生的专业文本被要求符合科学性话语的规范,而这种话语的权威基于对言说和体验主体的绝对消抹。

用它自己的隐喻作比,言说的科学位置就像这样一个观测者的位置:固着在某个空间的边缘,向内和(或)向下观察他者。而另一方面,主观性经历在一个移动的位置上被言说,这一位置已在事物中间或中心,已卷入观看和被看,谈论和被谈论。要通过田野工作笔记将田野工作转化为正式的民族志,就需要将后者的话语立场(与他者是面对面的)极其困难地转换为前者。在此过程中许多东西很可能遗失了。约翰尼斯·费边描述了这一矛盾的时间性因素,他认为"在民族志调研中有对同代性(coevalness)的认可,而在大多数人类学理论建构和写作中却否认了同代性,这是一种悖论式的割裂"(Fabian 1983:36)。换言之,著名的"民族志的当下"将他者定位于和言说主体不同的时间序列之中;而另一方面,田野调查将自我与他者定位于相同的时间序列中。这也就难怪从事田野工作的民族志作者如此频繁地哀叹他们的民族志写作遗漏,或无可救药地耗尽了他们所获得的某些最重要的知识,包括自知之明。对于像我这样外行人*而言,问题最明显的迹象是一个简单的事实:民族志作品往往出奇地乏味。人们不停地问,这是怎么回事?那么有趣的人,从事如此有趣的事,怎么写出这么无趣的书?他们对自己做了些什么?

通过将个人经历的权威性(民族志也正是来自这一经历)嵌入民族志文本,个人性叙述调解了介于田野工作所要求的自我投身(engagement)和正式的民族志描述所要求的自我隐身(self-effacement)之间的矛盾,或者至少部分消解它给人带来的苦恼。因此,将面对面的田野际遇转化为客观化的科学时被剔除的东西,至少靠个人性叙述又被修复了少许碎片。这就解释了为什么这样的叙述未被科学处决,以及为什么它们值得被检视,尤其对于那些有意对抗许多传统民族志描述中的异化和非人化倾向的人。

然而,将个人性叙述和客观化描述相结合的手法几乎算不上现代民族

---

* 本文作者玛丽·路易丝·普拉特主修语言文学,为纽约大学的西班牙和葡萄牙语言文学教授,因此谦称自己是人类学的"外行人"。——译者

志的发明。在其他写作体裁,也就是那些民族志传统上与之"划清界限"的体裁中,这种手法有着悠久的历史。16世纪早期,欧洲的游记中通常包括关于旅行的第一人称叙事和关于所经地区动植物和当地人风俗习惯的描述。这两种话语在游记中的区分相当明显,而个人性叙述占主导地位。描述性部分有时被视为用来倾倒不适于放在叙事部分的"剩余信息"的场所。

举一个典型的例子,有一本书题为《黑森州的汉斯·施塔德1547—1555年在巴西东部原始部落的被囚经历》(Stade 1874),它在16和17世纪拥有广泛的读者群。施塔德的叙述分为两部分,第一部分约100页,记述的是他遭图皮南巴人(Tupi Nambas)囚禁的经历,第二部分约50页,"真实和简短地表述我所经历的图皮南巴人(我正是被他们囚禁)的风俗人情全貌"(Stade 1874:117)。在这后半部分,施塔德的描述框架与现代民族志在很大程度上是相同的,所包括的章节有:"他们的住所""他们如何生火""他们的睡觉之处""他们高超的弓箭狩猎和射鱼技术""他们如何煮食""他们在统治和法律方面的规则和秩序""他们的信仰""他们每人有几个妻子以及如何管理她们""他们如何订婚""他们怎样酿(让自己醉倒的)酒以及如何点酒",如此等等。此外,施塔德的描述还在其他方面与现代民族志类似:它们的确切性、对中立和公正的追求,以及将社会性和物质性秩序相联系。如在下文对房屋的描述中,空间组织被认为是由社会关系决定的:

> 他们喜欢在既不远离树林和水,也不远离猎物和鱼的地点建造住所。把一个地方的所有一切都耗尽之后,他们就迁到别处去;当他们想造棚屋了,当中的一个头领就召集一群男女(大约40对),或者能召集多少就多少,这些人像亲戚朋友一样住在一起。
>
> 他们建造的是一种棚屋:宽度约14英尺,长度视其人数而定,可能有150英尺。屋子大约有12英尺高,顶部是圆形的,像拱状弯曲的地窖;上面盖以厚厚的棕榈叶,所以雨水不会渗到屋内,棚屋内部是全开放的。没人为自己特别准备小间;一对男女在一边有12英尺的空间,边上以同样的方式住着另一对,所以他们的棚屋住得满满的,每对都有自己的火堆。棚屋的头领也住在这屋子里。这些棚屋通常都有三个入

口,一边一个,再加中间一个;入口开得很低,以至于他们进进出出得弯着腰。很少有超过 7 个棚屋的村子(同上书:125)。

我使用汉斯·施塔德的例子是为了特意强调这一点:我正在讨论的这一话语形构既不是一种博学传统的产物,也不是现代科学出现之后的作品,尽管它与当代民族志有着相似之处;汉斯·施塔德是一艘轮船上的炮手,几乎没受过正规教育;他的书非常通俗流行,而且在时间上也早于18世纪的"自然历史"。

在有些游记写作的范例中,叙事时穿插描述性话语,从芒戈·帕克的《非洲腹地旅行记》(Park 1799)中摘录一段为例:

> 我们在一个叫丹伽里的小村子停留(stopped);晚上到达了达里,在路旁看到(saw)两大群骆驼在吃草。摩尔人把他们的骆驼赶去(turn)喂食前,会把骆驼的一只前腿绑住(tie)以免走失。……人们正在(were)杜缇的屋前跳舞。但得知有个白人来到镇子,他们就停止(left off)跳舞来到(came)我的住处,队形整齐,两两并排,前面还奏着乐。他们吹着(play)一种笛子;但不是对着边沿的笛孔横吹,而是对着底端斜吹。(Park 1860:46)

在这里,特殊性叙述和概括性描述尽管相互交织,但还是清晰可辨,而且他们间的相互转换也是清楚的,最明显的标志自然是过去时和现在时之间的转换以及在具体的人名和部落名之间的转换。(我将在下文说明这种形式也出现在马林诺夫斯基和雷蒙德·弗思的著作中。)

直至现代,这种叙述-描述的二元结构明显地在游记写作中以各种形式稳定地保持着,连同它常规的顺序——叙述在前,描述在后;或者叙述优先,描述从属。当然到了 19 世纪晚期,这两种方式在游记中地位往往大致相等,而且常见的是针对一次旅行出版两本独立的书,诸如:玛丽·金斯利的名著《西非之旅》(Kingsley 1897)和《西非研究》(Kingsley 1899)。在理查德·伯顿的《中非的湖区》(Burton 1868)中,个人性叙述的章节与描述所经地区的"地理与民族学"的章节相互穿插。

现代民族志明显与这一传统有着直接的延续,尽管它通过学科界限将自身区别于游记写作。在民族志写作中,个人性叙述通常从属于客观性描述,但个人性叙述还是时常能被读到,或是在单独的个人叙述卷册中出现,或是残存式地出现在书的篇头,为后面的叙述作铺垫。

因此不必奇怪民族志开篇的叙述明显呈现出与游记写作之间的延续性。例如弗思在《我们,蒂科皮亚人》(Firth 1936)中通过典型的波利尼西亚的到达场景介绍自己。实际上在库克、布干维尔(Bougainville)和其他人记录各自1760 和 1770 年代在南海探险的文献中,这样的场景已是老生常谈。这是一个难忘的片段,最近又引起了克利福德·格尔兹的关注(Geertz 1983c)。

> 就在日出前,在清晨的凉意中,南十字号驶向东部地平线,远处一小点黛蓝的轮廓已隐约可见。慢慢地,它放大为一片崎岖的群山,离海陡峭地耸立。……大约一小时之后我们靠近了海岸,看到从南面潮水较低的岩礁外侧绕道驶来的几艘独木舟。这些有舷外托座的船只逐渐靠近了,船上的男人们裸露着上身,腰以下围着树皮布,硕大的扇子插在他们后背的腰带上,耳垂和鼻子上饰有龟壳环或叶片卷,脸上长着胡须,长发松散地披在肩上。其中有些人划着粗糙沉重的桨,有的人把编织精细的露兜叶垫子放在他们旁边的横坐板上,还有些人手里拿着大棒或长矛。我们的船用一根短索在沿珊瑚礁的开阔海湾下了锚。船还未停稳,土著人便开始抓住边上任何够得着的东西爬上船,相互之间或对着我们狂野地吼叫,所用的语言是我们探险船上操莫塔语的人一句也听不懂。我很疑惑,如何能劝说这么粗野的人种接受科学研究。……
>
> 我们跳下甲板上了珊瑚礁,开始和东道主手拉手涉水走向岸边,像聚会中的儿童一样,互相微笑着,以替代此刻任何更易于理解或有形的交换。我们边上围着一群群赤裸的唧唧喳喳的年轻人。……长长的涉水终于结束了,我们爬上了陡峭倾斜的海滩,穿过散落着木麻黄树针叶的柔软干燥的沙滩——一种如回家般的感触,像是走在一条两旁长满

84 写文化

松树的林荫道上——我们被引到一位年长的、着装尊贵的头领那里,他身穿白色的外衣并围了一块兜裆布,正坐在浓荫下的椅子上等候我们。(Firth 1936:1-2)

弗思以一种非常直接的方式再现了一幅初次相遇的乌托邦场景,这种场景在 18 世纪获得了它神话般的地位,而且以南海天堂(也可称为地中海俱乐部/梦幻之岛*)的大众神话的形式延续至今。欧洲访客非但没有被当作可疑的异类,而是像弥赛亚一般受到了一群准备为其效劳的轻信的人的欢迎。作为比较,我们来看看路易·德·布干维尔 1767 年到达塔希提岛的情景:

我们扬全帆驶向陆地,目标是海湾的迎风面,这时我们看到从近海处驶来一条独木舟,扬帆划桨也向陆地行驶。它横过我们与其他许多船只会合,这些船只从岛的各个方向而来,在我们前面行驶。其中一条一马当先,由 12 个赤身裸体的男人驾驶。他们给我们送上几串香蕉,举动之中表示这就是他们递上的橄榄枝。我们用各种自己能想象得到的友好信号作为答复,然后他们就驶到我们船边。其中一位特别引人注目,头发长得奇形怪状,像刷毛一样在他头上散开,他给我们奉上象征友好的物品:一头小猪和一串香蕉。……
我们的两艘船立刻被一百多条大大小小的独木舟围绕,这些独木舟的船舷外都有托座。舟上载着椰子、香蕉和当地的其他水果。我们公道地用各种小玩意儿与他们交换这些水果——我们觉得它们味道鲜美。(Bougainville 1967:213)

布干维尔的泊船要比弗思麻烦得多,但待他泊定后,同一出戏又开演了:

把船泊好之后,我和几位高级船员上岸去寻找水源。一大群男女在那儿接待我们,目不转睛地盯着我们看;最大胆的还走上前来触摸我们;

---

* 地中海俱乐部是 1950 年成立的一家旅游公司,在世界各地经营大量度假村。——译者

他们甚至用手掀开我们的衣服,看看我们和他们是否用同样的"质料"造成,他们当中没人携带武器,甚至没拿一根棍棒。他们对我们的到来感到欣喜,这一点溢于言表。此地的头领带我们去他的房子,在那儿我们看到有五六个女子和一位令人肃然起敬的老人。(同上书:220)

这两个场景之间的相似之处是明显的,也存在有趣的差异。布干维尔在描述他的场景时使用了一个弗思没有复制的套路,多愁善感的老生常谈:当地人试图脱下外族人的衣服以确认他们的人类特性,并象征性地夷平了他们之间的差异。而弗思,像他将要会见的酋长一样,一直衣冠整齐。布干维尔也谨慎地提到欧洲人和当地人之间马上建立起来的物质关系,他强调了这种交换之间自发的平等。在弗思那里也存在这种开场的交换,但被非物质化了,是一种"微笑"的交换"以替代此刻任何更易于理解或有形的交换",而他并未交代清楚将要与这些人建立何种物质关系。与此同时,弗思文中讥讽的评语——他疑惑"如何能劝说这么粗野的人种接受科学研究"——打破了传统图景中平等主义的神话。的确,他这里的讥讽隐约表示,他所用的"王者降临"的修辞就是一种修辞,也是一种征服者语言的组成部分。这就默认了这样一个事实:他自己的研究项目也是一种权力的宣称。弗思开头的自我表述说明他要讲述的故事是蒂科皮亚如何变成"他的小岛",就像马林诺夫斯基后来对此岛的称呼。

马林诺夫斯基在《西太平洋上的航海者》中呈现的是相当不同的一种自我形象,但也源自游记写作。他关于"一个民族志作者所经磨难"的简短概述,开篇的是这段如今已为我们耳熟能详的文字:"想象一下,你突然被抛置在靠近某个土著村落的热带海滩上,孤身一人,身边只有所带的装备,载你前来的汽艇或小艇已驶出你的视线"(Malinowski 1961:4)。这无疑是一个老式漂流者的形象。它在这里出现尤其合适,因为符合当时马林诺夫斯基自己的情况。一个奥地利公民居住在澳大利亚,被派到特罗布里恩群岛等待战争结束,而不必冒被迫害或被驱逐的危险。

还有其他原因导致漂流者形象成为民族志作者所向往的乌托邦式的自我形象。因为正如海伦娜·瓦莱罗、弗洛林达·多内尔和汉斯·施塔德这些形象所揭示的那样,漂流者与俘虏在很多方面实现了参与观察者的理想。民族志作者高于"单纯的旅行者"的权威性主要来自于这样一种观念:旅行者只是走马观花,而民族志作者是和他所研究的群体一同生活的。但是,这当然也正是漂流者和俘虏通常所做的,他们在另一种文化中以各种身份生活,高到王子,低到奴隶,他们学习当地人的语言和生活方式,所达到的娴熟程度是任何民族志作者都会嫉妒的,而且他们经常作出记叙,这些记叙即使用民族志自身的标准来衡量也确实是充实、丰富和准确的。同时,俘虏的经历在许多方面与田野工作的经历有共通之处——依赖感、缺乏控制、不是完全被孤立就是永远不得独处。

那么漂流者的形象又一次以前面提到的方式将民族志作者的处境神秘化。在与当地人之间的物质关系问题上,漂流者和民族志作者有着本质的区别。漂流者在当地的社会经济组织中占据了一个位置,这也是他们赖以生存的方式——如果他们的确能生存下去的话,这么说是因为当囚徒比作田野工作要冒更大的风险。人类学家通常与当地人建立一种基于西方商品的交换关系。这是他们赖以生存的方式,他们也是通过这种方式试图与被访人保持非剥削性的关系。但这一策略当然非常自相矛盾,因为它使人类学家总是参与了(被他们自己视为)对其研究目的解构。相反,漂流者和俘虏的身份是清白的,处于矛盾之中的民族志作者羡慕这种身份,原因就在于此(尽管真的像俘虏那样成为土著人,对人类学家来说是禁忌)。

所以,在篇头描写民族志作者时,弗思和马林诺夫斯基都调用了在游记文献中已充分构建的形象。他们的民族志正文也是相似的,至少在叙述性话语和描述性话语的使用上如此。两位作者都自由和流畅地在二者之间转换,不断将逸事引入民族志概括性阐述和详细描写中,所用的方式多少让人联想到上文所引的芒戈·帕克的文本(Park 1860:35)。弗思的民族志中满是下文这样的综合性段落,融概括、目击之逸事以及他自己的讥诮为一体:

> 姻亲间偶尔的确会俏皮地互相嘲讽而不失礼仪。帕拉尼弗利曾兴高采烈地告诉我,阿里基人首领陶玛科和他说话时,把那个可归为他女婿辈的帕帕尼斯(Pa-Panisi)叫做"*Matua i te sosipani*"。*sosipani* 是炖锅

(*saucepan*)的土著发音,据我所知,那个人独自拥有岛上这只乌漆漆的器皿。作为一个黑皮肤的外族人,帕帕尼斯会遭到蒂科皮亚人的小嘲讽(在他的背后)。有人告诉我,虽然当面不允许责骂别人,但在背后可以。(Firth 1936:274)

弗思和(他的老师)马林诺夫斯基似乎在模仿中世纪学者的综合性论文(*summa*),一种根植于作者自身的、高度结构化和整合性的描述,在这种描述中,"自我"不被视为一个单一的科学家-观察者,而是一个进行参与和观察,并从多方位和不断变化的立场进行书写的多面体。这个多才多艺的非凡主体具有如此强的反思能力,因而能够吸收和传达整个文化的丰富性。[2] 弗思和马林诺夫斯基关于他们的民族志事业所传达的那种固执的乐观主义也扎根于这一主体中。在这些"科学民族志"(马林诺夫斯基是如此对其命名的)创始人的著作中,言说的主体其实根本不是那个消泯了自我的、被动的科学话语主体,这一事实是个极大的反讽。

在马林诺夫斯基和弗思那里,民族志作者是一个极富理解力但非常不系统的文本人物(textual being),与此形成强烈反差的是在随后的经典民族志(比如埃文思-普里查德和梅伯里-刘易斯的著作)中出现的受挫和沮丧的形象。如果说弗思是以 18 世纪仁慈的科学家-国王的形象出现,那么埃文思-普里查德则是以之后维多利亚时代粗鲁的勘探者-冒险家的形象登台亮相,这些勘探者-冒险家以更高的(国家)使命的名义,将自己置身于各种危险和困顿中。在《努尔人》那段著名的描述研究地状况的开场白中,埃文思-普里查德加入了前后延续了一个世纪的非洲旅行家行列,他们丢失了自己的装备,无法控制自己的搬运工。我们来读读他开头的这段自我描述:

---

[2] 詹姆斯·克利福德关于马林诺夫斯基有类似的见解,而我的论述是受他著作的启发(见 Clifford 1985a)。

我于1930年初到达努尔地区。由于遇到风暴，我到达马赛时，行李还没有运到。而且因某个错不在我的失误，食物储备没从马拉卡勒运来，也无人通知我的赞德（Zande）仆人来接我。我带着帐篷、一些设备和在马拉卡勒购买的一些食物储备继续前进，陪同我的是我在马拉卡勒匆忙挑选的两个仆从，一个阿特沃特人（Atwot）和一个白兰达人（Bellanda）。

当我在加扎尔河的尤阿黄上岸之后，那里的天主教教士们很友好地接待了我。我在河岸边滞留了九天，等待他们答应为我找来的搬运工。到了第十天只来了他们中的四个。……第二天早上，我动身去邻近一个叫帕库的村落，在那儿搬运工把帐篷和食物搁在一片靠近几处家宅但没有树木的平地中央，拒绝把它们搬到半英里外的树荫下。接下来的一天我忙着搭帐篷和试图说服努尔人……把我的住所搬到附近有树荫和水的地方去，但他们拒绝了。（Evans-Pritchard 1940：5）

这样的情节在19世纪非洲旅行家和探险家笔下是老生常谈。下面的例子来自一贯怪僻的理查德·伯顿爵士，他在《中非的湖区》中所叙述的远征，开头也几乎同样地不顺：

由于各种准备工作，我们在威尔岬角附近被耽搁了10天之后才启程。萨义德·本·萨利姆，一个混血的桑给巴尔阿拉伯人，很不情愿地被王子派来当我们的 Ras Kafilah（旅行队的向导），他徒劳地不断恳求延期出发，后来终于比我们提前两个星期出发去招徕搬运工。……6月1日他渡海到了大陆并雇了一队搬运工，然而他们一听说雇主是个 Muzungu（"白人"），立刻作鸟兽散，还忘了退还工钱。我们需要170名男工，但只招到了36人。……在雇到全部的搬运工之前，只能留下大部分的弹药、铁船（在前往蒙巴萨的沿岸航行中很有用）、备用衣物、钢丝和珠子，价值359美元。印度人信誓旦旦地保证会将这些物资运来。……但它们被送到我们面前时，已是将近11个月之后的事。（Burton 1961：12）

如此一而再，再而三，直到伯顿的叙述像埃文思-普里查德的绪论一样，读起来像是一部冗长和令人沮丧的主仆斗争史。埃文思-普里查德并非随意地选择了这种自我表述的方式。克利福德·格尔兹最近在对埃文思-普里查德较早的一部军事回忆录的分析（Geertz 1983a）中，直接将其与非洲殖民探险及其书写的传统联系起来。

谈到话语传统，可以认为布干维尔和弗思例示的那种初到异域的乌托邦式图景，在埃文思-普里查德那里已严重降格了。这时的初次相遇发生在一个失落的世界中，在那里，殖民主义已是既定事实，当地人和白人彼此接近时都怀着令人不快的相互猜疑。梅伯里-刘易斯在《阿奎-沙万特社会》中也描绘过类似降格了的图景。他倒是找到了运送行李的人，但等候他的头领看不出有什么王者之风，头一场物品交换也不是互惠的：

> 我们的飞机降落时，村里一大群沙万特人来到跑道上，把我们的行李搬到营地。他们把行李放在一位长者的脚下，我们发现他是村里的头领。他明显希望我们当场把箱子打开并分发里面的物品。（Maybury-Lewis 1967：xxiii）

这里的问题原来出在外部的污染。沙万特人已经被巴西军官们宠坏了，后者飞到这里来看奇风异俗并带来"精美的礼物"。像埃文思-普里查德一样，梅伯里-刘易斯详尽地抱怨了他的种种困扰：被访人的敌意和不合作，拒绝与他进行私下交谈，不让他独处，还有他在语言上的困难，如此等等。

在这两个反乌托邦的例子中，开场叙述是解释民族志作者在执行科学使命时能力的局限。吊诡的是，他们把田野工作的条件说成从事田野工作的障碍，而非田野工作中应予以分析的组成部分。这与弗思和马林诺夫斯基的口吻有明显的区别。埃文思-普里查德与梅伯里-刘易斯是马林诺夫斯基所创科学和专业民族志的继承人。科学的理想模式，即倡导规范化的（codified）田野调查方法、专业上的公正客观和系统性的详细描述，似乎对他们产生了强大的压力。异文化中任何有碍于这些工作的因素，既是一个民族志事实，也是一个民族志障碍。例如两位作者都抱怨不能与被访人进行私下交谈,好像私下交谈一旦成为一种实地研究方法,就应该在任何文化背景中都能够实现。随着研究方法日益程序化,"客观性和主观性实践"之间的冲突也就日渐激烈。

在埃文思-普里查德的例子中,这些困难转化为个人性叙述(他那生动的长篇绪论)和非个人性描述(述著的其余部分)之间僵硬的分割。不再有弗思或马林诺夫斯基的那种不断变化的言说立场,也不再有权威感,即可靠整合的可能性。埃文思-普里查德力求勾画一幅关于努尔人的以牛群为中心的整体画卷,但认为必须在书的开头和结尾强调他能力和成就上的局限性。另一方面,梅伯里-刘易斯的做法是重申个人性叙述的权威和合法性,并且明确地使它成为一种亚体裁。他先发表了他的个人性叙述(《野蛮人和无知者》,1965),他的民族志中也充满了个人性叙述,同时提出:"现在是时候了,要去除笼罩在田野工作上的神秘色彩,要对资料收集的背景进行适度的详细描写并使之成为惯例。"(Maybury-Lewis 1967:xx)

这些出现在著作开头部分的叙述式自画像(马林诺夫斯基、弗思、埃文思-普里查德、梅伯里-刘易斯),每篇都直接沿用游记写作中的修辞法。有趣的是,民族志作者在哪个特定地区(中非和南太平洋地区)从事田野工作,他的自画像就受到描写这一地区的游记写作传统的影响。与此同时,每一篇都用只略作修正的方式表达民族志作者自身所处的特殊处境。它们是象征性的自画像,是下文的开场白和评论。在这方面它们并非无足轻重,因为它们的一项功能是为正式的描述给读者定位。在现代民族志中,这样的段落所承担的任务往往是问题化(problematize)读者的定位,在埃文思-普里查德和梅伯里-刘易斯的著作中便是如此。原本是民族志作者为了解异族而经受的磨炼,现在变成读者为理解文本而承受的磨炼。

在我已讨论的所有个案中,民族志作者的自画像在很多方面被神秘化了。很多东西被讽刺、被间接地质疑,但从未被明指——特别是这一点:从他者的立场来看,民族志作者出现在当地是完全不可理解和不合常理的。埃文思-普里查德在他的前言中固执地曲解与一个被访人的对话,便是最清楚的例子了。同样被神秘化的是更宏观的欧洲扩张计划,不论民族志作者自己的态度如何,他们是被卷入这一计划的,而且这也决定了民族志作者自己与所研究群体之间的物质关系。在民族志描述中对这一关系最大限度地保持了沉默。正是这种沉默形塑了传统的民族志事业:在描述当地的文化时,只描述西方尚未介入前的情形。

我在本文中松散地进行着概括性论述,准备用来作结的是新生代民族志作者的例子。玛乔丽·肖斯塔克的《尼萨:一个昆人妇女的生活及诉说》(Shostak 1981),被广泛地认为是新近民族志实验中重新赋予民族志写作以人性的一部成功之作。到达套路只是她在文本中改造的民族志写作的众多常规中的一例。《尼萨》的导论中有两段符合常规的到达场景的描写。下文为第一段:

> 走进昆人(!Kung)的传统村落,来访者会惊异于辽阔天际下村落的渺小,在高长的茅草和稀疏的树木之中它是那么地不起眼。……来访者如果是在寒冷的季节——6月和7月——到达,而且正逢日出,那么他会在棚屋前看到一张张的毯子和兽皮下盖着仍在火堆边酣睡的人们。已醒的人则在添加木炭或重新生火,在这寒冷的早晨为自己取暖。……来访者如果是在另一个早晨——在炎热干燥的10月和11月抵达,他会发现人们已在走动,甚至在黎明时分他们已经起身,赶在中午之前进行几小时的采集或狩猎,为避酷暑,到了中午他们就得待在浓荫下。(Shostak 1981:7-8)

与弗思一样,这一假想中的到达是在黎明时分——新的日子,新的地点。而略有不同的是,它描述的是一种民族志的乌托邦:在这里,一个传统的社会在做它传统的事,对外来观察者的出现毫无知觉。不像前面分析的另一些到达场景,这一则是假想性和典型性的。它描述"若是……的话,一个来访者(而非一位人类学家)可能经历的"。翻过几页之后这个想象的身份就明确了,肖斯塔克用很长的篇幅描写了她自己的到达经历,在那晚她遇到了尼萨:

从我们的主营地沟西出发,我们到达了高沙,那时天黑已经很久了。我们驾驶路虎经过一个昆人的村落,停在了路前方较远处一个荒村的遗址上。圆月高挂天空,看上去小小的,散着冷光。……和我们同行的两个昆人克召玛和汤玛建议我们在此扎营,理查德·李(Richard Lee)和南希·豪威尔(Nancy Howell)(另外两位人类学家)四年前就在这里扎营。他们说:住在别人住过的地方是正确的,这把你们和过去连在一起。理查德和南希住过的棚屋的细长木制框架仍在那儿。它兀立在月光下,如同一副从周围灌木中突出的怪异的骨架。……这是昆人传统的房屋框架。屋上的草早就取下来,拿到尼萨的村子里用了。棚屋就这个样子竖立在那儿,既无法挡风遮雨也不遮掩任何隐私。(Shostak 1981:23)

首先,这是一次夜间到达,这在游记写作和民族志中都是罕见的。对人类学家来说,这是死者之地——月亮小而寒,而且不可理喻的是,他们不在活人居住的村子停留而来到一个荒村,并且寄宿在一个棚屋的空架子里。肖斯塔克自己理解的象征意义与昆人对这种安排的理解形成强烈反差。对后者而言,与过去的连接提供了一个避难所和一种慰藉,肖斯塔克和她的同伴则被他们的人类学前人的鬼魅所缠。

在肖斯塔克的叙述中没有本土人自发的欢迎礼,但与弗思和埃文思-普里查德不同,他们不想也不需要这么一个欢迎礼:"当时时间已经太晚,不适合前来拜访。那时他们已经知道我们了:第二天早上我们仍会在那里的。"他们独自打开行李("我想起来,南希有一次在她的睡袋里发现一条鼓腹巨蝰。")。当然,连假装或想象自己是最先接触当地人的想法都无法存在。肖斯塔克远非第一个来此地的欧洲人,甚至根本不是第一个到来的人类学家。这一点又令人悲哀地变得具有戏剧性:在他们收拾完行李准备就寝时,迟到的当地人来欢迎他们了,表示欢迎的人本身却不受欢迎。"尼萨在她穿的过大的破旧褪色的印花衣服外松垮地披了块旧毯子。伯穿了条旧西装短裤,连上面的补丁也磨破了。"他们来了,穿着他们显然已穿了很久的欧式服装。没有什么迎宾曲唱给肖斯塔克和她的同伴听,尼萨唱的是对他们前辈的赞歌:"理查德和南希!我真的很喜欢他们!他们也喜欢我们——他们送我们漂亮的礼物,到哪儿都带着我们。伯和我很努力地为他们工作。……哦,真希望他们在这里!"

这是个令人难堪的场面,那些曾经被掩饰的关系明确地显露了出来。这些他者堕落了,他们不仅作为非欧洲人被腐蚀了,而且特别是作为民族志的被访人也被腐蚀了。伯和尼萨来这里赞美那种基于西方商品的让人负疚的交换关系,这种关系意味着"作为异文化保护人的人类学家"实为"干涉异文化的破坏者"。纯朴的被访人变成了皮条客。简而言之,这个到达场景是在夜的黑暗中,让人不情愿地思忖民族志事件带来的后果:当地人,尤其是通过民族志促成的接触,已经在西方化过程中获取了既得利益,并与更大的剥削体系建立了具体的日常联系。这像个噩梦,按肖斯塔克自己的描述,她的反应是试着假装它没有发生,并等待第二天早上会有一个更标准的到达场景,通过交换礼物的仪式来完成:"到那时我们会送〔烟草〕给其他我们计划与其一起工作的昆人"(Shostak 1981:25)。

长时间的抗拒后,肖斯塔克终于向这个降格了的人类学世界投降了,允许自己接受尼萨的驱动和劝诱,之后,也只有在这之后,她才发现自己和尼萨的田野工作关系实际上在民族志意义上极有成效。因为尼萨是在推销自己讲述故事以及反思本族文化和自身经历的天赋才能。

肖斯塔克根据那一际遇所创作出的文本,用一种与弗思和马林诺夫斯基颇为不同的方式重新寻求个人性叙述在民族志描述中的权威。在书的首尾集中叙述肖斯塔克自己的故事。在这之间占主导地位的是尼萨的叙述,被肖斯塔克编成了生活史,每部分她都会用几页的篇幅进行民族志的概括和评论,作为每部分的引言。所以这部作品尝试缓和客观化的民族志表述和田野工作中的主观性经历之间的矛盾,在民族志表述中,所有的当地人是相同和平等的,而在主观性经历中,情况并非如此。当然这里所寻求的替代方式不是根植于田野工作者/旅行者/科学工作者多重主体性的相加与综合,而是某种不那么统一和更为复调的方式。③

不过,书中仍然带点乌托邦的色彩,因为肖斯塔克创作的复调惊人地和

---

③ 也可参见詹姆斯·克利福德对《尼萨》的评论(Clifford 1982b:994-995)。

谐一致。人们很少发现各种声音之间的争斗,尽管肖斯塔克意识到她的立场内含难以忍受的矛盾。产生这一跨文化和谐的原因,似乎部分源于当代西方观念中关于女性间的团结一致和亲密无间:她和尼萨以多种或许能超越文化的方式联结在一起。值得称道的是肖斯塔克在书的结尾挑战了这种和谐。尼萨在文中最后的言语是:"我的侄女……我的侄女……你是真正想着我的人。"肖斯塔克所说的是:"我会永远记着她,我也希望她会想起我,就像想起一个远方的姐妹。"双方都把对方视为不同的荣誉性的亲属。

西方读者会意识到,笼罩肖斯塔克到达场景的黑暗象征着负罪感。这种负罪感部分地与肖斯塔克处境的特殊性有关,她是一系列研究昆人的人类学家中的最后一位。这种负罪感同时也部分地从更久远的过去延续到她身上。因为与我前面讨论的例子一样,肖斯塔克的文本以及她那些参与哈佛喀拉哈里项目的同事们的文本,呈现出与书写昆人的漫长传统之间的直接联系——这一传统事实上已延续了三个世纪之久。这是哈佛人类学家竭力要与之划清界限的非专业的、"外行"的传统(最明显的是通过用昆人来取代欧洲人早期对这一人群的称呼:布须曼人)。这一传统记录的是一段惨烈的、充满迫害、奴役和灭绝的漫长历史。当代的昆人是这段历史的幸存者;而当代的人类学者是罪过的"继承人"。几个细节可以说明这一点。

从18世纪末开始,布须曼人作为描述对象出现在欧洲人的记叙中,一是由于后者的民族志兴趣,二是由于后者的同情和负罪感。这并不奇怪,因为也正是在那时,布须曼人已完全无力抵抗欧洲人对他们的土地和生活方式的侵犯。在前一个世纪的欧洲人的记述中,布须曼人是野蛮嗜血的掠夺者,凶猛地抵制向前推进的殖民者,夜晚袭击他们的农场,放走或偷窃他们的牲畜,有时还谋杀殖民者和劳工。拓荒者从殖民当局得到自由处理的权力之后发动了一场灭绝性的战争。突击队通常在夜晚突袭布须曼人的村庄,布须曼男人被杀,妇女和儿童或被杀或被作为奴隶。拓荒者逐渐赢得了这场战争,因此到1790年代,"布须曼人在内陆山脉中仍然为数众多,但在殖民地其他地方所剩无几"(Theal 1897:Ⅰ,198-201)。④

---

④ 关于布须曼人和欧洲人的接触史,我这里的评论主要基于西尔的《南非史》(Theal 1892-1919)。

正是从那时起,关于布须曼人的话语开始改变。18世纪晚期的旅行者,像瑞典人安德斯·斯帕雷曼在《赴好望角之旅》(Sparrman 1785)和英国人约翰·巴罗在《南非内陆旅行记》(Barrow 1801)中,都大声谴责殖民者的残暴行径和不人道的灭绝战。同样这些作者建构了布须曼人的新民族志肖像。布须曼人不再被视为好战的武士或嗜杀的掠夺者,而是被赋予了强者通常在其被征服者身上所发现的特征:温顺、无知、被动、懒散,外加体质上的强壮和坚毅,快乐、不贪婪或者说没有任何欲望,内部的平等主义,注重现世生活,缺乏为自我利益考虑的能动性。斯帕雷曼把布须曼人描写为"摆脱许多要求与欲望(人类的其他群体都为此所累)的束缚","厌恶任何形式的劳动",然而容易被一小点肉食和烟草所诱成为奴隶(Sparrman 1975:198－201)。巴罗发现他们"极其温和,极好管理,通过友善的调教可被任意改造"。"关于他们的性情",巴罗认为,"[布须曼人]活泼快乐,身体充满活力。他们的天赋远远超过普通水平。"他们的体质比霍屯督人(Hottentots)要强壮得多,寿命也比后者长;"在他们的部落里盛行普遍的平等……他们不考虑明天。关于物品储备他们没有任何意义上的管理或经济核算"(Barrow 1801:287)。

通过对(永恒的)布须曼人和他们(自然的)性情进行客体化的民族志描述,作者勾勒了一幅被征服人民的图像,同时承认他们处境的无辜和令人同情,评估他们作为劳动力资源的潜力,并以他们不知如何管理自己为理由把对他们的统治合法化。

对于布须曼人的境遇,巴罗纠缠于既赞美又谴责、既将其历史化又将其自然化的矛盾中,在对他的夜晚到达场面的描述中,他表达了他的立场给他带来的负罪感和痛苦,这一场景与肖斯塔克的到达场景在很多方面是相同的,尽管巴罗的书比肖斯塔克的书早了180年。在巴罗的记述中,和他者最重要的个人接触只有通过一种让人下地狱的方式才能达成。尽管他的动机是善意的,他与受惊的布须曼人的接触只有通过雇佣一队布尔农民,帮助他在夜晚伏击一群布须曼人才能实现。和肖斯塔克一样,其结果是噩梦般的冲突,巴罗书中只有少数几段个人性叙述,这就是其中一段。巴罗描写了突击队从山坡冲下去袭击熟睡中的营地:"可怕的尖叫像野蛮人的嚎叫一般震耳欲聋;妇女的叫喊和儿童的哭喊从四面八方传来"(Barrow 1801: 272)。不顾巴罗的指令,他的布尔人向导开始射杀逃跑的人;巴罗的抗议不被理睬。"'天哪!'[布尔农民]惊叫着,'难道你没看见一束束的箭落在我们身边?'我的确既没有看到箭也没有看到人,但听够了这刺人心肺的尖叫"(第272页)。巴罗在后文深感羞愧地评论道:"再没有比我们的队伍袭击布须曼人村庄更不可原谅的事"(第291页)。

这一场景打断了巴罗很纯粹的非个人性叙述,它是一种显而易见的逆转,既破坏了布干维尔所述的乌托邦式的到达场景,也颠覆了布须曼人袭击欧洲人农庄的传统形象。巴罗文本中的符号意义、立场与肖斯塔克的相似,而且两人也共享同样的话语历史。[有意思的是,肖斯塔克的前辈兼同事理查德·李也使用一个夜晚的到达场景来介绍他对昆人的第三次访问(Lee 1979: xvii)。]

不过当代人类学家与早期描写布须曼人的作者之间的共同点并不仅仅在于对到达场景的描述。前者的民族志描述同样重复着传统话语,即便他们公开批评这种话语的时候也是如此。20世纪从事人类学和新闻写作的人继续对布须曼人的特性进行赞美和自然化,许多特性与巴罗和斯帕雷曼等人的描述是相同的。快乐、幽默、平等主义、不崇尚暴力、对物质产品的不关心、长寿和坚毅,这些特性都在新闻类写作和民族志作品中饱含钦佩和喜爱地被强调,前类作品如洛朗斯·范德波斯特的《喀拉哈里人失落的世界》(van der Post 1958),后一类从伊丽莎白·马歇尔·托马斯的《没有恶意的人们》(Thomas 1959)到哈佛喀拉哈里项目(1963—1970)的著作。所有这些文献都同样呈现出一种强烈的反差:一方面倾向于把昆人当作欧洲帝国主义的"幸存者-受害者"进行历史化(historicize),另一方面倾向于把他们当作未受历史影响的原始人进行自然化和客体化。(在这两种情况下他们都注定走向灭绝。)这里不可能详细讨论当代更多关于昆人/布须曼人的文献,不过可以肖斯塔克自己的文本为例来说明我所谈论的矛盾。

肖斯塔克把这样一个尼萨介绍给我们:穿着套裙,在人类学的自由市场上出售她的才能,肖斯塔克据此否定了常与昆人相联的纯洁的原始人形象。然而,归根究底却是这一原始人形象驱动了肖斯塔克的调研。对她而言,正如对于哈佛喀拉哈里整个研究团体而言,对昆人感兴趣,是因为研究他们可获得有关我们人类和前人类祖先的材料。肖斯塔克希望对昆人妇女的研究能有助于"澄清美国妇女运动中出现的一些问题,"她认为原因尤其在于这一点：

> 与我们不同,她们的文化没有持续地被社会和政治派别所干扰,这些派别一会儿告诉她们女人是这样的,一会儿又说是那样的。虽然昆人也经历了文化变迁,但这还是最近的事,而且变化细微,因而她们的传统价值观体系很大程度上还是完好的。对当代昆人妇女生活的研究可以反映她们几代人的生活,可能甚至是几千年来的生活。(Shostak 1981:6)

如果深入思考布须曼人被征服的严酷历史,出现在脑际的应该不是"最近"和"细微"这样的形容词。肖斯塔克和她的同事似乎有时深知这段历史,有时又全然忘却。理查德·李等人不断地发出警告：不要把昆人当作"活化石"或"缺失环节"(missing links)(Lee 1979:xvii),必须充分考虑他们被殖民的过去和变迁中的当下,以避免非人性化和曲解。但哈佛团体所设计的研究显然是进化论式的(由灵长类动物学家发起),认为昆人的重要性在于他们可以"作为证据帮助我们理解人类历史"(S.沃什伯恩的观点,引自 Lee and Devore 1976:xv),因为他们是生态适应的范例,"直至一万年前,这种生态适应方式在人类中是普遍的"(Lee 1979:1)。这些文献非常侧重生理和生物方面的问题,如饮食、生理、时间的使用、居住模式、生育间隔、食物资源的取用、疾病、衰老,如此等等,把昆人的生活方式彻底自然化。研究者虽然真诚地希望对昆人在当代历史环境中的处境保持敏感,但这一希望与他们的研究项目的理念完全不相符合,后者把昆人视为对喀拉哈里沙漠生态环境的综合适应之结果,以及我们祖先如何生活的一个范例,并用定量研究方法[比如,制作表格记录"所观察到的每个儿童每小时从一个研究对象那里获得照料的平均次数"(P.德雷帕的观点,引自 Lee and Devore 1976:214)]使之更为具体。

　　局外人如果阅读欧洲人与昆人/布须曼人的接触史,必定会质疑：后者的形象怎么会是一万年前狩猎-采集生活的代表？难道不值得问一问,在白人殖民者控制下经历300年之久的争战和迫害（更不必说与当地农牧民的竞争），就没有对他们这个遭受这些创伤的群体的生活方式、思想意识、社会组织，甚至生理状况造成影响吗？难道长期以来男人的被残杀与女人的被奴役就没有对"女人的生活状态"或者女人如何看待自己产生影响吗？如果不把昆人定义为石器时代的残存者和微妙复杂地适应喀拉哈里沙漠的人群，而把他们视为资本主义扩张的幸存者和微妙复杂地适应三个世纪之久的暴力和恫吓的人群，那么该为他们描画一幅怎样的肖像呢？有时这样的视角的确也隐隐出现，虽然总是不那么直接，比如肖斯塔克把昆人的村落描绘为"渺小"和"不起眼"（见第91页的引文）。

要理解哈佛团体理念上的内在冲突，一方面应该把它们置于1960年代美国反主流文化的语境之中，许多这类反文化的社会理想似乎在昆人的文化中得以实现，同时在另一方面，也应该把它们置于人类学中生物学导向的"硬科学"分支扩张的语境之中，这一扩张在1980年代使得哈佛成为社会生物学的中心。同时必须认识到它们与源自斯帕雷曼和巴罗等人的话语历史——他们有时希望"被科学处决"的话语历史——之间有着延续性。

正如我在这篇文章中一直主张的那样，人类学家如果这样看待自己，定然会获得收获：既跳出他们之前的话语传统之外写作，也在这一话语传统之内写作；既跳出他们追随的接触历史之外写作，也在这一历史之内写作。这样的视角对于那些愿意改变和丰富民族志写作话语库的人而言，特别之于"糅合客观性和主观性实践这种极难处理的尝试"，是尤为重要的。通向这种变革的第一步肯定是认清自己的修辞既非自然的，在很多情况下也非本学科内在的，然后才可能把自己解放出来（如果愿意被解放的话），但并非通过摆脱修辞（这是不可能的），而是通过选择适当的修辞和创造新的修辞（这是可能的）。

赫耳墨斯的困境：民族志描述中对颠覆因素的掩饰

文森特·克拉潘扎诺　著

杨春宇　译

"所有的翻译"，沃尔特·本雅明写道，"都只是与各种语言的陌生性（foreignness）达成妥协的一种近乎权宜之计"（Benjamin 1969：75）。和翻译一样，民族志也是与各种语言的陌生性、各个文化和社会的陌生性达成妥协的一种近乎权宜之计。然而，民族志作者却并非是以翻译者的方式来移译各种文本的。他必须首先创造文本。虽然可以将文化和社会隐喻为文本，但民族志作者却从来不曾拥有一个可供他人阅读和翻译的原初的、独立的文本。除了他自己的文本之外，没有别的文本存在。尽管民族志常披着非历史（共时）的外衣，其实却历史地决定于民族志作者与他的研究对象相遭遇的那一时刻，无论那被研究者是谁。

民族志作者有点像赫耳墨斯：一个掌握着种种用于发现隐蔽的、潜藏的、无意识的事物的种种方法，甚至可以通过偷窃来获取所需讯息的信使。他要呈现各种语言、文化和社会，无论它们是多么的模糊、陌生、无意义；然后就像魔术师、诠释者和赫耳墨斯本人一样，他厘清模糊之处，让陌生变为熟稔，将意义赋予无稽。他解码讯息。他作出阐释（interpret）。

民族志作者通常会承认他的阐释具有权宜的性质。但是他假设有一个最终的阐释——一个确定的读解。"我最终破解了卡里叶拉（Kariera）分组体系*"，我们听到他说，"我最终追溯到了他们关于穆迪树**的所有纷扰的

---

*　澳洲土著对偶式的部族组织。——译者

**　即恩登布人的"奶树"（milk tree）。详见维克多·特纳的《象征之林》（商务印书馆 2006 年版）。——译者

根源。"他憎恨文学批评者声称从不会有一个最终的读解。他只是尚未获得这种读解而已。

民族志作者没有认识到他的陈述的权宜性质。它们是确定的。他不会承认,"权宜的阐释"居然支持"确定的陈述"是一个悖论。(或许正因为如此,他坚持认为存在一个最终的读解。)他的陈述嵌入在阐释中,限制了再度阐释。民族志自我封闭。甚至更有可能的是,民族学家基于民族志所提出的种种更为概括的理论,也只是那些用来呈现资料的权宜阐释的折射,充其量算是这些阐释在另一语域中扭曲的复制品而已。必须承认,确实存在这种可能性。赫耳墨斯是言说和书写的守护神,而我们知道,言说和书写本身就是阐释。

赫耳墨斯在语源学上意指"石堆之男"(he of the stone heap),与界石有着联系(Nilsson 1949;Brown 1969)。头像方碑(herm)后来取代了石堆,前者是种雕着一颗人头和一根阳具的柱子。如果容许我继续这种转借的话,可以说民族志作者同样标志着一条边界:他的民族志昭示了他和读者的文化的种种局限。民族志还证明了他及其文化的阐释力。赫耳墨斯是一位生殖神和丰饶神。阐释可以被理解为一种阳具崇拜式的、有侵略性的、残忍而暴烈的毁灭性行动,同时也是一种丰饶的、繁殖力强的、多产的而且有创造力的行动。我们会说一个文本甚至一种文化孕含意义。民族志作者的呈现是否正是因为他的阐释性的、阳具崇拜式的授精而孕育意义了呢?(我在这里坚持使用男性代词来指代民族志作者,而不管他的或她的性别身份,因为我在讨论的是一种立场而不是个人。)

困住民族志作者的还有第二个悖论。他不得不使陌生的事物具有意义。就像本雅明所说的翻译者一样,他的目标是解决陌生性的问题;而且正如翻译者一样(本雅明忽略了这一点),他必须传达出被他的阐释(翻译者的翻译)所否认掉的陌生性,至少在这些阐释宣称它们具有普遍性的时候。他必须让陌生变为熟稔,与此同时又保留它的陌生性。翻译者通过文体(style)完成这一目标,民族志作者则通过维持对象的陌生性的描述,和将陌生转化为熟稔的阐释达到此目的。

赫耳墨斯的困境:民族志描述中对颠覆因素的掩饰

赫耳墨斯是一位诡术师:狡黠和诡计之神。民族志作者可不是诡术师。如他所说,他既不狡黠也没有诡计。但是他和赫耳墨斯要面对同一个问题。他必须让他的讯息可信。这一点涉及陌生、奇怪、隔膜、新异、未知——简而言之,种种对信任的挑战。民族志作者必须使尽浑身解数来说服读者,相信他所传达的讯息是唯一的真相,然而,仿佛这些修辞策略是狡猾的诡计一样,他极少承认这一点。他的文本变成了一个不言自明的真相——不依赖于修辞手段的全部真相。他的言辞是透明的。可惜民族志作者没有赫耳墨斯的那份自信。当赫耳墨斯担任了众神信使的职位时,他向宙斯许诺,绝不说谎。赫耳墨斯并没有许诺要说出所有的真相。宙斯理解这一点。民族志作者不理解。

在这篇文章中,我将对三部民族志文本进行读解,看看民族志作者是如何使他们的讯息变得可信,其中只有一部出自人类学家的手笔。这三个文本分别是乔治·卡特林(Catlin 1841:1867)对曼丹印第安人的欧吉帕(O-Kee-Pa)仪式的记叙,约翰·沃尔夫冈·冯·歌德(Goethe 1976a,1982)在他的《意大利游记》中对1789年罗马狂欢节的描述,以及克利福德·格尔茨(Geertz 1973)对巴厘斗鸡的研究。三部文本中所刻画的事件都饱含着冲击力,挑战着如果不是表演者们就是作者们关于秩序和意义的假定。面对挑战的作者们都使用了众多形形色色的修辞策略来使读者——或许还包括他们自己——相信其描述的准确性(参见 Marcus 1980)。

在这些策略中,首当其冲的要算是树立民族志作者的权威:他就在所描述事件的现场,他具有感知能力、"不偏不倚"的视角、客观态度以及诚意(参见 Clifford 1983a)。在所有三个个案中,民族志作者在他的文本中的位置都纯粹是修辞性的。这个位置是直示地(deictically)*——说伪直示地或许更好——建构起来的。他的优势地位不可能被固定。那是个游移的视角,取

---

* 与有固定对象的指代不同,deixis 在语言学中指根据语境的变化而具有不同对象的指代,如"我""这里"等代词所常常起到的作用一样。与其联系紧密的另一个概念是 anaphoric,意思是对语篇中字词的指代,如"上文""这句话"等。本文中将 deixis 及其形容词形式 deictic 译为"直示(的)",将 anaphoric 译为"照应(的)"。——译者

决于他对所描绘的事件的"总体"(totalistic)呈现的需要。他的在场并没有改变事情发生的方式,或者说,也没有改变它们被观察或被阐释的方式。他假装自己会隐身法——当然是不会的了,他又不是赫耳墨斯那样的天神。他的自身利益在实际上削弱了他的"不偏不倚"、他的客观和中立——毕竟,他需要树立起权威,需要建立一条与读者们,或者更准确地说是与对话者们之间的纽带,还需要在他自己和他所目击的"陌生"事件之间营造一个合适的距离。

民族志作者除了这些旨在树立其权威的技巧之外,还使用了别的手段来直接确立民族志呈现的有效性。我要列出卡特林、歌德和格尔茨在不同程度上使用过的其中三种技巧,他们藉此取得了不同程度的成功。生动叙述(hypotyposis)在卡特林文中占据了主导地位。歌德的技巧是外部的(非隐喻的)戏剧性叙述(narrativity)。格尔茨则主要依赖阐释技巧(interpretive virtuosity)。在所有三个个案中,正如我们将要看到的,作者用来使其读者——以及他们自己——相信其描述的那些辞格(figure)其实恰恰质疑了这些描述,而且在所有三个个案里面,一种制度性地合法化了的对"意义"的关注掩盖了取信的失败。卡特林和歌德对他们所描述的仪式赋予了一种寓言式的(道德)重要性。格尔茨则坚持对意义采取一种现象学-解释学的视角,这至少就修辞而言是不够的。他的文章成为了范本,而斗鸡本身则获得了隐喻的价值和方法论上的价值。欧吉帕、罗马狂欢节和巴厘斗鸡在一个超乎常态的故事中都变成了关于无序的辞格——关于任意的暴力、无法无天和毫无意义的辞格,在故事中,恰恰是这无序、暴力、混乱和无意义得到了克服。作者们把仪式表现得即使是没有秩序和意义的话,至少也还有价值。然而具有讽刺意味的是,这些作为辞格掩饰了最初修辞意义上的颠覆——意即未能取信于人——的描述,却再一次被颠覆了。那次欧吉帕、那次罗马狂欢节和那场巴厘斗鸡变成了一般意义上的"欧吉帕""罗马狂欢节"和"巴厘斗鸡"。

"仗着刚刚荣获的头衔,我一大早就来到了巫术屋的门口,和我的同伴们一道,竭力想偷窥一下神圣的屋内情形。一个长约八或十英尺的前厅严严实实地隔断了平民对这至圣之所的哪怕是窥视或者注视,厅口更有一扇双层的帘幕或门,两三个黧黑怒目的哨兵或执长矛或操战棍护卫着这圣地,正如我在前面描述的那样,仪式的祭司守护并控制着屋中的秘密,此时他走出门口,带着一种坚定而专业的慈爱神情拉起了我的手臂,把我引进了至圣之所。我边进去边冲同伴们挤了挤眼,我的巫术看来力量足够强大,他们默许了,我们所有人都被舒服地安置在主持者很快就为我们准备好的高高的座位上。"

乔治·卡特林(Catlin 1841:161-162),这个美洲印第安人的浪漫现实主义画家,用这些文字描述了他进入巫术屋的过程,在里面他目睹了肯定是民族志记载中最残忍的仪式之一:曼丹人的欧吉帕——"困乏和折磨的考验",年轻的曼丹男子"四天四夜饥渴交加,不能入睡",以生牛皮穿过他们被刺穿了的肩膀和胸膛,被吊在房梁上,一直到他们"气息奄奄"。据卡特林说,欧吉帕每年举行一次,以纪念曼丹人相信曾淹没全世界的大洪水的消退,保证野牛到来,并让部落里的年轻男子通过考验变为成年人,这考验"据说能使他们的筋肉结实到极其坚韧的地步,因为印第安战士常要面对许多极度困乏和痛苦,旁观这一幕的酋长可以藉此明白他们的体力的相对强弱,知晓他们忍受这些困乏和痛苦的能力"(1841:157)。

这是1832年夏——曼丹人大批死于天花传染之前六年。卡特林已经和他们一起生活了数周。他发现"他们的起源肯定和这些地区的任何其他部落都不一样",他后来主张他们是14世纪(其实是12世纪)在马多克王子带领下出航的威尔士水手们的后裔,这批水手据说在北美的某个地方定居了下来(Catlin 1867;Ewers 1967)。在他获准进入巫术屋的前一天,卡特林为仪式的祭司画了一幅画,这位伟大的巫师非常喜欢他的肖像——"他能看到画上的眼睛在转动"——他与其他"巫医们"同声称赞卡特林位居魔法和秘术"这一行中值得敬佩的人之列",并命名他为"白人画巫"。正是这份荣耀给了他进入巫术屋的方便,他备受赞誉的巫术让他的同伴们——J. 基普(一位早就熟悉曼丹人并会说他们语言的美国皮货代理)、基普的伙计L. 克劳福德,以及一位我难以断定其身份的亚伯拉罕·博加德——也沾上了他的光。他们显然是第一批目睹欧吉帕的白人,卡特林则第一个描述了它:先是在1833年1月10日(尽管写于1832年8月12日)的《纽约商业广告报》

上，然后是1841年在他的《北美印第安人的风俗、习惯和状况》中，最后是1867年在一本专门讨论这一仪式的小书里面（附有一篇为学者们写的说明附录）。

卡特林夸张地声称，复述所看到的一切这个任务让他颤抖甚至畏惧。"我步入正在上演这些景象的巫术屋"，他写道：

> 要是我走进了一间教堂，那我会猜想着没准能看到什么奇特和古怪的事情，可总还是以崇拜和奉献的形式表现出来吧；可是，天啊！我可压根没想到居然会看见他们的圣殿变成了屠宰房，地上撒满了狂热的献祭者们的血迹。我也压根意识不到我是来到了一间神舍，盲目敬神的信徒们正要用他们的鲜血和作为赎罪的痛苦和折磨来污染这神圣的房间，如果可能的话，这些痛苦和折磨的残忍甚至会超过酷刑和讯问，但是这景象已经如此了，我也只能尽力地把它描写出来。（Catlin 1841:156）

不管卡特林怎么颤抖和畏惧，他和同伴们还是坐在给他们指派好的座位上，观看了这一奇观。"当时我们把屋中所发生的一切尽收眼底，把这景象看了个真真切切，四幅画中的第一幅表现的就是这一幕［卡特林画下了仪式场面，用来图解他的第二次和第三次叙述］。这些奇异的景象就这么持续了四天，我们每天早晨都坐到座位上，一直看到日落。"（1841:162）曼丹人甚至不允许他们离开指定好的位置。一次卡特林起身凑近了去看他称之为仪式的核心秘密的东西——"似乎散发出仪式过程中所有圣洁感的至圣之所"——他被要求回到自己的座位上。

> 我开始几次三番起身想靠近它，可是所有的目光马上就齐刷刷看了过来，所有的嘴一起发出"嘘！"声，我只好又回到座位上；我最后不得不按捺住自己私下里想了解实情的好奇心，那件事如此神圣，它的秘密或奥妙如此重要，以至于不单是我，甚至连那些正在通过考验的年轻人，还有所有的村民，除了那些操作秘法的人之外，都不可接近它或者知晓它是什么。（1841:162）

像一位站在画架前的艺术家一样,卡特林的优势地位固定不变。至少他是这么认为。然而,其实他并不是一位客观主义者,不会像罗伯-格里耶*那样,从意识的固定点上出发,一个转喻接一个转喻,费尽心力地去描述仪式。他的眼界更为宽广,充满了建构、夸张和不均——是隐喻性的。他的眼睛常常自我背叛。他这样描述恶人欧吉希德的到来。

> 可是天啊!这些舞蹈跳到最后,在第四天大概中午时分,所有人都正沉浸在欢愉和欣喜之中,就在所有这些狂欢都达到了顶点的时候,屋顶上突然传来一声急迫的尖叫!——男人、女人、狗和一切的一切都瞪大了眼睛,往西方约一英里远的草原上的断崖那里看,他们似乎已经开始在惊慌中哭号和颤抖了:一个男人正在飞速地顺崖壁而下,向村子而来。这个奇怪的人物在草原上几乎是在向四面八方跑着"之"字路,就像一个正在追逐蝴蝶的小男孩,待得他靠近村子的前哨时,大家才发现他浑身赤裸,还用炭粉和熊油涂得像个黑人一样黑。……(Catlin 1841:166)

卡特林闲扯、重复、概括、简化、夸张而且矫饰。他不加区别地谈论着他以前见过或者后来才知道的事。在这些据说是现实主义的描述中,和在《北美印第安人的风俗、习惯和状况》中其他地方一样被测度("西方约一英里""一个大约八或十英尺长的前厅")掩饰起来的是些隐喻性的说法,即上述例子中的明喻("像一个正在追逐蝴蝶的小男孩""涂得像个黑人一样黑"),这对于他所描述的事件而言,就和他在他的印第安画作中使用的颜色——波德莱尔(1846)说这些颜色可怕而神秘——一样不恰当。① 无论是对于他在这一事件中所谓的经验还是对于曼丹人参与者的经验来说,这些说法听起来

---

* 罗伯-格里耶(Robbe-Grillet,1922—2008),法国作家、电影导演。——译者

① 仰慕卡特林作品的波德莱尔在他的评论文章"1846 年的沙龙"中写道:"这幅阴郁的画作里有这许多的红,那是生命的颜色,简直令人陶醉。至于画中的风景——丛林密布的山峦、广阔无边的草原、寂寂的河流——则是千篇一律、无穷无尽的绿色。这红色是如此黯淡、如此浓重,比蛇的双眼还难看透;而绿色,这大自然中宁静、鲜艳、微笑着的颜色,我高兴地发现它们富有节律地交相对比着。"(Baudelaire 1846:634)(原文为法文。——译者)在卡特林的散文中当然也看得到这种富于节律的交互对比。

都不像是真的。这两种经验在文体上被混淆起来——最终都让位于卡特林希望传达给他的读者的经验。甚至当卡特林宣称采取参与者的视角的时候，参与者的主体性依然动人心魄地（pathopoetic）在为读者的主体性而牺牲。比如，他描述了一个被吊起来折磨的受难者，显然他是几名受难者的一个缩影。

> 十几个像小鬼和煞神似的人围着他，他们仿佛在齐心合力地想出种种法子来，好叫他痛不欲生，大家攒成一团，此时其中一人带着嘲讽的神情走向他，开始用手里特地准备好的一根棍子推着他旋转。一开始动作还比较轻，可是渐渐地力量加重，这时受难的勇士再也无法用高傲的精神来抑制自己的愤怒了，他爆发出人类的声音所能达到的最悲惨而揪心的哀号，恳请大神在这可怕的考验中支持并庇护自己，他不断重复着对神的庇护的信任。与此同时他仍然被推着越转越快——毫无逃脱的希望，也没有丝毫缓和的迹象，直到他晕厥，他的声音断断续续，挣扎也停止了下来，他被吊在那里，显然只剩下了一具寂静而毫无生气的躯壳！（Catlin 1841:171）

在这里卡特林从他（客观化的）比喻的视角转向了受折磨者的视角，尽管有了这种转变，他的意图却不是现象学的，而是修辞学的：他既没有描述印第安人的也没有描述他自己的受折磨的经验。"看起来像小鬼和煞神的人"（在谁看来呢？卡特林？曼丹人？）在文体上正相当于"毫无逃脱的希望"。他们被指点给读者，而正是读者的反应将确证卡特林的感觉。

在这些段落和他的《北美印第安人的风俗、习惯和状况》全书中，卡特林的主要文体风格是生动叙述，他的目标是把他看到的一切经验都强烈地、栩栩如生地传达给读者，让他们无从怀疑这经验的真实性。恰恰是视觉带来了权威。亚历山大·盖莱（Gelley 1979:420）评述说，现实主义传统"寻求通过使描述的对象与一个镜像式动作、图像或者过程的对象相吻合来加深事物和地点的描述"。卡特林对一个固定的优势地位、一个指派好的座位的断言——在《北美印第安人的风俗、习惯和状况》中的其他地方还有类似的断言——必须从修辞的角度来加以理解。它直示地证明了他的在场。它给了他作为画家在画架前的权威。它使得他可以将读者导入一个视觉化的场景当中,并且让他们(还有他自己)相信这是真的。[②]

可是,卡特林的视觉并不牢靠。与今天的社会科学家不同,后者的理论(且不论其价值)为他们的民族志提供了可信性,而卡特林的可信性最终取决于他的描述的力量。正如他的画作并非特别可信一样,其散文也是如此。它自己否定了自己。他的目的是现实主义的,而他的文风却是浪漫主义的。通过隐喻,常常是毫无节制的隐喻、惊叹(ecphonesis)、混乱地使用称呼、夸张法、动人之辞(pathopoeia)、欲言又避而不谈(apoplanesis)、打断、延迟、主观主义——这只道出了他文体策略中的一小部分——卡特林努力给他的描述赋予一种强制的真实性,但正是这些策略颠覆了他的意图。现实主义要求文体上的节制。而对于卡特林来说,这种节制却会妨碍他的可信性所依赖的生动描绘。

在《北美印第安人的风俗、习惯和状况》中,他以这段话开始了描述欧吉帕仪式的那封信:

> 哦!"可怕的景象,说来真是让人惊奇!"感谢上帝,全都结束了,感谢祂让我看到了这一切,而且让我能把它告诉全世界。(Catlin 1841:155)

可为什么要看它?为什么要告诉全世界?卡特林没有为他的经验提供框架——没有证明他的报道是正当的。他的目的是忠实地记录,但是这个目的足以让目击和描述一个"让一位乡间旅行者的心甚至胃都感到不适"(第182—183页),同时却使这样一位旅行者充满同情的"惊人而恶心的习俗"变得正当吗?

卡特林用一种含混的方式使他的描述理性化了。(他绝不是一个有系统的思想者。)他在文中说这仪式"对文明世界来讲会相当新奇,因此值得了

[②] 盖莱认为在现实主义小说中,可以把看的方式理解为"作为一种在现象学的层次上的直示,一个重要的标志,说它重要不是因为它的内容,而是因为它能辨识出观察的过程并追踪它的改变"(Gelley 1979:420)。

解"(第157页)。他暗示着此仪式的某些部分很奇特、很有意思,而与洪水相关的其他部分则"无害且充满了趣味"(第177页)。他没有在理论上证明这种正当化。当地人的讲解无法令人满意。仪式也无从追寻其历史背景。他认为就算他有时间去专心做一篇关于该仪式的专题论文,可能也无法完成,因为像曼丹人那样单纯的人群"没有历史,而只有历史才能让各种事实和体系免于沦为最荒诞杂乱的神话与无知的虚构"(第177页)。

在这里,卡特林奉持着一宗明显是属于19世纪的信念,认为解释要到起源中去找。在《北美印第安人的风俗、习惯和状况》中,他把曼丹人的信仰与传说和大洪水、夏娃的过犯以及耶稣的诞生和死亡等圣经故事联系起来。(这样的等式以原教旨主义的方式阻止了对起源和意义的探求。)卡特林注意到曼丹人特殊的外貌("白"),还注意到他们的文化英雄的肤色也是白色,他假设他们与基督教有过接触,而且正如我们所知,26年之后,他主张曼丹人是威尔士人的后裔。但是无论承认基督教的影响还是采用威尔士后裔的说法,都很难解释欧吉帕苦行。卡特林突然地转而——他非正式的书信式文体允许他这么做③——讨论曼丹人获得救赎的可能性。"我不认为说这些人能得到救赎是件荒唐的事情或者白费力气",他在信中论定:

> 有许许多多优秀和虔诚的人,他们在恶劣的边境地带几乎消磨了他们一生中最宝贵的精力,我想向他们中的一部分人提一个建议,这应该不会是多管闲事吧,如果他们愿意在这些如此远离边境的污浊和肮脏的罪恶的人当中引进犁铧和他们的祈祷的话,他们将很快就能够看到他们最热忱的愿望的达成,能够彻底解开恼人的迷局,在美洲荒原的中心造就一个文明而信奉基督的(因此也是能得到救赎的)野蛮人的民族。
> (Catlin 1841:184)

卡特林最终的正当化——也是贯穿美国人类学始终的正当化——是基于实

---

③ 在卡特林不和谐的文体和他对仪式意义三级跳式的推测之间,存在着一种发人深思的平行关系。

用,就是我们说的应用,确切地说是传播福音。这里说的实用、应用和传播福音也必须作修辞式的理解。

尽管他的语言辞藻丰富,他对意义作了种种的推测,还很关心印第安人的救赎,然而可信性的问题其实还是在困扰着卡特林。"我随身带着写生簿",他在开始描述欧吉帕仪式之前写道:

并且就我们所见的事物画了许多翔实的图画,完备地记下了口译者翻译给我听的一切,在那恐怖而可怕的一幕结束之后,整整一周或更长的时间里,我被与世隔绝地安置在一间糊着泥土的小棚屋之中,头上有一道很好的自然光,我拿着我的调色板和画笔,全心全意地把我看到的一切涂抹在画布上,我的同伴们一致认为我画得极其准确,他们在画作的背面写下了肯定其精确性的证言。(Catlin 1841:155)

就像先知一般,卡特林也让基普、克劳福德和博加德对《北美印第安人的风俗、习惯和状况》中他关于仪式的叙述作了保证其真实性的证明,因为他的报道在美国民族学界里面至少会遭到亨利·罗·斯库克拉夫特(Henry Rowe Schoolcraft)这样的人物的怀疑。斯库克拉夫特在他的《关于美国印第安部落的历史、现状和前景的历史和统计资料》(1851—1857)第三卷中收录了一篇戴维·D. 米切尔(David D. Mitchell)关于曼丹人的两页长的文章,米切尔当时主管圣路易斯的印第安事务,1830年代曾在上密苏里的曼丹人地区做过生意。米切尔在文中断定:"与他们(曼丹人)的奇特习俗相关的资料可以在刘易斯和克拉克的日志中找到。卡特林所描画的场景几乎完全只存在于那位绅士的丰富的想象力之中"(第254页)。卡特林在南美洲期间从亚历山大·冯·洪堡(Alexander von Humboldt)的信上知晓了斯库克拉夫特和米切尔对他的著作的批驳,洪堡催促他写信给新维德的马克西米利安王子,他也曾经有一个冬天的时间和曼丹人生活在一起。在卡特林能从王子那里获得一封辩护信之前——最后到1866年才如愿——斯库克拉夫特和米切尔就逝世了。虽然现在世人多少同意了卡特林的描述是对欧吉帕仪式的准确刻画(Bowers 1950;也见 Matthews 1873),但是对他叙述的准确性的质疑,还是让卡特林本人在其余生中深为苦恼。

1787年2月20日,圣灰星期三*,歌德写道:

这些愚蠢的行径终于停止了,昨夜数不尽的灯火是另一个疯狂的奇观。来观赏罗马狂欢节的人们绝不会有再看它一次的想法。这根本不值得写下来。如果非要这么做的话,记下来的大概可当作有趣的谈资吧。④ (Goethe 1976a:228)

具有讽刺意味的是,一年以后歌德再次看了狂欢节,1789年他回到魏玛,发表了一份插有彩色版画的记述。他后来把《罗马狂欢节》(Das Römische Karneval)这本小书收入了他的《意大利游记》当中,这本书实际上是诗人在他的意大利之旅25年后编辑的通信和日记条目。⑤

歌德仅仅粗略地按照罗马狂欢节的时间顺序踵述,先是开始,以新年以后罗马剧院的开场渐渐开篇,在圣灰星期三达到高潮。他所强调的一点是,狂欢节天然地与罗马人的生活风格合拍。它与罗马周日和节假的娱乐真的没有太多的差别。⑥ 歌德引用了整年都出席葬礼的戴帽修士(hooded monk)的说法,认为甚至连服装和面具都是平时司空见惯的样子。他认真地把狂欢节——至少他认为值得描述的狂欢节的部分——的地点定在科索。(和卡特林一样,他非常注意给出仪式地点的准确位置。)

科索变成了狂欢节的剧场。而舞台就是大街本身。观众沿着大街、人行道,在阳台或窗前或坐或站。歌德描述了服装、面具、车驾和马(狂欢节每

---

　　* 复活节前的第7个星期三,40天的大斋节从这一天开始。——译者

　　④ 所有译文都是我自己翻译的。奥登和迈耶的译文(Goethe 1982)常常不准确。(原文附有德语原文,此处略去。——译者)

　　⑤ 出版详情参见米歇尔的相关论述(Michel 1976)。

　　⑥ 它"天然地与罗马人的生活风格合拍。"[我们能很快发觉,罗马狂欢节其实就是周日和节日中欢乐的延续,或者更确切地说,是这种快乐的顶峰。这不是什么新的、不一样的,更不是独一无二的,而是自然而然的罗马生活方式的延续。(1976a:642)(原文为德文。——译者)]

晚都要以赛马结束),好像他正在为了写一部戏剧作品而描述服装和道具似的。角色——卫兵,丑角(Pulcinelle),穿着式样陈旧、满是刺绣的服装的贵格派教徒,当差的,那不勒斯的船夫,农民,从弗拉斯卡蒂来的女人,以贪杯闻名的德国面包师学徒——就像来自喜剧作品中的角色一样(歌德本人评论说,贵格派教徒就像歌剧喜剧中的造作的丑角一样;他扮演一个庸俗的花花公子或者一个愚蠢而且昏头昏脑、常被人骗的老傻瓜)。角色都没有深度。他们都是象征性的,他们的滑稽表演也是象征性的。狂欢节上所有的活动,一幕一幕,每一天都以疯狂的、无人骑乘的赛马而告终,狂欢节本身则戏剧性地在圣灰星期三的前一夜结束。每个人都拿着一支点燃的蜡烛。每个人都努力去吹灭别人的蜡烛,喧闹着,"*Sia ammazzato chi non porta moccola*"("没拿蜡烛的人会死掉")。每个人都努力保护着他或她自己的蜡烛。

> 谁都没法从他站或坐的地方多移动一下,这么多人的体热还有这么多的灯火,这么多的不断被吹灭的蜡烛冒的烟,这么多人的噪音,他们叫嚷的声音越响,活动手脚的空间就越窄小,连神志最健全的头脑也会晕眩。要说没有事故发生,没有拉车的马匹撒起野来,没有很多人磕得鼻青脸肿、被踩踏或者带上别的伤,似乎不大可能。(Goethe 1976a:675)

人群最终散去了,普通人回家去享受大斋节前最后的一顿肉食,赶时髦的人去看剧场里的最后一台演出。"疯狂"结束于圣灰星期三。"下星期四这些傻瓜就会安静了,我该多开心啊",歌德在1778年2月1日的信中写道。"对一个本身没有受到感染的人来说,看着其他人发疯真是再让人头痛不过了。"(1976a:681)正如我们将要看到的,圣灰星期三给了歌德一个机会来思索这件荒唐事和这喧嚣欢腾的意义,包括角色颠倒、粗俗的手势、易装癖、放荡不羁,以及——最令他不快的——混乱。

与卡特林对欧吉帕仪式带有主观主义、隐喻和夸张的叙述形成对比,实际上与歌德自己辞藻华丽的主观主义、持续关注内在性(*Innerlichkeit*)的狂飙突进式的写作也形成对比的是,包括了《罗马狂欢节》在内的《意大利游记》对外在(das Aussere)采取了一种平静的心态,这种平静肯定会让《少年维特之烦恼》的读者们失望。(在歌德的文本中其实极少出现"狂放"的隐喻,仅有的一些并不会像卡特林的隐喻一样颠覆他的"现实主义"。)1786年11月10日,歌德在罗马写道:

> 现在我带着一种久违了的清澈和宁静在这里生活。我习惯于按照一切事物本来的面目去看待和读解它们,习惯于尽力地睁大眼睛,彻底放弃所有的虚荣,现在我又重新得到了这一切好处,真让我心下十分欢喜。每天都关注一个不同寻常的新对象,逐日积累,拼成一幅独一无二的新画卷——无论一个人思考或是梦想多久,都永远不可能通过想象来获得的一整幅画卷。(Goethe 1976a:178 - 179)

在歌德接近真实的"新"方法中有着某些于健康有益的东西。不要忘记,他的意大利之旅还有一个治疗的目的,好让他振作起来,而且他在提及这次旅行的时候,常常把它当作一次重生(Fairley 1947)。"在这个地方",同一天里他写道,"无论是谁,只要他严肃地审视自己周围,用眼睛去看,他就一定会变得强大。他一定会获得一种关于力量的意念,这意念对他而言从来没这么鲜活过"(1976a:179)。他坚持一次次地审视,以避免真理和谎言在第一印象中相混淆的状况(Goethe 1976b:86;Staiger 1956:14)。在安吉莉卡·考夫曼(Angelika Kauffmann)的指导下,他专注于磨砺自己对周遭对象的感受力。正如爱米尔·斯泰格尔(Emil Staiger)指出的,正是意念(歌德笔下的"Begriffe""anschauender Begriff""lebendiges Begriff")联系起了变化的事物和不变的事物,以及对同一对象的多重感知。歌德的客观性始终是某个主体的客观性。他的"客观"不是"主观"的对立物。根据斯泰格尔(1956:18)的意见,在对事物的内在理解("ein 'innerliches' Erfassen der Dinge")与客观(sachlich)理解之间存在着对立。就这种"客观性"而言,距离——无论是按字面理解还是比喻意义上——是必要的,但是正如斯泰格尔(Staiger 1956:18)指出的,歌德更关心的并非是某个具体的观点,而是展示一个永恒的真理。⑦

虽然歌德在《意大利游记》的描述中就像卡特林一样，偶尔也摆出一副站在画架前面的架势来（例如 Goethe 1982:30），但他在《罗马狂欢节》中并没有采取一个固定的视角。实际上，在他著作的第一段里面他就按惯例说描述狂欢节是不可能的，就此把狂欢节自身变成了一个关于疯癫与混乱的辞格。

> 在着手撰写对罗马狂欢节的描述之时，我们一定很害怕听到反对的意见，认为这样一场欢庆不可能真的被描述出来。一大群生气勃勃而心醉神迷的人在眼前一晃而过，同时被众人以他们自己的方式所看到并把握。如果我们承认罗马狂欢节给人的印象既不完整也不令人愉快，对于那些头一次见到它，只想看看，其实也只能看看的外国观众而言，它既不赏心也不是特别悦目的话，那么这个反对意见就更加严重了。在又长又窄的街道上往来着数不清的人，根本不可能一览无遗，人们在一片喧哗之中几乎无法分辨眼前看到的一切。活动单调无聊，噪音震耳欲聋，每一天都在不满中结束。当我们更近地检视这些事实时，这些特有的怀疑很快就会被提出来，而在所有问题里面，首当其冲的就是有没有什么描述是可以保证一定可靠的。(1976a:639)

与缺乏对狂欢节的单一视角相联系的是喧哗（*Getümmel*）、震耳欲聋的噪音（*der Lärm betäubend*）、心醉神迷的人群、千篇一律的活动、最终不愉快和令人不满的经历——至少对于那些外国旁观者而言。（终《意大利游记》全书，歌德提到的都是外国人、外来的旁观者，好像在意大利及其狂欢节上存

---

⑦ 就是只想得到真理的人，其实也只是从某个角度、某个观点出发来理解它。这些歌德是并不自知的。他认为自己发现并且理解了那个永恒真理，并且相信自己能把这永恒真理向每个能见且愿见的人指明。从客观认知来讲，他成功了。歌德所阐述的，是超越了个人的情绪、情感和意志，而成为无时间界限和普遍有效的真理。但是，是否每个人都对真理感兴趣，是否有些人会倾向于从别的视角来感觉真理，这是有疑问的。对此我们无法回答，也不可能争论。（原文为德文。——译者）(Staiger 1956:17–18)

在着一个单一的"外来"优势地位似的。)⑧歌德的使命是通过描述——他说,是一种会把当时当地的欢乐和喧哗(Freude und Taumel)传达给读者去想象的描述——在混乱之中引入秩序。

歌德本人并没有占据一个明确的空间优势地位——就算没有纵览、没有总括(Übersicht),也没有他在斯特拉斯堡求学期间曾起到过重要作用的教堂尖塔(Lewes 1949:67),也总还是有占据优势地位的可能。他在科索漠然地走来走去。他同样漠然地在时光中穿梭。除了在圣灰星期三前夜点燃蜡烛——这在歌德的狂欢节中算是非重复发生的事件——以外,他一直没有明确过所描述的事件的时间。他以"现在"时——如果你愿意的话,也可以说是无时态的时态——来写作,这种时态会立即给人一种无时间流的感觉,并且容评概括化。像卡特林一样,歌德合并——还有概括——人物和事件,只是在极少数的情况下,为了增进描述中的生动和真实性,他才会明确他与具体的事件及人物之间的关系。

> 在很多人中间,我们记得有一个男子,他扮演一个热情、爱吵架而且难以安抚的妇人,演得好极了。他在科索到处跟人争辩,揪着每一个人,而他的同伴则显得非常耐心,努力地让他平静下来。(Goethe 1976a:647)

或者,在描述一场彩色纸屑战时,他写道:

> 我们近距离地亲眼看到一场战斗。当战士们弹药告罄时,他们就朝对方头上扔小小的金色篮子。(1976a:660)

然而在更多的情况下,歌德并没有通过第一人称来显示出他与这些事件之间的关系("在我的记忆中很鲜明";"我们亲眼看到"),但是通过使用各

---

⑧ 如果在狂欢节的演员和观众之间没有什么差别的话——巴赫金提出的观点(Bakhtin 1970)——那么狂欢节上的任何优势地位都会是"外来的"——在狂欢节自身之外。然而我怀疑,在演员和观众之间是否真的不存在什么区别——歌德的"戏剧性"描述意味着存在这种区别——而且我宁可认为没有区别其实是理想化的说法——一种用于定义他性(alterity)的表现方式。

种空间和时间的直示用语,他给事件和人物赋予了一种精确的幻觉。例如,他在文中一处概括地描写了狂欢节上的面具和奇装异服,他写道:

这边跑过来一个丑角,腰间的彩绳上晃荡着一个大号角。……同时这边又来了另一个他的同类……更谦虚礼让,更心满意足。(Goethe 1976a:647;着重号是后加的)

尽管有诸多的"这边",但我们却没有方位感,只是大致意识到自己在狂欢节期间,在科索的某个地方"和歌德在一起"。歌德实际上是以主神殿(Capitol)中午的钟声响起来开始这段描写的,钟声宣告了放纵时节的到来,但我们并不知道这是狂欢节的哪一天。在其他段落中他运用了时间上的直示。他是这样开始描写赛马前的某个傍晚的:"现在傍晚来临了"(1976a:664)。我们依然不知道是哪个傍晚。更有另外几次,在对一件事进行概括化的、时间上和空间上去语境化的描述时,他突然来一句"正当此时"(inzwischen),不知所谓者何。正如我说过的,这些直示词的作用纯粹是修辞,好给他的描述增加些生气,让它们显得更为可信。它们证明了歌德的在场,并邀约读者"加入"他。歌德的直示词,也许是所有的直示词,都有作为命名(appellative)的一面。他把读者带进了一个似乎颇为真实的观察时刻,这其实只是他文本里的一个小花招而已。一边是读者们见证着科索发生的种种事件中逗人心痒的混乱场面,一边是歌德向他们保证,他绝对在场。

歌德变成了读者的中介——类似狂欢节的导游。可是他置身事外,特别是置身于在科索来回折腾的喧嚣人群——平民大众——之外。他是个超然的陌生人,只是间或屈尊俯就一下。他看不出狂欢节有何乐趣可言,像在他之后的霍桑(Hawthorne)和亨利·詹姆斯(Henry James)一样,根本不愿分享节日的欢愉。他保持着自身的距离,一个可以保全秩序的观剧距离,偶尔也会自认是观赏者——可不是指那些生气勃勃而且心醉神迷的群众,而是指那些端坐在凳子和椅子上逡视众人的精英人物。他描述着那种家庭似的感觉,这感觉来自从阳台和窗户上垂下的毛毡,来自搭在看台上的绣花挂毯,来自从科索的房子和宫殿中搬出来的椅子。当你离开房子,你不会相信你到了室外,在陌生人中间,而更像是在一个到处是熟人的房间之中(Goethe 1976a:646)。他没有放弃他的阶级。他没有现象学地或是修辞学地采取参与者们的主体性。其实,在他一年前首次提到狂欢节时,他还更多地关心参与者们的经验。

> 令人不快的是,在人们内心里缺乏欢乐的精神,他们缺少金钱来满足他们大约还有的一点点欲望。……最后一天发出的喧闹声令人难以置信,却没有发自内心的快乐。(1976a:228 – 229)

在《罗马狂欢节》中,歌德感兴趣的是表现、外在,以及他所能看见的一切——对参与者的内在性则毫无兴致。

然而歌德却恰恰以狂欢节的"内在意义"结束了全文。他说,狂欢节就像一场梦或者一个童话故事般过去了,在参与者(*Teilnehmer*)的心里留下的痕迹可能比在歌德的读者们心里留下的还要少。他给读者们的想象和理解奉上了一个连贯的整体。歌德的意思是不是说,如果不想让某种经验转瞬即逝的话,就必须把它连贯有序地描述出来?他继续评论,"这些荒唐事的过程"把我们的注意力引到了人类生活中最重要的一些阶段上:

> 当一个庸俗的丑角下流地提醒我们,我们的存在是由情爱的欢愉所致,当一个鲍博*在公开场合亵渎出生的奥秘,当夜里这么多燃起的烛光提醒我们最终仪式到来的时候。(1976a:676)

他把科索自身看作俗世生活之路,一个人在路上既是观众又是演员,由于外在力量的制约,他几乎没有自由活动的空间。赛马奔逝,有如短暂的欣

---

* 鲍博(Baubo),希腊神话中的一个女神,形象多为外阴露出。歌德在《浮士德》中也写到了她。——译者

悦,"只在我们灵魂里留下一点痕迹"。意象的力量让歌德情不自禁,他谈论道:

> 只有陶醉在疯狂中才得享自由和平等;也正是当最大的欲望迫近危险和享受骄侈逸乐和渴望甜蜜的感觉欢乐之时,它才升腾到顶点。(Goethe 1976a:677)

最后的这些评论让人回忆起他无拘无束的狂飙突进(Sturm und Drang)生涯,却似乎对狂欢节没有任何的指涉。狂欢节只是歌德沉思的一个借口。他关心的不是它对于参与者的意义,而是对于他自己和他的读者们的意义。歌德把狂欢节简化为一则关于个人命运的传统寓言,无视历史的和集体的维度,也无视巴赫金(Bakhtin 1965)所强调的、在充满了喜剧精神的大众命运与土地之间的联系。这节日的意义在于一个关于超越的故事——一个卡特林想为欧吉帕仪式寻找却从来没能真正找到的那种故事。歌德的寓言把个人从乱转、躁动和喧器——非个体化(unindividuated)——的人群中拯救出来。⑨ 歌德,一个诡术师,一个言辞的魔法师,一个向国界以北的人们报道狂欢节的赫耳墨斯,在这个反思的层面上恢复一个事件的秩序,尽管他在其描述中业已赋予这个事件以说明性的、戏剧化的秩序,但这事件仍必须在修辞意义上继续成为一个疯狂和混乱的象征。像卡特林一样,歌德在仪式——狂欢节——中寻觅着道德上(虽然非常微弱)的价值。

> 这样甚至不用思考,我们也可以通过圣灰星期三的冥想得出结论,我们相信这不会让读者们感到沮丧。因为生命从整体上而言就像罗马狂欢节一样无法一览无遗,它令人厌恶而且多变,我们希望,这些无忧无虑

---

⑨ 有趣的是,亨利·詹姆斯(James 1873:139 及以下)在 1873 年对狂欢节的描述中同样包括了圣灰星期三的冥想,"大斋节期间的喋喋不休"。看到一个年轻的牧师使他兴起了这个想法,牧师独自在帕拉廷(Palatine)山上一间小小的教堂中祈祷,无休无止,就像詹姆斯一个人在以"不懈地沿着罗马安静的环城路闲逛"来过狂欢节一样。

的、戴着面具的人们可以提醒每个人去关注生活中每个短暂的、往往看来似乎很细微的快乐的重要性。(Goethe 1976a:377)

传统的圣灰星期三的冥想,或许说是歌德的结论,标志着一个回归,回归沉思、内省和关注我们所作所为的意义。⑩ 与他的"回归"相映成趣的是他所描述的仪式中的回归。狂欢节期间不存在反思,只有演剧、化装舞会和——用我们今天的话来说——尽力表现(act out)。伴随着圣灰星期三开始了一段时期的忏悔,我们也必须假设,同时开始的还有向内省、秩序和个体性的回归。

克利福德·格尔茨的文章"深度游戏:关于巴厘斗鸡的记述"*写于电影《深喉》正大行其道之时,它的标题已经说明了文中会大量使用一系列的色情双关语——格尔茨认为巴厘人自己能理解它们。民族志里常用到双关语。它们把民族志作者放在了他需要优先考虑的世界,即他的读者的世界与那些他者——被他所研究的人,我相信在某种程度上也被他当作读者(Crapanzano 1997a)——的世界之间。他通过双关与这个或另一个世界——通常是读者的世界——的成员暗通款曲,藉此在它们之间创造出一种等级关系。而他自己这个操双关语的人则在这些世界之间居中协调。

格尔茨的文章分为七节,它们的标题分别是——"突袭""雄鸡与男人""搏斗""差额投注与等额投注""玩火""羽毛、血、人群和金钱"和"就什么说点什么"——都诱人联想起一个鲜明的都市环境,想起充斥着性和暴力的侦探小说,也许是出自米基·史毕兰(Mickey Spillane)的作品中的某些内容,

---

⑩ 他向读者的致词使读者的作用变得,如米夏埃尔·安德烈·伯恩斯坦(Bernstein 1983)评论的那样,"类似于次日在'真正的'农神节中的作用,那是每个人重新扮回传统角色的一刻,但重要的区别在于,读者的位置代表着权威的一个持续在场的源泉,就连节日里最无政府主义的一刻也没有成功地把这种权威消除。虽然我承认在歌德的《罗马狂欢节》中读者是权威的角色,但歌德自己的权威地位——比卡特林的地位强大得多——看来似乎相当独立于其读者的权威地位。

* 此文已有中译本,见纳日碧力戈等译《文化的解释》,上海人民出版社1999年版,译者对本文中所引段落的翻译参考了郭于华女士的译文,谨此致谢。本文中出现的页码指英译本。——译者

这可不像格尔茨的色情双关语一样明白易懂,至少在1958年,村民们不可能理解这些。这些标题对于刻画巴厘村庄或者斗鸡的内在精神(ethos)并无多大助益,可是像双关语一样,它们可以在民族志作者和——就此文而言——他的读者们之间创造出一种默契。它们同时证明了民族志作者在文体上的癖好。他和读者们携手出现在理解的等级之巅。

格尔茨的文章以一则幽默的入境(entry)故事开始——准确地说到现在为止,这已经成了民族志的一种体裁或分支体裁。英雄,也就是人类学家,被刻板地塑造为一个天真的人、一个尴尬的傻瓜,根本无法确定自己的身份,常常遭受某些异乡病患的侵袭,被困在一个模棱两可的中间世界里。我们能在歌德的《罗马狂欢节》中看见这一形象。他不再处于自己的世界中,也还没有把握住他的新世界——一个他将通过他的文本来构建的世界。

> 1958年4月初,我和妻子作为人类学家来到一个我们打算研究的巴厘村庄,此时的我们疟疾缠身而且缺乏自信。这是一个小地方,大约有500人,相对而言比较偏远,它自成一个世界。我们是闯入者,专业人员的闯入者,村民们以巴厘人对待那些不属于他们的生活,却一定要加入进来的人的一贯态度来对待我们:就当我们不存在。对他们而言——在某种程度上也是对我们自身而言,我们处于非人状态,是幽灵和隐身人。(Geertz 1973:412)

在"深度游戏"的第一个段落,格尔茨在他们夫妇二人与生活在自己的边远小世界里的巴厘人之间造就了一个对立。格尔茨和妻子是"人类学家""专业人员"和"闯入者"。我前面提到,这个入境故事名叫"突袭",很明显指的是警察对村庄斗鸡的一次突袭。它同时可以反映出格尔茨对于他和妻子在村庄里的在场,以及他们的使命的态度。他戏剧性地声称,他和妻子对于村民以及"在某种程度上对于他们自身"而言是"处于非人状态,是幽灵和隐身人"——直到他们像其他参与斗鸡的村民一样逃避警察的追捕为止。那时他们被接受了。格尔茨没有为这个论点提供任何的证据,而且就在下一段中他自相矛盾地写道：

> 可是除了我们的房东以及村长——房东是他的表兄和姐夫——之外，每个人都像只有巴厘人才做得出来的那样漠视我们。当我们在心神不定、充满希冀、渴望取悦别人的心态下四处闲逛的时候，人们以一种似乎能穿透我们的眼神盯着我们身后的几码远的地方，那里有比我们更实在的石头或者树。几乎没人跟我们打招呼，但是也没人对我们皱眉或者说什么不中听的话，要是真能那样倒是简直令人欣慰了。……冷漠当然是蓄意的，村民们在监视着我们的一举一动，他们对于我们是谁、我们打算做什么有着非常充分而且相当准确的了解。可是他们装得好像我们就是不存在一样，其实这种行为是故意要告诉我们，我们不存在，或者无论怎么说，尚未存在。（第412—413页）

在处于非人状态的人、一个幽灵和隐身人——总而言之就是集地位不平等之大成——和遭到"蓄意冷漠"的对待之间当然是有区别的。格尔茨夫妇或许曾被当作就好像不在那里一样，可是他们确实在那里。还有什么别的办法使他们被告知他们"不存在"呢？

这里我想提醒大家注意一处地方，如果不把它当作一个破坏格尔茨的文章的更严重的问题的话，它很可能就被当作一个不完全成功的讲故事技巧给放过去了。这里他在描述的层面上，把他自己的主体性——初到巴厘那些天的个人经历——与村民的主体性和意向性混淆了起来。[他妻子的经历不仅显示出某种概念上的窘境，还更提出了另一个问题：她被从这个关于男人和雄鸡的故事当中排除出去了——在第一段中"隐身人"（invisible men）一词用的是"男人"（men）已经预示了这种排除。]在阐释的层面上，我们在后面可以发现同样的混淆（参见 Crapanzano 1981a；Lieberson 1984）。我们必须问，格尔茨特殊的描述策略是否加剧了这种阐释上的混淆？

这些双关语、标题、小标题和简单的声明隔开了"人类学家"和他的"巴厘人"。在"深度游戏"的开篇一节中，不论用什么传统手法，格尔茨和他的妻子还是被塑造为个人。巴厘人则没有。他们是被概括描述的。"深度游戏"通篇都是"就像巴厘人一贯的那样"之类的说法:"像只有巴厘人才做得出来的那样"(第412页)、"巴厘男人与他们的雄鸡的深层心理认同"(第417页)、"巴厘人从来不会以简单的方式做任何他们可以设法用复杂的方式去做的事"(第425页)、"巴厘人不愿参与公开的冲突到极端的地步"(第446页),这些文字让人就算不想起肤浅的游记,也会想起国民性格研究。普遍意义上的"巴厘人"——当然不是具体的巴厘人——变成了格尔茨的描述、阐释和理论化的陪衬——他自我呈现的陪衬。

格尔茨把他的非人状态比作"一片云或者一阵风":"我妻子和我仍然处于一阵风的阶段,最令人气馁甚至沮丧的阶段,你竟然开始怀疑你是否真正存在……"(第413页)然后他接着描述警察的突袭,这次事件让他获得了"人格"。这一段话很重要,不只是因为格尔茨谈及了他自己和妻子,更是因为发生了一个代词转换,从"我/我们",或者更准确地说是从"我+名词"("我的妻子和我")转变到"你"。这个转换预示了他在此后各节中的消失。我认为"你"所起到的作用,并不仅仅是请求读者移情于他。在主体间交互理解的空间内,它将叙事者去中心化了。他努力以某种方式与他的读者对话,而至少在他的陈述之中,他并未以这种方式努力与巴厘人对话。他们仍是画在纸板上的形象。

尽管按照对语法通俗的理解,一个代词只是一个名词的替代物,但是根据埃米尔·本维尼斯特(Benveniste 1966)和其他学者的观点,在第一、第二人称代词("我"和"你"及其复数)和第三人称代词("他""她""它""他们")之间存在着根本的区别。第一和第二人称确实是标记性的(indexical):他们与述说的情景"相关"。第三人称代词以指代的方式指向文本中某个先行词,一个名词,通常是一个专有名词。可以说,它们从言说的语境中被解放出来,但是嵌入在文本的语境之中。它们是文本内的,它们的意义源自在文本中被描述过的先行词。因此,在格尔茨的文章以及大多数的民族志中,作为民族志作者的"我/你"和作为民族志作者在田野中的对话者的"我/你"被不对等地转变成一个照应性的(anaphorical)自由的"我"和一个照应性的——一个累积式的"他们"。事实上在大多数——包括格尔茨的——民族志文本中,除了在传统的入境故事里,或者进行文本评价的转换部分中之外,"我"本身消失了,变成了仅仅产生于文体中的"隐匿的"声音。⑪ 可以作为证明的是,在民族志中极少出现"我们"。

"突袭"代表了一个微妙的、不稳定的时刻。格尔茨这个作者/叙事者是一个"我"。巴厘人则被指示性地描述为:一个"他们"。就在格尔茨逃脱了警察的追捕,获得巴厘人的接受之时,他,至少作为一个我,在似有深意地名为"雄鸡与男人"的一节中溜出了文本。是不是说,游荡在"突袭"一节中的"我"补偿了格尔茨在他描述的那段田野工作前期的非人状况呢?

通观"深度游戏"中余下的文字,随处可以见到格尔茨在描写巴厘人时,不断地把自己的理解与巴厘人的理解混为一谈。他无凭无据地将各种各样的经验、意义、意图、动机、性情和理解归诸巴厘人。例如他写道:

> 在斗鸡中,人与兽、善与恶、自我与本我、激昂的男性创造力和放纵的兽性破坏力融合成一幕血腥的关于仇恨、残忍、暴力和死亡的戏剧。无需惊讶,当获胜雄鸡的主人按照不变的惯例拿走败者的尸体——经常被它暴怒的主人撕得稀烂——回家去吃的时候,他总是怀着一种混和的情感,包括社会性的尴尬、道德满足、审美上的厌恶和蚕食同类的快感。(第420—421页)

我们一定不能让格尔茨对恐怖剧(Grand Guignol)的敏感给引入歧途。我们必须问:他凭什么把"社会性的尴尬""道德满足""审美上的厌恶"(无论这意味着什么)和"蚕食同类的快感"归到巴厘人的头上?归到所有巴厘男人头上?归到某个特定的巴厘男人头上?和卡特林一样,格尔茨的目的非常明显,就是要使这一时刻生动鲜明,但不同的是,卡特林没有装出一副发现了欧吉帕仪式对于曼丹人的主观意义——经验——的样子来,而格尔茨则

---

⑪ 这里我简化了一下。应该把民族志作者的"我"放到具体的例证中来仔细考察,因为它可以起多种作用,甚至同时起多种作用。例如,它可以是描写式的,指一个在语法上被扭曲的对话("我说"/"他说"或者"我观察到"),又例如它其实还可以指写作的情景。第一和第二人称标志词汇也有可能起到照应的作用,正如我在别处曾讨论过的那样(Crapanzano 1981b),特别是在"创作的"文本("authored" texts)当中。

确实代巴厘人发出了这些声音。

在文章快结束的地方,格尔茨就跟从帽子里抓出兔子似的,突然声称斗鸡是一种艺术形式,他是以一种非常西方的方式来理解它的:"和任何艺术形式——那是我们最终要探讨的问题——一样,斗鸡通过以动作和对象来呈现的方式使普通的、日常的经验变得可以理解,这些动作和对象使它们的实际结果消失并被还原(或者如果你愿意也可以说是提升)到纯粹表象的层面上,在这层面上它们的意义能够被更强有力地表达出来,被更准确地领会到。"(第443页)我们必须问:斗鸡为谁表达日常经验——地位等级的经验——并使它更容易被领会?在把斗鸡比作《李尔王》和《罪与罚》之后,格尔茨接下来断言它:

> 把握了这些主题——死亡、男性气质、愤怒、自尊、失败、仁慈、变迁——并且通过把它们纳入到一个具有包容性的结构内,它以这样一种方式来呈现它们,以便把针对它们的根本特质的某种特定看法鲜明凸显出来。斗鸡把一种建构赋予这些主题,使它们对于那些处在历史背景下欣赏这种建构物的人而言富有意义——可见、有形、能够把握——在一个观念的意义上"为真"。斗鸡是一个形象、一种虚构、一个模型和一个隐喻,是一个表达的工具;它的功能既不是缓和也不是增强社会的激情(尽管它以玩火的方式对这两方面都稍有作用),而是以羽毛、血、人群和金钱为媒介来展现它们。(第443—444页)

我们必须要问:是谁处在历史背景下欣赏这种建构物?格尔茨完全忽视了一个事实,《李尔王》和《罪与罚》在文化上和语言学上的标识是一出悲剧和一部小说,是一种特定秩序的表述,是需要以某种特殊的方式来阅读——其实就是被阅读——的虚构作品。他没有在任何地方提出证据,证明他的巴厘人赋予了斗鸡同样的标识。在形象上堆砌形象——"形象""虚构"还有"隐喻"——也许能减轻格尔茨本人在理论上的焦虑,可是它几乎无助于解决问题。(形象、虚构、模型和隐喻当然只是非人状态、幽灵和隐身人的等价物。)对巴厘人而言,斗鸡当然就是斗鸡——不是形象、虚构、模型和隐喻。

它们的标识不是这些,尽管外来人可以这样读解它们,因为"形象、虚构、模型和隐喻"对外来人而言确有阐释上的价值。⑫ 恐怕并非偶然的是,格尔茨在接下来的段落里把斗鸡描述为"令人不安的":"它使人不安的原因在于,它将尊严与自我相联,将自我与雄鸡相联,将雄鸡与毁灭相联,在想象中实现了通常掩饰得很好的巴厘经验的某个侧面"(第444页)。我们必须再问一次:斗鸡让谁不安?

在"深度游戏"的最后几页里,格尔茨把斗鸡比作一个文本。他还把它说成"对巴厘经验的一次巴厘式读解""一个他们说给自己听的关于他们自己的故事""一个元解说(metacommentary)"。"它是一个就什么说点什么的方式。"它要求人类学家"穿透"它,就像一位评论家"穿透"一个文本一样。对于格尔茨来说,斗鸡这个经过阐释的文本是一出地位等级的戏剧,他以一种意图再鲜明不过的语调暗示巴厘人为什么要斗鸡:"巴厘人斗鸡是为了了解一个通常是冷静、孤独、几乎全神贯注于自我、自成一个道德小世界的男人在被攻击、折磨、挑战、侮辱、达到愤怒极点时,在大获全胜或一败涂地的时候,他的感觉是怎样的。"(第450页)

在另一处,他断言了巴厘人在斗鸡中的主体性。

> 通过至今依然无休无止的一次次上演,斗鸡使巴厘人能够了解他自己的主体性的一个侧面,就像我们一遍遍阅读《麦克白》时所发生的那样。在他以一个鸡的主人和赌博者的主动眼光(因为如果纯粹在旁边观看斗鸡的话,这种赛事并不比槌球或者赛狗更有意思)观赏一场接一场斗鸡的时候,他越来越熟悉它以及它对他所讲述的事,正像一个弦乐四重奏的专注的观众或者全神贯注的静物观赏者一样,以一种向自己开放自身主体性的方式慢慢地越来越熟悉它们。(第450—451页)

谁告诉格尔茨了?一整个民族怎么可能仅仅拥有一个主体性?在文本、解说、元解说、戏剧、比赛、弦乐四重奏和静物之间难道毫无区别吗?难道格尔

---

⑫ 我们最终将不得不考虑这些西方范畴在巴厘的等价物(如果有的话)的本体论地位。

茨教授完全放弃了代表着他自身文明的成功（和失败）的那些分析性特色了吗？和卡特林的生动形象的隐喻一样，格尔茨单调抽象的隐喻同时颠覆掉了他的描述和他的阐释。实际上，它们颠覆掉了他的作者权威。他传达的讯息简直无法令人信服。

尽管格尔茨用现象学-解释学作为伪装，但其实在"深度游戏"中并不存在从本土观点（native's point of view）出发的对当地人的理解。有的只是对建构出来的（constructed）当地人的建构出来的视角的建构出来的理解。格尔茨没有为他对意图的归因、就主观性的断言、关于经验的声称提供足够分明的证据。他关于建构的建构的建构看来都不过是臆测，或者至少是把他的视角、他的主观性与本地人——或者更准确地说是建构出来的本地人——的视角和主观性混为了一谈。

最后，好像为了要给他的（或者任何人类学家的）建构赋予一个确定的——如果你愿意也可以说是实在化的——权威似的，格尔茨在"深度游戏"中把文化当作"一种文本的集合，这些文本自身也是集合，人类学家则努力地想在这些文本的当然拥有者们的肩后探首读解它们"（第452—453页）。[13] 这幅景象真是令人惊讶：既共享又不共享一个文本。它代表了在当地人的背后和之上，存在着一种当地人与人类学家的不对等的我们-关系，它深藏不露却高踞在理解的等级之巅。我相信，这反映在标志性的戏剧"突袭"里，剧中民族志式地遭遇的双方被叙事聚拢到一起，正如此后他们又被文体所分隔开来一样。从来就不存在一个我-你关系，不存在一场对话，让两个人并肩阅读同一个文本并当面讨论它，有的只是一个我-他们的关系。而且，正如我们已经看到的，甚至连我都消失了——代之以一个隐匿的权威的声音，它宣布了"由你变为他们"的过程。

在传统的民族志中，民族志作者很少描述与被研究者的相遇。就像在格尔茨的"深度游戏"（它算不上一部传统的民族志）中一样，一般而言，就连被描述和被阐释的活动——一场斗鸡、一次狂欢节、一次对胆色的考验，或

---

[13] 参见我关于文本和文本隐喻的讨论（Crapanzano 1981c）。我主张尽管有一种抽象地看待文本的文学批评倾向，但是文本的修辞力量仍取决于文本的实在性，那是可触摸的存在。

者诸如编织篮子或准备一顿饭之类的事情——也不被表现为一个唯一的、某种意义上独特的表演。通常,我们看到的是一幅概括的画面。这么推想起来,一个单一的、建构起来的表演自然是根据许多从各种优势地位进行的观察合并而成的,最终变成了一种理想的柏拉图式的表演。卡特林和歌德所描述的虽然是一个单一的表演,但是尽管用了直示的和其他种种具体化的措辞,他们仍然是以一种概括化的方式完成了描述。格尔茨显然参观过许多场斗鸡,却从没有描述过某一场具体的赛事。他建构了巴厘斗鸡,然后把他的建构阐释为:"巴厘斗鸡"。他传统的入境故事起到了一个直示的作用,这与卡特林的被指派好的位置或者歌德的诸多"这里"和"现在"相比并没有多大差别。在没有具体的时间或空间的优势地位的情况下,这故事却造就了一个具体翔实的幻象。它证明了民族志作者曾到过那里,并把源自那在场的所有权威都赋予了他。

在"深度游戏"中,作者在现象学和解释学方面的虚伪姿态进一步复杂化了民族志作者的权威建构问题。无论卡特林还是歌德,都没有孜孜以求地去描述他们所观察的仪式的参加者的经验。卡特林只是修辞性地采取了曼丹人的视角。对他而言,欧吉帕是一件"耸人听闻的事"["仪式的这一部分(折磨)依然历历在目,真是让人不忍卒睹,当他们读到它的时候甚至会叫人对这世界产生怀疑"(Catlin 1857:157)],他徒劳地努力赋予它意义。他没法在仪式中找到熟悉的故事,好让它不那么支离破碎。罗马狂欢节对于歌德变成了一则个人命运的寓言。它当然没那么陌生。他能够沿着几种熟悉的戏剧的——喜剧的(*commedia dell'arte*)——线索把它组织起来,让描述的节奏与狂欢节的节奏同步。我们可以认为歌德的寓言已经过时甚至濒于灭亡了,但是它富有包容性。对于格尔茨来说,斗鸡本身变成了一个对巴厘社会组织的庞大隐喻,而且就此封闭于自身。尽管格尔茨假惺惺地关注当地人的观点,但他的文章与其说是一篇主观地或客观地理解巴厘斗鸡的专题论文,不如说是一篇关于阐释——读解——文化材料的专题论文。他的分析是典范的,而且正是这个典范的性质,即格尔茨的阐释癖好,帮助它获得了民族志的可信性。它的终极意义不是道德上的而是方法论上的。卡特林为曼丹人的救赎而诉求;歌德的诉求是为了尽情欣赏转瞬即逝的欢乐;格尔茨的诉求则是解释学。在所有这三个例子中,所描述的事件都被编织成超凡的故事,并被这些故事所颠覆。它们在一种远离它们所发生的本土话语的文学话语中沦为仅仅起到修辞的作用。在最终的分析中,掩盖这种沉沦、这种对所描绘的事件的颠覆因素的,既不是修辞、生动叙述、戏剧性和阐释癖好,也不是它们的隐喻化——救赎、生活、社会,而是作者的权威,至少在许多民族志当中,他凌驾于那些他声称要去描述其经验的人的头上,或者躲在他们身后。民族志作者时常忘记,就像歌德的《选择性亲和》(*Elective Affinities*)中的爱德华一样,当地人无法容忍有人在他的肩后探首阅读。如果他不合上书本,那么书上会有他投下的影子。民族志作者当然也会在书上投下身影。如果我可以用在本文开篇时的"入境"故事作比,来结束全文的话,那么也许正是出于这个原因,当赫耳墨斯承诺绝不说谎,但是并未承诺说出整个真相时,宙斯表示理解。

从他的帐篷的门口:田野工作者与审讯者

雷纳托·罗萨尔多 著

高丙中 译

本文通过探讨在两本应该算是经典的著作之中权威和表述的关系模式,尝试发展一种民族志修辞的解剖学。这两本书分别是埃文思-普里查德(E. E. Evans-Pritchard)的《努尔人》和埃马纽埃尔·勒华拉杜里(Le Roy Ladurie)的《蒙塔尤》。前者于1940年出版,与关于这同一民族的其他两部书*和多篇文章一起,长期以来一直被认为是典范性的民族志著作。后者于1975年出版,由一个著名的法国社会史学家撰写,由于它被认为创造性地利用一种审讯记录以构建一个14世纪法国村庄的"民族志"分析,已经获得了广泛的赞誉。勒华拉杜里的这种介入与其他关于历史学和人类学的实验性著作一起被称颂为开创了一种可能性:让历史学更具有民族志特性和让民族志更具有历史学特性。①

然而就某些方面来说,勒华拉杜里的实验只不过是重新启用了一种在其家乡已经过时了的手法——就像文化之间、学科之间的借鉴所常常发生的那样。一部人类学著作,如在《蒙塔尤》中所见的以整体民族志的分析为目的,可以在风格上称为是经典的,但是,与其说它是创造性的,不如说是老式的。从这个角度来说,勒华拉杜里的著作还是有一个突出的价值。它提供了一面镜子,以便我们批判性地反思民族志中的,特别是埃文思-普里查

---

* 埃文思-普里查德论努尔人的三部曲还包括:《努尔人的宗教》(*Nuer Religion*)和《努尔人的亲属制度与婚姻》(*Kinship and Marriage Among the Nuer*)。——译者

① 这种将历史学与人类学的复合(doubling)有一个可以追溯到希罗多德和修昔底德的谱系。埃文思-普里查德自己也有关于历史学和人类学的著述,而勒华拉杜里在法兰西学院讲授过名为"民族志历史学"(Ethnographic History)的课程。这种重新出现的探索领域最近在科恩(Cohn 1980, 1981)和戴维斯(Davis 1981)的文章里已经有评述。

德的那些富有影响的著作中的描述性修辞和权威的模式。在这个意义上，埃文思-普里查德的著作应该被理解为这一学科的修辞惯例的富于代表性的例子。对这两部书的细读，而不是对更大范围的案例的泛泛之论，使我们有望先发展出一种具有普遍性的观点，以后可通过细致研究更广泛的叙述篇章来评价该观点。在范围上有所失，在深度上会有所得。

通过从《蒙塔尤》所提供的独特视角来审视《努尔人》，我们会发现，民族志田野工作者(fieldworker)的形象令人不安地类似于那位14世纪的审讯者(inquisitor)——勒华拉杜里所采用的档案就是他创立的。这位历史学家的著作所利用的建立权威、构写客观描述的方法在民族志文献中已经是成熟的了。确实，这位历史学家有时几乎是在拙劣地摹仿民族志范本。然而，在其对我们具有启示作用的客观化的方式中，恰恰是这种夸张的因素猛地使人耳目一新，并揭露出一系列在其人类学的家乡早已被认为理所当然的话语实践。而这些话语实践对于人类学学科的著述来说，显得不是奇怪的，而是规范的。通过勒华拉杜里的著作绕了一个弯子，我希望发展出一种批判的视角来看民族志——既是作为田野作业也是作为描述性修辞的民族志。

我阅读埃文思-普里查德的民族志著述，一是受桑塔耶纳*的格言的指引，所谓谁忘记过去，谁就注定要重复过去；二是得益于这一观点：批评性的再评价，即那种对于过去的著作的积极的再利用，应该在形成未来的分析之中扮演重要的角色。这种注重历史的批评，就像既唤起灵感又具有警示作用的故事一样，能够指引民族志话语未来的变革。

民族志权威的使用和滥用

埃马纽埃尔·勒华拉杜里的著作借用民族志的学科权威，把14世纪的农民的"直接证词"（就如雅克·富尼埃在宗教裁判记录簿**中所写下的那

---

* 桑塔耶纳(George Santayana, 1863—1952)，生于西班牙，美国哲学家和作家。——译者

** 雅克·富尼埃曾任帕米埃的主教，后来成为教皇本笃十二世。他在任帕米埃主教期间主持当地宗教裁判所法庭的审讯工作，从1318年持续到1325年。这些审讯记录在梵蒂冈图书馆被保存下来，由让·迪耶尔努瓦在1965年编辑成《雅克·富尼埃宗教裁判记录簿》出版。详细介绍参见《蒙塔尤》中译本(商务印书馆2007年版)第6—10页。——译者

样)转换成那个时期法国南部乡村生活的纪录片式的叙述。② 《蒙塔尤》分为两个部分,一个部分是生态学的,一个部分是考古学的。前者勾勒的是结构,它们历经长时段(long timespan, longue durée)而保持不变。后者讨论的是文化形式(cultural forms, mentalités),它们常常表现出相对而言的持久性。

生态学部分从物质环境和统治结构开始(第一章),再转向作为乡村生活基础的家庭(第二、三章),并以较长的篇幅描述转场放牧作结(第四、五、六、七章)。勒华拉杜里让由克莱格家族所代表的以家庭为形式的乡村生活对抗,浓缩在皮埃尔·莫里这个人身上的山上放牧生活。(后者以下面要讨论的一种异常的方式,受到了比前者更广泛也更理想化的处理。)组织得比较松散的考古学部分则是以体态语开始,以神话结束。在这两者之间,勒华拉杜里常常以令人心痒的调子讨论性、力比多、生命周期(婚姻、孩童时期、死亡)、时间和空间、巫术、宗教、道德,以及另外的世界。叙述者从头到尾都在用斜体的引文点缀他的文本——这些引文据称是那些农民随意而直接说出的话,这些话听上去仿佛某人从村子里听来的一样。

勒华拉杜里这样描述他的文献来源,作为开头:

> 尽管不乏范围广泛的关于农民社区的历史研究,但是几乎没有什么材料可以被认为是农民本身的直接证言。正是因为这个原因,雅克·富尼埃这位从1318年到1325年担任富瓦伯爵领地(今法国南部)的阿列日省的帕米埃主教的《宗教裁判记录簿》,就具有那么一种独一无二的重要性。(第 vii 页)*

这种开头使人们清楚地知道,读者将通过一种显然具有激发性(evocative)的方式知晓 14 世纪的农民生活的面貌。与其他关于中世纪的村民的历史著作中的描述相当不同,这一丰富、生动的描述确实构成了引人入胜的"民

---

② 民族志权威的问题已经由克利福德在一篇漂亮的论文(Clifford 1983a)里勾勒过。
* 本文所引《蒙塔尤》一书的页码皆为英文版页码。——译者

族志"读物。这些农民被纳入文本的方式赋予这些说话的农民一种特性,他们似乎能够清楚地、充满洞见地表达他们自己的存在状态。不过,历史学家的这种使中世纪后期的农民的声音可以直接为现在的读者听到的修辞,在习惯于琢磨文化翻译之种种困难的民族志作者之中与其说获得了赏识,不如说引起了怀疑。

从一开始,这位历史学家的天真的语调就是我们踌躇的理由。他的资料("农民本身的直接证言")何以能够保持不受权力支配语境("宗教裁判记录")的污染?毕竟,审讯者从他们的证言中提取口供,而并非将日常生活中偷听到的对话当作供词。究竟是什么可以使历史学家有动机把资料与这些资料得以搜集的手段区分开来呢?

勒华拉杜里是通过被推行到极端的小说现实主义的策略支撑起他的文献的权威性的。③ 他列举真名实姓,给出人的头衔,指称专门的地方,标明具体的日期。他甚至给出了雅克·富尼埃的事业的令人印象深刻的概要:从卑微的出身,经主教、枢机主教的地位,到1334年被选为本笃十二世、阿维尼翁(Avignon)的教皇。按照勒华拉杜里的叙述,富尼埃显得雄心勃勃、克勤克俭、天资过人。读者应当相信这位审讯者造出了一套详细、可靠的文献,可以在6个世纪之后供历史学家信心满满地,有时是不加批判地来使用。

让我们将下面的段落作为例子来思考。在这个段落中,勒华拉杜里把富尼埃描绘成一个孜孜不倦的、不厌其烦的信息搜集者:

> 一些细节将揭示我们的档案是如何建立起来的。帕米埃的宗教裁判法庭在1318年到1325年之间工作了370天。在这370天之中总共进行了578次讯问。其中,418次是对被告人的调查,160次是对证人的调查。这几百次的讯问处理的是98件案子。法庭在1320年以勤奋工作

---

③ 对于现实主义的特征的表述,参见卡勒的相关论述(Culler 1975:131-160)。对于《蒙塔尤》充满洞见的评论——该评论特别点明它采用的现实主义的惯常手法(也涉及其他事情),参见克利福德的相关论述(Clifford 1979)。

创下了 106 天的纪录,它在 1321 年工作了 93 天,在 1323 年则是 55 天,在 1322 年是 43 天,在 1324 年是 42 天,在 1325 年是 22 天。(第 xiv 页)

这些让人印象深刻的数字,以一种对于体育爱好者来说很熟悉的方式一个一个累积起来,试图使读者相信它们代表了一种衡量讯问的彻底程度的权威性的准确方式。这一量化的概述以宗教裁判法庭一年一年的工作日的统计,按照最高 106 天的纪录降序排列的方式来作结。勒华拉杜里的统计排列修辞性地想要显示,富尼埃的调查是穷尽了各种可能的、确定无误的。按照这位历史学家来看,这位审讯者与其说是一个专心使罪人坦白他们的异教徒行为的男人,不如说是一个搜集信息的工具。

不过,勒华拉杜里在结束他的"引言"的时候也坦言审讯者富尼埃与受讯人之间在交流上的基本的不平等。他说,"被告人置身在主教的审判席前,先要把手放在福音书上发誓。接着进行的是一种不平等的对话"(第 xv 页)。他承认了这种"不平等的对话"之后,旋即又否认了它,这就仿佛是说声"对不起"就可以继续自行其是。当他比先前更加用力地强调驱使富尼埃在他的讯问中孜孜以求地发现真实的意志的时候,他就直截了当地关闭了让人看到权力与知识互相影响的窗口。他接着是这样写的:

在为本书提供材料的其他所有案子里,这位主教把他自己限制在查出真正的离经叛道者(从我们的观点来看,这些常常是微不足道的)。供词的内容通过被控者对自己日常生活的描述而充实。它们通常起互相确证的作用,但是,当它们相互矛盾的时候,富尼埃就努力通过讯问形形色色的囚犯更多的细节,以减少相互的抵牾。驱使他锲而不舍的是求真的欲望(尽管它以这种形式表现出来是可恨的)。(第 xv 页)

从表面上来看,这一文献据信提供了关于 14 世纪的农民的日常生活的真实可靠的描述。在这种语境中,当勒华拉杜里把这位主教描写为"像经院哲学家一样不厌其烦"(第 xv 页)的时候,他是在用半庄半谐的短语把这位审讯者造就成一位作为同道的学者。④ 采用一种福柯使之为人们所熟悉的策略,作者提出求真意志(will to truth)是为了压制在文献中也同样在场的权力意志(will to power)。他把富尼埃对日常生活的细致入微的学究式的密切关注说成他的性格,这实际服务于一种意识形态的目的,使他可以把讯问的语境与讯问得来的"文献的"发现剥离开来。

勒华拉杜里已经巧妙地把这一文献从产生它的历史语境中解放了出来。他的"引言"如此这般地使审讯者的调查具有权威性,并把那种支配的政治从这一文献中挪开了。宗教裁判记录簿的真理于是变得更像是客观报告的一种东西,而不再是某些人(乡下的村民)对一个特定的人(富尼埃)在一个特殊的情境(审讯)中所作的一系列陈述。这位历史学家所用的文献经过修辞的运用,已经被处理得仿佛是一种无涉利益的科学的产物。并非不像他的文献记录,这位历史学家本人已经做到了超脱的观察者的价值无涉。不必说,"引言"中的中心人物,审讯者雅克·富尼埃,在本书的其余部分没有再引人注目地出场。

描述修辞的使用和滥用

在他的这本书的正文中,勒华拉杜里用借来的民族志科学的权威把他自己包裹起来。的的确确(正如下面将要看到的),他甚至模仿民族志作者的策略,仅限在著作的引言里讨论型塑了调查者关于他所研究的民族的知识的支配政治。如此一来,这位历史学家的主要文本绝不会回到开篇关于他的文献是如何产生的讨论上来。在创造他的权威的过程中,勒华拉杜里掩盖了他在引言中揭示的《蒙塔尤》源自一份宗教压迫的文献。例如,下面的引文是像把审讯记录作为不偏不倚的民族志报告来陈述的极端例子:

---

④ 勒华拉杜里关于审讯之真实的观点或许出自一些法律历史学家的观点,这些历史学家把审讯看作理性求知在发展过程中的一步。对这种历史学家的观点的尖锐批评,请参见阿萨德的著作(Asad 1983b)。我对这一论题的观点,与阿萨德的相似,是受福柯著作(Foucault 1977, 1978a)的影响而形成的。

在极少的情况下,卷宗记录确实说到年轻女子结婚是遵照她们内心的意愿。然而,该《记录簿》说到相当多的男人却是如此。不过,在那个时代的婚姻制度中,妇女被认为是一个对象——一个被爱的对象或者一个被打的对象,视不同情况而定。历史学家发现自己面对着这样一个领域,在这个领域中,对这一话题发生了一种文化沉默(cultural silence)。(第189页)

看起来,这位历史学家已经深陷于他自己挪用所造成的民族志神话之中了。在这件事情上,无论是审讯者富尼埃还是一位事实上的民族志学者都不可能充当这样一种理想化的、不偏不倚、无所不知的搜集信息的工具。审讯记录所揭示的是,蒙塔尤的农民妇女没有告诉审讯者她们在求爱方面的激情。这个问题被绕过去,到底是因为妇女们不愿意谈论可能是异端的性爱法术,还是因为在妇女和她们的男性审讯者之间互相没有什么谈话的意愿,抑或是因为这位历史学家所归咎的"文化沉默",总之不能简单地依据现在可资利用的证据来决定。然而,勒华拉杜里却直截了当地宣称,妇女们未能告诉她们的审讯者这些事情,说明了存在着一个文化沉默的领域。

这位历史学家借用民族志的权威,使他自己能够以一种非中介的方式来理解中世纪晚期农民的生活形式。他觉得他有资格这样做的意识容许他去直接地理解在历史上遥远的制度和文化的意义。勒华拉杜里不是去担心翻译的问题,而是采用虚假的复调(让他的声音和农民们的声音同样地被听到)的民族志权威,让那些用斜体写下的段落代表直接从往昔传承下来的直接引文[其实,这些农民——必须牢记在心的是,他们是在一个宗教裁判法庭坦白交代——通常都是讲奥克西坦尼话(Occitan)。他们所讲的,在当时被抄录并翻译成拉丁文记载下来,现在这位历史学家又把记录翻译成现代法语]。这位历史学家与其著作的人物之间的这种关系,只会有力地造成民族志的读者对于权力关系和文化差异的感觉出奇地迟钝。

正如我们下面将要看到的,在年鉴学派的范式中潜藏着一个可以与民族志作者的术语"社会结构"相类比的观念,这个观念能够使历史学家断言其著作的人物与他自己是一类人,因为在一个长时段(*longue durée*)里持续的结构连续性是可以证明的。例如,在下列对于蒙塔尤的描述中,人们可以看到勒华拉杜里是如何在他的读者心中激起关于同一地点的那个中世纪的村庄和现代村庄的连续感的:

> 蒙塔尤这个村子,从高处俯瞰着这个高原,是由一排一排的房子组成的。……在比较晚近的时期,村子已经移开,不再靠近城堡,现在是坐落在山坡靠下的地方。在14世纪,就像今天一样,那条弯曲的村内街道往下通向那座教区教堂——它就建在村子的下方。……在雅克·富尼埃的时代,就像今天一样,蒙塔尤坐落得太高、太冷,以至于不能种植葡萄。(第3—4页)

在一个以连续性而非以变迁为主题的段落里,勒华拉杜里把过去和现在都空间化了。他在弯曲的街道上看到了连续性,更特别的是,他在海拔高度和气候上也看到了连续性。自从14世纪初以来,这个村子的海拔和天气会不会已经发生了很大的变化?

但是,就是这种长时段连续性的意识诱导这位历史学家去犯他的学科的重罪:时间错误(anachronism)。例如,勒华拉杜里为他的分析找到了这样的社会结构的基础:

> 这个基本单元不是别的什么,就是农民的家庭——它体现为一栋房子的存续,体现为同居在一个屋檐下的群体的日常生活。用当地的语言来说,这个实体被称作一个 *ostal*;在审讯档案所用的拉丁文里,它被称作一个 *hospicium*,或者更经常地,被称作一个 *domus*。应该提请注意的是,这些词全部都不可分开地既表示家庭(family),也表示家屋(house)。(第24页)

无可怀疑,家屋的物质实在性有利于历史学家把它作为村子的基本建筑单位。当他把家户(household)和家庭(family)折叠在一起,仿佛两者都是一个实体,他觉得没有什么不合适。简言之,这是因为当地的词汇都是同时指二者的。⑤ 在一个特别招人注意的例子里,他甚至退缩了:他著作的一个地方披露——不妨采用他自己的措辞,一个男子"在一种派生的、多少有些扭曲的意义上使用'家'(*domus*)这个词指亲属关系(*parentela*)"(第25页)。这位现代的作者没有提供14世纪资料的证据,何以能够把正确的用法与扭曲的用法区分开来?然而,在尝试追随民族志话语中通过深入土著的头脑并让他们自己讲话的潮流的同时,这位历史学家却抑制不住一个教师要改正学生的话的冲动。于是,他侵犯了民族志作者内心的意识(考虑一下埃文思-普里查德的例子,如他对 *cieng* 这个努尔人语词的细致的解释),即当地人的用法在它自己的背景里总是正确的。

与此相似,农民有时似乎显得特别的现代,甚至显得是都市的,尤其是在他们的性意识方面[正如纳塔莉·戴维斯所指出的(Davis 1979)]。下面的段落代表了作者对中世纪同性恋行为的现代化:"为了节省床上用具,教师蓬斯与他的学生中的两人一起睡觉。没有人现在再以任何方式诱惑年轻的韦尼奥尔。但是破坏已经造成。一种潜在的倾向已经唤醒,阿尔诺·德·韦尼奥尔注定要成为同性恋者。"(第145页)* 由斜体文本所描绘的中世纪的农民的声音没有提到同性恋的性格,但是提到了被视为"罪"的行为。当阿尔诺·德·韦尼奥尔告诉审讯者他以前的行为时,他讲到,他曾"真心实意地"告诉一个伙伴,"鸡奸的罪,与通奸的罪、故意手淫的罪在严重程度上,都是一样的"(第146页)。书的作者从一大堆罪——鸡奸、通奸、故意手淫——之中抓住一种行为,并把它与现代心理分析关于潜在倾向和性心理的性格形成的观念合并起来。当它描述(文化上建构的)性意识和个人认同的时候,民族志话语诉诸差异,正是在这一点上,与历史学家的话语形成对照。

基于长时段的持续性,这位历史学家进而强化了他的这种意识:通过诉诸蒙塔尤是一个民族祖先的社区这一不用明言的观念,他和他著作的人物

---

⑤ 合并家户与家庭的问题已经有人明白地讨论过(Yanagisako 1979)。

* 比较完整的故事见于中文版《蒙塔尤》第205页以下。英文版与中文版在文字上有一些出入。——译者

处于相似的心理世界。显然,借助他们的民族性,法国读者与14世纪的农民在文化上分享了足够多的东西,以致他们能够通过农民之所言来把握他们的意思。举个例子,我们看一下,仅仅在正文的五页中就有这么些这样的段落:

> 我们没有对这个问题作过统计,但是有可能的是,蒙塔尤的人民比我们略微容易哭出来,无论是在高兴的时候,还是在悲伤的时候。(第139页)
>
> 复仇的喜悦伴随着双手向天高举,这是一种感恩的姿势,具有与我们今天不同的含义。(第139页)
>
> 蒙塔尤的文献附带显示,一些今天还在使用的表示礼貌的姿势是非常古老的,并且在一定意义上说,它们起源于农民。与蒙塔尤的居民一类的人们习惯于举起他们的风帽并站起来(以示礼貌)——他们甚至比现在的人在这样做的时候还要自然。(第140页)
>
> 为了通过摹仿来嘲笑一个宣扬天启的预言——是在塔拉斯孔的桥上被听到的,阿尔诺·德·萨维尼昂,一个石匠和大胆的思想家,轻而快地用手腕做了一下击打状,就像我们今天还在做的一样。(第144页)

勒华拉杜里的读者被鼓励着以一种与蒙塔尤农民天然的亲密关系来了解他们,以此来了解他们自己的祖先。在这个语境里,借助于推定的共同血统和文化继承,民族的祖先在象征的层次上消除了分隔"我们"与"他们"的距离。

然而,民族的祖先的象征既意味着相同,也意味着差异。在这个文本中,后世的人会把这个民族祖先的共同体看作双重的参照点。它处在一条表示相同性的连续直线上,也处在一条表示差异性的逐渐向上倾斜的曲线上。直线让作为这同一个较大的共同体的成员的读者有可能直接地了解那些农民。曲线让作为沿着同一条轨迹向前发展了的读者比那些农民知道得更多。

同样地,这位历史学家更多地在叙述蒙塔尤的村民所缺乏的什么(通常是相对于山下的村庄或者封建等级的中心），而不是他们所具有的什么。通过空的负像（底片）而不是实在的形象来描写，这一奇特的描述性修辞手法在民族志话语中频频出现，正如我们会在埃文思-普里查德的著作中看到的一样。下面引用的段落将显示勒华拉杜里是如何刻画他的对象的：他不是通过确认他们的生活的形式，而是通过大肆渲染他们所缺乏的，即他们所没有能够发展出来的技术和社会分层的形式：

> 尽管有鞋匠，但是与山下的村子相比，就手艺来说，蒙塔尤是欠发达的。（第6页）
> 应该记住的是，在手艺人与农民之间，或者在手艺人与普通居民之间，甚或在手艺人与贵族之间，不存在绝对的区分。在世界的这个部分，每个人都用他的双手干活，并且无一例外地干得非常灵巧。（第6页）
> 如果试图把阶级斗争的相对缺乏纯粹解释成贵族一方的弱小，那会是错误的。（第18页）
> 在这样的环境下，历史（变化）在蒙塔尤文化中是缺位的，或者说几乎是缺位的。（第281页）

技术和分化的社会形式的相对缺乏使这些世界和居住在这些世界的人民显得比住在他们山下的邻居更不发达，未充分定型，未明确界定，更不用提和现代的法国人相比了。

当勒华拉杜里巧妙地把一定的特征赋予使宗教法庭控制下的蒙塔尤的地方政治变得生动起来的复杂的、充满两面派手法和狡猾计谋的联盟的时候，凸现出来的一点是，社会区隔的缺乏只是让世代的复仇成为一种解决差异的手段。这位历史学家建构的世界在全部的荒诞的细节上颇像一个微型的乡村歌剧。它破裂得零零碎碎，并求助于个人性，而非模式和规律。在这一语境中，对中世纪农民性格的描写就显得与对这个村子的技术、阶级、政治和历史的叙述颇为协调一致。因为民族志学者带着一种强烈的倾向去相信，人的本性，包括向善和为恶的可能性、达到成熟和冲动的程度，无论是纵贯历史还是横跨文化,都表现出很少的变异,所以当勒华拉杜里断言农民(并非不像赫伊津哈的衰退的中世纪的贵族)比现代法国人更具有侵略性和更容易冲动的时候,民族志学者不能不表示怀疑。

这位历史学家宣称农民在他所谓的"复仇的快乐"中获得野蛮的兴奋,这似乎完全不能令人信服。在努力整理证据以支撑他关于农民性格的概括的时候,作者逐字引用纪尧姆·莫尔在向审讯者坦白他如何告诉一个妇女本堂神甫皮埃尔·克莱格因为异端罪而被捕的证词(第139页)。根据莫尔的证词,这位妇女听了他的故事,"把她的手向天举起,说,'感谢上帝'"(第139—140页)。然而,在前文中,作者提供了理解纪尧姆·莫尔和他的朋友们如此大肆庆祝神甫被捕的原因的语境。由于这位神甫的告发,纪尧姆·莫尔、他的父亲、他的兄弟在1308年被捕了。后来,莫尔的母亲的舌头被割,因为这位神甫催促他的执行官兄弟这样做(第50页)。即使是从一个较长的关于他遭受的冤屈的故事中选出的这么一个片段也足以证明是好的理由,而非冲动性的"复仇的快乐"可能导致纪尧姆·莫尔做他之所做。

然而,勒华拉杜里还建构了另外一个更像乌托邦的领地——它在宗教法庭控制下的肮脏的、充满欺骗的村落生活的圈子之外(对其描述的方式使人想起维希政权统治之下法国的抵抗、通敌和两面派作风)。尽管一般而论他在削弱类型化的做法,但是他在这样做的时候还是创造了一种社会典型:皮埃尔·莫里,一个热爱自由的、独立的牧羊人。这个牧羊人的形象发展到非常高大,在与农民进行对照的时候特别显得如此,以至于作者信心满满地断言,"对于皮埃尔·莫里来说,贫穷不仅是一个频频面临的事实和可以令人欣然接受的伙伴,而且还是一种理想和一个价值系统"(第120页)。

勒华拉杜里是如此认同他的牧民形象,以至于他把牧民生活方式放在一个连续体上,以便毫不犹豫地夸大他的长时段观念,这个连续体起源于新石器时代,远在中世纪之前就形成了其根本形式,并且以家户组织为载体一直沿袭到19世纪。他是这样说的:

但是没有必要提现代性(我们绝对不能忘记,这一牧民社会源于新石器时代的早期,并且它的基本规则早在 14 世纪之前就很好地奠定了)。……(第 124 页)

至此我们一直在处理长时期的倾向,跨历史的趋势——在从 14 世纪到 19 世纪的这个时期,这种"窝棚"(*cabane*,牧羊人的小屋)原地未动,是一种活的制度。(第 110 页)

在如此生动地描述牧羊人的生活方式的时候,这位历史学家追随民族志话语的实践,用语词赋予他的人物一种质朴的、相对来说未改变的生活方式。

下面的段落显示,牧羊人如何被刻画为自傲、热爱自由的,与贪婪、受压迫的农民相对照:

在 14 世纪,来自阿列日或者塞尔达涅的牧羊人像他呼吸的山中空气一样自由,至少就这里所谈的领主权来说是如此。(第 114 页)

这里我们主要感兴趣的是巡回流动的牧羊人。他们在乡下转来转去。他们形成了乡下的一个游牧的半无产阶级,没有壁炉或者说没有家,但是却有他们自己的传统、他们自己的骄傲、他们自己关于山区生活的自由和命运的特殊观念。(第 69 页)

就 14 世纪的人而言,皮埃尔·莫里是一个地地道道的民主派。……这种平等主义的理想离像皮埃尔·克莱格或阿尔诺·西克尔这些人的贪婪有 100 英里远。这些人只是谋求不择手段地提升或者恢复他们的家庭。皮埃尔·莫里嘲笑这种贪婪:他没有房子,四处为家,超脱于这个世界的物质财富。……我们可以猜测牧羊人对待贫穷的态度的一个原因——这种态度是通过经验获得的,直截了当地就被接受了。这个原因存在于他们是游牧民这个事实之中。……从根本上说,牧羊人的财富就在他们的后背上背着。(第 121 页)

可见,牧羊人的民主的、热爱自由的性格来自他们作为游牧民的谋生方式——恰恰也是这一点决定了他们的这一性格。这位历史学家就是用这样一种方式赋予他的人物这样一种受尊敬的性格。牧羊人生活在一个纯粹男性化的畜牧世界,他们在这里感到骄傲、自由、不为世俗财物所累,没有女人或家庭的牵挂。虽然作为"乡下的一个游牧的半无产阶级"与市场联系在一起,但是这些人据信能够自由地迁徙,可以超越封建压迫的势力范围。这位历史学家不加限制地把他的乌托邦憧憬浓缩在一句话里。他说,"皮埃尔·莫里是一个快乐的牧羊人"(第135页)。

勒华拉杜里如此理想化他的贫穷但"快乐的牧羊人"的形象,我们就此给出一个解释看来是顺理成章的。不过,我将延后给出我的解释,因为与埃文思-普里查德的著作进行比较,能够最好地阐明这一个问题和在这位历史学家的著作里已经浮现出来的其他问题。通过显示审讯记录如何能够成为民族志或者相反,比较将从两个方向进行。使埃文思-普里查德和审讯者之间令人颇为不快的相似变得显而易见的化熟为生(defamiliarization)做法中包含一个批判性的目的,那就是质疑通常在民族志中引导作者建构权威性描述的规范。

评民族志权威

埃文思-普里查德的著作《努尔人》大致安排成两个部分,前一部分处理生态,后一部分处理社会结构。对于生态学的讨论是从对牛群及其与人口的关系的生动的、细致入微的描写开始的。这种牛与人口的关系在季节性畜牧迁移经济学的意义上与牛的生活方式相适应。下一章对人文地理的研究,分析了栖居环境及其季节变化情况。处于转折点上的第三章说明关于时间和空间的观念,它们反映的是生态与社会所组织的活动的相互影响。这本书的最后三章依次考虑的是政治的、继嗣的和年龄组的制度。在贯穿这些章节的讨论中,社会结构给人的主导意象是裂变支之间的对抗:两个群体在一定的情境中可能是互相对抗的,而在一个更大的范围里,它们又联合在一起,与其他的群体形成对抗的关系。这种关于结构相对性的观念引导着对于努尔人的政治秩序的细致讨论。通过这种明晰而灵活的分析,读者获得了对于努尔人的生活方式的生动印象。

《努尔人》和《蒙塔尤》都以这类引言开始,即揭示调查者与权力统治情境的密切联系,并都同时努力否认权力与知识的联系。他们的最终根本不能令人信服的开篇是要给他们的资料("我对努尔人的研究"和"农民们自己的直接证词")打上括号,以维护它们的纯洁性,不受它们所从出的具有污染的情境所影响。

在探索权力与知识的相互影响的时候,颇有益处的是区分三重性的作者功能,即区分(1)撰写著作的个人,(2)行文中的叙述者的角色,(3)行文中田野调查者的角色。在《努尔人》中,所呈现出的正在进行分析的叙述者形象与被写成正在进行参与观察的田野工作者是有区别的。在《蒙塔尤》中,"历史学家"勒华拉杜里与雅克·富尼埃这位显然正在做侦查的"审讯者"的区别在字面上更加清楚。下面我要做的是对埃文思-普里查德在行文中的两种角色进行比较:有时候是与勒华拉杜里(叙述者)进行比较,有时候是与富尼埃(调查者)进行比较,以便剖析在经典的努尔人民族志中的话语的若干方面。

在《努尔人》中,叙述者在书的第一句话里就直截了当地宣示了田野工作者的研究与殖民王朝之间的联系。他说,"我从事对努尔人的研究是受英-埃苏丹政府之命,并且主要也是受其资助——它还慷慨拨付款项用于这项研究成果的出版"(第 vii 页)。埃文思-普里查德以这种其实是经过谋划的不经意来消解读者的疑虑。为什么英-埃苏丹政府要他提供报告?它为他的研究及其成果的出版出资多少?这些疑问被作者平和、清晰的文字在读者心中激起的信任冲到一边去了。

埃文思-普里查德的权威首先是由他关于田野作业的叙述建构起来的。这一叙述是一个田野工作者在跨越文化边界的时候如何受罪的故事。与那位历史学家所描绘的富尼埃形成对照的是,埃文思-普里查德在评论他在"引言"中对于田野工作难忘的记叙时,用下述谦逊的说法来袒露自己对于努尔人的知识:"我居住在努尔人中的全部时间大概是一年。我认为一年的时间并不足以去对一个民族进行社会学的研究,对于一个处在满是敌意的环境中的棘手的民族来说更是如此。而1935年的远征历程和1936年的远征历程都是因为严重的疾病过早地结束了调查。"(第14页)埃文思-普里查德没有炫耀地展示他的成功，他的田野作业叙述不时插入对反复被毁的田园牧歌插曲的平实描述。这种随意轻描淡写所表现的其实是一种刻意的谦逊，由此设定了叙事者故事的调子。他的态度类似于保尔·福塞尔在《大战与现代记忆》中所称的英国的黏液质性格："这里的计谋是假装完全不动声色；一个人说话的态度给人感觉好像这场战争完全是正常的，是既定的事实"（Fussell 1975:181）。

这位田野工作者第一次到达努尔人的地盘是在1930年。他一到就丢了行李，然后又没有了仆人。他及时地到达了木沃托点，他在这里愉快地交了朋友，并重新找回了信心。他是这样描述这段插曲受到的干扰的：

> 一股政府武装在一天早上太阳升起的时候包围了我们的营地，搜寻两个在最近的一次暴动中担任首领的预言家，抓捕人质，并威胁要抓捕更多人，如果这两个预言家不被交出来的话。我觉得自己处于一个说不清楚的位置，因为这种事情会一再发生，于是此后不久，我只在努尔人中完成了三个半月的田野工作，就回到了我在赞德地区的家。（第11页）

在1931年，埃文思-普里查德又进行了一次尝试，发现人们甚至比上次更加充满敌意。然而他又乐得有一个被接受的时期："我终于开始感觉到自己是这个社区的一个成员，而人们也是这样接受我的"（第13页）。当他受到一场疟疾的侵害的时候，他的牧歌式的插曲又一次突然中断了。他在1935年和1936年的远征调查分别持续了七周左右，都是因为严重的疾病而不得不停止下来。

作为叙述者的埃文思-普里查德把他自己这个田野工作者描述成在最严峻的环境里能够保持头脑平和的男子。他不用假设说话，还会取笑这个田野工作者。读者相信他是这样的一个人：他绝对不会说得比他知道的要多（通常说得比他知道的要少）；他给出的比他承诺的要多。而且，读者倾向于接受埃文思-普里查德的忍受逆境而非克服困难的故事，这是以低模仿模式*表现英雄命运的版本,而非以宏大史诗模式表现丰功伟绩的版本。这位叙述者向他的读者暗示,他这位田野工作者从大多数人不可能熬下来的物质的和心理的环境中活出了头。埃文思-普里查德以这种方式率直地开始关于他的田野工作的叙述:

> 不像大多数读者,我既然是知道努尔人的,就必须比他们更严格地评判我的工作,并且我可以说,即使这本书暴露了许多的不足,我还是高兴它毕竟面世了。一个人必须根据他已经克服的障碍和他已经承受的艰辛来评判他的劳动,而按照这些标准,我不为我的结果感到惭愧。(第9页)

埃文思-普里查德的手法比较接近喜剧的手法,因为读者知道,不管他经历了什么考验和磨难,这位田野工作者都活了下来,讲述乃至写作这个故事。说得直白一些,埃文思-普里查德曾经在那里,而他的读者没在过;只有他能够书写努尔人的生活方式。讽刺地但并不夸张地说,埃文思-普里查德以一种和勒华拉杜里为富尼埃说话一样的权威方式提出了他作为田野工作者的信任状。

这位叙述者在进一步强化他的权威时声称,他这位田野工作者与他的调查对象享有一定程度的亲密关系,这或许可以与那位历史学家从民族共同体祖先的象征中获得的那种资格感相提并论。埃文思-普里查德如此声称这种亲密关系,是基于努尔人强力推动与他的一种平等主义的关系(这特别与他较早在阿赞德人中的田野作业经验形成了一种对照)。他是这样说的:

> 因为我不得不以一种与努尔人保持紧密接触的方式生活,所以与对阿赞德人的了解相比,我更能够了解他们的隐秘的方面,尽管我对阿赞德人能够写出更加详尽的叙述文字。阿赞德人不会让我作为他们之中的一员而生活,而努尔人不会让我不作为他们之中的一员而生活。在阿

---

* 低模仿(low mimetic)模式是虚构作品的模式之一,模仿现实生活中的普通人(Frye 1971)。——译者

赞德人中,我不得不在他们的社区之外生活;在努尔人中,我不得不做他们社区的一员。阿赞德人把我作为比他们优越的人来对待,而努尔人把我作为平等的一员来对待。(第15页)

再一次,读者能够正当地保持某种怀疑,而不是把埃文思-普里查德的谦逊直接视为平实地按照文字来理解的真实。⑥ 虽然叙述者可能是真诚地觉得他可以对阿赞德人比对努尔人写出更加详细的文字,但是,他后来确实不仅写出了《努尔人》,而且写出了《努尔人的亲属制度与婚姻》和《努尔人的宗教》。

叙述者确证了他作为田野工作者与当地人的亲密的、平等的关系,这却与努尔人经常把他作为一个外人和敌人来对待的方式形成了突兀的紧张关系。在书中,努尔人被以各种方式表现出有一种异乎寻常的敌意性格:拒不回应对他们的问候,甚至在别人和他们打招呼的时候会转头而去;擅长于对你的提问进行捣乱,使你试图得出最简单的事实的全部努力都化为徒劳,封堵关于他们的风俗习惯的提问,也不愿意讨论严肃的事情,甚至不愿意接纳这位田野工作者进入他们的风屏(第11—12页)。应该以猜疑的态度对待这位田野工作者,今天的读者似乎对此不难理解。毕竟,正确无误地,努尔人把他与殖民政权认作一体,而这个政权那时正在推行压迫他们的军事活动。

埃文思-普里查德和一个名叫括尔的努尔人进行了一场对话,这场对话用文字记述了下来,其中他叙述了他的田野作业的政治语境,同时却没有对此提供解释,这显得特别地让人不安。这位田野工作者尝试一种英国式的介绍方式,问括尔他的名字和他的家族的名字。括尔用一系列技巧来回应,坚持不告诉这两个名字。他在这个过程中说,"为什么你想知道我的家族的名字?""如果我告诉你,你想拿它做什么?你会把它带到你的国家吗?"作者用以下的措辞来解释这段对话:"我敢说,即使是最有耐心的民族学家在面

---

⑥ 在《阿赞德人的巫术、神谕和魔法》的缩写本的"附录"里,埃文思-普里查德(Evans-Pritchard 1976:240—254)更多的是在参与观察的意义上来描述他在赞德人中进行的田野作业。或许他有所夸大,以突出其与他对努尔人的研究的对照。

对这种抵抗时也一筹莫展。一个人只会被这种情况气疯。实际上,在只与努尔人打交道的几个星期之后,一个人会表现出最明显的努尔症(Nuerosis)*的症状——如果允许我用一个双关语的话"(第13页)。作者把括尔的"抵抗"写得很复杂。它同时是顽固的、值得赞美的和偏执的。他的抵抗作为努尔人的自由和自治的价值的确证是令人欣赏的,同时它又显得是欠妥的,因为它颠覆了"无邪的"(innocent)民族志探讨。而且这是拿一个关于礼貌的行为规范来衡量的(它或许对努尔人来说是陌生的),这一规范要求陌生人在第一次见面的时候通过说出他们的名字而互相引见。作者认为,这一不愉快的遭遇错就错在努尔人的性格,而不是特殊的历史环境。⑦然而,读者应该想一想,只往前两个页码,埃文思-普里查德描述过政府武装如何袭击努尔人的一个营地,"捕获人质,并威胁要抓捕更多人"(第11页)。括尔没有性格失调,而是有很好的理由抵制讯问,提问是谁想知道他和他的家族的名字。

　　作者关于田野工作者所受待遇的抱怨和任何一心想搜集民族志信息的人面临的努尔人生活形式的根本困难相关,正如下列引文之所述:

　　　　只要我开始与某个人讨论一项风俗,另一个人就会打断谈话,或者是为了他自己的某件事情,或者是要互相逗乐和玩笑。那些男人在挤奶的时辰来,其中一些人一直逗留到日中。然后,刚挤完奶的姑娘们来了,不厌其烦地要引人注目。……这些无休止的造访带来了不断的揶揄和打扰,并且,尽管他们也提供了提高我关于努尔人的语言知识的机会,但却让我极度疲劳。(第14页)

在描写调查者与被调查者之间的权力关系的运作时,这位田野工作者把努

---

　　* 作者自己新造的词 Nuerosis(努尔症)是从 Nuer(努尔人)和 neurosis(神经症)而来,在发音上,Nuerosis 和 neurosis 是一音双关。——译者

　　⑦ 当然,这种将各有特定动机的人类行为永恒化和普遍化(为"无时间性"和"同质性"的努尔文化)的话语策略,已经被爱德华·萨义德(Said 1978)置于它的政治语境中研究过了。

尔人破坏了他的访谈努力这一看法,与要和他们进行私人谈话这一奇怪的种族中心主义的期望结合在了一起。尽管他的艰辛显得是让人折服的,但是他的抱怨(回溯起来,这些抱怨似乎是马林诺夫斯基已经写成但尚未出版的日记的一个含蓄的预示)也能够起作用,给他的叙述造成一种直白的现实主义的气氛。叙述者以一个诚实的男人的角色出现。

结果,这位叙述者经常矛盾的坦白远没有破坏他的记叙,而是通过创造他作为一个田野工作者的可靠性提高了他的可信性。例如,让我们想一想下列段落:"既然我不能运用更简便、更省时的方法,通过通常采用的信息员(informants)来工作,我便不得不仰仗对这个民族的日常生活进行直接的观察和参与。从我的帐篷的门口,我可以看到正在营地或村子发生的一切,并且我的每一刻都花在与努尔人为伍了"(第 15 页)。换句话说,努尔人迫使他成为了一个参与观察者。这位田野工作者通过把逆境转化为他的优势,靠从他的帐篷的门口进行观看,可以总是在努尔人从事他们每日的生计的时候对他们进行一览无余的观察。⑧

回溯起来,田野工作者的监视方式与福柯所说的圆形监狱如此相似,以致让人颇为难受。福柯的圆形监狱是这样一个场所,从这里,(规训人的)规训可以不费力地盯住(并控制)被控制者。不过,埃文思-普里查德与他的历史环境相适应,把权力和监视与民族志信息的搜集相区别。当然,赋予这位田野工作者的最强大的帝国的优势是他从事收集资料工作的时候的一种人身安全的保证。正如他所说,他的信息是"一点一点"从"每个我遇到的被用作知识来源的努尔人"那里汇拢来的,而不是(像在阿赞德人中)"以大块大块的方式由被选拔和受训练的信息员提供"的方式收集来的(第 15 页)。在自我讽刺的表象之下,埃文思-普里查德大胆地肯定,他的方法比起靠向信息员付费的工作方法要有效得多。

---

⑧ 斯托金(Stocking 1983)已经讨论过作为人类学的一个惯常主题的帐篷。然而,对于马林诺夫斯基来说,帐篷是一个充满矛盾情感的场所,这位民族志作者从这里往两个方向看:向外,注视村子;向内,开小差看小说和只是独处。斯托金用这样的话来描述马林诺夫斯基的向内转向:"当对于一个非常有限的地方的非常大量的研究所带来的疲劳变得太重的时候,他就拉下帐篷的帘子挡在他的身后,可以在某种程度上把自己关在土著的世界之外,撤退到他的小说里去"(1983:97)。

到此为止,随着引言达到结束,埃文思-普里查德这位叙述者这样说:

> 我不是在作一个意义深远的声明。我相信,我已经理解了努尔人的主要价值观,并且能够提供关于他们的社会结构的一个真实的概述,不过,我把本书更多地看作(我也是这样安排的)对于一个特殊地区的民族学的一个贡献,而不是看作一项详细的社会学的研究。如果它能够这样被接受,我就满意了。(第15页)

这位叙述者通过他的介绍人身份,要他的读者把殖民统治的语境放在一边,把他的研究看作一个"真实的概述",一个不完全但客观的、科学的叙述。

在进行把殖民统治的语境与民族志的知识生产区分开来的修辞工作这一点上,《努尔人》的引言部分与《蒙塔尤》的引言部分是可以相提并论的。实际上,正如富尼埃从引言之后的文本中消失了一样,这位让他的被访人参与对话的田野工作者在对于努尔人的谋生方式和政治制度的分析中没有扮演什么角色。如果说勒华拉杜里把讯问转化为偷听和分类编目的话,埃文思-普里查德则是把活生生的对话转化为倾听和想象。作为孤独的英雄式的受害者的田野工作者的故事建立了他无涉殖民统治的无辜形象,并确证他作为利益无涉的科学家的信誉。埃文思-普里查德不是以他对于发现真实的兴趣,而是以一个没有个人利益考虑的角色出现:一个超脱而带有讽刺色彩的观察者。

评客观性的修辞

埃文思-普里查德的科学知识的对象是社会结构,而不是历史的偶然事件和政治行动。他的明晰的话语方式[格尔茨曾经称之为非洲的透明性(Geertz 1983a)]把社会秩序转化得异乎寻常地生动。这种在说明文字上的雅致源自发展关于"原始民族"的"科学理论体系"的定义清楚的项目(第261页)。埃文思-普里查德把这一项目的主要概念"社会结构"定义为:

关于社会结构,我们是指群体之间的关系,它们具有高度的持续性和稳定性。群体保持不变,不考虑在某个特定时刻它们所包含的特定的个体,以至于一代一代的人都经历着群体。人们生而处于其中,或者在人生中途加入它们,在死亡的时候离开它们;结构是历时长存的。(第262页)

依据这个定义,社会结构像是带有许多房间的房屋,人们在他们的人生过程中身处其间:人们来来往往,但是房屋保持原样。埃文思-普里查德和勒华拉杜里两人都把持续时间最长的结构等同于最重要的东西。不过,所谓的长时段直接把这位历史学家与他的研究对象联接起来了,而社会结构却造成了差异,这些差异把这位民族志作者与努尔人分隔开了。

对努尔人性格的看法常常在对社会结构的分析中冒出来。以此而论,当人们具有社会一致性、缺乏个体性的时候,就被描绘成"原始的"(primitive)。这位叙述者按照学科的规范,在用语言表现这个民族的时候,用集体名词(the Nuer),或者男性代词(he),而不是用更加富于个人性的人名。例如,读者经常遇到用一种疏远的规范化的话语方式所表达的这类陈述,就像下面这句话:"当一个男子觉得他遭受了伤害时,没有一个权威他可以去投诉,并从那里得到补偿,所以他马上向那个给他造成伤害的男人提出决斗的挑战,而且这一挑战必须被接受"(第151页)。埃文思-普里查德没有去讨论一些应该讨论的问题,例如,如果一个男子没有接受挑战,那么,发生了什么?或者,一个男子什么时候或何种情况下会不接受挑战?肯定的,一个努尔男人有一定的回旋余地去判定他是否受到了损害。只有某些被病态地过度社会化的人才可能遵守如此程序化的规范性指令而没有例外,或没有对情境的判断。

当埃文思-普里查德描写努尔人社会的特征的时候,他经常说到缺乏而不是具有,这与勒华拉杜里的做法如出一辙。看一看下面的例句:

努尔人不能被说成是分成了阶级的。(第7页)
实际上,努尔人没有政府,而他们的状态可以被描述为有秩序的无政府状态。同样,他们缺乏法律,如果我们把法律这个术语理解为由一个独

立的并不偏不倚的权威部门作出的裁决,而它也有权力来实施它的决定的话。(第6页)

在努尔人中突出的是,政府机构的缺乏,法律制度、发达的领导权以及一般而言的有组织的政治生活的缺位。(第181页)

换句话说,努尔人缺乏(对于西方视角来说)可见的维持政治秩序的制度。他们没有社会阶级,没有国家,没有法律,没有领袖。

鉴于他们简单的物质文化,埃文思-普里查德把努尔人描写成都快是自然的了,正如从下面的引文看到的:

可以看到,努尔人的政治体系与他们的生态体系是一致的。(第4页)
一个物质文化像努尔人的那样简单的民族高度地依赖其环境。(第16页)

埃文思-普里查德过分扩展了他的论点,用文字把努尔人置于工具制造的神话的(过去的?)时代——他们的工具既不是用铁也不是用石头,而是用植物和动物制造的:"根据前文关于努尔人使用牛的记述,我们可以说,努尔人既不是生活在一个铁器时代,甚至不是生活在一个石器时代,而是生活在这样一个时代,不管叫它什么,在这里,技术上的必需品取自植物和动物"(第87页)。努尔人就被推定深处在他们原始的前石器时代的生境之中,似乎比我们处在我们的时代还要更真实。尽管他们的社会结构具有形式上的雅致,他们还是显得比我们更接近自然。

以一种可以与勒华拉杜里对牧羊人皮埃尔·莫里的观点相比拟的方式,这位叙述者声称,努尔人的性格与他们的环境、他们的生存方式和他们的政治体系是一致的,正如他在下述段落中所说的:

这样一种生活滋养了牧羊人的品格——勇气,好武,藐视饥饿和艰辛——而不是造就了农民的那种勤劳的性格。(第26页)

努尔人性格中的一些突出特征或许可以说与他们低级的技术和短缺的

食物供应是契合的。……提到过的这些品格,勇敢、慷慨、忍耐、骄傲、忠诚、坚强以及独立不倚,都是努尔人他们自己所赞美的品德,这些价值可以被证明是非常适合他们简单的生活方式的,是非常适合其生活方式所造成的那一套简单的社会关系的。(第90页)

他们生活于其中的那种有序的无政府状态与他们的品格是很和谐的,至于生活在努尔人中而设想有统治者凌驾在他们之上,这是不可能的。努尔人是艰苦和平等主义的教养方式的产物,思想中是民主的,并且容易被激发出暴力。他们不安分的精神会认为任何限制都是不可忍受的,没有人会认可一个人的地位可以高高在上。(第181页)

努尔人的品格与他们的牧业生活方式呼应得太过丝丝入扣了。[9] 他们的游牧品格也借助他们被推测具有的对立面——定居的农民——而得以界定。应该注意的是,农民并没有以另外一种方式出现在埃文思-普里查德的文本中。然而,他们在这一语境中的在场,作为刻画牧羊人品格的衬托,奇特地响应了《蒙塔尤》中使用的一个修辞。

牧民的统治方式

再奇怪不过了,这位民族志作者和这位历史学家走到一起,断言按照季节流动的牧业促生了民主的价值观、参差的个人主义、强烈的自傲和一种武士精神。与牛仔和其他不靠他人的孤胆男性英雄形象并无不同,努尔人似乎体现了关于某种男子汉的想象的理想化的特征。虽然被殖民统治者的部队在军事上"绥靖"了,但是努尔人在性格上仍然是不可驯服的,正如在一开始他们对民族志的询问的抵制所显示的。在象征的层面,他们代表着人类自由的一种理想,即使是在殖民统治的情境之中。

---

[9] 我在其他的地方曾经把通过一系列这种可置疑的呼应来进行的概括称为"控制的修辞"(Rosaldo 1978)。着实让我吃惊的是,我发现在殖民官员中司空见惯的这一手段,埃文思-普里查德也使用。

赋予牧民的突出的主体性或许与那些旅行却逗留在同一个地方的田野工作者的主体性是相似的。从扎根在文化中的流动性的一个立场说话,民族志作者经常援用"我的人民""我的村子",当然,其意思是他们在其中做他们的田野研究的人民或者地方。在确证自己具有权威去展示他们的研究对象的生活时,民族志作者付出了巨大的努力,让他们自己一方面与旅游者,另一方面与定居的传教士和殖民地官员区别开来。民族志作者的职业路线可以半严肃半轻松地类比为按季节流动的牧民的模式化的运动,而不是类比为游民(旅游者)或农民(传教士和殖民地官员)的模式化的运动。一个否认使其知识成为可能的统治的话语,将牧羊人而非农民作为另一个自我理想化,这似乎是合适的。对牧民,与对一个人一个人的旅游者(不要与旅游产业混淆)相似,不像对农民、传教士和殖民地官员那样容易行使统治。

但是还有一个问题。为什么采用作为文学的田园诗(假设是用记录性的而非虚构的形式)来展示实际的牧羊人的生活?田园诗的形式毕竟起源于宫廷,并且我们会发现,其中的牧羊人通常实质上就是穿着乡村服装的皇室成员。作为一种文学形式,它与中世纪晚期法国的牧羊人毫不相干,也与当代尼罗河流域那些养牲口的人毫不相干。恰恰相反,它表现了一种明显的有礼(courtesy)的感觉,肯尼思·伯克曾经机敏地把它概括为"形成鲜明对比的社会阶级之间奉承的修辞"(Burke 1969:123)。在较早的文学发展阶段,这种奉承在贵族与平民、王公与封臣、主子与仆从之间一再发生。作为类比,这种移植的现代田园诗又出现在城镇与乡村、中产阶级与工人阶级、殖民者与被殖民者之间的互动之中。[10]

田园诗使在横跨社会等级界限的关系中一种独特的礼仪(civility)成为可能。它使一种文雅的温情得以存在,而这种温情是很多直接认同不平等的做法会压制的。它的有礼变成了尊敬,乃至羡慕。埃文思-普里查德和勒华拉杜里明确地表达出尊敬"他们的牧羊人"。不过,田园诗也允许屈尊施

---

[10] 诺思罗普·弗莱已经论述过,这种移植的现代田园诗"就将乡村或者边疆的返璞归真的生活加以理想化的意义而言,保留了逃避社会的主题"(Frye 1971:43)。田园诗的这种版本常常给民族志写作以启发。在阅读《努尔人》和《蒙塔尤》的时候,我自始至终在关心理想化的内容及其目的。

惠的恩人态度存在,如对"我们"已经失去的简朴的珍重(比较一下克利福德在本书中的文章)。对于埃文思-普里查德和勒华拉杜里来说,田园诗的形式变成了自我服务性的,因为牧羊人象征了超越统治的立脚点,从这里,中立的民族志真理才能够自己汇聚起来。

田园诗形式的使用在引言部分正当化压制权力与知识相互作用的事实的时候,即刻也暴露了这一事实。因此,两位叙述者能够欣赏充满了温情的有礼的种种关系——这种有礼似乎超越了不平等和统治。不过,田园诗的形式也间接揭示了产生民族志的知识的种种关系中的不平等。统治的语境曾经在导言的叙述中被压下去了,但在彬彬有礼的伪装中又冒出来了。具体体现在审问者和田野工作者的形象之中的人类关系的性质仍然神出鬼没地纠缠着作者们。通过一种文学的变形,统治的形象重新出现,现在既不是作为审问者,也不是作为田野工作者,而是作为穿着牧羊人衣服的"本地人"(natives)。*

---

* 本文得益于下列人士的评议:塔拉勒・阿萨德、埃米・伯斯、詹姆斯・克利福德、文森特・克拉潘扎诺、迈克尔・费希尔、乔治・E. 马库斯、基林、纳拉扬、玛丽・普拉特、保罗・拉比诺、罗伯特・桑顿、斯蒂芬・泰勒和西尔维亚・柳迪。

论民族志寓言

詹姆斯·克利福德 著

康 敏 译

1、寓言是一种用来教育或者解释的故事,故事中的人物和事件都有另一层含义,就像童话或宗教故事那样。

2、借助这类故事来表达思想。……①

维克多·特纳在最近一篇论叙事的文章中提出,社会表演展现了那些为社会过程提供"一种修辞、情节设置模式和意义"的有强大效力的故事——神话故事或常识故事(Turner 1980:153)。下面,我却要将民族志本身当成一种由有强大效力的故事设置好情节的表演。这些故事被收录在撰写好的报告里,它们在描述真实文化事件的同时,也发表了额外的、道德上的、意识形态上的、甚至是宇宙论上的陈述。民族志写作在内容(它谈及的文化及其历史)和形式(隐含在它的文本化方式中)两个层面上都是寓言式的。

这里用一个浅显的例子来说明我的思路。玛乔丽·肖斯塔克(Marjorie Shostak)在她的《尼萨:一个昆人妇女的生活及诉说》(*Nisa: The Life*

---

① 出自《韦氏 20 世纪新词典》第二版。在文学研究里,对寓言的定义有很多种,安格斯·弗莱彻(Fletcher 1964:2)把寓言宽泛地概括为:"一句话,寓言在说一件事时指着另一件事",而托多罗夫则更严格地重申(Todorov 1973:63):"首先,寓言里的同一句话至少包含两层含义;有些评论家认为第一层含义必须消失,而另一些人则要求两层含义一起出现。其次,这种双重含义在作品中是被明确地指出的,它并不随读者的解释(无论是否独断)而产生。"根据昆体良(Quintilian)的看法,任何比喻的扩展或延伸都会发展成为寓言;诺思洛普·弗莱(Frye 1971:91)也注意到,"在文学领域里,我们发现有一种灵活的计算标准,标准的一端是完全符合文学作品的要求,具有最确定无疑的寓言性,而另一端则可以是最难以捉摸的、反明确性和反寓言式的。"本文中我将要梳理的各种民族志寓言的"第二层含义"在文本上都是明确的,但民族志作品本身会顺着弗莱的标尺滑动,展示出强烈的寓言特征,尽管它们通常不把自己标记为寓言。

and Words of a ! Kung Woman)这本书里,以一个昆人的分娩方式——独自在村子外——的故事作为开头。以下是部分摘录:

> 我躺在那里,感觉到疼痛一阵又一阵地袭来。接着我感觉有什么东西湿漉漉的,分娩开始了。我想,"嘿,孩子可能快生了。"我站起来,拿了一条毯子给塔沙盖上;他还在睡。然后我拿起另一条毯子和我的小羚羊皮罩就离开了。难道我不是独自一人吗?唯一的另一个女人是塔沙的奶奶,她睡在她的小屋里。所以,就我一个人,我离开了。我走到离村子有点远的地方,在一棵树旁边坐下来。……她生出来以后,我坐在那里;我不知道该怎么办。我没有感觉。她躺在那儿,摆动着她的胳膊,试图吮自己的手指。她开始哭。我只是坐在那里,看着她。我想,"这是我的孩子吗?是谁让这孩子生下来的?"我又想,"这么大的东西?它*怎么可能从我肚子里出来呢?"我坐在那里看着她,看了又看。(Shostak 1981:1-3)

这个故事非常直观。尼萨的话明白无误,经验被直截了当地唤起:"她躺在那儿,摆动着她的胳膊,试图吮自己的手指。"但作为读者,我们不只是在脑海中印下一个独特事件。故事的展开要求我们:首先要想象一种不同的文化规则(昆人的分娩,独自在丛林中),然后要认识到有一种共同的人类经验(分娩是一种悄然无声的英勇行为,产后的惊奇与疑惑之感)。在喀拉哈里沙漠某处发生的故事不能仅止于此,它既包含了当地文化的意义,也包含了一个关于出生的普遍故事。人们假定两者之间存在差别,并且超越了这一差别。此外,尼萨的故事还告诉我们(它怎么会不呢?)有关女性的某些基本经验。肖斯塔克所描述的一个昆人的生活不可避免地成为一个有关(女)人性的寓言。

下面我要论证,这些超出故事本身的意义不是"附加"在"朴素的"原始记录之上的抽象观念或阐释,相反,它们是使记录富有意义的前提。民族志

---

* 在孩子没有被带回村子之前,人们认为孩子还不是人。参见《尼萨》一书。——译者

文本不可能摆脱寓言性,认真地接受这一事实将改变民族志文本的写作方式和阅读方式。以肖斯塔克的尝试作为研究个案,我审视了近来把文本内的寓言层次区分为多种特殊"声音"的趋势。最后我要说,民族志写作被看作是铭写或文本化,它的真正活力就在于展现出一种救赎式的西方寓言。我们需要察觉到这一结构无处不在,并且相比于其他为了民族志表演而采取的可能的情节设置,要更加重视它。

* * *

　　文学描写总是要通往另一个场景,也就是在它字面上所描绘事物"背后"的场景。

米歇尔·博茹尔,《描写的矛盾》

　　寓言的对应英文单词 allegory 来自两个希腊语词根,*allos* 的意思是"其他",*agoreuein* 的意思是"诉说"。寓言通常是指不断地用一个叙述性的虚构故事指涉另一种观念或事件模式的实践,这是对故事本身进行"阐释"的一种表征。我是在扩展了的意义上使用寓言一词,近来有一些批判性讨论重申了这一观点,尤其是安格斯·弗莱彻(Fletcher 1964)和保罗·德·曼(De Man 1979)。任何故事都会有一种倾向,即在其读者(或听众)心中生成另一个故事以重复或取代先前的故事。优先关注民族志的寓言性,比如说优先于民族志的"意识形态"——尽管政治维度总是存在(Jameson 1981)——使我们注意到了直至最近仍被小视的文化描写。对寓言性的承认突显了如下事实:现实主义描绘(就其"令人信服"或"丰富"程度而言)是被拓展的隐喻,是指向(理论上、审美上、道德上)逻辑连贯的其他含义的联想方式。寓言(比"阐释"更强烈地)要求我们注意到这类写作过程有着诗意的、传统的、宇宙论的本质。

　　寓言使我们特别注意到文化表征的叙事特征,注意到被建构到表征过程本身的故事。通过在阅读过程中添加时间维度,它也破坏了文化描写那看似天衣无缝的品质。文本中的某层含义总是在生成其它层面上的含义。于是,曾经盛行于众多后浪漫主义文学作品(包括"象征人类学")中的在场修辞就被打断了。德·曼对浪漫主义美学中视象征高于寓言的批评也质疑了现实主义的做法(De Man 1969)。实证主义写实主义和现实主义提喻法（从部分到整体的有机关系、功能性关系或"典型"关系）的潜台词都认为非寓言性的描写是可能的,这非常近似于浪漫派在事件中寻找未经干预的意义。实证主义、现实主义和浪漫主义(20世纪人类学中的19世纪成分)都拒绝"虚伪的"修辞技巧,还有他们所认定的寓言的抽象性。寓言同时冒犯了经验科学的准则和艺术自发性的准则(Ong 1971:6-9),它太过演绎,也过多地将意义公开强加在感性证据上。然而,最近有一个由文学和文化理论家(罗兰·巴特、肯尼思·伯克、热拉尔·热奈特、米歇尔·德·塞尔托、海登·怀特、保罗·德·曼以及米歇尔·博茹尔等)组成的多元团队发起了修辞学"复兴",他们强烈怀疑实证主义-浪漫主义-现实主义达成的共识。在民族志领域,当前的修辞学转向与重新评估政治和认识论这一时期相吻合,在这一时期,表征权威那被人为建构的、强加的性质变得异常醒目且备受争议。寓言性促使我们承认,任何文化描写都不是"这(个)代表或象征了那(个)",而是说,"这是一个关于那(个)的(充满道德色彩的)故事。"[②]

只要作品的中心任务是为了让我们合乎人性地理解一种不同生活方式的(往往很奇怪的)行为,那么民族志里的具体记录就绝不能囿于科学的描述。要说奇特的行为和象征有"人性的"或"文化的"意义,就要补充在古老叙事中出现的那种寓言性附加含义,这些古老叙事认为行动有着"精神上"的重大意义。我们称民族志报告是对差异性和相似性的有节制的虚构,在背后支撑它的就是文化主义与人文主义寓言。这些文本一直保持着对表面描写和对更抽象的、比较的和解释的各层面意义的双重关注,柯尔律治给这种双重结构下了一个经典定义。

> 因此我们可以放心地把寓言性写作定义为,运用一系列人物和形象的活动及其相应结果来传达(尽管有所掩饰)品德或思想观念,道德品质和思想观念本身不是感官的对象,也不是别的形象、人物、变数或环境,

---

② 伯恩(Boon 1977,1982)、克拉潘扎诺(Crapanzano 1980)、陶西格(Taussig 1984)和泰勒(Tyler 1984a)在他们最近的作品中都相当明确地提出了一种"寓言人类学"。

> 所以,虽然在阅读和想象时充满差异,但在心里却有相似性的暗示;与之相应地,各部分也结合成为一个统一的整体。(Coleridge 1936:30)

民族志报告是对他者的形象建构,我们在一部有条理的民族志报告中所看到的东西,是以一种连续的双重结构形式与我们所理解的东西相联系。有时候,结构非常明显:"在陶瓷制造过程中,妇女们轻声细语、心平气和地谈论着生态系统动力学……"(Whitten 1978:847)。一般情况下,结构较不明显,因而更加写实。用柯尔律治的话说,对感官(他认为主要是观察着的眼睛)而言,可以描述的东西似乎成了"异类",而由一系列连贯的感知所暗示的却是一种内在的相似。在共同的象征网络之内,怪异的举止被描绘成是意味深长的,这一共同的象征网络是使观察者和被观察者(也暗示所有人类群体)都能够理解某种活动的共同基础。于是,民族志对特定差别的叙述就预设并总指向一个抽象的相似性层面。

尽管我不能在此继续这个主题,但值得一提的是,早在世俗人类学作为一种关于人类和文化现象的科学出现之前,人们就已经把民族志报告与不同的寓言形式相联系。拉菲托神父把美洲土著人的风俗与古希伯来人和古埃及人的风俗做了著名的比较(Lafitau 1724),这一比较证明了前人们的偏好是用"原始时期"(*premiers temps*)概念来定位针对他者的描述。在对新世界的早期描写中,也充斥着或多或少带有明显圣经色彩或古典色彩的寓言。正如约翰尼斯·费边(Fabian 1983)所说的那样,预设他者在想当然的、前进的西方历史中处于一个时间上截然不同、但可确定的位置(即更早的阶段),这种做法曾经比比皆是。20世纪的文化人类学已经逐渐用人文主义寓言来取代(尽管从不彻底)这些历史寓言,它回避了对起源的追问,转而支持探索人类共性和文化差异。不过,表征过程本身还没有发生实质性变化,大部分对他者的描写仍然假设了,并指向着真理的基本层面或超验层面。

不久前的米德-弗里曼之争清楚地揭示出这一结论。③ 对萨摩亚人生

---

③ 米德(Mead 1923),弗里曼(Freeman 1983)。我在《时代文学增刊》(1983年5月13日,第475—476页)发表过一篇针对弗里曼的书评,揭示了这场论战的文学维度。与此观点类似的有波特的作品(Porter 1984)。

活的这两种描绘针锋相对,都被打扮成科学的工作;但双方又都将萨摩亚人看成是充满道德色彩的另一个自我。米德声称在田野中开展了受控"实验",通过实际地审视反例来"检测"青春期焦虑的普遍性。尽管田野工作的"实验室"是博厄斯式的修辞,但米德的实验还是产生了有广泛的伦理、政治意义的信息。她和写《文化模式》(Benedict 1934)的鲁思·本尼迪克特一样,是以一种自由的多元主义视野来回应"错综复杂的"美国社会的困境。米德和本尼迪克特所讲述的民族志故事显然与某种文化状况相关联,这种文化正在与各式各样的价值观作斗争,与明显分崩离析的故有传统作斗争,与有关人类可塑性的乌托邦观点和对崩溃的恐惧作斗争。套用诺思罗普·弗莱的话(Frye 1963)来说,她们的民族志是"身份认同的寓言"(fables of identity),其公开的寓言性目的不是为经验描写提供某种道德框架或解释框架,即某种附加在前言和结论里的东西。对米德和本尼迪克特来说,创作和表征"诸文化"的整个事业是一份教育的、道德的担当。

现在看来,米德用受控的文化变量所做的"实验"更像是寓言而非科学,因为这个只聚焦萨摩亚的故事暗指着一个可能的美国。然而,德雷克·弗里曼对米德的批评忽视了民族志作品中所有正当的文学维度,相反,他受到社会生物学的最新进展启发,给自己贴上了科学主义的标签。在弗里曼看来,米德对萨摩亚人的看法完全错了。他们并不是她所宣扬的那种随性放纵的人,而是被人类常见的所有紧张压力所困扰。他们是暴力的,患有各种恶疾。弗里曼的批判的主体部分由大量反例构成,它们来自于历史记录和他本人的田野工作。在小题大做的 170 页经验材料中,他成功地说明了一个清醒的《萨摩亚人的成年》的读者已经了然于胸的东西:为了给美国社会提供一些道德上的经验教训,米德画了一幅透视图。但就在弗里曼堆积萨摩亚人的焦虑和暴力案例时,服务于他自己的工作的寓言框架开始出现。显而易见,他表达出来的东西远远不止是萨摩亚人生活的"黑暗面"(如弗里曼所言)。在透露内情的最后篇章里,弗里曼亦承认,他是用生物学的"酒神型"人性(本质上的、情感上的,等等)来反对米德的"日神型"文化和谐。但是,一种可以被如此干净利落地归入相反的西方神话的"反驳",其科学性何在?留给读者的是截然相反的对比:米德那迷人的、性自由的、平和的太平洋世界,和如今弗里曼那关系紧张、管制严格、暴力频发的萨摩亚。事实上,米德和弗里曼共同构成了一幅双联画,对立的两个画面表明了一种反复出现的西方人对待"初民"的矛盾心理。这使人想起梅尔维尔(Melville)的《泰皮》(*Typee*),一个交织着对暴力威胁的恐惧的伊甸园。

* * *

"中华帝国"和"我们帝国"两个概念常常是一样的。

维克多·塞加朗

一部科学的民族志通常会优先建立起一个寓言语域,标明自己是"理论""解释"或"说明"。不过,一旦文本中所有(包括理论和阐释)有意义的层面都被认为是寓言式的,那么就很难再将其中之一看成是优先于其他部分,是在说明其他部分的。一旦锚被移开,那么如何编排和评价多重寓言语域(allegorical register)或"多种声音",就成了民族志作者要考虑的重要方面。最近,这有时意味着在整个文本里赋予本土话语以半独立的地位,打破"科学"表述享有特权的单调。④ 许多民族志远离了总体化人类学,试图召唤出复合型(但不是无限的)寓言。

关于如何呈现和调和复合型故事的问题,玛乔丽·肖斯塔克的《尼萨》是一个很好的例子,它致力于解决这个难题。⑤ 下面我将详细论述。肖斯塔克清晰地编排了三个寓言语域:(1)作为科学知识来源的一个连贯性文化主体的表述(尼萨是一个"昆人妇女");(2)一个性别化主体的建构(肖斯塔克问:当一个女人意味着什么?);(3)一个关于民族志生产与关系模式的故事(亲密的对话)。尼萨是一个50岁妇女的化名,她大半辈子都生活在半游牧状态下,玛乔丽·肖斯塔克则归属于一个自20世纪50年代以来就一直在研究昆桑(!Kung San)狩猎-采集者的哈佛研究团队。因此,从这一"生

---

④ 关于这种"单调"的起源,参见德·塞尔托(De Certeau 1983:128)。
⑤ 本节的余下部分是我对发表在《时代文学增刊》(1982年9月17日,第994—995页)上《尼萨》一书书评的扩充。

活与诉说"得出的复杂真理并不仅限于个人,也不仅限于她周遭的文化世界。

该书的三个语域在一些重要方面互不一致。首先,作者在进行文化阐释时嵌入了一部自传,这部自传是作者参照其他昆人妇女的生活核实过的,它加深了文化阐释的"深度"。第二,这一被塑造的经验很快变成一个有关"妇女的"生存的故事,一个与近来女性主义思潮所强调的那些经验和议题同步的故事。第三,《尼萨》叙述了一场不同文化间的相遇,两个个体在这场文化相遇中合作生产出一个特定的真理领域。在此,民族志相遇本身成为该书的主题,并使之成为一个关于沟通、融洽,最终发展出某种虚构但有效的亲属关系的寓言。因此,《尼萨》显然是一个有关科学理解的寓言,在文化描写和探寻人类起源两个层面上同时运作。(连同其他研究采集-狩猎者的学生一道,肖斯塔克所参与的哈佛计划倾向于在这一人类文化发展的最漫长阶段里找到人性的基线。)《尼萨》也是一个西方女性主义的寓言,属于20世纪七八十年代再造"妇女"类别范畴的一部分。同时,《尼萨》又是一个关于接触和理解的民族志寓言。

《尼萨》一书在三个意味深长的语域之间不断地穿梭前进,把叙述编织成串,但有时稍显笨拙。它和许多作品一样,描绘了普通人的经历、冲突、愉悦与劳作。不过,肖斯塔克写就的文本是原创性的,因为她拒绝将其三个语域调合成一个无懈可击的"全面"表述,它们在戏剧性的张力中保持分离。这种复调适合于该书面临的困境,也就是许多自觉的民族志作者的困境,他们发现很难站在一个固定而疏远的地方来清晰准确地谈论"他者"。差异侵扰着文本;它再也无法被表征;它必须被演示出来。

《尼萨》的第一个语域是有关文化科学的,语域的主体与一个社会世界有着牢固的关系。它以昆人的方式说明了尼萨的个性,并运用尼萨的经验显示出作者对昆人群体的概括与其他人的有着细微差别,同时要更正那些概括。如果说《尼萨》以异乎寻常的深度揭示出了交互主体性机制,那么它的复调结构也表明,向科学知识的转换并非一帆风顺。个人不可能分毫无损地就被替换为整体。肖斯塔克的研究以对20多个昆人妇女的系统访谈为基础,她从这些对话中收集到足以揭示典型态度、活动和经验的数据资料。但她仍然不满足于自己访谈的深度,这促使她要挑选出一个能够提供详尽个人叙述的报导人。尼萨在回忆和说明其生活的能力上非同一般;况且,她的故事与肖斯塔克的个人兴趣之间产生出一种强烈共鸣。这给概括性社会科学的期待提出了难题。

当肖斯塔克结束首次田野之旅时,她被疑惑所困扰,她的对话者会不会太别具一格了?尼萨早已见识过剧烈疼痛,她记忆中的生活充满暴力。而大多数有关昆人的早期报告,如伊丽莎白·马歇尔·托马斯的《毫无恶意之人》(Thomas 1959),都表明他们是热爱和平的。"我真的想成为反对这一画面的人吗?"(第 350 页)再次回到喀拉哈里时,肖斯塔克放心了。尽管尼萨仍然散发着独特魅力,但她如今看起来比较不那么不同寻常了。于是,民族志作者"比以前更加确信,我们的合作可以也应当继续推进。我正在对其他妇女进行的访谈证明,尼萨和她周围的人是基本相似的。虽然她的口齿特别伶俐,经受过的打击也多于常人,但在绝大多数重要方面,她都是一个典型的昆人妇女"(第 358 页)。

罗兰·巴特(Barthes 1981)曾经痛心疾首地指出,不可能有一种关于个体的科学。由始至终,我们在《尼萨》一书中都能感觉到有一种追求整体的牵强附会,我们发现作者要把尼萨普遍化,与"对昆人生活的解释"(第 350 页)捆绑在一起也很费劲。该书的科学话语无休无止地联系着上下文,进行着典型化,它与另两种声音交织在一起,用几页背景资料来逐一引导关于生活的 15 个主题。["如果结婚几年之后年轻的妻子才首次来月经,那么夫妻间的关系就会更加平等"(第 169 页),等等。]事实上,我们有时会觉得,科学话语在文本中的功能就是去控制住书里那些意义过于个人化和交互主体化的其他声音。这里存在着一个现实的矛盾,因为在尼萨的故事有助于更好地概括昆人社会的同时,它的具体性及其形成的特定环境也产生出抵制一种典型化科学的需求的意味。

该书的第二和第三种语域与第一种截然不同。它们的结构是对话式的,有时候,每一句话似乎都主要是为了回应对方才存在。尼萨的生活是用有个性的、令人信服的语气说出的独特叙事,有它自己的文本自主性。但它也显然是合作的产物,这尤其体现在它的总体形式上,即有完整的生命跨度(书的 15 章内容包括了"早期记忆""家庭生活""性探索""试婚""婚姻""母爱与打击""女人和男人""找情人""治疗仪式""衰老")。尽管在访谈一开始,尼萨就已经描绘出她的生活,勾勒出将要涉及的主要方面,但主题清单看起来还是出自肖斯塔克之手。事实上,通过使尼萨的话语以"一生"的形式出场,肖斯塔克是在面对迥然不同的两种观众演说。一方面,为了适合于科学的典型化,这种高度个人化的回忆录被制作成一部"生命史"或一个"生命周期"。另一方面,为了在西方产生意义,即有代表性的、连贯的自我(或者更准确地说,一个在自传中丰满起来的自我),尼萨的生活调动了一种有效的渗透性机制。传记和自传的虚构过程不存在什么普遍的或本质的东西(Gusdorf 1956;Olney 1972;Lejeune 1975),生活不会轻松地就把自己组织成一种连续的叙事。当尼萨说(她经常这样),"我们生活在那个地方,吃东西。然后我们离开,到别的地方去",或者径直说,"我们过了一天又一天"(第69页)时,我们可以听到有一种不被注意的、非个人的嘈杂声。在如此模糊不清的背景下,一个叙事的轮廓在与自己和同时与另一个人的交谈中显现了。尼萨讲述着她的生活,肖斯塔克的书把这一过程从文本上戏剧化了。

作为对话中的另一个自我,对话的发起人和编辑,肖斯塔克进行了一些重要干预。那些相互重叠的故事经过大量剪切和重组,被改编成了不是喋喋不休,而是以清晰可辨的步骤和阶段发展着的"一生",尼萨独特的声音出现了。然而,肖斯塔克已经有计划地消除了她本人的干预(尽管读者还可以不时地从尼萨的反应里察觉到它们)。她也去掉了种种叙事标记:她的朋友习惯性地在故事末尾评论,"风把那吹走了";或者在开始,"我要打开话匣子,告诉你发生了什么";或者在中间,"我该做些什么?我坐在这里,讲着一个故事,而另一个也突然闯进我的脑海里!"(第40页)肖斯塔克显然慎重考虑过自己转写文字的结构,而且一个人不可能面面俱到:既展现出所有的离题之语,又使记录的故事仍然容易让人理解。如果想要有更多的人读到尼萨的话,那么就不得不妥协于传记式寓言的要求,让步于对自我进行道德阐释的读者群。通过这些形式上的手段,该书的第二种话语,即尼萨口述的生活,贴近了它的读者,成为帮助理解富有表现力的"人性"的叙述。

书中第三个明确的语域是肖斯塔克个人的田野记录。她向受访者提出的问题是:"请告诉我,当昆人女人是什么样的?"(第349页)如果尼萨是以其罕见的机智回答,那么她的话听起来也像是在回答另一个问题:"当女人是什么样的？"肖斯塔克告诉她的受访者，"我想学习在他们的文化里当一个女人意味着什么，这样我就可以更好地理解在我自己的文化里它意味着什么。"用昆人的话说，尼萨和肖斯塔克的关系变成了一个阿姨与一个年轻侄女，"一个刚刚结婚，困扰于爱情、婚姻、性、工作和身份问题的少妇"（第4页）之间的对话关系。一个经验丰富的老前辈在指导年轻晚辈（"侄女"，有时是"女儿"）有关成年女性的技艺与辛劳。标志着关系转换成功的是一种平等的友爱和尊重，还有一个具有女性主义意义的决定性词语："姐妹"（第371页）。从头到尾，尼萨不是作为一个中立的旁观者在说话，而是作为一个为处于特定年龄、有明确问题和欲望的某人提供专门建议的人说话。因此，尼萨不是一个讲述文化真相的"受访人"，这种"受访人"仿佛是在对所有人而不是某个人说话，是提供信息，而不是根据情况来应答。

肖斯塔克在她的报告中，描写了一种对个人知识的探寻，对超越于普通的民族志友好关系之外的某种事物的探寻。她希望自己与一个昆人妇女的亲密无间能够以某种方式丰富或加深自己对身为现代西方女性的理解。她并没有从尼萨的经验中得出什么明确教训，而是在另一个人寓言性地理解一个生活叙事的全程中把自己的追求戏剧化了。尼萨的故事被呈现为一种联合生产，是无法被改写成主-客二分的一次相遇的产物。某种超出说明或表达另一个人的生活和述说的东西正在行进，它有更多的可能性。该书是重新评价研究的主体性（更准确地说是交互主体性）方面的新旨趣的一部分。这本书出现于女性主义政治学和认识论的关键时期：妇女们正在增强自觉意识并分享经验。通过将彼此分离的生活联系在一起，共性得以产生，它赋予个人行动以力量，承认彼此境况相通。在《尼萨》有关自身的关系性故事里，近来女性主义意识觉醒的这一时期被寓言化了。[在其他民族志里，传统上讲述有关如何强行介入（initiation）与突破（penetration）的男性故事，对于自我与他者的富有成果的相遇有着全然不同的编排。]⑥ 所以说，肖斯塔克那明确的女性主义寓言反映了建构"妇女"经验被置于舞台中心的这一特殊时刻。这一时刻依然重要，但它也面临着女性主义理论内部的新

---

⑥ 关于民族志是一种征服与强行介入的寓言的观点，请参见克利福德（Clifford 1983b）。

逆流的挑战。最近,人们开始怀疑是否存在着跨越种族、族群和阶级界线的共同的女性特质(及压迫)。有些学派把"女性"看作是一种不能被化约为任何本质的变化着的主观立场,而不是一种经验的所在地。⑦

肖斯塔克的寓言看起来标明了上述逆流,这体现在它对扮演和移情过程的偶尔复杂的记录中,它们生产出共性的最后铭文。由于书中的亲密关系建立在微妙的双方互惠活动、想象活动和欲望活动基础上,这些活动在肖斯塔克对比、补充尼萨的叙述时所讲的一个故事里被寓言化了,这个故事涉及一次认识到女孩-女人的身体价值的偶然事件。

> 一天,我留意到一个 12 岁的小女孩正对着我们的路虎车驾驶座旁的小镜子张望,她的胸部刚刚开始发育。她专注地看着自己的脸,接着踮起脚尖,审视自己的胸部,并尽可能多地查看自己的身体,然后又回到脸上。她后退几步想看得更多,但为了近观又再次前移。她是一个可爱的女孩,尽管除了洋溢着健康和青春之美,她在哪个方面都并不出色。她看到我在观察她。我用自己当时已经非常纯熟的昆人的方式取笑她,"好丑啊!如此年轻的一个姑娘怎么已经这么丑了呢?"她笑出了声。我问道,"你不同意吗?"她笑着说,"不,压根儿就不同意。我很美!"她继续看着她自己。我说,"美?可能是我年纪大得瞎了眼睛,我怎么看不到美在哪里?"她说,"到处都是——我的脸、我的身体。一点儿也不丑。"她说这些话的时候轻松自如、笑容满面,不带一丝傲慢。她从自己变化着的身体里感受到的愉悦一览无遗,正如她对身体的反感毫不存在那样。(第 270 页)

该书的主要部分都体现在这里了:一个年长的声音,一个年轻的声音,一面镜子……泰然自若的谈话。自恋,一个用在西方女性身上表示越轨的词语,在这里被美化了。我们还注意到,正是民族志作者提供了一面镜子,肖斯塔

---

⑦ 关于女性主义中的种族与阶级划分,请参见里奇(Rich 1979)的反思,还有赫尔、斯科特和史密斯(Hull, Scott and Smith 1982)、胡克斯(hooks 1981)及莫拉加(Moraga 1983)的作品。女性主义对本质主义的强烈批评可以参看维蒂希(Wittig 1981)和哈拉维(Haraway 1985)的作品。

克假装成那个年长的声音,这就好比当她自己扮演年轻人的角色时,尼萨也提供了一面寓言之镜。通过在此将各种角色、映像和角色转换戏剧化,民族志获得了主体的"深度"。作者及其读者,可以既是年轻人(学习者)又是老人(有知者),他们可以在倾听的同时对他者"发表意见"。⑧《尼萨》的读者跟随(也延展)着设计好的表演。他们以他者为镜想象一种天真的泰然自若、一种单纯的"魅力"感受,肖斯塔克把这种魅力翻译成"我工作""我多产""我有价值"(第270页)。

人类学的田野工作已经被说成是科学的"实验室"和个人的"过渡仪式",这两种比喻巧妙地捕捉到了该学科不可能实现的企图,即将客观性实践与主体性实践融合在一起。直到最近,人们还在通过排斥田野工作的交互主体性基础,将其逐出严肃的民族志文本、降格为前言、回忆录、逸事、自白等做法,来掩盖这种不可能性。现在,这套学科规则正在退却。新的趋势是要更详细地介绍受访者,更多地引用他们的话,还要将个人因素引入文本,这一趋势正在改变民族志的话语策略和权威模式。我们关于其他文化的大部分知识如今必须被看作是偶然事件,是不同主体之间对话、翻译和投射的可疑结果。这就向任何一门主要是从特殊走向一般、只能把个人真理当作典型现象之个案或集体模式之例外的科学,提出了根本性的问题。

一旦民族志进程被赋予历史化的对话关系的全部复杂性,那么原先被视为概括文化事实(有关"昆人""萨摩亚人"的陈述和属性)的经验/解释报告,现在就只能作为寓言的层次之一。这类报告可能是复杂而真实的;即使采用的是同一个文化事实库,它们从原则上说也易遭驳斥。不过,作为以田野工作为基础的书面文本,这些报告显然不再是那个故事,而是与其他故事并列的一个故事。《尼萨》那不和谐的寓言语域——书里绝对不是很容易处理的三种"声音"——反映了跨文化表征史上一个富有创造力的动荡时期。

---

⑧ 民族志常常把自己呈现为学习、掌握知识,最终成为理解和表述另一种文化的权威的虚构作品。研究者从一个儿童与成人文化的关系开始,以和有经验的智者对话作为结束。在文本中观察作者的说明模式如何在向他者学习和代表他者说话之间摇摆是很有意思的。这种虚构的自由对民族志寓言的诉求来说至关重要,也就是说要同时重构一种文化和一个知晓内情的自我,一种双重的"萨摩亚人的成年"。

* * *

> 《泪水的欢迎》是一本优美的书,它将一个正在消失的人群的故事与一个人类学家的成长结合在一起。
>
> 玛格丽特·米德,对查尔斯·韦格利《泪水的欢迎》平装本的内容简介

民族志文本不仅仅是寓言,或者不主要是寓言。事实上,正如我们已经看到的,它们力图限制其"附加"意义的表演,使附加意义仅具有摹仿、参照的次要功能。这种努力维护了学科和分类上的惯例,它往往涉及对何为"科学"理论、何为"文学"创作或"意识形态"规划的争论。如果民族志作为实证科学的一种工具而得以保留,这些惯例就必须掩饰或引领复合性的寓言进程。因为难道不是每一个扩展的描写、文体转换、故事或隐喻都可能被读出其他意思吗?(我们必须接受在一本类似《尼萨》的书里有三个明显的寓言层次吗?它那些述说着自己的故事的照片又该怎么看?)难道阅读本身不是非决定性的吗?诸如德·曼(De Man 1979)这样的评论家严格地采取了这种立场,认为对文本中的主要修辞、人物或叙事模式的选择总是一种无法尽善尽美的努力,即努力将一种阅读或一系列阅读强加在一个开放的解释过程上,而解释的一系列"意义"又会没完没了地被取代。然而,尽管从理论上说,阅读的自由度可能是无限的,但在任何一个历史时期,最高明的读者(会有某个特定共同体认为他们的解释言之有理)能够读出的(公认的和显现的)寓言数量都是有限的。意义的这些结构要受到历史的局限和制约,在实践中并没有什么"自由度"。

身处这一历史困境,对持续出现在跨文化报告中的故事和模式进行批评也就仍然是一项重要的科学任务,同时也是一项重要的政治任务。在本文的余下部分,我要揭示一种宽泛的、定位中的寓言(或者更准确地说是一种可能的寓言模式),即可被称为"民族志田园牧歌"的回溯性结构,它最近成了人们的争论对象。从寻找基本的、理想的人类特性这个角度上说,肖斯塔克的书和哈佛的狩猎-采集者研究都陷入了这种结构。

在《人类学的运用与滥用：反思女性主义与跨文化理解》这篇犀利的文章中，米歇尔·罗萨尔多(Michelle Rosaldo)质疑了以寻找起源的形式挪用民族志资料的顽固倾向。对社会性别和自然性征这类社会"给定物"的分析表明，最需要对人类学的"就是如此的故事"(just-so-stories)* 进行反省。从西蒙娜·德·波伏娃(Simone de Beauvoir)的基本问题"女人是什么？"开始，学术讨论"转向……对当前屈从地位的诊断，然后质问'事情一直是今天这个样子的吗？'接着是'"它"始于何时？'"(Rosaldo 1980:391)。随后就从民族志里摘出几个例子。这种做法与赫伯特·斯宾塞(Herbert Spencer)、亨利·梅因(Henry Maine)、涂尔干、恩格斯及弗洛伊德等人的做法没有本质区别，它假设从"简单"社会得到的证据可以说明当前文化模式的起源和结构。罗萨尔多指出，自20世纪初以来，大多数科学的人类学家就已经不再进化式地寻找起源，但她的文章暗示，这一反响普遍而持久。况且，即使是科学民族志的作者也不能完全控制由自己的报告引发的意义，即阅读。那些没有将其研究对象历史化的表征尤其如此，它们是在一种"民族志的当下"(其实总是一种过去)描绘异域社会。这种共时性的搁置有效地将他者文本化，并赋予他者一种真实感，这种真实感既不随时间流动，也不同时存在于暧昧不明、变动着的历史当下，这里所说的历史当下包括了他者、民族志作者和读者在内，并且决定了他们的境况。用约翰尼斯·费边的话说，20世纪的科学民族志里充斥着"非共时性"表征，它们以罗萨尔多所反对的神话化方式招徕寓言的挪用。

甚至是最冷静的分析报告也可能建立在上述回溯性擅用的基础上。埃文斯-普里查德的《努尔人》(Evans-Pritchard 1940)就是一个很好的例子，因为它描绘了一种令人向往的、和谐的无政府状态，一个没有被"人类的堕落"腐败的社会。亨里卡·库克利克(Kuklick 1984)曾经把《努尔人》(其背景是英国政治人类学关心无首领的"部落"社会的大趋势)分析为一个政治

---

* 在科学和哲学中，"就是如此的故事"是指对某种文化实践、生物特性或人类与其他动物行为做出既无法证实也无法证伪的叙事性解释。这类故事在民间传说和神话中很常见。这个短语因1902年吉卜林出版的一部同名故事集而变得流行起来。故事集里的故事试图为孩子们说明一些动物的特征，例如豹身上的斑点是怎么来的。——译者

寓言,它重新书写了一种反复出现的盎格鲁-撒克逊式民主的"民间模型"(folk model)。当埃文斯-普里查德写到,"在他们的社会里,没有主人,也没有奴仆,只有彼此平等的人,他们把自己看成是上帝所创造的最杰出的作品"时,我们不难听到一种悠久的怀旧政治传统的回音,也就是对一个由自由人组成的"平等的契约联盟"的怀恋之情。伊甸园的弦外之音偶尔会被干巴巴地加以强调,埃文斯-普里查德总是这么干巴巴的。

> 尽管我已经谈论过时间和时间单位,但努尔人并没有任何等同于我们语言中"时间"一词的表达,因此,他们不能像我们那样谈论时间,仿佛它是某种实际存在的东西,可以流逝,可以浪费,可以节约,等等。我想他们不曾体验过与时间竞赛或者必须把活动与一个抽象的时间阶段协调起来的感受,因为他们的参照点主要就是活动本身,这些活动总的来说是悠闲从容的。事件都遵循着一种逻辑秩序,但它们并不受某种抽象系统的控制,没有什么活动必须要精确遵循的独立的参照点。努尔人是幸运的。(第103页)

对于一个被后达尔文主义的资产阶级时间经验——不顾一切的直线式前进,既没有明确目标,也不允许暂停或回复后退——俘获的读者来说,许多民族志作者笔下在时间之外(或"没有历史")的文化孤岛具有一种持久的伊甸园时代的吸引力。然而,我们注意到了这类寓言的反讽结构(并不需要带有反讽的语气)。因为它们是籍由一个民族志主体的迂回路径来呈现的,而这一主体对他者的态度是某种参与观察,或者更恰当地说,是信仰怀疑主义(参见 Webster 1982:93)。努尔人是幸运的。(我们是不幸的。)吸引力是虚构的,努尔社会现时的安逸与令人着迷的无政府状态是遥远的、不可挽回的,它们是消失了的特质,但从文本上被复原了。

这种反讽的诉求隶属于一个更大的意识形态模式,这一意识形态模式引导了20世纪众多(或许是绝大多数)跨文化表征的方向。"对我们来说,初民社会[*Naturvölker*]是短暂的……就在我们刚刚开始认识它们的时候,它们就注定了灭亡的命运。"这是阿道夫·巴斯蒂安(Adolf Bastian)在

1881年说的话(引自 Fabian 1983:122)。1921年,布罗尼斯拉夫·马林诺夫斯基说道:"民族学正处在一个即使不说是悲惨,也是令人伤心的荒唐境地,正当它开始整理作坊,打造合意工具,准备不日开工时,它要研究的材料却令人绝望地快速消失了。"(Malinowski 1961:xv)。他暗示,本真的特洛布里恩德社会对这个世界来说是不长久的。克劳德·列维-斯特劳斯写于20世纪50年代的作品则看到了熵的全球化过程。《忧郁的热带》悲伤地描绘了不同社会结构在接触一个强势的单一文化后所受到的冲击,它们正在分崩离析,并形成全球化的同质性。对人类集体性的"基本"形式的卢梭式追问,把列维-斯特劳斯带到了南比克瓦拉(Nambikwara)。但他们的社会正在崩溃。"我一直在寻找一个被化约到其最简单表现形式的社会。南比克瓦拉社会竟然是如此地简单,我在那里看到的只有一个一个的人。"(Lévi-Strauss 1975:317)。

在民族志写作中,随处可见有关正在消失的初民社会和传统社会(称其为"传统"恰恰暗示着一种决裂)之终结的主题。用雷蒙德·威廉斯的话说,这是一种"情感结构"(Williams 1973:12)。不可否认,我们可以意味深长地说,生活方式会"死去";人群经常被粗暴地分裂,有时被灭绝。传统频频被抛弃。但是,在民族志表征各种社会形式时,它们的持续、反复"消失"就要求被当作一种叙事结构来加以分析。若干年前,《美国民族学家》杂志刊载了一篇基于不久前在南比克瓦拉人中的田野工作完成的文章,南比克瓦拉人直到今天仍不只是"一个一个的人"。另外,活生生的特罗布里恩文化最近也成了田野研究的对象(Weiner 1976)。如今广为人知的电影《特罗布里恩板球》(*Trobriand Cricket*)则展示了一种非常独特的生活方式,即在殖民主义和国家刚刚独立的情况下如何重新塑造自身。

于是,正在消失的民族志研究对象的重要意义在于,它是一种可以使表征实践合法化的修辞结构,在最宽泛的意义上是"抢救型"民族志。他者从崩塌的时间和空间里消失了,但在文本中被保留了下来。让人们关注正在消逝的传说,或者用文字记录抢救老人的知识的理论基础可能是很牢固的(但它取决于当地的情况,并且再也无法被推广)。我并不是要否认那些正在消失的风俗习惯及语言的个案的价值,也不是要怀疑记录这些现象的价值。但我要质疑那种认为某种本质的东西("文化")——一种与我们有所不同的、始终一致的身份认同——会在快速变迁中消失的假设,还要质疑与抢救型民族志或救赎式民族志相关联的科学与道德权威模式:人们以为,他者的社会是孱弱的,"需要"由一个局外人来表征(重要的是这个社会的过去,而不是现在或将来);易碎的风俗的记录者和解释者是某种本质的保管人,某种本真性无可怀疑的目击者。(更何况,既然"真正的"文化总在消失,那么被抢救下来的那个文化版本就不能被轻易反驳。)

尽管这些态度很顽固,但却正在慢慢消失。今天,很少有人类学家会接受那种在博厄斯时代被说成是急救手术的民族志的逻辑。然而,有关抢救的寓言却根深蒂固。事实上,我即将论证,它是作为一种写作过程,尤其是文本化过程被整合到民族志的概念和实践中。每一个构想自己是在"把一种文化带入写作中"——从口头话语的经验("本地人"的,田野工作者的)发展到这种经验的文字版本(民族志文本)——的描述或解释,都展现出了"抢救"的结构。从民族志进程被视为铭写(而不是誊写或对话)的意义上看,表征将继续展现出一种有效的、有问题的寓言性结构。

这种结构被恰当地定位在悠久的西方田园牧歌传统中(雷纳托·罗萨尔多在本书中对此有所发挥)。雷蒙德·威廉斯的《乡村与城市》(Williams 1973)在利用田园牧歌学派(Empson 1950,Kermode 1952,Frye 1971,Poggioli 1975 等)的既成传统的基础上,竭力实现一个大得足以容纳民族志写作的全球视野。他表明了城市与乡村这一根本对比如何与普遍存在的其他对比——如文明与原始、西方与"非西方"、未来与过去——结成联盟。他分析了从经典的古代一直到当代,人们对社会混乱和变迁的一系列反应,这些反应错综复杂且富有创造力,有着非常明显的模式。威廉斯发现,有一种被惯常化的追溯模式一直在反复出现,该模式哀叹着某个"美好"乡村的失落,在那个"美好"乡村,真实可靠的社会接触和自然接触曾经是可能的。然而,他很快就指出了一种令人不安的倒退。因为每一次,当我们发现有一个作者正在追忆一个更幸福的地方,一个失落的"有机"时代时,就会发现有另一个更早些时候的作者也在哀悼着某种相似的、过去的消失。当然,最终所指就是伊甸园(第9—12页)。

威廉斯没有把这种结构简单地当作怀旧(它显然是)加以摒弃,而是得出了一系列有关时间、空间和道德的复杂观点。他解释说,田园牧歌往往包含一种批判性怀旧(critical nostalgia),这种方法是借声称另一种激进的社会选择具有现实性来与霸权而腐败的当下社会决裂[如 Diamond(1974)对初民概念的争论]。爱德华·萨丕尔的论文"文化:真与伪"(Sapir 1966)扼要重述了这些批判性田园牧歌的价值。事实上,人们想象的每一个本真性都预设了一个被感受为非本真的当下处境,想象的本真性也是由这种当下处境的非本真性生产出来的。但威廉斯的论述暗示,这类投射不应当一直指向过去;或者换句话说,我们不应当一而再、再而三地将文化生活的"真正"要素编写为易碎的、受威胁的和转瞬即逝的。这种弥漫的社会碎片感、"自然"关系的频繁破裂感是一种主体性特征,威廉斯不太严谨地把这种主体性与城市生活和浪漫主义相联系。自我是一种寻找着整体性的身份认同,它从各种切实可靠的集体性束缚下解脱出来,把失落的东西内化了,并且开始无休止地寻找本真性。根据定义,整体性变成了一个过去的(乡村的、原始的、天真的)事物,它只有作为一种虚构、站在不完全卷入的立场上加以把握才能获得。乔治·艾略特(George Eliot)的小说将这种状况概括为"在通常条件下,……在一个观念上属于过去的可知社区里"的参与观察。例如,《米德尔马契》(*Middlemarch*)写的是其写作时间的上一代人的事(1830年)。当许多常规民族志用现在时态描写一种正在逝去的现实,即"传统"生活时,它们所设想的时间距离也大概是一代人。"出于形形色色的道德行动的目的",对一个可知社区的虚构"可以被重建起来,但要采取的真正步骤是放弃对现存社会做出任何全面反应。作为一个总的追溯条件,价值存在于过去;只有作为一种特定的私人感情、个人的道德行动时,价值才存在于当下。"(第180页)

在乔治·艾略特那里,我们可以看到一种社会学写作风格的出现,这种风格将站在一段时间距离之外来描绘全部文化(可知的各个世界),并假设它们的短暂性。作者将以一种深情而详尽的,但终究是事不关己的立场来完成写作。有史可稽的各个世界被拯救下来,成为脱离了活生生的周遭环境的文本,适合于读者个人进行道德上的、寓言式的挪用。在严格意义上的民族志田园牧歌里,这种文本化结构不仅被应用在19世纪英国的分裂上,还被推广到了更广阔的西方/非西方、城市/乡村对立的资本主义地形学上。

"原始的"、无文字的、不发达的部落社会不断地屈服于进步,"丧失了"他们的传统。罗伯特·墨菲(Murphy 1984)写道,"我们人类学家是在以科学的名义写作挽歌。"不过,这种"田园牧歌"的编码方式最成问题也最易受政治谴责的地方在于,它无情地将他者置于一个"当前-变成-过去"的境况。这样做会产生什么要求呢?譬如说,固执地把富有创造力、适应性强、丰富多样的美拉尼西亚社会与地球的文化远景相联系?如果我们真的采纳这一观点,又如何可能设想不同的民族志?无论如何,关于文化遗失和文本抢救的田园牧歌式寓言必须被改变了。⑨

我们也不得不改变将民族志看作写作的普遍假设。因为文本化通常被认为是文化描述的核心,而正是文本化的实践暗含着抢救的寓言。不管一部民族志还做了其他什么,它总要把经验翻译成文本,影响这种翻译的方式有很多,而这些方式都会产生重大的伦理后果和政治后果:可以"详细写下"一个个人的研究经历,这可能生成对另一个团体或个人的未成文经验的真实记录;可以将这种文本化呈现为观察的结果、解释的结果或对话的结果;可以建构一部由对话构成的民族志;可以特写多个声音,或一个声音;可以将他者描绘成一个稳定的、具有本质属性的整体,或者可以表明那是一种在特定历史环境下开展探索性叙述的产物。我已经在其他地方(Clifford 1983a)讨论过上述几种选择。在所有这些方式中,无法化约的就是民族志将经验与话语变成书写这一假设。

虽然情况明显如此,也确实反映了一类常识,但这并非一种天真无邪的常识。自古以来,从说/听发展到写作阶段的故事就是盘根错节和备受争议的,每一部民族志都上演了这样一种发展变化,这也是专有权威的来源之一,这种权威在源于事件和对话的文本创作中同时发现了营救和无法弥补

---

⑨ 在我的阅读中,借助有关美拉尼西亚的民族志创作最有力地去除这种时间设置的尝试是罗伊·瓦格纳(Wagner 1979,1980)的作品。他用美拉尼西亚人的"未来预期"来(或许过于尖锐地)反对西方人的"历史预期"。后者与把文化看成建构中的传统这一想法有关(1979:162)。休·布罗迪的《地图与梦想》(Brody 1982)则细致入微地精确描绘了当加拿大西北部海狸印第安人的狩猎生活,他们面临着世界体系的压力、石油管道、运动狩猎等诸如此类的新事物。布罗迪把自己的作品呈现为一种政治合作,而且小心地让未来保持开放性和不确定性,在"幸存""涵化"和"冲击"的叙述之间走出一条精彩的路。

的失落（类似生命中的死亡）。言语和行为是短暂的（和本真的），（作为补充和策略的）书面文字则是恒久的，文本在拓展事件的"意义"的同时也保存了事件。自从苏格拉底拒绝写作之后，（这件事本身被柏拉图大写特写，）从口述到文学作品这一过程的根本矛盾就成了西方思想的特征。此外，民族志的力量与悲悯也大多源于它把自己的实践定位于这一决定性转变的事实。田野工作者主导着，也在某种程度上控制着来自生活的文本的制作。他或她的描述与阐释成为"人们曾经说过什么的可参考记录"的一部分（Geertz 1973：30）。文本是对某些在过去已被阐明的事物的记录，田园牧歌的结构被不断重复，即使主题内容可能有所不同。

有关民族志拯救与失落的寓言近来已经不再那样不证自明了，下面的一个小故事可以告诉我们为什么。这是一个真实的寓言故事。⑩ 一个研究非洲民族史的学生在加蓬开展田野调查。他所感兴趣的姆彭戈韦（Mpongwé）人是一个沿海部落，在19世纪时曾经积极地与欧洲贸易者和殖民者接触。"部落"仍然存在于利伯维尔地区，那位民族史学者准备就传统生活、宗教仪式等问题采访当时的姆彭戈韦首领。在为访谈做准备时，研究者参考了一本由加蓬基督徒兼民族志开拓者阿贝·拉波达-沃克（Abbé Raponda-Walker）汇编于20世纪初的当地风俗概论。在会见姆彭戈韦首领之前，该民族志者抄了一张列有宗教术语、各种制度及概念的清单，它们是由拉波达-沃克记录并定义的。访谈将按照这张清单进行，检查这些风俗习惯是否保留了下来，如果是的话，有哪些创新。起初，访谈进行得很顺利，这位姆彭戈韦权威描述和解释了那些被问到的术语，或者仅指出某种做法已经被放弃。然而，过了一会儿，当研究者问到一个特别的词时，酋长皱起了眉头，似乎拿不准主意。"等一下"，他雀跃地说完就进了自己的屋里，回来时手里拿着一本拉波达-沃克的概论。在接下来的访谈里，那本书就一直打开着放在他的腿上。

我们可以在有关民族志的民间传说中越来越多地听到这个故事的不同

---

⑩ 我要感谢亨利·布赫（Henry Bucher）提供了这个真实的故事。我说过它是一个寓言故事，因为它确实是，同时也因为我猜布赫讲这个故事时说法会稍有不同，毕竟他到过当地。

版本。突然之间，文化资料再也无法一帆风顺地从口头表演前进到描述性写作。如今，资料也是从文本到文本，铭写（inscription）变成了誊写（transcription）。受访者和研究者都是某种文化的创作的读者和改写者。这并不是说（尽管有人可能会这样说），访谈的结果只是在原地转圈，我们也无须像《斐多篇》里的苏格拉底那样哀叹读写能力对记忆的侵蚀，访谈并没有瞬间变成"非本真的"，只是利用了些资料。相反，我们必须考虑的是民族志生产的新条件。第一，再也不可能把外来的研究者当作似乎是唯一的，或主要的把文化变成写作的人。虽然实际情况极少如此，但田野工作者们一向喜欢隐藏、怀疑或排斥先前（由传教士、旅行家、行政官员、地方权威，甚至其他民族学者）完成的报告。典型的做法是，田野工作者从零开始，从研究经历开始，而不是从阅读或誊写开始。他们没有把田野地点构思为已经被文本填满的地方。但这种互文性（intertextual）的困境越来越多（Larcom 1983）。第二，阅读并写作的"受访者"日渐增加。他们对过去有关其文化的各种文本进行解释，包括那些由民族志学者写就的作品。用文本来工作，即铭写、改写等过程，不再是（如果曾经是的话）外来权威们独领风骚的领域。诸"无文字"文化都已经被文本化了，也很少有什么（假使有的话）"处女般纯洁的"生活方式留待写作去冒犯或保留。第三，将世界划分为有文字人群和无文字人群这样一种普遍的、能赋予力量的区别已经被削弱。随着非西方"部落"人民的读写能力的提高，上述区分就不再是普遍准确的了。但进一步说，一旦我们开始怀疑民族志者对铭写权利的垄断，就会开始看到本土的合作者们一直在从事"写作"活动：从一个安布里姆（Ambrym）岛民为 A. B. 迪肯（A. B. Deacon）在沙地上（以极佳的手势）画出的复杂的亲属制度草图，到在詹姆斯·沃克（James Walker）的论文里发现的苏族印第安人乔治·索德（George Sword）那长篇累牍的文化描写。（参见本书导论部分，第 62 页。）

不过，我在此讨论的对文本化寓言最具颠覆性的挑战来自德里达的作品（Derrida 1974）。或许他复兴"文字学"的最长远影响是扩大了传统上对何为写作的看法。他认为，用字母文字写作（Alphabetic writing）是一种限制性定义，它将在人类文化中起作用的众多符号、空间接合、手势以及其他题字过于紧密地与言谈（即说/听的话）的表达捆绑在一起。德里达用逻辑中心主义的表述对抗写作（écriture），他将"书面语"的定义彻底延伸，实际上模糊了它和"口语"的截然区分。在此无须再详细追溯这一令人迷失方向的工作，它早已是世人皆知的了。对民族志来说，重要的是它主张所有的人类群体都在写作，只要他们能清楚地表达、掌握某种"口头文学"，并将其归类，或者用仪式活动来铭写自己的世界。他们是在反复地将意义"文本化"。因此，根据德里达的认识论，民族志写作不能被视为一种全新的文化铭写形式，一种被强加于"纯粹的"、未成文的说/听世界之上的外部事物。逻各思不是首要的，语法（gramme）也只是次要的表征。

依此观点看来，民族志写作的过程似乎更加复杂。正如德里达可能会说，如果人类学家研究的各种文化一直在书写着自己，那么那些"将文化带入写作"的田野工作者-学者的特殊地位就被削弱了。事实上，是谁写下了那个被录到录音机里或被抄下来变成田野笔记的一部分的神话？是谁通过与博学的本土合作者深入交谈后产生了对某种风俗的解释，并把它写了下来（不仅仅是誊写）？我已然论证，这类问题可以，也应该引发对民族志权威的再思考（Clifford 1983a）。在目前的语境下，我只想强调民族志寓言作为文本化实践，在当前面临着来自四面八方的挑战，这些挑战是从历史和理论根源上提出的。

牢记寓言的维度很重要。因为在西方，从口述发展到文学作品的过程是一个有说服力的、重复发生着的故事——关于权力、腐败和失落的故事。它复制（且在一定程度上生产）了普遍存在于 20 世纪民族志中的田园牧歌结构。习惯上，人们认为逻辑中心主义的写作是对本真的言谈的表征。前文字（pre-literate）（这个词有一个故事）社会是依赖口述的社会；写作来自"外部"，是一个更大的世界对他们的一种侵扰。不管是由传教士、商人，还是由民族志者带来的，写作既是赋权（一种存储和操控知识的必要的有效方式）也是腐蚀（直接性的丧失，这是苏格拉底所珍视的面对面交流的直接性，也是现场交谈和亲密交谈的直接性）。不久前，学者们已经围绕着写作的评价机制、历史意义和认识论地位展开了一场复杂而硕果累累的争论。⑪ 无

---

⑪ "争论"的中心是翁（Ong 1967,1977,1982）和德里达（Derrida 1973,1974）双方的对峙。泰勒（Tyler 1978,1984b）试图克服这种对立。古迪（Goody 1977）和艾森斯坦（Eisenstein 1979）已为此做出了重要的新贡献。

论是否可能在争论中解决些什么,毫无疑问,仍没有得到解决的是:将世界上的各种文化严格划分有文字文化和前文字文化;认为民族志的文本化是一个过程,上演了从口头经验到文字表征的根本转变;假设当一种文化成为"民族志的"文化时丢失了某些本质的东西;用文本把一种文化生活当作正在成为过去的文化生活来抢救,这种做法非常怪异地具有自相矛盾的权威性。

我所说的民族志田园牧歌的这些构成要素不再是常识了,阅读和写作正在得到普及。如果说民族志作者是"站在本地人的肩膀上"阅读文化,那么当本地人描写每一个文化现象时,他或她也是"站在民族志作者的肩膀上"阅读。那些原来被划分为无文字群体的人们的反应越来越将田野工作者拘束在他们自己出版的作品里。萨摩亚人阿尔弗雷德·文特(Alfred Wendt)的小说可以挑战由杰出的人类学家所描写的萨摩亚人的形象。在德里达之后,认为写作是一种腐败的观点——即当一个文化世界被文本化时,某种纯洁性会无可挽回地消失——被看成是一个无处不在的、有争议性的西方寓言。沃尔特·翁和另一些学者也已证明,有些东西的确随着写作的概括消失了,但本真的文化并不是那些消失的东西——被民族志者或其他任何人以易碎的最终真理的形式收集起来的东西。

瓦尔特·本雅明(Benjamin 1977)告诉我们,现代寓言的基础是对世界的短暂性(transient)和碎片化(fragmentary)理解,"历史"不是被当作一个有创造力的生命过程,而是被当作"不可抗拒的衰败"过程来把握。于是,寓言的物质性相似物就是"废墟"(第 178 页),废墟是一种能够激发富有想象力的重建,却一直处在消失中的结构。本雅明评论说,"对事物的短暂性的欣赏,以及为了使其不朽而加以挽回的想法,是寓言中最强大的推动力之一"(转引自 Wolin 1982:71)。我关于民族志田园牧歌的报告建议,我们应该要抵制这种"推动力",但不是通过放弃寓言(这是一个不可能的目标)来抵制,而是要通过使我们自己向不同的历史敞开。

* * *

通过教人们以恰当的方式阅读……寓言得到了保护。
塔拉勒·阿萨德(在圣菲研讨会上对这篇文章的评论)

我已经探究了一些重要的寓言形式，它们表达了有序或无序的"宇宙论"模式、个人(性别化)身份认同的神话，以及时间的政治化模型。这些形式的前景扑朔迷离，眼下它们正在被改写，或受到批评。或许可以从我的探究中得出几点结论，或至少是主张。

- 无法如外科手术般准确地将文化记录中的事实部分与寓言部分剥离开。民族志资料只有在精心构思的编排和叙述中才有意义，而这些编排和叙述不仅仅具有参考价值，还具有约定俗成的、政治的和意味深长的各种含义。文化事实不是真理，文化寓言也并非谬误。在人类科学里，事实与寓言的关系就是一个斗争与制度规训的领域。

一部民族志报告的意义是不可控的。无论是作者的意图、学科训练，还是体裁规则都不能限制对文本的阅读，新的历史时期、科学研究或政治抱负都将催生出新的阅读。不过，即使民族志可以有多种解释，这些解释在任一给定时刻也不会是无限多样的，或者纯粹是"主观的"，只有在历史本身是无限延续的这个意义上，阅读才是无限定的。即使人们共同抵制，不愿承认民族志的寓言性，担心它会导致阅读虚无主义，这种担心也没有实事求是，因为它把意义之争和杂乱状态相混淆，而且它往往反映出一种想保留"客观的"修辞的愿望，拒绝将自己的生产模式定位在有创造力的文化中和历史变化中。

对寓言性的承认不可避免地会引出民族志写作的政治维度和伦理维度。这意味着这些维度将被明示，而不是被隐藏。从这个角度看，米德式或本尼迪克特式公开的寓言化就表现出了某种诚实，即坦然地让自己的作品受到为教育目的而利用部落社会的谴责。（就让那些不抱此目的的人投出第一块石头吧！）当然，我们不应当出于某种政治目的而提供粗劣的"消息"，或者歪曲文化事实（就当时所知道的）。我想提议将马塞尔·莫斯的《礼物》作为圆滑老练的寓言的典范。没有人会否认它的科学重要性或学术贡献。但自打一开始，还有特别是在它的结论那章,该书的目标就明白无误:"推导出一些有关道德本质的结论,以解答我们当前的经济危机所面临的某些问题"(Mauss 1967:2)这本书是为了回应第一次世界大战中欧洲互惠关系的瓦解而写的。书中所证明的交换与战争之间令人不安的相近,在结尾部分所唤起的圆桌画面,以及其他令人感觉急迫的回声都说明,《礼物》是一部针对20年代政治世界的社会主义-人文主义寓言。这还不是该书的唯一"内容",它所引发的许多再阅读证实了它作为文本的生产力。它甚至在某些研究生的研讨课上被当作经典的交换比较研究来阅读——在导师的劝告下匆匆略过最后一章。这是一个悲哀的错误,因为这样就错过了向一个把自己置于历史之中的绝妙科学案例学习的机会。

对寓言性的承认以极可能富有成果的各种方式使民族志写作和阅读变得复杂。要指明和区分文本中的不同寓言语域的趋势出现了。划分出被拓展的本土话语的做法表明,民族志是那些有强大效力的故事的等级制结构,这些故事翻译、遭遇其他有强大效力的故事,并将它们置于新的语境中。这是一张(可以刮去陈迹再添新字的)羊皮纸(Owens 1980)。除此以外,寓言意识增强了叙事意识,也增强了对其他或隐或现地起作用的时间设置的觉察。抢救型文本化的救赎结构是否正在被取代?被什么样的新寓言取代呢?是冲突的寓言?涌现的寓言?还是融合主义的寓言?[12]

---

[12] 要了解这些没有直接说明的故事里的最新变化,请参见前面的注释[9],以及布鲁纳的作品(Bruner 1985)。也可见詹姆斯·伯恩(James Boon)1983年对人类学的讽刺维度的探究。或许我们可以在哈里·伯杰(Harry Berger)称之为"强势"或"元田园牧歌式"的前现代浪潮中料想到部分出路,哈里·伯杰在西德尼(Sidney)、斯宾塞、莎士比亚、塞万提斯、马维尔(Marvell)和波普(Pope)等人的作品中发现了这一传统。"这类田园牧歌在自身中建构了一种田园牧歌式文类传统的意象,以便批判这些传统,并且在此过程中展现出对它自己所从事计划的局限性的批判,即使它反讽地暴露出热衷于自己所批判的活动"(1984:2)。尽管列维-斯特劳斯的《忧郁的热带》在很大程度上算得上是这类作品,但现代民族志里的例子却很罕见。

我要感谢理查德·汉德勒(Richard Handler)、苏珊·吉弗茨(Susan Gevirtz)、戴维·施耐德(David Schneider)、哈里·伯杰和圣菲研讨会的参与者们,尤其是迈克尔·费希尔,他们对这篇文章提出了有益的批评。

最后，对寓言性的承认要求我们，作为民族志的读者和作者，要勇于面对并努力承担起责任，即系统地建构他者，并通过他者来建构我们自身的责任。这种承认最终不应当导致一种讥讽的态度，尽管它必须与极度反讽做斗争。我们可能会因为说了自己无法控制的故事而遭到谴责，但我们至少不可能因为说了自己相信是真实的故事而遭到谴责。

后现代民族志:从关于神秘事物的记录到神秘的记录

斯蒂芬·A.泰勒 著

李荣荣 译

第一声音:语境

此引言之后的内容是写于不同时间并回应不同反响的一组短论中的一部分。虽然如此,每一篇短论之间都彼此呼应、相互提及、互为基础或相互预设。每一篇短论都在以这样或那样的方式来探讨话语和修辞,并刻画了常识的可能世界与科学及政治的不可能世界之间的张力。它们共同告诉我们有关伦理(*ethos*)、科学(*eidos*)和政治(*pathos*)的修辞模式怎么是关于感觉的寓言,而这些寓言的根隐喻(root metaphors)"说/听""观看/展示""做/行动"分别地创造了有关价值、表征及工作的话语。所有短论讨论的都是民族志语境中的科学与政治修辞,以及民族志的修辞何以既不是科学的也不是政治的,而是——如同前缀 *ethno*-所暗指的——伦理的。它们也在讨论后缀-*graphy* 所提醒的一个事实,即民族志本身也置身于书面交流的语境之中。

民族志既不参与对普遍知识的寻求,也不是民族压迫/解放的工具,更不仅仅是与科学及政治话语模式相等同的另一种话语模式。民族志是一种超级话语,其他一切话语都据之而获得相对地位,并且,它们还要在这一超级话语中发现其意义与正当性。民族志能够处于上位是其"不完美"的结果。它既不以科学话语的方式来自我完善,也不以政治话语的方式来总体化;它既不被一种对自身规则的自反性关注所界定,也不被这些规则发挥作用的手段所界定。它既不由形式界定,也不由其与某外在对象的关系界定;它既不制造理念化的形式与表现方式(performance),也不制造虚构的现实或将现实虚构。它的超越性不是一种元语言——因更完美的形式而优越的语言——的超越,不是由综合和扬弃所创造的统一体的超越,也不是实践(*praxis*)和实际运用的超越。于是,它既不通过理论,也不通过实践,亦不通过对它们的综合来获得超越;它不描写知识也不生产行动。尽管所有人似乎都经由话语来认识它,并且似乎还都尽善尽美地完成了它,但民族志却是通过唤起(evoking)那些既不能经由话语来认识,亦不能被完美呈现的东西来获得超越。

唤起既不是表述(presentation)也不是表征(representation)。它不表述也不表征对象,然而它通过不在场让人接触到了那些可以被构想但却不能被表现的东西。从而它超越了真实并免受对其表现方式的评判。它克服了可感之物与可构想之物的分离、形式与内容的分离、自我与他者的分离,以及语言与世界的分离。

唤起——也即"民族志"——是后现代世界的话语,这是因为制造科学并由科学制造的世界已经失落,科学思想现在只是意识的一个陈旧模式,如果没有民族志语境来创造和维持它,它就只能幸存一阵子,而且还是以衰退的形式幸存。科学思想的衰微乃是因其违背了文化的第一法则,即"人对物的控制越多,人和物就越变得无法控制。"在其神话的总体化修辞中,科学声称它就是自身正当存在之理由,并且,它还试图控制科学话语,令其获得自主性。然而,它仅有的这种辩护无非表明了科学话语本身无法为其正当性进行辩护。并且,它越是令科学话语服从这一辩护准则,科学话语就越是无法控制。它自身的活动在持续地使得它所追求的知识整体碎片化。它认识的越多,就有更多的有待认识。

它所有的文本策略——它的方法——依赖于语言与世界之间先在的及关键的分离。它使得没有概念介入的视觉感知过程成为关于世界的知识的起源,并使得语言成为这种知识得以出现在描写中的手段。换句话说,科学有赖于语言作为世界之表征的充分描写能力,但为了从个体的知觉转向一致的观念,它也需要一种具有充分交流能力的语言,这种语言使得科学家共同体内的共识得以可能。最后,科学的失败在于它没能调和表征与交流这两种竞争性的要求。增强表征的每一步都在威胁着交流,而交流所达成的每次一致又都标志着表征的又一次失败。

科学采用某种语言模式来进行封闭交流式的自我完善,这种模式通过让语言自身成为描写的对象来达到闭合。但闭合是以舍弃充分描写为代价才取得的。语言越多地成为自身的对象,它对自身之外的事物所能说的也就越少。因此,科学的语言成为了科学的对象,并且,那些最初没有概念介入的感知变成了没有感知介入的概念。语言所带来的交流一致取代了语言以前所形成的感知一致。作为交流的语言取代了作为表征的语言,并且,由于科学就其自身所进行的交流越来越完善,关于这个世界它要说的话也就越来越少。在过度的民主中,科学家之间的一致变得比自然的本性(nature of nature)更为重要。

然而,如果不是语言顽固地拒绝完善其自身的话,这也不会是致命的。当科学日益将自身界定为话语模式,并且将该话语作为对象时,完善这一话语以及弥合证据裂隙的每一步都会不断揭示出新的不完美。自我完善与自我更正的每一步都会创造出地方性规则,它们大量生产了需要重新更正的新的不完美。科学创造出的是一大堆彼此不相干且无法控制的地方性规则,而非连贯的知识体系。科学知识仅只是被产生了越来越多非理性的一整套理性方法所系统化了。科学的乌托邦统一体,连同科学幻想中所有其它不真实的对象,一起从视界中消失了。

在这个玻璃珠游戏中,有着不断变化的游戏规则以及永远新颖与不同的承诺,科学家们为此而着魔,并在他们的话语中实现了资本主义生产的梦想。在这种生产里,新的自我破坏的产品在与更新的自我破坏的产品的竞争中自动退出,而后者乃是用以满足对最新科学突破和最新游戏规则的永无止境的消费需求。在这个不断变换着时尚的世界里,仍在玩早已被那些身处研究"前沿"或"先锋"的人所摒弃的游戏的人就是落伍者。

由于科学越来越被认为像是一场游戏,它已变得与实践相脱离,并中断了理论与实践之间理所当然的联系。从一个将其意义理解为玩一场游戏的变化无常的理论中能产生什么一致的实践呢?理论受其与实际运用的一种自反性关系的指导和激励越少,它就越不能证明自己是实践的源泉。并且,由于无限的游戏仅仅生产了暂时的知识,而这种知识作为规则变化的结果还要不断地接受修正。因此,它并不生产普遍的知识,也做不出它本可做出的承诺而为自己辩护。它的内卷(involution)终结了它回归实践之具体世界以及通往普遍知识之整个超验世界的道路。从而,它必须在自身话语之外寻求证明,在一个既不同于自身话语也不服从其规则的话语中寻找合法性。它所需要的话语既不属于自我完善的科学话语,也不植根于任何科学满意的方式之中。

科学选择了一种尴尬的妥协,使自身既屈服于工作(政治与工业)的话语,又屈服于价值(伦理与美学)的话语。然而,由于政治与工业控制了游戏的方式并且总能威胁撤回游戏所依赖的资金,科学越来越多的屈服于为其主人的利益而强加在游戏上的限制。

最初作为科学的宣传武器而被征召的价值话语,坚持理论与基础研究是实践与技术革新之源泉的谎言,最终变成了证明工作之正当性的意识形态手段,并且,关于价值的所有述说都同对象以及与对象相关的表现——工作的现实虚构——不可分地联结在了一起。最初将自己表现为实践性现实的语境——科学游戏的美学可以在其中发现意义和正当性——的东西,变成了官僚的非现实的条件,这种非现实将权力运作伪装为理性从而确定现实的边界。一切话语都沦为了工作的修辞。但是,在它全权控制的这个胜利时刻,我们是否感觉到了无法控制之物爆发出的最初震颤?

这就是哈贝马斯(Habermas 1975,1984)和利奥塔(Lyotard 1979)所讲述的后现代世界起源的故事——如果允许某些有意的解释自由的话。这是一个关于后现代民族志构型的故事。

自由的声音:后现代民族志

后现代民族志是一种合作发展的文本,它由一些话语碎片所构成,这些碎片意图在读者和作者心中唤起一种关于常识现实之可能世界的创生性幻想,从而激发起一种具有疗效的审美整合。总而言之,后现代民族志是诗——不是指它的文本形式,而是说它回归到了诗的最初语境和功能;凭借在表现方式上与日常言谈断开,诗唤起了共同体关于民族精神(ethos)的记忆,并因此激起倾听者实施伦理行动(参照 Jaeger 1945:3-76)。后现代民族志力图用文本再创造诗歌与仪式表现的这种螺旋式进程。与它们一样,后现代民族志在同种表现语境中将常识现实陌生化,并唤起从碎片中推导出来的一种幻想的整体,然后将参与者带回到常识世界——变形的、更新的、神圣化了的常识世界。它具有视觉探求或宗教寓言的寓意,尽管没有它们的叙述形式。与日常现实的决裂是启程进入充满神秘实践的陌生土地的旅行——进入黑暗的中心——在那里,幻想的碎片在探求者失去方向的意识漩涡里旋绕;他到达漩涡的中心,就在奇妙的、助其恢复的幻想出现的那一刻,他失去了意识,然后在无意识的状态下被抛到了熟悉的,但永远都变样了的常识世界的岸上。后现代民族志并非新的启程,也非某种话语形式的再次断裂,而我们认为这种话语是现代主义者的审美观对实验性新事物进行科学强调时所秉持的准则。后现代民族志是自觉地回归到一切话语的更早也更具力量的伦理本质那里,如同"民族精神"(ethos)、"民族"(ethnos)、"伦理"(ethics)等词语所保留的古老意义那样。

因为后现代民族志特许"话语"高于"文本",所以,相对于独白,它强调对话;相对于超然的观察者这种思想,它强调民族志情境中的协作性。实际上,它拒绝"观察者-被观察"的意识形态,没有什么是被观察的,也没有谁是观察者。有的只是对一种话语、对各种各样的故事的相互的、对话式的生产。我们最好将民族志的语境理解为协力创造故事的语境,在其理想形式中,将会产生出一个多声部的文本,那些参与者中没有谁在构成故事或促成综合——关于话语的一种话语——的形式中具有决定性的措辞。民族志可能正是对话自身;或是关于共同环境的一系列并置的并列叙说,如同在对观福音书中;或者也可能仅是探寻共同主题的一系列独立叙说;甚至是各种叙说或一个主旋律与多个变奏曲的对位交织(参照 Marcus and Cushman 1982,Clifford 1983a)。不像传统的故事讲述者或民俗学者同行,民族志作者不会聚焦于单声部的表现方式和叙述手法,尽管如果它们适合于特定语境时,民族志作者没必要排除其中任意一个。

我并不想说这样的文本类似于经过编辑而成的有作者授权的论文集，或者是一本由编委会编撰的作者不明的书，或者是类似于一期《美国人类学家》(American Anthropologist)那样的一个偶然的拼盘。虽然当这三者共同作用时，的确刻画出了被称为"报纸"的普遍存在的民族志的形式特征。实际上，如果在民族志中发生了某种现代主义运动，它会把报纸当作其书面模式。文集和拼盘都保存了视角的差异，但它们的区别在于一个注重事件维度，一个注重目的维度。当然我们可以认为编辑而成的文集实际上就是拼盘，其中的文章与共同主题或论题的关联如此之少，以至于它们在同一册中的出现似乎是出于偶然；我们也都熟悉诸如报纸那样的主题化拼盘，每则内容都在最低程度上被共同的主题所联结，"这里是今天的话题，并非专为谁而写，正如不专由谁汇总而成"。

复调作品是获得相对视角的一种手段，而不仅是对作者责任的逃避，或一种心虚的过度民主；不过，就像维柯会说的那样，复调作品与复调的社会形式完美结合，并且，在对他代表与她被代表这样的主客关系所象征的权力问题敏感的地方，它的确与田野工作的现实相符。并不是民族志作者以前从未使用过匿名文本，就神话和民间故事而言，就算它们是由某人讲述出来，也是匿名文本这一形式的范例，尽管在这种情况下我们肯定会想到有一个随时间而扩大的委员会，但它的参与者从不为创作作品而聚会。

关键在于形式的问题并不是首要的问题，形式自身应该从民族志作者与他的本土合作者的共同作品中浮现。重点在于文本形成的创生性特征，文本的完成只是最初的解释步骤，即提供了一个供读者解释的协商文本。解释的过程并不限于读者与文本的关系，而同样包括了最初对话各方的解释实践。就此而言，后现代民族志的模式不是报纸而是原初的民族志——《圣经》(参照 Kelber 1983)。

文本形成的创生性与合作性也表明了对待民族志中的他者以及如何利用民族志的不同的意识形态态度。民族志写作的历史记录下了对待他者的一系列不同态度，而这些态度又意味着对民族志的不同利用。18世纪时，支配模式是围绕着乌托邦主义这一关键概念的"作为寓言的民族志"，在这类民族志中，"高贵的野蛮人"作为一种治疗者的形象，扮演着使人高贵的角色。19世纪时,"野蛮人"不再高贵;她要么是持久不衰的圣经寓言中的"堕落者",要么是治疗性讽刺故事中的人物——一根起威吓作用的魔鬼的手指,要么是远古的"原始人"的例子,在新出现的进化论寓言中标志着过去的不完美已被时间所治愈的"活化石"。20世纪时,"野蛮人"甚至不再是"原始的"。她只是"数据"和"证据",是政治自由主义的实证主义修辞中的重要反例。此后,在结构主义者与语言学家复兴17世纪理性主义的工作中,他再次成为纯粹的"异类",变成了一种完全被掠夺了治疗意义的符号组合而成的形式。时至今日,除了上述这些他者形象外,它们中的每一个,或者它们的结合,依然在某处给某些民族志者的想象提供养料;她已变成了证明民族志者"经验"的手段,民族志者则成了总存在于民族志中的某种执拗的浪漫主义中的"异类"的焦点,而不管这种浪漫主义如何被探寻者寻求纯粹数据的客观冲动所极度地压制和边缘化。如同18世纪的乌托邦主义那样,他者也是作者用来疏远自己不健全的文化的手段,只不过20世纪的野蛮人同样也是不健全的。与我们中的其他人一样,它被"世界体系"的黑暗力量所阉割(neutered),已然丧失了治疗术。*

一些民族志作者已经觉察到复合词 ethnography 的第二个组成部分(-graphy,来源于 *graphein*,法语"写")的限制意义,他们已经驯服了野蛮人,不再是用笔而是用录音机使他变为一个"率直的人",就像在一些晦涩的滑稽节目剧本中。即使他们认为出于让当地人在文本中有个位置的考虑,民族志已经回归"口头表演"或"对话",但他们依然完全控制了她的话语并偷走了她所剩下的唯一一件东西——她的声音。其他人,虽然充分了解这些罪行,但并不为此感到内疚,而是以"民族诗学"(ethnopoetry)来庆祝它。而别的人,如萨特,他们的脸从那令人不愉快的笔那里半转过来,为赎罪而继续书写——左手的小指放在"删除"键上,食指放在"开始"键上——文中有暧昧声调的迹象。

与德里达一样,他们错过了"话语"的真正要义,即"他者与我们一样"。

---

* 在这段文字中,作者对"高贵的野蛮人"或"野蛮人"的指称,从"她"变为"他",再变为"它"。——译者

因为话语的关键并非在于如何进行更好的表征,而是如何避免表征。在他们将伪话语(pseudo-discourse)诉诸文本的过程中,他们已然比实证主义者更完全地实现了恐怖的异化。可能所有的文本化处理都是异化,但确定无疑的是,非参与性文本化处理就是异化——"不是我们"——并且是不提供任何治疗的异化。

正如空想家们所知,民族志在唤起一种参与性现实的过程中能够发挥治疗作用,但他们认为现实可以明晰地投射在文本中的想法是错误的。从而,正是后现代民族志者通过参与性文本——没有谁在其中拥有唯一的概括权力——所力求唤起的参与性现实的回音具有超越性。因为后现代民族志是参与的和创生的,所以它不可能有一种预定的形式;参与者也许会认定文本化本身是不适当的,过去许多报道人就有这种看法,然而他们的异议极少被认为是重要的,相反却被当作是民族志者单声部文本的障碍物。不论文本采用什么形式——如果有的话,它都会强调响音相对性,不仅是在文本与其所属的话语共同体之间——"文化相对论"的通常意义,而且还作为一种文本的构成特征存在于文本内部。

虽然后现代民族志赋予话语以特权,但它并不囿于某一话语传统的问题框架内,尤其避免落入占支配地位的西方理论与常识范畴的窠臼。这样一来,后现代民族志使得与话语形成相对关系的不只是形式——对现代主义者的那种常见的颠覆;也不是作者意图——浪漫主义者的那种幻想;也不是话语——对既属于神秘主义者也属于科学家的一个独立现实的那种拼死寻求——之外的一个基础世界;甚至也不是历史和意识形态——解释学家的那些避难所;更不是语言——语言学家的那种作为实体来处理的抽象;最终,甚至也不是话语——结构主义者和写作学家的由失落世界的符号所构成的那种尼采哲学的舞台;而是与它们全部形成相对关系,否则就不与它们中的任何一个形成相对关系,因为它是不合规律的,尽管这不是由于无政府状态,而是由于它拒绝成为诸多对象中被迷恋的对象——拒绝在名为批评的科学审查的那种滑稽表演中被肢解、被比较、被分类、被中和。民族志文本不只不是一个对象,也不是某个对象。它其实是一种手段,即一种超越时空的沉思工具,它不仅是超越的,而且是超越地回归时空。

由于后现代民族志的意义不在于自身而在于一种理解,它仅仅是服务于理解的一个被消费的碎片,故它不再承受表征任务之苦。理解这种差异的关键词是"唤起",因为如果一种话语可被说成具有"唤起"作用,那么它就不需要表征它所唤起的东西,尽管它也可能是表征的一种手段。由于唤起是非表征性的,它并不被理解为是种符号功能,因为它不是"什么的象征",它也不"象征"它所唤起的东西。后现代文本已经超越了符号的表征功能,并摆脱了代替现象的负担,即写作学家所说的那些"缺席"和"异类"。它并非将缺席的东西召唤出来的某种存在;它是那种既不在场也不缺席的即将到来的东西,因为我们并不将"唤起"理解为将时间和空间上存在差异的两种事物联系起来,并不将它理解为某物唤起以及另一物被唤起。唤起是一体的,是一个单一的事件或过程;我们必须抵制语法的诱惑,它会诱使我们认为"x 唤起 y"的命题形式必然意味着 x 和 y 是不同的实体,它们被第三方极为特殊的、称为"唤起"的"过程-实体"所连接。并且,它还会诱使我们认为,x 必须在时间上先于 y,从而,x 必须是 y 的一个条件或者 y 是 x 的一个结果。这些都是语法的错觉,使得我们将整体肢解为分散的实体及不时被打断的事件。我们可以考虑通过非线性地书写英语——就好像它是中文那样——来矫正这种情形,模仿埃内斯特·费内略萨(Ernest Fenellosa)和埃兹拉·庞德(Ezra Pound):唤起。但由于我们仍会线性地阅读"x 唤起 y",元素 x"唤起"而 y 依旧是离散的,故这并非解决方法。既然未能发明一些新的略字,我们所能做的最多也许就是海德格尔式的"唤起",或者干脆警惕语法的陷阱。

"唤起"而非"表征"的整个关键点在于它使得民族志摆脱了摹仿(*mimesis*)及不适当的科学修辞模式的束缚。这种修辞模式必需"客体""事实""描写""归纳""概括""证明""试验""真理"以及其他类似的概念,而这些概念除了作为空洞的祈祷外,不论是在民族志的田野经验中还是在民族志的写作中都没有对等物。遵守科学修辞之教规的迫切愿望,使得博物学的简单的现实主义成为了民族志作品中占据支配地位的模式。但它已是一种虚幻的现实主义,一方面,加剧对"文化"或"社会"之类的非实体——仿佛它们是虽然有些难看但却完全可以观察得到的虫子——"进行描述"的荒诞性;

另一方面,宣扬行为主义者的同样可笑的借口——"描述"行动者在为其行动寻找合法形式及恰当位置时所使用的脱离话语的重复的行动模式。所有做法都在天真地保证,观察者接地气的话语本身是一个足以完成描写任务的客观形式。博物学的现实主义的问题不是通常所宣称的那种所谓观察对象的复杂性,也不是未能运用足够严谨的以及可重复的方法,甚至更不是看上去难以驾驭的语言描写。其实,问题在于其所参照的话语(referential discourse)的整个视觉主义意识形态的失败,及其关于"描写""比较""分类"和"归纳"的修辞,以及它对表征之重要性的假设的失败。民族志中没有什么"事物"有待成为描写的对象,即成为描写的语言出于比较、分类及归纳的目的而"表征"为索引对象的那些原初现象。确切地说,民族志中只有话语,而就连这话语也什么都不是,尽管有诸如结构主义、民族科学、对话之类民族志翻译模式的被误导的主张,它们试图表征本土话语或其他无意识模式,这样就在心中重蹈了博物学的覆辙。

民族志话语自身既不是被表征的客体也不是对客体的表征。从而,视觉主义的表现与具体的书面文字——具体的描写(de-scribere)——的关系悬而未决,由于其目标和手段总是难以企及,故它颠覆了民族志的伦理主旨,仅能给我们一种残缺感与失败感作为补偿。

民族志话语并不属于那种旨在创造普遍性知识的浩大工程。它摈弃了通过知识来获取权力的阴险且狡猾的强烈欲望,因为权力也是表征的一个结果。表征意味着对现象拥有一种魔幻力量,意味着可以使缺席的东西在场,而这就是为什么书写——最有力的表征手段——被称作"巫术"(grammarye),即一种魔法行为的原因。书写真正的历史意义在于它提升了我们创造极权主义幻想的能力,通过这种幻想我们拥有了支配事物或他者——好像他们就是事物——的权力。关于表征之意义的整个意识形态乃是权力的意识形态。要打破它的咒语我们就不得不攻击书写、极权主义表征的意义以及作者的权威,但所有这些都已经有人为我们完成了。翁(Ong 1977)在提醒我们注意与书写相对的口头表达世界时就已经使我们意识到书写的效果。本雅明(Benjamin 1978)和阿多诺(Adorno 1977)对照了关于"碎片"的意识形态与关于整体的意识形态,德里达(Derrida 1974)使得作者成为书写的创造物而非创造者。与其说后现代民族志是从它们的原理中建立其程序,不如说是从它们解构的残砖碎瓦中建立其程序。

一部后现代民族志之所以是碎片式的乃是因为它不能是其他样子。田野中的生活本身就是支离破碎的,根本不是围绕着诸如亲属关系、经济与宗教等我们熟知的民族志范畴组织的,除了像多贡人中的智者欧戈特梅利*那样不同寻常的报道人外,当地人似乎难以就某种共享的整体进行交流;即使是在那些最老到的社会学家面前,具体经验也不将自己呈现为文化上或理论上已有权宜之称的整体的提喻、缩影或寓言。我们最多凑合着使用逸事索引或生动事例,以此预示更大的整体超出了文本的表达范围。并不是我们只见树木不见森林,而是我们开始觉得树木相距甚远也就没有什么森林,就像只有布片的间距足够小时它们才可能成为棉被。

我们关于后现代世界碎片性特质的觉察在民族志中得到了确认,因为没有什么像综合寓言的缺席那样如此恰当地定义了我们的世界,或者只是因为认识到这些寓言无穷无尽故而无力选择,才使得我们拒绝总体化在审美上的重要性,拒绝诸多故事的总故事以及实体化的整体。

不过,还有其他原因。我们知道这些文本上的超越、这些对整体主义与对功能整合体系的祈求,都是文学比喻,是令幻想从部分走向整体、从具体走向抽象的工具;而知道了它们究竟是什么——不论是机械的还是有机的——就会使我们怀疑它们所承诺的理性秩序。

然而,更为重要的是这样的理念,即超越通达(transcendental transit),也即整体浮现的一刻,既不由文本决定,也不全然听命于作者,而是文本-作者-读者间的功能互动。它既不是文本背后或文本之间隐藏的秘密;也不是存在于作者心中而仅仅被他蹩脚地表达/压制的东西;也不存在于读者的解释之中,不论他的批评劝说是什么——如果有的话。它不是特奥多尔·阿多诺的否定的辩证法,因为其并列的对立是就参与功能而非文本形式而言。这些功能源自对话而不是作者与其文本的单声部的内部对立。就算阿多诺

---

* 法国人类学家马塞尔·格里奥尔(Marcel Griaule)在其多贡人研究过程中,曾与当地的智者欧戈特梅利进行了几年的合作。参见格里奥尔所著《与欧戈特梅利的对话:多贡人的宗教观念导论》(*Conversation with Ogotemmeli:An Introduction to Dogon Religions Ideas*,1965)。——译者

提出,文章通过否定的辩证法旨在消除所有的观点,但只要它是单声部的,是从一个作者的观点那里投射出来的,它就不能达成这一目标。它只是表达了作者的认知乌托邦(Kauffmann 1981:343－353)。不同于否定辩证法的是,对话中的对立无须在没有超越可能性的悬置中滞留;但与之一样的是,后现代民族志不在文本内进行合成。全局通达(synoptic transit)并非合成而来的超越,它是被文本唤起而非内在于文本的。文本具有唤起超越的悖论般的能力,它既不需要合成,也不需要在其内部创造关于超越秩序的形式机制与概念策略。与阿多诺的纲领一样,它避免文本的逻辑-概念秩序与事物的逻辑-概念秩序之间存在和谐的任何假设,它也力图通过拒绝主客截然二分的可能性,或拒绝在文本作为思想之镜的形式中一个支配另一个的可能性,来消除"主体-客体"这种叙述关系(nexus)。它实现了一种既非作者主体性的,也非读者主体性的,而是作者-文本-读者的认知乌托邦;即一种没有单一核心而是有无限的可能核心的创生性想法。

于是,出现了一种新的整体主义,一种创生的而非给定的整体主义,一种通过文本-作者-读者的自反,并且不赋予这三者中的任何一方作为整体中的唯一核心或手段的特权而出现的整体主义。而且,这种创生的整体既不是理论的目标也不是理论知识的对象,从而既不是被明确的方法所唤起也不是实践的派生来源。它并不在惯常的理论-实践的关系中激发实践。换句话说,它并不是多重印象的辩证合成——在同类印象的高阶模式中消除彼此的差异。它不是抽象的"事物"也不是从"事物"中得到的抽象,从而也不是某种推论——其发展线索可以透过变化,从起点的具体事例一步步追踪到抽象和普遍的终点——的结果。

它与归纳、演绎、综合以及朝向"象征"(symbol)的整个过程格格不入,因为它的推论模式是不明推论式的,且它所结合的元素,虽然已在幻想中用尽,但并没有在某个有机总体的分解过程中丧失其独立性。用威廉·汉密尔顿爵士(Sir William Hamilton)的方式来说,它们类似于部分-整体与原因-结果这样的关联——关联的双方缺一不可,这是一个相互阐明但不决定彼此或导致综合归约的项结合。它们表达了"条件法则":"所有的积极思想都存在于两个极端之间,仅仅有其中一方是不可能的,尽管这两个极端是相

互冲突的,但我们必须意识到每一方的必要性。"(Hamilton 1863:211)

正如如下比喻——螺旋式地上升进入柏拉图哲学的"统一中的他者"(other of unity)之中,进入"理性之光"以及思维意识的"更高的、理性的"领域与匿名抽象那里,也即进入未来、没有肉体的精神之中——是不恰当的,与之相对的如下比喻——下降到"表面之下",沉入普路托的(Plutonic)"分离中的他者"(other of separation)、无意识的"更低的"涡旋那里,沉入非理性肉体的黑暗力量与"潜在结构"的超乎理性的力量相互较量的那里,也即沉入过去、记忆及化身的精神之中——也是不恰当的。

由亚里士多德传给我们的把思想当作动作、当成一种活动的古老比喻在这里是有问题的。因为,正是相反的活动以及它们相互抵消的冲突——使我试图唤起的整体成为可能——的同时并列,即当时间和空间在我们熟悉的、被称为日常世界的幻想中互相取消时出现的在中心位置——那里无高无低、无前无后、无过去无未来——的静止,即时间上的中断,也即永远存在而又永不存在的现实和幻想的同步性,才是对常识世界的回归。像梵天一样,在没有表面的虚空一动不动地漂浮,所有潜能都以完美实现的形式停顿在我们内心;这一回归不是顶点、终点、固定形象或稳定平衡,而是超越的契机同时接近、靠拢、不曾到达就离开时出现的张力复原。那就是为什么后现代民族志是神秘的记录;它是现实与幻想的不可思议的、悖论的、深奥的结合,这个结合唤起了我们视之为天真现实主义的建构而来的同步性。它结合了现实和幻想,因为它既以天真现实主义的语言叙说着神秘,又以神秘的语言叙说着日常,并使得一方的理性成为另一方的合理性。它是现实性幻想的幻想性现实,旨在从读者和作者那里唤起一种对可能世界的暗示,而这个可能世界已经在幻想和常识中给予我们了;以及唤起其本身不能成为我们知识对象的知识的根基,"因为通过它们我们认识其他所有一切,却不能透过别的什么来认识它们。我们的确认识它们,但仅仅是由于有了它们并通过它们我们才得以认识。"(Hamilton 1863:255)

后现代民族志是一种回归,它回归到了曾经保留在原始印欧语 *ar-("存在方式""整体的各部分的有序与和谐安排")的含义中作为治疗的审美整合的理念,从 *ar-中有了英语的"艺术""仪式"和"仪式的"等词汇,这类概念如此之紧密地与恢复和谐、"治疗"的最初的含义"仪式的代替"（对照赫梯语的 *tarpan-alli*）等理念相关，与诗人作为 *therápon*，即"缪斯的侍者"相关。后现代民族志是沉思的对象，它引起了与常识世界间的断裂，并唤起了一种在常识世界的恢复中发挥疗效的审美整合。与科学不同，它不是一种永生工具，因为它并不执着于对永久的、乌托邦式超越的虚假希望；这种超越只有通过贬低和歪曲常识世界并因此而在我们心中创造一种从日常生活中永久脱离的感觉才能实现——因为我们成天期待救世主把我们从日常生活中拯救出来而拯救却从未到来，要不就是与死亡一同到来，于是科学就鼓励我们速死。相反，后现代民族志脱离常识世界仅仅是为了再次确认常识世界，并将新生的以及不忘新生的我们带回到常识世界。

135　　后现代世界是对某一超然/超凡存在不抱幻想的后科学世界，因此不论是超然的科学还是超凡的宗教都难在此立足，科学抽象不待见宗教的超凡也必然意味着宗教抽象漠视科学的超然。不论是科学就现实产生的幻觉，还是宗教就幻觉形成的现实，都与后现代世界的幻想现实中幻想的现实性不一致。后现代民族志捕捉到了后现代世界的这种基调，因为它同样也未远离生活走向抽象，而是回归经验。其目标并不在于培育知识而在于在重构经验；不在于理解客观现实，因为那已经被常识所确立；不在于解释我们如何理解，因为那是不可能的；其目标在于将自我置于社会中进行再同化与再整合，在于对日常生活的产品进行再建构。

　　除非在常识世界中，否则话语都不能自主地决定其修辞效果。不论是其形式还是作者的意图都不能决定它会被如何理解；因为在文本或言语中消除含混是不可能的，一劳永逸地建构听众的意图与兴趣也是不可能的。她的阅读及倾听是她的目的与意愿的表达，就如同作者的写作与言说也是其目的与意愿的表达。即使在一个共享的解释中，他们共同的兴趣和目的的结合也不会带来对含混的否认以及对确定意义的承认；它仅仅是表达了当前目的与情形下的暂时充分性，而在其他的目的和情形下又会不充分。形式手段更不能规定文本如何被解释，因为它无法控制读者的力量。读者出于对形式的忽略、不接受、不信任以及超敏感等各不相同的状态来回应一个文本。在一种极端情形下，他们根本不受形式的细微差异之影响，浏览而不依赖它,除非是有可能出现困惑或恼怒,否则的话他们根本意识不到形式的存在。在另一种极端情形下,偏执狂似地深信作者说了谎话的心态推动读者去追寻隐藏的意义并发现它们;或者,在对思想和语言的必要结构更为敏感的人那里,这种追寻与其说是寻找被作者隐藏的事物,不如说是寻找被语言和思想的结构隐藏而作者未发现的事物。在后面这两种人中,一种人认为作者是骗子,另一种人则认为作者是容易受骗的人。但对这二者而言,文本都是一个编码的秘密,它隐藏了必然存在的内在意义,而对那些涉及某类信仰的外在偶然事件的或是模糊或是被遮掩的现象充耳不闻。因为文本既不能消除含混也不能消除其作者与读者的主观性,它注定要被误读,以至于我们会模仿布洛姆(Bloom)而断定文本的意义就是对其误读的总和。

这的确可能就是文本的命运。然而,对于含混性与主观性的这种固有的无法控制恰恰提供了拒绝科学修辞模式的好理由——笛卡尔哲学以此修辞来声称理念可以获得清晰、明确、客观且富有逻辑的表达——因为某一文本的内在形式并不合乎逻辑(除非是模仿诗文),反之是充满悖论且不可捉摸的。与其说它是不能言说的,不如说它是过度及无限言说的,拥有一种必定总是超出了其言说手段的过剩言说。因此,关于其可言说性的无限可能变成了其不可言说性的条件,对一个文本所作的解释也必定要与意义的过剩——而非意义的晦涩或贫乏——相抗争。

对于后现代民族志而言,上述观点的言外之意在于——即使不够清晰,至少也还明显——其文本既不由这种内在的悖论,也不由一种具有欺骗性的外在逻辑来阐述(project),而是作为二者之间的张力,既不否认也不赞成含混,既不颠覆主观性也不否认客观性,在对开启了明确主观性的含混客观性的主观创造中,表达它们的互动。民族志文本从而可以达到它的目的——不是通过揭露目的而是通过使目的得以可能而达到。它会成为一种有形的、口头的及表现的文本;它会是对日常经验的唤起;它会是用日常言语来表明什么是不可言说的一种可感的现实;而这不是通过抽象,而是通过具体来实现的。它会是不止用眼睛来阅读,还要用耳朵来倾听"书页的不同声音"的文本。(St. Bernard,转引自 Stock 1983:408)

其他声音：补充

是的，但你真正的意思是，难道你不认为你想说的怎么可能是……

1. 形式与内容的一致属于其他种类的话语，它的伦理并不是需要考虑的问题。如果谁对音调充耳不闻他就无须随之起舞，此外，并不存在一种伦理的表述，仅存在其影响的可能性。

2. 不，不存在一个后现代民族志的例子，即使所有的民族志事实上都是后现代的；也没有哪一个可能是后现代民族志，尽管诸如克拉潘扎诺（Crapanzano 1980）、特德洛克（Tedlock 1983）、迈奈普与布尔默（Majnep and Bulmer 1977）等人近来的写作都秉持着后现代精神。无论如何，关键之处并不在于如何创造一部后现代民族志或它应该采取什么形式。关键在于它可能采取任何形式但从不会完全实现这些形式。每一个尝试都是不完善的、不充分的、在某方面有欠缺的；但这不是一个缺点，因为这是使得超越得以可能的方法。超越源于不完美而非完美。

3. 不，这不是形式的问题，也不是书写风格本身的问题。尽管我谈到了复调与视角的相对性、碎片化等等，但这些并不是形式的必然要素。这里没有形式的美学。利奥塔（Lyotard 1979:80）注意到两种可能性。我们不妨把其中之一称为"在边界上书写"（writing at the limit），在此，我们寻求推开语法、意义及体裁的惯例所施加的限制；称另外一种为"在边界内书写"（writing within the limit），在此，书写是如此的有条理与清楚明白，以至它的合理性唤起了超出理性的东西。在这两种情形下，书写都是反体裁（anti-genre），反形式（anti-form）的。

4. 视角是一个错误的比喻。它使人想起描写性书写，即以思维图像或象形文字来进行书写。它根本就与"看"无关，因为那是科学的比喻；它也与"做"无关，因为那是政治的比喻。不存在什么通过视觉及行动手段来超越语言的尝试。复调性唤起了声音、倾听、同步与和声，而非图像、观看、顺序与谱线，因此它是一种更好的比喻。在读者加进自己的声音之前，作品最多只做到了一种顺序的复调性。

5. 是的,它是现实主义的一种形式;它不描写对象,也没有在描写与被描写之间形成断裂。它并不描写,因为没有什么是它能描写的。民族志作为"现实的描写"的观念不过如此。对现实的描写仅仅是对现实的摹仿。它们的样式是摹仿的,但它们的摹仿仅仅制造出了现实的幻想,就好像科学中虚构的现实。这就是让语言做眼睛的工作必须付出的代价。

6. 知觉过程与之无关。一部民族志根本不是从知觉到概念的理性化运动的记述。它始于概念也终于概念。没有什么东西源于知觉过程,视觉没有优先权,也没有观察材料。

7. 不,它不是超现实主义。它是常识世界的现实主义,仅仅在关于科学的虚构故事中及虚构的科学中才是超现实主义的。谁的常识? 为什么是任何人的常识,而不是像托马斯·里德(Reid 1895:692-701)所说,每个人的常识?

8. 翻译? 如果我们认为它就好像是淌过一条使一个文本与另一个文本分隔的溪流,并在溪流中央改变了语言,它就不是翻译。这是语言的摹仿,一种语言复制另一种语言,无论怎样,从未产生一个复本,而是或多或少地扭曲了原本。虽然这种摹仿的形式没有视觉摹仿的形式那么让人不愉快,但假定可以用我们早已知道的术语来诠释别人的意义——就好像别人从未存在过——依然是一个无聊的念头。因为替他们了解意义并不是我们的任务,除非意义已为他们和我们所共知,从而无需翻译,仅需一种提醒。因此,没有什么扮演缺席对象这一角色的原初文本。没有任何先于并束缚民族志的客体。民族志在其得到阐明过程中创造客体,读者则补充其余的客体。

9. 但是,民族志者的经验又如何呢? 由于民族志至少是对经验的记录,故这种经验确实可说是先于民族志而存在的。不,民族志根本不是经验的记录;它是呈现经验的手段。那经验仅仅是在书写民族志时才成其为经验。在此之前,它仅仅是对偶然事件的不连续的排列。民族志之前没有经验。经验就是民族志。经验与行为、意义、文本等其他东西一样,并非独立于民族志的客体。

10. 文本之外没有起源——那么就只有文学,或一种奇怪的文学批评?

是的,就只有文学,不过不是就完全的自反性、就文学自身而不涉及其他的意义而言。民族志自身并不引起一个仅仅从文本到文本的运动。它不只是一个巧妙的影射其他文本的集合,尽管它当然可以像其他任何文本一样这样做。它唤起了任何作者都未曾注入文本的东西,那是读者的常识理解。因为没有哪一个作者能够完全控制读者的回应,所以民族志并不是作者的认知乌托邦。她的文本依赖于读者的补充。文本的不完整意味着读者的付出,而在他的付出中,源自于日常的口头表达及常识理解的内容与源自文本世界的内容同样多——如果不是更多的话。

11. 后现代民族志否认自我完善这一幻想般的话语。不存在什么照着经验主义方式进行的从文本到客体又从客体到文本的修正运动,也没有从有缺陷的扬弃到无损害的超越的补充性、自反性运动。每一个文本都在话语内部保留有一个独立的意义,而这无须服从于一个终极完美的宏大的进化论神话。每一个文本都类似于莱布尼茨单子,其完美正在于其不完美。

后现代民族志摒弃了过去皆错误、未来是天堂的神话。没有谁在还相信无束缚的未来。过去至少有曾经存在过这一优势。像基督教那样,现代主义教导我们重视延迟、展望科学理想国的未来,以及轻视过去并否认现在。与此相反,后现代的世界在某种意义上是没有时间的;过去,现在和未来共存于所有话语中,因此我们可以以同样的意义说所有的重复都是虚构的,说所有的差异也都是幻想。我们会说永恒(conservation)不是客体的而是时间的。客体在变,但时间不变,这就使得我们有理由说,当我们两次看到相同的客体时,其实它们并不相同。没有什么事物是相同的,只有时间,但它不是事物也无法觉察。用不同人称说"我看到了相同的东西"或"它变化了"或"它移动了",都需要变化的时间和不变的客体与主体,但话语可以随心所欲地制造这三者——时间,主体和客体。它并不被名词的霸权所奴役,也不被不变的主体对不变的客体的感知所奴役。

分散的作者身份反映出这种分散的自我,这种变化无常的主体,就好像文本的不完整性那样反映着客体的瓦解,但后现代民族志并不因此就像官僚政治话语或电视连续剧那样是匿名的。它既不是 *DSM III*(《诊断与统计手册》),即精神病医师手中的那根恐怖分子的大棒,"狂躁-压抑人格"的缺乏个性的笨拙特征"即由它加以描绘";也不是《达拉斯》*中被滥用的伪叙述,在穷人耳边阴险的嘘声:"看,富人虽有钱却是可怜的。"

民族志是一种想象,但它不是一本小说,因为小说的创意需要立足于小说之外来进行评价,而民族志却在其内部编织出这样一个立足点,并且那个立足点、那个对现实的唤起,也都是想象。它不是像《达拉斯》那样的现实性想象,也不是像 DSM III 那样的想象性现实;它是想象性现实的现实性想象。也就是说,它是现实主义,是对我们在想象中已经认识的可能的现实世界的唤起。

12. 民族志的批评功能源自它使自身的语境基础成为问题的一部分,而非沿街叫卖的作为乌托邦改革工具的关于替代性生活方式的图片。

13. 一种包含矛盾的形式?是的,充满了未解决的矛盾,但不是对抗,不像科学那样是暴力的,也不像政治那样是暴力的工具。它既不是对科学家的"观察"的滥用,也不是"让我们瞧瞧"这样的男子气概的自夸,也不是争辩队伍的部署,也不是在政治家的"行动"中对弱者的镇压。它既不寻找制造权力的理性也不寻找生产理性的权力,它在"倾听"的接受能力与"交谈"的相互关系中建立。它从另一部分感觉中枢中获得比喻,用对话取代扩音器中的独白。

14. 我将民族志称为沉思的工具,因为我们既不是将它当作知识地图也不是将它视为行动指南来理解,甚至也不是为了娱乐来理解它。我们视其为另外一种旅行的起点。**

----

* 《达拉斯》(Dallas),美国著名马拉松式电视肥皂剧,讲述居住在得克萨斯州达拉斯市附近一个大家庭的传奇,从 1978 年到 1991 年共演了 13 年。——译者

** 我提交于"民族志文本的制作"圣菲研讨会上的论文被修改并"夹在"了出现在这里的"语境"部分和"补充"部分中间。"语境"和"补充"这两部分写于研讨会之后,它们既是对研讨会的论文和讨论的对话式回应,也是对《已说的和未说的》(Tyler 1978)的附录中提出的主题和矛盾的所做的展开和深化。

英国社会人类学中的文化翻译概念

塔拉勒·阿萨德 著

谢元媛 译

导 论

所有人类学家都很熟悉 E. B. 泰勒著名的文化定义:"文化或文明,从其广泛的民族志意义上说,是一个复杂的整体,它包括知识、信仰、艺术、道德、法律、习俗,以及人们作为社会成员所习得的其他能力和习惯。"探索这一文化概念,以及它对"能力和习惯"的罗列和它对被林顿(Linton)称为社会继承(集中在习得的过程上)的强调,是如何和何时转化成一个文本的概念——也就是说,转化成类似被记录下的话语的东西,这本身是很有趣的。这个变化有一个明显的线索,就是把语言看作历史延续与社会习得("教化")的前提这一观念逐渐开始支配社会人类学家的视角。当然,总的来说,对语言的这样一种兴趣早在泰勒之前就有了,但是在 19 世纪和 20 世纪早期,这种兴趣更多地被当作各种各样的民族主义文艺理论和教育的中心内容(参照 Eagleton 1983:第二章),而非其他人文科学的中心内容。对英国社会人类学而言,这一兴趣是在什么时候、以什么方式变得至关重要起来了呢? 我不打算在此尝试描画这样一段历史,而只是想提醒我们自己,"文化翻译"这个短语,这一从 1950 年代起逐渐变成了对社会人类学这份独特工作的一种几近陈腐的描述,显然并不一直是对社会人类学工作的描述。我想强调,这个明显的转化与过去的前功能主义/功能主义时期的划分并不吻合。它也不只是以前对语言和意义缺乏直接兴趣,而现在有了兴趣(Crick 1976)。所谓功能主义学派的奠基人之一布洛尼斯拉夫·马林诺夫斯基,写了大量关于"原始人的语言"的文章,并且收集了大量的用于人类学分析的语言材料(谚语、亲属称谓、魔咒等)。但是他从来没有按照文化翻译的方式来思考自己的工作。

林哈特的论文"思维模式"(Lienhardt 1954)可能是明确使用翻译概念来描绘社会人类学的中心任务的最早的范例之一(当然也是最精妙的范例之一)。"向别人描述一个遥远部落中的成员如何思考的问题,于是开始显得主要是一个翻译问题,即让在其本语言中具有逻辑一致性的原始思维在我们自己的语言中尽可能变得清晰的问题。"(第97页)这句话被欧内斯特·盖尔纳(Ernest Gellner)在我将在下一部分进行分析的文章中引用并加以批评,而且在谈到盖尔纳的论述时,我还会提到它。在此我简要地提醒大家注意林哈特对"翻译"一词的用法,"翻译"这里不是指语言学本身,而是指嵌在语言中的"思维模式"。顺便一提:林哈特有英语文学的学术背景,在成为牛津大学的E. E. 埃文思-普里查德的学生和合作者之前,他曾是剑桥大学利维斯(F. R. Leavis)的学生,这点可能并非无关紧要。

牛津大学作为英国最自觉地关注"文化翻译"的人类学的中心当然是众所周知的。出自这个中心的最著名的导论性的教材,贝亚蒂耶的《异文化》(Beattie 1964),强调"翻译问题"在社会人类学中的核心地位,并且以一种已为人类学家日益熟悉的方式将"文化"与"语言"区分(而不是割裂)开来——尽管这一区分并不因此而一定完全清楚(见第89—90页)。

有意思的是,我们发现,埃德蒙·利奇(Edmund Leach)——他和牛津大学从来没有任何联系——却于10年后在他对社会人类学的历史概况的总结中也运用了同样的概念:

让我重述一下要点。我们从强调"他者"有多么不同开始——进而将他们描绘得不仅不同,而且遥远而劣等。情感上我们又走上了相反路线,认为所有的人类都是相似的;我们能够理解特罗布里恩岛人或者巴罗第人,因为他们的动机和我们的一模一样;但是这样也是行不通的,因为"他者"明显地依旧是"他者"。所幸现在我们已经意识到其间最重要的就是翻译的问题。语言学家已经告诉我们,所有的翻译都是很困难的,而且完美的翻译通常是不可能的。然而为了达到实践的目的,即便原初的"文本"是高度深奥的,一个比较让人满意的翻译也总是可以获得的。语言虽然不同,但却不是那么不同。从这个方面看,社会人类学家正在创建一种进行文化语言翻译的方法论。(Leach 1973:772)

甚至马克斯·格拉克曼(Gluckman 1973:905)——他很快地回应利奇——也认为"文化翻译"是个突出的问题,即使他为这一人类学实践提出了一个非常不同的谱系。

尽管人们普遍承认这个概念已成为英国社会人类学自我界定的一部分,但是这个概念几乎没有受到来自专业内部的系统检验。有点例外的是罗德尼·尼达姆的《信仰、语言和经验》(Needham 1972)一书。这是一部值得深入探讨的、复杂的学术著作。不过在这里,我希望关注欧内斯特·盖尔纳的"概念与社会"(Gellner 1970)这篇短文,它被相当广泛地用于英国大学本科课程,并且仍被一些流行的文集所收录。因此,我打算用下一个部分来详细地考察那篇文章,然后阐明一些我后面部分讨论中的观点。

一个理论的文本

盖尔纳的"概念与社会"一文关注功能主义人类学家在处理解释和翻译异域社会(alien societies)的话语诸问题时采用的方式。他的基本观点是:(a)当代人类学家主张在社会情境中解释异国的观念和信仰;然而(b)在这么做的时候,他们要确保那些明显荒谬的或语无伦次的话语总要被赋予一种可以接受的意义;并且(c)虽然在解释的过程中语境理解法总体上是对的,但是通常与之相伴的"过度仁慈"却不对。这篇文章包含几个图表,意在直观地确定和阐明有关的文化进程。

盖尔纳通过借鉴库尔特·萨穆埃尔松的《宗教与经济行为》(Samuelsson 1961)而引入了有关解释的问题。《宗教与经济行为》是经济史家对韦伯的新教伦理论题进行抨击的作品。萨穆埃尔松不认可韦伯和他的支持者们用一种能使他们提炼含义以证明其论点的方法重新解释了宗教的文本。盖尔纳给出这个例子只是为了更尖锐地指出与之形成对照的功能主义人类学家的立场:

> 我不想也没有能力去讨论在这个特定事例中,萨穆埃尔松对他的默认原则的使用是否恰当,这一默认原则就是一个人一定不能重新解释其实际发现的观点。这里相关的问题是,如果使这样一条原则变得明确并被推广的话,那么这条原则会使大多数关于信仰与行为关系的社会学研究变得一文不值。我们会发现人类学家被迫使用恰好相反的原则,即坚持而不是拒绝语境中的再解释。(第20页)

但是这样谦虚地说自己没有能力,会错过太多有意思的问题。首先,不需要太大的能力就可以注意到,萨穆埃尔松并没有坚持那条一个人一定不能进行重新解释的原则,他也没有坚持认为在宗教文本和其社会语境之间从不存在某种显著的关联,他只是认为,韦伯论题试图得出的结论无法成立。(例如参见 Samuelsson 1961:69。)而且,盖尔纳可能已经发现了在萨穆埃尔松这个例子和人类学家典型的困境之间有一个真实的对比。对卷入韦伯讨论中的经济史家和社会学家来说,历史文本是一种基本资料而与之相对,社会语境必须就其重构。人类学田野工作者从一个某事被言说的社会情境入手,这些表述的文化意义必定是被重构的。当然这不是说,历史学家能够不知其历史语境就处理档案材料;也不是说,田野工作者能够不顾社会情境中的话语来给社会情境下定义。这个对比尽管没有太大的意义,但有关方向,且出自一个事实,即历史学家是被给予一个文本,而民族志作者必须构造一个文本。

盖尔纳没有仔细考察这个重要的对比,而是匆忙去定义和评论一种他称之为"适度功能主义"的方法。

> 这种方法坚持认为,概念和信仰不是孤立地存在于文本里或个体的思想里,而是存在于人们的生活和社会中。不知道一个词或短语或一组

短语在何种活动和制度的语境中被使用,就不能理解那个词或那些短语,就不能真正谈论一个概念或一种信仰。(第 22 页)

这段话说得非常好,即使以前说过,现在也值得再说一遍。此时,读者可能期待讨论:民族志作者在田野工作中跟语言打交道的不同方式,表达是如何产生的,口头意思如何被组织起来,修辞的效果如何获得,以及如何引起文化上适当的回应。毕竟,维特根斯坦已经使英国哲学家对语言使用的复杂性变得敏感了,奥斯汀(J. L. Austin)也对言语的生产和接受的不同层次进行了区分,其方式预示了人类学家后来称之为言语民族志的产生。但是盖尔纳早已否认这场哲学运动有值得宣扬的东西(见他 1959 年在《词与物》中的论证),而且像其他批评家那样,他总是认为,这场运动注重理解日常语言,只是一种表面现象,其背后是要维护已经确立的谈论世界的说话方式,是不想承认这样的说话方式有可能是不合逻辑的或荒谬的。盖尔纳一直坚决地认为,在"概念与信仰"的维护和解释之间存在区别,并要警惕这样一种人类学翻译,它先验地排除了解释概念如何切实发挥作用所必需的重要距离,因为"要理解社会中概念的运作",他写道,"就是要理解其制度"(第 18 页,也见同页的注释①)。

这就是为什么上面引用的盖尔纳关于适度功能主义的简洁表述会把他立刻带入到对涂尔干的《宗教生活的基本形式》的讨论中。《宗教生活的基本形式》不仅是"通常说的功能主义的源泉之一"(第 22 页),它也注重解释而不是维护概念——更确切地说,是按照某些集体的过程来解释"我们的分类概念的强制性"(第 22 页)。由此:

我们现在对功能的、社会语境的方法在概念的研究和解释中的使用在许多方面都大不同于涂尔干。涂尔干不是那么注重维护原始社会的概念:在他们的背景中,他们不需要维护,而在现代变动的社会背景中,他不着急维护古老的东西,也不反对暗示某些知识界的行头也很可能会变得陈旧。他真正注重的是,解释那些实践中似乎不需要任何维护的事物的强制性(而且在这么做的时候,他宣称他正在解决知识的问题,其解决方法在他看来已经规避了康德和其他人,而且还将在既不陷入经验主义也不陷入先验论的情况下解决这个问题)。他是否成功了,我并不想讨论:因为似有多种理由告诉我他没有成功。(第 23 页)

显然,盖尔纳已经认识到《宗教生活的基本形式》一书的基本意图——即它试图解释由社会定义的概念的强制性——但是他过于草率地从考虑可能与这样一个问题有关的东西转向全然不考虑涂尔干在解释方面的尝试。事先的公然指责不会比辩护能使解释更进一步,这种可能性似乎并没有在"概念与社会"中得到正视。相反,读者受到林哈特的话的提醒,现代人类学家典型地"倾向于使下面这点成为好翻译的条件,就是好的翻译能传达人类学家认为的、能在原始思维中发现的一致性"(第 26 页)。所以,在此我们可以看到一个我认为具有误导性的对比——涂尔干努力去解释而现代人类学家则努力去辩护。我将在后面再谈这个问题,但是这里我想坚持一点,即主张将话语聚集在一起的一致性形式,并不是根据事实本身来证明话语合理或者为话语辩护;这只是在解释其强制性问题的过程中走出的重要一步。任何熟悉心理分析的人都很容易接受这个观点。我们可以用另一种方式表达:关于抽象的"一致性"或"逻辑性"(盖尔纳倾向于交替使用这些术语和其他术语)的标准,在每种情况下,对于接受或拒绝话语并不总是决定性的。这是因为,正如盖尔纳自己正确地评论的那样,"语言除了'提及物体'还在许多方面发挥作用"(第 25 页)。不是每句话都是论断。使用中的语言可以做许多事情,而且也意图如此行事,这解释了为什么我们可能会对从狭隘的"逻辑"观点看来似乎不充分的话语作出积极的回应。一门特殊的语言的功能,一段特殊的话语的意图,当然是每一位有能力的民族志作者在尝试充分地翻译为他自己的语言之前就试图掌握的内容。

盖尔纳对这个观点似乎有了些意识,但他急切地要向功能主义人类学家展示他们在文化翻译中的"过度仁慈",就把它抛诸脑后了。

希望解释异文化中的概念、论断或教义的社会人类学家,他所面临的情况基本上是简单的。比方说,他面临地方语言中的论断S,他用自己的语言表述会处理成无限种可能的句子。……

他也许不是很满意这种情况,但是他不能避免。并不存在可以调解当地语言和自己语言的第三种语言,用它可以表达得完全等价,从而避免由于这样一个事实引起的缺陷,这个事实就是他自己的语言有他自己处理世界的方式;它可能与被研究的当地语言处理世界的方式不同,因而容易歪曲那些被翻译的东西。

人们有时候天真地认为现实本身可以成为这种调解中介或"第三种语言"。……鉴于大量强有力的理由,这当然是不行的。(第24—25页)

有些读者可能又会觉得,这段明智的表述支持这样一个要求,即民族志作者在将一种异域话语翻译成民族志文本的语言之前,必须试着对"当地语言"处理世界、传递信息和组成经验等方式进行重构。但是盖尔纳的论述则从一个不同的,甚至非常值得怀疑的方向展开。

因为已经找到了一个对等的英语句子,他继续说道,人类学家注意到它不可避免地带有价值判断的含义——换句话说,它要么是好的要么是坏的。"我没有说'真'或'假',因为这只适用于某些类型的论断。至于其他,其他的二分法,都可以用,例如'有意义的'和'荒谬的'或者'明智的'和'愚蠢的'。我故意使用'好'和'坏',以此来覆盖所有这些可能的两极词汇,无论其中哪个最适用作S的等价语。"(第27页)

难道这里的假设还不够奇怪吗?(没有哪个有经验的译者会作出这样奇怪的假定。)首先,作评估性区别总是一件在两极词汇之间作选择的事情;其次,评估性差别最终会化约为"好"和"坏"。显然,当这些假设作为一般规则被表述的时候,其中没有一个是可被接受的。他然后又暗示了译者的任务必然是为句子配句子。但是,如果有经验的译者先在要翻译的话语中寻找一致性原则,然后尽可能用自己的语言复制那种一致性,那么就不可能存在关于译者将使用什么单位进行翻译的一般规则——单位指句子、段落,或者更大的话语单位。倒过来说我的观点:所用单位的适当性取决于一致性原则。

但是,盖尔纳关于人类学家像翻译者的比喻,要求假定后者匹配的单位是句子,因为这更容易展示过度仁慈的罪过是如何产生的。既然已经在当地语言的句子和自己语言的句子之间确立了最初的对等关系,人类学家注意到英语句子带有一个"坏的"印象。这让人类学家很忧虑,盖尔纳的比喻接着推论,带有这样一个印象的民族志叙述可能会被认为在蔑视他所研究的当地人,而蔑视其他文化是种族中心主义的标志,按照功能主义人类学的学说,种族中心主义是差劲的人类学的一个病状。功能主义方法要求句子应该根据它们所处的社会语境来评价。所以焦虑的人类学家更灵活和更仔细地用语境的方法来重新解释最初的句子,目的就是做出一个"好的"翻译。

盖尔纳写道,过度仁慈的罪过,和语境方法本身,与追溯到启蒙运动的相对主义-功能主义的观点是联系在一起的:

> 这个(没有解决的)困境,即过去启蒙运动思想面临的困境,是相对主义-功能主义的观点和启蒙理性的绝对主义论断之间的两难。把人看作自然的一部分,正如启蒙理性论要求的,是希望把人的认知活动和有价值的活动也看作自然的部分,因而认为这些活动在有机体与有机体、在语境与语境之间都会合理地变化。(这是相对主义-功能主义的观点。)但是同时,在依照理性和本性的可取的生活中,它希望至少从这样的相对主义中去除这个观点本身(或者,在实践中,还去除其他的观点)。(第31页)

盖尔纳的哲学表述是一种典型的做法,它把这个"没有解决的困境"作为两个概念之间的一个抽象的对立面来表现——这两个概念就是"相对主义-功能主义的观点"和"启蒙理性的绝对主义论断"。但是这两个"概念"是如何作为"[西方]社会制度……的关联物"来起作用呢?(参照 Gellner 1970:18)可以毫不费力地说,在第三世界国家,"启蒙理性"的主张实质上比许多相对主义观点更成功,而且在工业经济的发展方面和民族国家的形成方面,前者已经比后者施展了更大的权威。当把翻译作为权力过程来考察时,我们将有机会更深入地讨论这点。问题在于,"启蒙理性的绝对主义论断"实际上是一种制度化的力量,因此按照定义,它承担着探入和非法占用异邦疆域的使命,而且它的对立面(无论是不是明显相对主义的)根据定义便是防御性的。这样,当盖尔纳以人类学家的态度继续在同一页上描写这个抽象困境的特征时,他没有考虑到"文化翻译"被当作不平等社会的更广泛关系中的制度化实践时可能牵涉的问题。因为应该形成这个特殊的讨论起点的,不是个别的西方人类学家在他们的民族志中所说的话的抽象逻辑,而是他们的国家(或许是他们自己)在其与第三世界的关系中所做的事的具体逻辑。"相对主义"的困境是不同的,这取决于我们考虑的是抽象化的理解,还是历史定位的实践。

然而,盖尔纳说他原则上不反对人类学的相对主义。"关于达致宽容的语境化解释,我的主要观点是",他写道,"需要谨慎为之"(第 32 页)。但是为什么要对"达致宽容的"(与达致不宽容相对立)的语境化解释保持谨慎,他没有解释。毕竟,盖尔纳早就坚持认为,所有被翻译的句子注定要受到要么"好"要么"坏"的评价。为什么我们只是怀疑那些显得"好"的句子?如果是因为"最初就决定将本土论断 S 从有利的方面加以解释,而这将决定将多少语境纳入考虑之中"(第 33 页),那么,我们也许能通过采用非同情的态度来逃脱这个恶性循环?这里盖尔纳没有直接论述这种可能性,但是我们必然假定它不可能是个解决办法,尤其考虑到他的这一主张,即"事物和社会的本质中没有任何东西明确规定究竟有多少语境与特定的说法有关,或者语境应该如何被描述"(第 33 页)。

然而,这一最终论断是严肃地说出来的吗?没有任何东西?!那么,甚至在同一社会中的个体之间的交流究竟何以可能?为什么还要告诉那些外国人,他们误解了他们的所见所闻?社会习得无法产生辨识相关语境的技能吗?针对这些问题的答案应该是显而易见的,并且这些答案与这样一个事实有关,即人类学家的翻译不只是在抽象层面匹配句子的问题,而且是学习过另一种形式的生活,并说另一种语言。在不同的话语事件中哪些语境是相关的,这是一个人在生活的过程中所学到的东西,而且即使那种知识经常是很难描述的,但仍旧是关于"社会本质中"的东西的知识、关于生活某个方面的知识,它指出了(尽管它没有"规定")究竟有多少语境与某个特定的表达有关。当然,关键不在于民族志作者不能知道什么语境适合赋予典型表述以意义,或者他在翻译这些表述的时候被诱导得比他应有的仁慈更加仁慈,而是在于,他在翻译中的尝试也许会遇到一些问题,这些问题扎根于他用来工作的语言材料和他的工作所处的社会条件——既在田野中,也在他自己的社会中。关于这点后面还要再谈。

盖尔纳文章的后半部分举了几个来自民族志研究的例子,其目的是,首先,展示翻译中的过度仁慈,然后,说明用批判的眼光看待异邦宗教话语的逻辑在解释方面具有长处。

第一组例子来自埃文思-普里查德的《努尔人的宗教》(Evaus-Pritchard 1956),书中对努尔人宗教话语听起来颇为奇怪的最初翻译——例如出名的表述是"双生子中的一个是只鸟"——做了再解释。"这种表述",盖尔纳评论说,"显得与一致性或无矛盾原则相冲突,或与常识冲突,或与明显观察到的事实相冲突:人类的双生子不是鸟,反之亦然"(第34页)。按照盖尔纳的观点,埃文思-普里查德的再解释通过武断地使用语境联系法,解除了对努尔人思想中"前逻辑心理"的指控。通过将"荒谬的"表述的含义与"合逻辑的"行为相联系,这个明显的谬论经过再解释,以否认努尔人的信仰与明显事实相冲突。盖尔纳通过引用(故意省略掉一个重要的句子)埃文思-普里查德的话来显示出这点是如何做到的:

> 这个表述没有矛盾,相反,对于在努尔人的语言和在他们的宗教思想体系中对自己提出这种观念的人来说,这个表述显得非常明智,甚至真实。[于是他不会按字面意思来理解他们关于双生子的表述,就像那些说出并理解这些表述的人们不会这样做一样。]他们不是说一个双生子有喙、羽毛等等。在他们作为双生子的日常关系中,努尔人也不会把他们叫作鸟或像对鸟那样对他们。(第35页。括号里的句子是盖尔纳省略了的;着重号为盖尔纳所加。)

在此处,盖尔纳突然停止引用并假装失望地插了一句:"可是那么什么能算作前逻辑思维？大概只有精神完全失常的人的行为，经受永远的幻觉的折磨，他会把察觉起来是人的东西当作好像具有鸟的所有特征的东西来对待。"（第35页）盖尔纳如此急切地要把必须算作"前逻辑思维"的表述固定下来（为什么是他如此急切？），他没有停下来认真考虑埃文思-普里查德试图做的事情。事实上，埃文思-普里查德用了数页篇幅来解释这个奇怪的句子。很显然，他关注（按照努尔人的社会生活来）解释，而不是（按照西方常识或者西方价值观来）证明其合理。这种解释的目的当然不是要说服西方读者采用努尔人的宗教实践活动。它也不排除这种可能性，即当努尔人使用他们传统的思维方式的时候，个别的说话人在他们的宗教话语中会犯错误，或者说一些谬论。所以，为什么盖尔纳要从《努尔人的宗教》一书中指出这个例子来证实他对功能主义人类学家过度仁慈的指控，这个原因还不清楚。埃文思-普里查德正试图解释赋予努尔人宗教话语以意义的一致性，而不是要维护那个意义的普遍地位——毕竟，不论在写作关于努尔人宗教的专著之前还是之后，埃文思-普里查德自己都是一个天主教徒。

现在，关于埃文思-普里查德是否成功地解释了努尔人的宗教话语基本的一致性，当然是另一个问题。几个英国人类学家——例如，雷蒙德·弗思（Firth 1966）——（就我了解，他们没有一个是努尔人）已经争论过关于埃文思-普里查德的解释的许多方面。但是这些分歧仍旧是围绕搞清努尔人宗教话语意义的不同方式，而不是关于翻译中过多或过少的"仁慈"。实际上，与盖尔纳的指控相反，埃文思-普里查德的解释的确在努尔人的概念里产生了相当明显的确实的"矛盾"，或者至少是模棱两可——例如，在"至高的和无所不在的生命"的观念和"次级灵魂"的观念之间就有矛盾，因为二者都被归为克沃什（*kwoth*）这一类的。正是因为埃文思-普里查德坚决主张将克什沃的不同意义放在一起作为"一个概念"的几个部分，而不把它们当作同形同音异义词来对待（马林诺夫斯基就会这样做，把词和不同的使用语境联系起来），努尔人的灵魂概念才可能被说成是"矛盾的"。但是，对一种语言基本的概念目录进行模糊性和"矛盾"确认，这种确认是否提供了"前逻辑思维"的明显证据，当然，这是另一个问题——我想提示一下，只有对翻译中涉及的问题怀有极其天真的理解的人才会认为答案是肯定的。

然而,盖尔纳的论述典型地回避了似乎要提出的问题,以一种催促读者掠过一系列措词狡猾的否认的方式:

> 我不希望被误解:我不认为埃文思-普里查德关于努尔人概念的解释是糟糕的。(我也不急着按列维-布留尔的方式复兴一种前逻辑心理的学说。)相反,我对其怀有非常高的敬意。我急欲讨论的是,语境式解释没有靠自身来最终解决问题,它提供了一种关于断言"真正意味着"什么的解释,与孤立地看它似乎意味着什么相对立。(第38页)

现在谁还会认为答案是肯定的?当然埃文思-普里查德不会。在任何情况下,"语境化解释"与非语境的解释之间的对立完全是伪造的。没有什么东西"孤立地看"会有意义。问题一直都是,什么类型的语境提供了解释?

但是那是盖尔纳从不讨论的事情,但他会暗示那个答案必定包含一个恶性循环——或者重复地警告我们不要"过度"仁慈(什么时候仁慈不"过度"?)。他似乎没有意识到对译者来说,在每种情况下决定相关语境的问题,是通过特定语言使用中的技能来解决的,而不是通过事先设定的不宽容或宽容的"态度"来解决的。技能是某种习得的东西——也就是说,这种东西必然是循环的,但不是恶性循环。我们不是要对两组句子进行抽象的匹配,而是要处理一种植根于生活模式中的社会实践。译者可能会犯错误,或者他可能有意地不如实叙述某事——就和人们在日常生活中犯错误或说谎一样。但是我们不能得出一条确认这样的事情的总原则,尤其不能通过警告注意"语境解释法"来得出。

我们再来看盖尔纳的另一个更具魅力的否认声明。他说:"说这些不是要赞成对异域语言的使用者意指的东西持怀疑论或不可知论,更不是要赞成放弃语境解释法。(相反,我要赞成更充分地使用它,充分的意思是允许以下这种可能性,即有时人们的表达的确是荒谬的。)"(第39页)这一表述的魅力在于盖尔纳黠地挪用他对手的方法来加强他自己独特的观点。

但是在他这么做之前,利奇的《缅甸高地诸政治体系》已向我们展示了书中使用的产生宽容的语境法的较深入的例子。因此，根据利奇的说法，克钦人关于超自然世界的叙述，"归根结底，只不过是描述存在于普通克钦社会中的真实人物和真实群体之间的正式关系的几种方式"（引自第40页）。

152 在这点上，盖尔纳插入一句："看清已经发生的事情是可能的。利奇解释的程序也已经把克钦人从他们被认为好像正说着的东西中解救了出来"，而且这样就有可能"把意义归于否则就会缺失意义的断言"（第41页）。盖尔纳继续坚持说他不关注讨论利奇的解释，而只是"展示语境的范围和看待情境的方式如何必然影响解释"（第41页）。这是一个重要的评论，因为盖尔纳确实不是反对利奇的还原论（我们将会发现盖尔纳后来在讨论柏柏尔人的宗教思想时，他自己还坚持了还原论），而是反对这样一个事实，即这个还原论的例子——盖尔纳误导性地称之为"语境主义"——似乎要保护而不是攻击有关的文化话语。

盖尔纳关于"无情的人如何可能在次级的、更深的和更好的意义上成为'语境主义者'"（第42页）的论证从编造一个虚构社会中的假想词——"boble"开始，这个词用起来非常像英语单词"noble"（贵族）。这样，我们被告知这个词可被用于指事实上显示了某种习惯性行为方式的人们，也可以用于占据特殊社会地位的人们，而不管他们的行为如何。"但是关键是：正被讨论的社会没有区分出两个概念，boble(a)和boble(b)。它只是简单地使用boble这个词"（第42页）。然后bobility的逻辑被进一步分析以表明

> 何以bobility是一个概念装置，由于这个词既用于指那些拥有美德者，也用于指有特权的人，因此这个社会中的特权阶级就可以通过这个装置获得那个社会中由某种受尊敬的美德带来的声望，而不必费神去实践它。同时，它是加强那些美德的吸引力的一种方式，通过使用同样的名称而把那些美德与声望和权力联系起来。但是，所有这些都需要说出来，而且要说出它也就是要显示出这个概念内在逻辑的不一致——一种的确具有社会功能的不一致性。（第42页）

事实上,"bobility"这个概念没有显示出是不一致的——即使我们承认,因为这个词的模糊性,它可以被用于政治话语来巩固一个统治阶级的合法性(而且因此原则上也破坏了那一合法性)。盖尔纳对他虚构的例子的满意结论的确过于草率了:"然而,这表明的是,决定了要保护这些他正考察的、被指控为逻辑不一致的概念的过度仁慈的解释者,注定会错误地描述社会状况。理解概念即曲解社会"(第42页,着重号是我后加的)。显然,"bobility"这个词对它的使用者在特定的陈述中是有意义的(否则他们不会用它),而且它对盖尔纳也有意义,尽管是不同种类的意义,盖尔纳认为它通过欺骗它的使用者,在某种程度上支持了一种社会结构。有意义或无意义,就像真理和谬误,适用于陈述而不适用于抽象的概念。对我来说这里似乎没有证据证明"无意义的"概念存在,因为没有对社会情境中的陈述的分析。

但是在这个例子中也明显存在一个更严重的失误:没有努力去探索概念的一致性——这种一致性极有可能具有社会效果。当然,政治话语会使用谎言、半真半假的说法、逻辑的欺骗等形式。然而,并不是这些赋予了它强制性的特征,这种强制性特征也不是使用真实的或清楚的陈述所赋予的,强制性恰恰是盖尔纳的例子中所谈到的。与之相关的不是概念的抽象逻辑地位,而是在特定的文化情境里似乎要动员或指导人们行为的特定的政治话语所采取的方式。"bobility"的强制性作为一个政治概念,是一个具有一致性的话语和实践的特征,而不是易受骗的思想的特征。那就说明为什么对于一个强大的政治意识形态的译者来说,试图传达这个一致性的某种东西是至关重要的。曲解概念即曲解社会。

盖尔纳最后一个例子来自他自己在中部摩洛哥的柏柏尔人中做的田野工作,意在解决这样一个争端,即一个不仁慈的语境论者通过强调概念的不一致而更好地理解了他所描绘的社会:"巴拉卡(*baraka*)和阿古兰姆(*agurram*)[复数形式为伊古兰门(*igurramen*)]这两个概念是有关的",他写道,"巴拉卡一词,可仅指'足够的',但是它也表示充分,而且首要的是,它表示繁荣中与其他事物一道体现出来的被祝福状态和以超自然的方式导致其他事物繁荣的力量。阿古兰姆是巴拉卡的拥有者"(第43页)。

伊古兰门——在盖尔纳后来的作品中被译为"圣徒"（如 Gellner 1969）——在中部摩洛哥柏柏尔人的部落社会中是一个相当有特权和有影响力的少数群体，他们发挥着宗教价值观之核心的作用，也充当与他们一起生活的部落人群中的调解者和仲裁人。"按当地人的信仰，他们是被上帝选出来的。而且，上帝通过赋予那些他选出来的人以特定的品质，包括魔力、极大的慷慨、富裕、关爱弱者*、和平主义等而使他的选择明示出来"（第43页）。

这是盖尔纳的"翻译"。但是他过于流利地使用着强有力的、也许是无关的、具有基督教暗示的宗教词汇，这必定在这个观点上引起质疑。例如这里被精确地翻译为"关爱弱者""使他的选择明示出来"以及"赋予"的行为和话语是什么？柏柏尔人相信上帝赋予他们的"圣徒"性情品质（诸如"极大的慷慨与和平主义"）吗？或者他们宁可认为这些特性是神圣性的条件，是伊古兰门亲近上帝的条件？柏柏尔人真认为宗教上的和道德上的美德是神选的"明示"并依此观念行动吗？当有人没有展示他们应该有的这些美德的时候，他们会怎么说？又如何做？假定一个阿古兰姆既有家庭又有财产，假定这个事实被柏柏尔人当作是一种完美状态，那么他的行为是被谁概念化为"关爱弱者"的？盖尔纳没有给出读者回答这些重要问题的相关证据，对他的翻译来说，其意义立刻就会显现。

然而，现实状况是，伊古兰门实际上是由使用其服务的周围普通的部落人选出来的，他们被要求执行那些服务任务，而且比起与之竞争的候选人来说，人们更喜欢他们。看起来是神意（*vox Dei*）的东西实际是民意（*vox populi*）。而且，关于被保佑的特征、表明阿古兰姆资格的圣痕［原文如此］的问题是更加复杂的。达到阿古兰姆地位的成功候选人被赋予了这些特征，这是重要的；但是不管怎样，其中一些人不应该真的拥有这些特征，这同样至关重要。例如，一个对弱者极其慷慨的阿古兰姆不久将会贫困，而且，这样会被另一个重要的考验判为不及格，即

---

* 原文为"a consider-the-lillies attitude"，出自《新约·马太福音》6:28："何必为衣裳忧虑呢？你想，野地里的百合花怎么长起来。它也不劳苦，也不纺线。"——译者

关于富裕的考验。

　　这里在概念和现实之间有一个重要的分歧,而且是一个对社会系统运行来说是相当重要的分歧。(第43—44页)

　　从盖尔纳提供的理由来看,这个陈述所意味的东西一点也不清楚,这个陈述是"按当地人的信仰,他们是被上帝选出来的"——究竟因为什么"被选出来的"? 因为是仲裁者? 但是仲裁必须是由部落社会中的某个成员提出,而且那个事实对部落人来说差不多是众所周知的。因为爱好和平? 但是和平主义是一种美德,不是一种报酬。因为世俗的成功和富裕? 但是那不可能是当地对神圣的定义,否则法国殖民统治者可能被认为比任何一个阿古兰姆更神圣。

　　一个欧洲人类学家告诉他的那些不可知论的和/或现代的欧洲读者,柏柏尔人信仰神对他们的事情有一种特殊的直接干预,他们的这个信仰当然是错误的,而且这个错误的信仰可以产生社会后果,这真的没有什么巨大的解释贡献。在这种练习中,我们没有了解他们信仰什么,只是知道他们所信仰的东西是非常错误的:因此,柏柏尔人相信上帝"选出""伊古兰门";而我们知道上帝不存在(或者假如我们中有人仍旧"相信"上帝存在,我们也"知道"他不直接干预世俗的历史),所以这个"挑选者"必定是部落人不认为是代理人的另一个代理人——事实上,是周围的部落人自己。伊古兰门被人们(因为一个特殊的社会角色? 因为一种美德? 因为一种宗教命运?)"挑选"出来。这个"选择"看起来是神意,而实际上是民意。是这样吗?

　　实际上,人类学家描绘为"选择"的社会过程只有在谎称那个过程构成了一个文化的文本的意义上,是"意"(vox)的所在地。因为一个文本必须有作者——通过这个文本表达自己声音的人。而且如果那个声音不可能是神的声音的话,它必定是其他某人的声音——人民的声音。因此盖尔纳这个无神论者坚持回答一个神学问题:谁通过历史、通过社会说话? 在这一特定事例中,答案取决于这样的文本,它同时包含"真实"的、无意识的含义和对其恰当的翻译。能指与所指以下这种方式的融合尤其明显,即通过这种方式伊斯兰教的巴拉卡概念被搞得听起来极其像18世纪的一位怀疑论者描绘的基督教的优雅概念,这样,界定"阿古兰姆的巴拉卡"的那些条件带着心照不宣的吉本式*微笑被指认为"圣痕"(stigma)——而且依靠那个灵巧的标志,柏柏尔人一部分的文化文本同时在盖尔纳的文本中被建构和被显示,就像他所有作品中的词与物的结合那么精细。

但是社会不是一个与老练的读者进行交流的文本。是人们在说话。而且他们所说的东西的最终意思并不存在于社会中——社会是说话者进行行动并被影响的文化环境。盖尔纳授权自己译解柏柏尔人所说的话的真实含义(不论他们认为他们自己说的是什么),这是一种特权的观点,这个观点只能被某种人保留,这种人假定翻译别的文化本质上就是用两种语言匹配书面的句子,由此第二组句子变成了第一组句子的"真实意义"——这是人类学家独自控制的一种操作行为,从田野笔记到印制的民族志。换句话说,这是某些人的特权观点,这些人并不,也不能够与那些他或她曾经一起生活的而现在正在描写的人们进行真正的对话(参照 Asad,ed. 1973:17)。

在盖尔纳文章的中间部分,当讨论人类学的相对主义的时候,他抱怨道:"相对于毕竟离得比较遥远的野蛮人,人类学家是相对主义的、容忍的、进行语境式理解的;但相对于他们直接的邻居或前辈,即我们自己社会中不赞同他们理解的观点而且自己就是'种族中心主义的'那些成员来说,人类学家又是绝对主义的、不宽容的。"(第31页)

为什么我试图在这篇论文中坚持任何关注翻译别的文化的人都必须寻找话语中的一致性,而且还用这么多篇幅去表明盖尔纳的文本在很大程度上是不一致的?道理非常简单:盖尔纳和我说同一种语言,属于同样的学术专业,生活在同一个社会中。在对他的文本采取批评姿态时,我要驳斥他所说的话,而不是翻译他的话,这两种活动之间的根本不同恰恰是我坚持的东西。而且,我辩论的目的不是对"直接的邻居"表示"不宽容"的态度,而是检验和识别他文本中需要补救的逻辑混乱之处,因为人类学的翻译任务应该被理得更有条理也更清楚。所以,这种批评的目的是推进集体的努力。在

---

* 爱德华·吉本(Edward Gibbon,1737—1794),英国历史学家,代表作为《罗马帝国衰亡史》。文风华丽、慧黠。——译者

"遥远的野蛮人"不能阅读的民族志专题论文中批评他们,在我看来并不具有这种目的。要做出负责任的批评,就必须总是批评那些能够辩驳它的人。

语言的不平等

仔细阅读盖尔纳的论文会发现,虽然他提出了许多重要问题,但是他不仅没有回答他们,而且错过了民族志作者所关注的问题中一些最重要的方面。对我来说,其中最有意思的也是现在我想详细讨论的是可以被称为"不平等的语言"的问题。

所有好的翻译都试图用译者自己的语言再生产异域话语的结构。然而对这一结构(或这种"一致性")的再生产,当然会依赖于文本的体裁("诗""科学分析""叙事"等)、译者的语言资源以及译者和/或他的读者群的兴趣。将译文建立在特定的语言上并且是针对一套特定的实践、一种特定的生活形式的,这构成所有成功的翻译的前提。此生活形式离被译的原本越远,这种再生产就越不机械。正如本雅明所写:"用来书写译文的语言可以而且事实上也必须享有自由,这样这种语言就可以表达被译文本的意向性(*intentio*),不是再生产,而是和谐,是充当意向性在其中得以表达的被译语言的补充物,充当其自身的意向性"(Benjamin 1969:79)。顺便说一句,意向性是让读者来评价的,而不是让译者代劳的。一个好的翻译应该要先于批评。而且我们可以倒过来说,一个好的批评总是一个"内在的"批评——也就是说,好的批评是以一些共通的理解,以一种共同的生活为基础的,而批评的目的则是扩大这种理解和其一致性。这样的批评——和批评的对象一样——是一个观点,一个(相反的)表述,只有临时的和有限的权威性。

当被译语言如此遥远以至于很难重新写出一个和谐一致的意向性的时候,会发生什么?潘维茨作出了下面的评论(在我刚才使用的本雅明的论文中有所引用):

我们的翻译,即使是最好的翻译,都是从一个错误的前提开始的。他们想把印地语、希腊语、英语翻译成德语,而不是把德语翻译成印地语、希腊语、英语。我们的译者们对使用他们自己的语言怀有极大的尊敬,这比对外国作品的精神的尊敬要大得多。……译者基本的错误是他保持他自己的语言碰巧所处的那种状态,而不允许他自己的语言受外国语言强有力的影响。尤其当翻译一种离他自己语言非常遥远的语言的时候,他必须回到语言本身最基本的元素,并去洞察效果、形象和语气交织在一起的地方。他必须靠外国语言扩展并加深他自己的语言。(Pannwitz 1969:80-81)

为了翻译出原作的一致性而改变语言,向一些人提出了一个有趣的挑战:他们这些人满足于听起来荒谬蹩脚的翻译,因为他们假定,原文也是同等荒谬的:好的译者不会立刻认为在传达一种异域话语的意义中出现的不寻常困难就意味着是后者中的一个缺点,相反,他或她会对自己的语言的正常状态进行批判性检验。所以相关问题不是译者应该对原作者表现出怎样的容忍态度(一个抽象的伦理困境),而是她如何才能检验她自己的语言对于采取陌生形式的容忍度。

对某人习惯用法的限制的这种突破,通过翻译过程对其语言进行的这种拆毁和改造,绝不是一件容易的事情,部分是因为(如果允许我使之具体化)它取决于译者的语言是否愿意接受这种转换力量(transforming power)。我把这种意志多少有点虚构地归因于语言,因为我想强调的是,这种事情在很大程度上不是译者的个体活动能决定的(如同个别说话者不能影响对他或她的语言的发展)——这种事是由制度上定义的语言/有关的生活模式之间的权力关系来控制的。简略地说:因为第三世界社会的语言——当然包括社会人类学家传统上研究的社会——与西方世界的语言(在今天,尤其是指英语)相比是"比较弱势的",它们更可能屈服于翻译过程中的强制性转换而非相反。之所以如此,首先是因为在与第三世界国家的政治经济关系中,西方国家有更大的能力来控制与支配。其次,西方语言比第三世界语言更容易生产和利用人们想得到的知识。(西方社会并没有以同样的方式或出于同样的理由去追求第三世界语言利用起来更容易的知识。)

以现代阿拉伯语为例。从 19 世纪早期以来，有越来越多的书籍从欧洲语言翻译过来——尤其是从法语和英语翻译成阿拉伯语。这包括科学的文本，以及"社会科学""历史""哲学"和"文学"。而且，从 19 世纪起，阿拉伯语作为一门语言已经开始经历一种转变（词法的、语法的、语义的），这种转变远比欧洲语言中出现的转变更为明显。相比从前，这种转变已经把阿拉伯语推得离欧洲语言更相近。这些转变标志着，与已经被翻译的话语和正在被翻译的话语的主导形式有关，各种语言的权力（即能力）中存在不平等。我们有各种各样的知识需要学习，而且还有许多样板（model）需要模仿和再现。在有些情况下，有关这些榜样的知识是生产更多知识的前提条件；在另一些情况下，这些知识本身就是目标，体现为一种对强权的效仿，一种对变革的期望。接纳这个众所周知的事实，使我们认识到工业资本主义不仅改变第三世界的生产方式，而且改变其知识类型和生活方式，同时，改变其语言的形式。已经部分改变了的生活方式将导致歧义，一个不熟练的西方译者可能按照他自己"强大的"语言取向来简化这些歧义。

上述观点对文化翻译这一人类学概念意味着什么？那可能就是，在民族志语言学的传统中存在更严重的僵化、更强大的内在抵抗，这不是个体在民族志再现模式中所进行的各种实验所能克服的。

林哈特在他的很有洞察力的论文"思维模式"一文——盖尔纳批评此文对"原始思维"的一致性作了过度仁慈的假定——中说：

> 当我们与野蛮人一起生活，说他们的语言，学习用他们的方式把他们的经历呈现给我们自己的时候，我们尽可能像他们那样思考而做我们自己。终于，我们试着用被教导使用的逻辑框架来系统地表述他们的概念；而且我们希望这样可以使用他们的语言表达的东西和用我们的语言表达的东西相和谐一致。我们在（我们已经了解到的）他们的思维习惯和我们自己社会的思维习惯之间进行调解；在这样做的时候，我们一直探索的不是某个神秘的"原始哲学"，而是我们思想和语言的更深层的潜力。（Lienhardt 1954:96-97）

在田野中，正如林哈特恰当地指出的，翻译过程恰恰就发生在民族志作者开始经历一种特定的生活方式的时刻——就像一个小孩学着在特定的文化中成长要做的那样。他学着去找寻在一种新环境和新的语言中的生存之道。而且，像个小孩一样，他需要用语言明确地（explicitly）表达做事情的恰当方式是什么，因为习得就是这样进行的（参照 A. R. 卢里亚论"多重现实话语"，见 Luria and Yudovich 1971：50）。当小孩/人类学家对大人的方式变得熟练的时候，他已经习得的东西变为暗含的（implicitly）——作为遍布一种共同的生活方式的假定，伴随着所有的共鸣和含糊。

但是学着过一种新的生活方式和了解另一种生活方式是不一样的。当人类学家返回自己的祖国，他们必须详细描写"他们的人们"，而且他们必须按照他们的学科、体制化的生活和更广义的社会所限定的（已经"写定的""固定的"）再现惯例来这么做。"文化翻译"必须让自己融入一种不同的语言，这种"不同"不仅体现在与丁卡语（Dinka）相对的英语，或者与卡巴什阿拉伯语（Kabbashi Arabic）相对的英语的意义上，而是体现在与"部落中的"苏丹人的生活模式相对的英国的、中产阶级的学术游戏的意义上。已经确立的强大的生活结构（有它自己的话语游戏和它自己"强大的"语言）的僵化，和其他因素一道，最终决定了翻译的有效性。翻译是对一个特定的读者群说话，这个读者群正等着阅读另一种生活方式，等着按照已经确立的规则来控制它所读的文本，而不是学习过一种新的生活方式。

本雅明提出，翻译要求的可能不是对原文本的机械再生产，而是与它的意向性相一致，如果本雅明在这点上是正确的，那么没有理由说只应该在同样的模式中这么做。的确，"翻译"一种异邦的生活方式，"翻译"另一种文化，通过民族志的再现话语并不总能做得最好；在一定条件下，一个戏剧性的表演，演出一个舞蹈，或者演奏一段音乐可能是一种更聪明的做法。这些都是对原文本的生产，而不仅是解释：对原文本的转换而不是对其权威性的文本再现（参照 Hollander 1959）。但是它们会被大多数社会人类学家认为是"文化翻译"的有效实践吗？我想不会，因为与只对那个作品的不同书写和解读（意义）相比，它们都提出了一个完全不同的、测量人类学"作品"和它的读者之间的关系的维度，也都提出了不同用法（实践）的问题。而且作为社会人类学家,我们被训练去把其他文化的语言作为文本来翻译,而不把从其他生活方式学到的文化能力引入或扩大到我们自己的生活方式中。对我来说,作为文本的文化概念很可能已经强化了关于我们任务的这个观点,因为它推动了这一假设,即翻译本质上是一种文字再现。

解读其他文化

这种语言权力上的不平等与如下事实的结合,促使我要谈到的这种解读异邦文化的暗含之意的趋势不断加强:人类学家们经常需要为以学术人员和讲英语的听众为主的读者群描绘没有文字的(或是在任何程度上都是不讲英语的)人群。

按照许多社会人类学家的说法,民族志翻译的对象不是定位于历史的言语(这是民俗学者和语言学家们的工作),而是"文化",而且为了要翻译文化,人类学家必须首先读懂,然后用文字再现出存在于特定环境中的言语之下/之中/之外的隐含意。玛丽·道格拉斯对这点表述得非常精彩:

> 当人类学家抽出所观察的实践中蕴含的宇宙图式时,如果他试图把这种宇宙哲学表述为一种依据个人意志的系统哲学的时候,他就严重歪曲了原始文化。……所以我上面定义的这个原始世界观本身几乎不是原始文化中思考和推测的对象。它已经作为其他社会制度的附件(appanage)而发展。在这个程度上,它被间接地生产出来,还是在这个程度上,应该认为原始文化没有意识到自身,没有意识到自己的条件。(Douglas 1966:91)

人类学家和语言学家在翻译问题上的一个差别也许是:尽管后者直接面对来自社会中的特定的一般话语,即文本化了的话语。而人类学家则必须根据大量习俗中的暗含的意义将这些话语构建为文化文本(cultural text)。因此,文化话语的构建及其翻译似乎是一个行为的多个方面。这个观点是在道格拉斯对她自己翻译莱勒人(Lele)中穿山甲崇拜的含义的评论中提出来的：

> 没有一本莱勒人的有关神学或哲学书讲述这一崇拜的含义。莱勒人用这么多话也还没有向我表明其形而上学的含义。我甚至也没有偷听到占卜者之间关于此的对话。……
>
> 我们能明智地要求得到哪种证据来解释这个崇拜或任何崇拜的含义？它可能有许多不同层次和种类的含义。但是我立论的基础是出现某个模式之中的含义，在这个模式中，部分之间可以明确地表现出有规律的联系。这个社会中的成员没有一个会必然意识到这整个模式，正如说话者对他们使用的语言学模式不能明确了解。（1966:173-174）

我已经在其他地方（Asad 1983a）提到过，不管暗含的意思是否被实践的行动者承认，我们都将其归于一个异邦的实践，这是神学活动所特有的形式，并且有相当长的历史。这里我想提醒大家注意，提到说话者产生的语言学模式（pattern），这并不是一个好的类比，因为语言学的模式不是我们要翻译的意义，它们是要被系统描写和分析的规则。一个操本地语言的人知道如何创造这种模式，尽管他不能明确地表达创造的规则。明显缺乏表达这些社会知识的能力，这个情况不必然构成其为无意识的意义的证据（参照 Dummett 1981）。"无意识的意义"这个概念属于一个压抑性的无意识状态的理论，例如弗洛伊德的理论，在这个理论中可以说一个人无意识地"知道"某事。

在"文化翻译"的任务中识别无意识的意义，也许拿来与心理分析学家活动做比较，会比拿来与语言学家的活动做比较更贴切。的确，英国人类学家有时正是用这些术语来展现他们的工作的。因此，波科克，埃文思-普里查德的一个学生，写道：

> 总而言之，社会人类学家的工作可以被视为作者和译者协作的一个高度复杂的翻译行为。这可以被更精确地类比为心理分析学家和他的研究对象（subject）之间的关系。心理分析学家进入到他的研究对象的私

人世界,目的是了解其私人语言的语法。如果分析不再深入,那么这在种类上与可能存在于任何两个彼此非常了解的人之间的理解没有什么区别。[!]这之所以是科学是因为达至亲密理解的私人语言被转译为公共语言——不管在外行看来这种语言是多么专门化的——在此事例中,这是心理学家的语言。但是,这一特定的翻译行为并没有歪曲研究对象的私人经验,而且,对于他来说,这是对其经验的一种可以被接受的理想的、至少是潜在的科学表达。类似地,埃文思-普里查德教授作品中出现的努尔人的政治生活模型,对于同路的社会学家是一个意味深长的科学模型,这个模型是有效的,因为在某种理想的情境(在这种情境中,他们应该对生活在这个社会中的自身感兴趣)中,努尔人潜在地能接受它。自然科学家的配合从这个角度可以被看作发展了语言,从而使某些人可以以逐渐增长的微妙感就自然现象的某独特领域进行对话,这一区域以特定科学的名义定义的。从术语的字面意思看,他们的科学是他们的常识、他们的共同意思。从这个常识移到更广泛的公众"常识",这再次涉及一个翻译行为。社会人类学或者一般而言的社会学的情况,在这个层次上并不是非常不同的。区别在于,要做到对社会学现象的客观研究,取决于在多大程度上其主观意义被考虑进来,以及在多大程度上被研究者有潜力能分享社会学家关于他们的社会学意识(Pocock 1961:88-89;着重号是我加的)

我全文引用了这个值得注意的段落,因为它非常透彻地陈述了一个立场,我认为这个立场总的来说被许多人类学家接受,否则这些人类学家会认为他们在从事全不相同的事业。我引用它也因为"作者与译者"之间合作的实质在后面提到作为科学家的心理分析学家时被巧妙地提了出来:如果人类学的译者,像心理分析分析学家那样有最终的权威去决定研究对象的意思——那么正是前者变成了后者的真实作者。这样看来,"文化翻译"成了一个判定隐含意义的问题——不是当地人在他的话语中实际认可的,甚至不是当地听者必然接受的含义,而是他"在某种理想的情况下"与科学权威"潜在地分享"的那些含义:例如,就盖尔纳而言,当他说神意在现实中是民意之时,他表达了他的传统话语的真实含义和他文化的本质含义。在那个"理想的情况"下,他不再是一个穆斯林柏柏尔人部落的人,而是变成了一个像盖尔纳教授一样的人物,这个事实似乎不会让这些文化的翻译者感到困扰。

通过"隐含的"或者"无意识"之类的概念为一个研究对象创造含义,并使此含义具有权威性,这个权力当然已经在关于心理分析学家与接受心理分析的人之间的关系研究中被讨论过(如,最近的 Malcolm 1982)。据我所知,它没有结合文化翻译者所做的事情加以考虑。当然在人类学家的情况中有重要的区别。可以指出的是,后者没有把他的翻译强加给他所阐明其文化话语的社会成员,所以他的民族志不像心理分析学家的案例研究那样是权威性的。接受心理分析的人作为需要帮助的病人来到心理分析学家面前,或者被那些在其面前有权威的人们指引来到后者面前。与之对比,人类学家来到他想要解读的社会中,他把自己看作学习者而非指导者,当他有足够的信息来描绘这个社会的文化时,他就会从这个社会中走出来。他不认为这个社会是有病的,社会成员也不认为他们自己是有病的:这个社会不会屈从于人类学家的权威。

但是这个观点并不像第一眼看上去那么具有结论性。情况仍旧是,民族志作者对一种特殊文化的翻译/表述不可避免地是一种文本的建构,作为表述,它通常不可能受到原文化中的人们的驳斥,并且,作为一个"科学的文本",它最终变成了为相关的无文字社会有潜力地储存历史记忆的一个特别受到青睐的元素。在现代和现代化社会中,有记载的记录比民间的记忆有更大的力量来塑造、革新自我和制度。它们甚至建构民间的记忆。人类学家的专论也许返回来被重译为"较弱的"第三世界语言。所以从长远来看,不是民族志作者个人的权威而是他的民族志的社会权威关系重大。并且,那个权威被记录在工业资本主义社会的制度化的力量中(见本书第201页),这总是把多样的第三世界社会的含义推向一个单一的方向。这不是说没有对这个趋势的抵抗。而是"抵抗"本身标示着一个统治力量的在场。

我必须强调我不是在主张民族志在其他文化的革新中发挥了什么重要

作用。在这个方面,民族志的效果不能与表征社会的某些其他形式相比较——例如,西方生产的被卖给第三世界国家的电视片。(人类学家认可电视的力量,这无意地被反映在为英国媒介制作的日益增多的人类学电影中。)民族志的效果仍然不能与世界体系的政治的、经济的和军事的约束力相比。我的观点只是"文化翻译"的过程不可避免地陷入权力(职业的、国家的、国际的)的条件中。而且,在这些条件中,就有民族志作者揭开从属社会的隐含意义的权威。考虑到这种情况,要提出的有趣的问题就不是人类学家对于其他文化是否应该是相对主义者或理性主义者,严厉的或仁慈的,而且如果是的话,在什么程度上是;而是要问权力如何进入到既被看作话语实践,也被看作非话语实践的"文化翻译"的过程中。

结　　论

这些年来我一直被以下问题困扰。尽管盖尔纳在论文中例举的方法显然是有缺陷的,但为什么它会对如此多的专业学者具有吸引力? 他们是不是被一种风格(style)所吓倒? 当然,我们知道,人类学家,像其他专业学者一样,不仅学着使用一种学术语言,而且学着敬畏它,学着赞美它,学着被它迷惑。诚然,这不足以回答这个问题,因为它没有告诉我们为什么这样一种学术风格会捕获这么多有才智的人们。我现在给出一个尝试性的解答。我们在这里涉及的是一种(在考试答案、评估文章和学位论文中的)风格,它容易教、容易学,并容易复制。它是一种便于把其他文化转化成文本的风格,这种风格鼓励对复杂的文化问题进行图表化的解答,而且它非常适合把异文化概念安排到清楚标示为"有意义"或"无意义"的两大门类之中。除了容易教和容易模仿,这种风格承诺一种立竿见影的定级效果。这样一种风格在一门追求科学的客观性标准的已站住脚的大学学科中无疑是大受欢迎的。那么,这一风格的流行不正是我们身处其中的教学制度的反映吗?

虽然从盖尔纳的论文首次发表到现在已有很多年,但是它仍是一种今天仍然流行的学说。我想到某种唯社会学论(sociologism),依照它,宗教上的意识形态据说从政治和经济的结构中获得其真实含义;我同时也想到了自我确认(self-confirming)的方法论,依照它,这个语义还原的原则对(权威的)人类学家而不是对其所描写的人来说是明显的。所以这个观点认为人类学家同时扮演译者和批评家不仅是可能的而且是必要的。我认为这个观点是站不住脚的,并且认为是权力的关系和实践赋予它一个测量有效性的标准。(涉及伊斯兰教的历史的、关于此观点的一个重要讨论,见 Asad 1980。)

在我质疑盖尔纳的文本的过程中,我试图得出的肯定性观点与我所谓的语言的不平等有关。我已经提出文化翻译的人类学事业可能被这样一个事实损害,即在被统治社会和统治社会的语言中存在不对称的趋势和压力。而且我已经指出,为了确定在界定有效翻译的可能性和局限性上他们能走多远,人类学家需要探究这些过程。*

---

* 除了感谢讨论过这篇文章较早的草稿的圣菲研讨会的成员——尤其是保罗·拉比诺,他详细地对其进行了评论——我还想感谢塔尼娅·贝克(Tanya Baker)、约翰·狄克逊(John Dixon)、罗德尼·尼达姆(Rodney Needham)和基思·尼尔德(Keith Nield)所做的有益的批评。

现代世界体系中民族志的当代问题

乔治·E. 马库斯 著

李 霞 译

民族志从来都是在国家体系形成和世界政治经济进展这一历史变迁的背景下写作出来的。但是具有阐释倾向的民族志作者——他们对文化意义的兴趣大于对社会行动的兴趣——除了运用少数几种已确定的技术来探讨变迁、历史和政治经济学[①]以外,总体说来,他们并没有展现出其细致观察

[①] 有两种自觉地将民族志定位于历史时间之中的最通行的模式,我称之为抢救模式(salvage mode)和救赎模式(redemptive mode)。在抢救模式中,可以说,民族志作者把自己描绘成"大洪水之前"的人。各种迹象已明确表明,根本性的变化正在发生,但民族志作者能够在转变的边缘抢救出某种文化状态。当就同样的文化主题写作的民族志作者们相继以同样一种处于重大时刻的语气给自己进行历史定位时,这种修辞学得以最明确地体现出来;每一个民族志作者都处身于"大洪水之前",尽管这样,他们总能找到某种文化,将其与先前的各种表述联接起来,而缺乏对田野工作不同时期之间所发生的历史变化的敏感。在救赎模式中,民族志作者所展示的是,尽管历经了各种不可避免的变迁,一些独特的、本真的文化体系仍存活了下来。这种对文化本真性(authenticity)的救赎通常是比照着某种假定的前-现代和前-资本主义的状态——"黄金时代"主题——来实施和衡量的;或者说,对处于转变中的文化本真性的保护是空间化的而非时间性的——人类学家之所以历经艰险地追本溯源或是跋山涉水到穷乡僻壤,就是要把自己的田野工作选定在"人们仍在那样生活"的地方。拉比诺的史诗旅行般的摩洛哥田野作业(Rabinow 1977)就采取了这一叙事姿态。但是最后他推翻了那种认为能在偏僻之地找到纯粹的民族志对象的假设。肖(Shore)最近关于萨摩亚(Samoa)的一部精致的民族志采取的也是这种策略,即在空间上找到一个不受当前强制性的世界-历史性政治经济制度影响的民族志地点,从而抹去历史背景。类似的例子很多,不少貌似权威的民族志就是通过运用这种策略来获得成就的。最终正在将民族志从这些不考虑民族志生产的历史背景的非历史模式中解放出来的是这样一些实验,这些实验或明确地将其对象定位于历史主义的世界体系视角的框架内,或在其对象的生活中探究历史意识的本质。后一类实验还包括多重时间视角的同时再现,以前所未有的方式使民族志向历史及历史叙事诸问题开放,这远远超越了只是将民族志对象更为有效地嵌入西方历史叙事中的做法。雷纳托·罗萨尔多最近关于伊隆戈特(Ilongot)历史的记述(Rosaldo 1980)就是这一脉路中的一项重要实验。他最后也归结到了"大洪水之前"的主题,但在他的文本中,对于我们正处于根本性转变之边缘的认知更可信,因为在他的记述中,伊隆戈特的历史意识与占主流地位的全球世界历史相互交织的各种形式始终是记述的中心,而上述认知就是从这一记述中生发出来的。

的文化世界是如何嵌入于更大的、更非个体化的体系中的。可以说,他们也没有描绘出这些文化世界在各种构成历史的那类事件和过程中所担任的角色,这或许是因为作为一种描述的民族志从来就没有在这方面有什么特别的抱负。对变迁以及对地方政治更广阔的框架结构的论述只是出现在一些零散的理论与概念话语中,并佐以民族志细节来加以阐明。民族志的描述空间本身似乎不是一种适于处理这类关于更大秩序之概念问题的语境。因此,更大的体系与事件的世界往往被视为冲击与束缚那些小世界的外部力量,而不被看作构成其整体的一部分。

当前的人类学和所有其他人文科学的"高"(high)理论话语——能权威性地统合本领域的思想主体——还处于一片混乱。目前最有意思、最有激发力的理论著作正是那些指向实践的作品[参见奥特纳的论述(Ortner 1984)],即对经典问题进行自下而上的再阐述,而这取决于以往高理论中那些被想当然地接受的事实将如何被重新表述。② 这些作品构成了对实证主义视角的新一轮攻击,它们装备上了战后欧陆哲学中的解释学、现象学和符号学等诸般手段,并终于开始对英美的社会思想产生冲击。这些视角所倚赖的各种结构概念实际上就是必须从行动者的观点来理解的各种过程,这一认识提出了种种关于解释的问题,并为记录社会现实提供了种种革新机会。

这种由理论关怀向微观描述和语境问题的转向不应只归因于当时知识界的风尚。即使是一直持续着的构建宏观视野的努力也已融进了对微观描述和解释的关注。在政治经济学领域——这一领域可视为是用最切合于西方的官场和国家管理技术的术语来对世界局势所做的连续解说——建立宏

---

② 1970 年代中期,这种立足实践而对实证主义的高理论的攻击其本身也是在一种抽象的理论讨论样式中进行的,既脱离于也指向各种实践体裁。到 1980 年代,这种批评进入到悬置范式权威的阶段,同时也质疑体系构建的效用,它赞成在对社会生活作特定记述处理方面进行自由操作和实验。在高理论方面对实证主义的挑战重点开始转为在本质上更加民族志化和更具实验性,其中一个杰出的例子就是理查德·J. 伯恩斯坦(Richard J. Bernstein)正在展开的工作。在他 1976 年出版的《社会与政治理论的重构》中,伯恩斯坦像安东尼·吉登斯(Giddens 1979)一样,密切关注对主流英美社会理论的挑战,并支持一种明确的新理论的进展。在 1983 年出版的《超越客观主义和相对主义:科学、解释学与实践》中,伯恩斯坦更强烈地关注实践。他在书的结尾处意味深长地呼吁开放结构的对话式作品的出现,而这正是最激进的实验民族志所追求的目标。

大体系的努力方面，最近一项重大创新是伊曼纽尔·沃勒斯坦（Immanuel Wallerstein）1970年代早期提出的世界体系视角。沃勒斯坦的有关中心-边缘体系的论述以及他对历史的总括性解释是否恰当，已成为各种激烈争论的主题，并富有意味地取决于对地方状况的讨论。他的工作的重大意义及吸引力在于他引进了一个框架，将历史与社会理论紧密连接了起来。这就迫切需要作为其实践方面的研究，即对各种过程及其社会建构的地方层次上的研究；换句话说，也就是要进行民族志的研究，后者对历史的政治经济学背景颇具感受力。③

于是，什么是与社会理论相称的事实，以及怎样才能通过阐释和解释来表述它们，成了当前引发广泛兴趣的论题；这个问题可能在理论话语中以种种措词反复被提出来，但只可能通过田野工作和民族志写作才能对其进行探究。这就是为什么民族志——迄今为止在人类学之外被普遍视为边缘性的，不管是它的实践（纯粹的描述）还是它的对象（原始的、怪异的、陌生的他者）——已在被很多领域所挪用，它们有时能认识到人类学在本领域的贡献，有时则认识不到。④

---

③ 我认为，美国学术性的政治经济学之趋向民族志方，与广泛认识到的"二战"后国际秩序——美国在其中居霸权地位——的衰落相关，也与福利国家自身的美国模式正在逐渐削弱相关。从美国人的角度看，他们感觉到了国内与国际的现实基础正发生着根本性的转变，这反映到学术界即表现为一种从理论上已中心化和组织化的知识领域的广泛撤退。在历史、社会科学、文学、艺术和建筑等广泛领域中，组织学者的实践这一目标让位于碎片化和某种实验精神，后者的目标是探索各种激发和再现社会生活多样性的方式——传达经验的丰富性、探索日常生活细节的意义，以及重新回忆起早已被遗忘的各种象征和联想。在这一实验的工具库中，人类学的民族志是先于这一潮流而成熟的利器。

④ 目前，人类学既吸引又抵制着各领域的实验精神所关注的东西。其吸引力主要来自民族志。我们发现，哲学家、文学批评家、历史学家和政治经济学家在阅读关于巴厘人和阿赞德人的民族志，他们的阅读并非出于对描述对象的事务的真正兴趣，而是关注其独特的文本机制及在民族志表述过程本身中探讨理论问题的模式。而人类学的传统研究对象——原始的和怪异的他者——则抵制，或者不如说是削弱了人类学与这一影响甚广的知识潮流相互影响的充分潜力，而这一潮流是它一直期待着的。原始的或怪异的他者形象已不再像它在其他类似的实验时期（例如19世纪后期、1920年代和1930年代）那样引人注目。全球一体化比其他任何时候都更无可置疑，因此，尽管发现和表现文化多样性的要求依然强烈，但要通过在时空上对他者进行文化保护而实现这一要求的做法看来已经过时。毋宁说，现在最强烈的差异形式是在我们自己的资本主义文化领域内被定义的，性别与生活方式的建构成了探讨差异的两个最显著的表现领域。萨摩亚人和特罗布里恩岛人并置于我们面前，但他们已不再像以前那个时期那样，是一种代表另一种可选择的存在方式的有说服力的可信形象；在那个时期，渗透着共同利害关系的世界秩序还未被如此明确地感知到。而且，

这篇文章要探讨民族志的写作惯例和民族志的权威姿态在单个文本中是如何与上文提到过的那种宏大社会理论分析目标融合在一起的。民族志确实展示了重大事件和更大体系对通常被描述成受害者的对象（民族志的对象通常都是受害者，或者说，由于现代民族志致力于社会批评，其对象至少是被描述为这种形象）的日常生活的影响，但它很少着力回答诸如事件的起因，或者是重大体系或过程的构成这类宏观社会学问题，这些问题通常是以另一些概念化的语言被更形式化和更抽象地表述出来的。⑤ 我将要详细论述在当代民族志体裁实验中的一个主要类别，论述它对于理解资本主义的政治经济运作所做出的贡献。下一部分关于这类实验的文本策略的总体观点是在对保罗·威利斯的《学做工》（Willis 1981）进行扩展评述的基础上发展出来的。

民族志与看不见的手

1970年代中期以来，论述安东尼·吉登斯（Giddens 1979）称之为社会理论的中心问题——行动视角（action perspectives）和意义视角（meaning

---

与这种认为原始人的意义正在下降的认识联系在一起的，是认为人类学正在失去其存在理由的观点。这很不幸，而且这显然是由当前知识界的状况人为造成的：一方面是由于人类学所提出的、对立于同质化设想的各种有力证据由于人们缺乏兴趣而被忽视了；另一方面是由于人们以一种狭隘的方式来认识人类学，只将它与那些怪异的事物联系在一起，而没有将它理解为一种理解现实的独特方式。

⑤ 一种实验感已渗透进当代的民族志写作当中，即使是那些继续在现实主义传统中写作的作者们也不例外。推动这些实验的是对一个远更复杂的世界的认识，这一认识挑战了民族志写作中表现文化差异的传统模式。在我看来，对这一挑战所做的实验性回应是沿着两种不同的方向推进的。一种实验潮流是着重关注达到对本真的他文化经验的再现，它超越既有的对文化意义的解释和象征的视角，指向导致差异的最深层、最根本的层次。其中一些关注个人的不同文化构建的实验仍保持着现实主义的传统手法。另一类实验则更激进地转向关注文本形式的现代主义探索，认为我们只有在有关民族志文本构建的思考方式上进行根本性的转变，异文化的经验才可能被激发或再现出来。民族志作者与他人的交替对话、与民族志对象共享文本的权威性，以及自传性记述（作为能将异文化的经验与民族志作者自己的经验相融合的唯一合适的方式）——诸种尝试都是为了从根本上改变传统的民族志构建其对象内容的方式，从而真正传达出异文化的经验。

另一种实验取向，也是我在本文中采取的，即相对赞同解释人类学已经发展起来的再现文化差异的方式，同时探索一些新的、更有成效的方法，以使民族志文本能够考察世界-历史政治经济构建民族志对象的方式。这类实验仍处于现实主义的传统中，但其创作出的各种文本却充满革新意味。

perspectives)的结合；前者代表作为战后英美社会思想主流的实证主义范式，后者代表已对前者形成有力挑战的解释学范式——之作已然蔚为大观。但这些著作大多并不是作为实践理论提出的，而且仍未摆脱西方社会思想中追求抽象的、包罗万象的理论结构范式的倾向［布尔迪厄的《实践理论纲要》(Bourdieu 1977)也许是一个重要的、最具影响力的例外］。而能充分认识到解释学方法的挑战提出了文本再现诸问题，但却没有同样地真正提出宏大的理论综合这一问题的著作更是罕见。⑥

关于现代社会的知识与这些知识在现实主义写作体裁中的再现之间的密切关联，最为深思熟虑的论述也许是英国文学与文化批评家雷蒙德·威廉斯的著作。我们有必要详细地引述他的一段论述，这段论述是从综述其著述的长篇系列访谈中选取出来的：

> 从经验上理解当代社会已不可能，为应对此而发明出来的经典技术即统计分析模式，正是发端于你们所谈论的那个时期，这是很引人注目的。因为如果没有统计理论与统计数据搜集技术的结合……那么这个从工业革命中诞生出来的社会从严格意义上说是不可知的。我在《乡村与城市》中试图要展开一种对照，即在我们可知的共同体（这个短语用起来颇带讽刺意味，因为我们以为知道的东西现在被证明是不完全的）和一种处于模糊不可知状态的新感觉之间的对照。……我们必须发明出新的方法以洞悉那些我们已正确预见到将在很大程度上会晦暗不清的事物。……随着工业革命向前推进，它在本质上改变了一个永久性的问题，当前所发展出来的社会类型已越发不能从经验方面，即通

---

⑥ 最近 K. 诺尔-塞蒂娜和 A. V. 西克瑞编的《社会理论与方法论的进展》(Knorr-Cetina and Cicourel 1981)似乎是把体系与意义视角的结合问题置于文本再现问题中进行考虑。按照诺尔-塞蒂娜对这一问题的看法，在过去约十年间，微观进程研究的进展远远超过了宏观体系研究方面的进展。于是，问题不是怎样将微观和宏观视角平等地结合起来，而是怎样使宏观视角重新回到对微观情境和过程的记述中来。诺尔-塞蒂娜评述了三种从文本角度结合微观与宏观的技术。第一种是将宏观系统描述为微观情境和过程的净总和。第二种，宏观可以被再现为由多重微观情境导致的各种非预期后果总和的一种结果。第三种，宏观体系可以在（已被细致研究和解释过的）微观情境的生命运行过程中被敏锐地设想和指示出来，而我们可以依此来再现它。诺尔-塞蒂娜排除了第一种方法，我也持这种观点。在剩下的两种中，她认为第三种方法最具吸引力且问题最少。

过体验与身边的各种关系(包括它们之间的比较)的鲜活接触,来进行解释了。结果是,我们越来越意识到分析技术的积极力量,在它们得到最大发挥时,它们能够——我们权且这么说——解释整体性的世界经济运动;同时我们也越来越意识到那种幼稚观察的负面性,它永远不可能获得关于这类现实的知识。……经验成了一个禁词,但应该更确切地说,它是个有局限的词,因为从它的任何一种通常意义上说,有很多种类的知识它是永远也不可能给予我们的。

很多文化生产者都被一个普遍性的问题困扰过——这个问题也许在戏剧中比在小说中出现得更为频繁:是完全与现实主义传统决裂呢,还是尝试着去扩展它。我认为我们有理由考虑,那些被资产阶级形式所排斥的特定领域现在可以在多大程度上被整合到小说中来。……这给传统的形式加入了极度的复杂性。因为就我看来,传统形式以往的确是依赖于一种可知的共同体观念的,而现在我们所面临的事实是:它再也不能被称为一个共同体,也不再能以先前的方式被知晓。其结果便是一种极度的形式危机。……但是我认为,就所有可利用的形式中的可能性展开一场更为广泛的理论讨论是必要的。……伴随这场理论论争,我们需要大量的实践事例,这样人们就能看到某种特定的形式可以在多大程度上被采用。在这个问题上,我们必须要勇于实验。(Williams 1981:164-165,272-273)

面对西方社会理论史中这个实验的和民族志的时期,威廉斯精确地将文本构建定义为一种熔炉,它把宏观整合到微观之中,把关于非个人化的体系的记述与对地方生活(它既是自主的,又是由更高的秩序所构成的文化形式)的再现结合在一起。威廉斯所谈论的是小说,而我们所处理的是民族志和解释性分析,但这种差别并不重要。对于目前已成为热点的后一问题来说,其面临的描写与展示的实践问题与威廉斯着重关注的20世纪社会主义现实主义小说中的问题极为相似。

威廉斯和那些似乎正在写作最为复杂精致的现实主义民族志的作者们都受到英国马克思主义传统的影响,尤其是在它对文化的强调方面;后者关注文化意义的问题,并坚持将对日常生活的分析嵌入马克思主义对资本主义政治经济学的分析视角中。很显然,威廉斯对马克思主义文化研究学者有重大的影响,尤其是对那些在民族志中发现了文本中介的学者,如保罗·威利斯。威廉斯同样用生活形式和世界体系来界定这些被视为作家的民族志作者所面临的问题。

考虑到过去人类学致力于在民族志中进行整体性的再现和暗示,我们怎样能够用到目前为止我们讨论过的术语去构建出一种恰当的记述?一旦描述对象的地方性世界与全球世界体系之间的界限被彻底打破,那么整体主义(holism)又意味着什么?当我们不得不认识到任何民族志对象都处于更大的体系背景,那么现实主义民族志的表现空间将在文本方面受到怎样的束缚和限制?目前有两种文本构建的模式。

第一种做法是,通过连续性的叙事和共时的效果,民族志作者可以尝试在一个单一文本中来表现多重的、随机相互依存的场所,对每个场所进行民族志式的探索,而这些场所又通过发生于其中的行动的预期和非预期的结果而相互连接在一起。如果这种做法的目的只在于展示现代社会中个人之间的随机相互依存性(由此个人以不可预期的方式与他人联系在一起),那么只要细想一下,就会发现这是个荒唐和毫无意义的方案——这就好比要试图说明美国人的心理健康和中国的茶叶价格之间的联系一样。相反,这一方案的要点应该是从某种预设的体系观入手,通过展示此体系所包含的地方生活的各种形态而提供一种关于此体系的民族志记述,用更人性的语言(human terms)来转写其抽象的性质,从而使我们对这一体系自身之本质生发出新颖并有所修正的理解。

市场(亚当·斯密所说的看不见的手)以及资本主义的生产、分配和消费模式(马克思版的看不见的手——商品拜物教)也许是作为多点民族志(multi-locale ethnographies)实验之对象的最明显的体系观。这就需要研究两个或多个地点,展示它们之间在历时和共时上的相互联系。在小说中有这类的文本(例如亚历山大·索尔仁尼琴的《第一圈》),而就我所知,民族志作品中没有这类文献。不过,这类多点民族志作为现实主义民族志实验的一种理想,近来经常被人提及,尤其是在某些特定的政治经济学家当中。

　　写作这类作品的困难在目前的新闻报道中深有体现,这类报道确实很类似于民族志,如斯蒂芬·费伊的《超越贪婪》(Fay 1982),他调查了最近达拉斯的亨特兄弟(Hunt brothers)与他们的沙特阿拉伯的联盟公司企图垄断世界银业市场的事件。这样一个报告的叙事复杂性是相当大的,因为它实际上要涉及在资本主义社会里、在看不见的手即市场的操纵中人的各种维度。要讲述这个故事,费伊就必须同时在十来个地点及各行动者的视角之间玩杂技,这些地点和行动者都同时并随机地相互影响,而且他还必须保持叙述事件的连贯性。他解释了商品市场的运作;他推测达拉斯的亨特兄弟的想法并描述了他们的社会背景;他也同样描述了其沙特阿拉伯的联盟公司那边的状况;他解释了联邦管理机构及其他官僚机构的运作和它们对各项事件的反应;他解释了其他主要的商品交易者的看法和行动;他还描述了普通人和整个产业界对银业市场危机的反应。而这正是民族志应该能够处理的对象类型,尤其是如果民族志试图要对资本主义社会的文化进行探讨的话。费伊的著作充分显示了在构建关于某一体系或其中某一重大社会事件的多点记录时会遇到的实践上的困难,他在这方面处理得很成功(作为记者而言是如此,或许作为人类学家而言则不尽然)。

　　第二种做法是一种更易把握的模式,即民族志作者围绕一个策略性选定的地点来构建文本,而将体系作为背景,并始终认识到,在一个设定了边界的研究主题中,体系是其文化生活整体的构成因素。在这类作品中,一个重要的策略是修辞性地、自觉地强调民族志的策略性的和目标明确的选点(situating),这使民族志与更广阔的政治经济事务联结起来。目前的状况是,大多数人类学民族志的选点——为什么选择这一群人而不是另一群人,为什么是这个地点而不是另一个地点——还没有作为一个重要问题被认识到,或者说至少还没有被认识到这是一个与更宏大的研究目标相关的事项。相反,这种选点往往是由于偶然的机缘而确定的。关注政治经济学的民族志则不是这样,它必须回答的一个问题是"你为什么选择这个地方而不是其他地方?"而这种修辞性地、具有自觉意识地对民族志对象的选定与限制可以被看作一种对理想的、但更不易把握的多点体系民族志在实践上的简化。

关于民族志选点的其他选择或替代方法一直存在。我们必须自觉地确定民族志的定点的正当性(或策略性)理由,这样做正是由于我们对再现更为广阔体系的感受力已岌岌可危,因为在固定于单一地点的民族志中,出于实际操作便利的考虑,它往往被压缩了。

因此,这两种模式在概念上并不是相互排斥的(第二种模式是第一种的折中版本),但在文本方面是如此。威利斯关于学校背景下的工人阶级青少年的研究属于第二种模式,即策略性选点的民族志,我们将在下一部分讨论这一研究。这里要提出的很有意思的一点是,威利斯和其他明确地在马克思主义理论传统中写作的民族志作者[例如《南美洲的恶魔与商品拜物教》(Taussig 1980)的作者迈克尔·陶西格]在这方面具有很强的优势,既将更广阔的秩序作为背景,同时又聚焦于一个作为民族志对象的、经详尽考察过的地点。因为读者一方被假定为熟悉或至少是了解马克思主义体系的,因此只需要将定点民族志指向或指涉马克思主义理论的论题,也就基本完成了对更广阔秩序的再现工作。也就是说,马克思主义就在那儿,随时听候召唤。民族志作者对它的信奉使它得以作为一个便捷的体系形象进入到民族志中。[当然,我并不是说这就是民族志作者之所以投身于马克思主义的原因,在当今各种范式四分五裂的状况下,马克思主义体系的某些版本以一些更为折中的形式(例如世界体系理论)出现,从而可以被以前对马克思主义并不热衷的学者所利用。]它是自 19 世纪以来仍保持活力的对现代社会进行概念化思考的最成熟、最具一致性的框架。对劳动的生产和商品拜物教的文化意义的探讨为将更广阔的秩序带入民族志的空间提供了文本手段。

鉴于这一优势,我们可以期望能对政治经济学做出敏锐反应的最为成熟的民族志实验能在马克思主义传统内,或至少在马克思主义的框架内生发出来,事实似乎也正是如此。当然,目前这种马克思主义的结构也许会逐渐丧失其优势。尽管目前民族志作者正在这一结构中创造性地进行工作,但这条捷径会使马克思主义宏观体系概念中的很多模糊之处被揭示出来。进一步说,它可能会阻碍从民族志中可能发展起来的新的体系视角的创立。相反,民族志方案有潜力提供有力的内部批评并使马克思主义的资本主义理论适应变化中的全球境况。不管怎么说,马克思主义的体系形象目前仍是我们将单点民族志(single-locale)嵌入于政治经济学中的最便利、最全面的框架。

保罗·威利斯的《学做工》

从广义上说,威利斯的主题是,怎样最好地理解资本主义社会中的劳动——它是怎样作为文化经验被构建的。就像卡尔·波兰尼在《大转型》(Polanyi 1944)中所强调的,通过市场规则而将所有人类资源化简为商品,这必然是不完全的和不现实的。需要对各式各样的商品拜物教进行去神秘化,并将劳动理解为一种完全人性的过程。对工人阶级的文化研究与社会研究一直是马克思主义传统中自下而上的民族志研究的主要基础,尤其是在英国的马克思主义传统中。

在英国,对穷人问题的关注有很悠久的传统,从市场资本主义及与之相伴而发展起来的经济学的发端期一直到现在。恩格斯关于曼彻斯特的工人阶级及工厂状况的第一手资料,首次将民族志传统引入马克思主义,而这正是英国知识界上述研究脉路的延续,不过它现在被包括在一个旨在理解现代西方政治经济学的最体系化、最强有力的理论框架中。这种对工人阶级日常生活和境况的兴趣在那些自认为是马克思主义者和社会主义者的社会科学家和文学批评家当中延续了下来。威利斯对学校里工人阶级青少年的研究就明确而自觉地处于这一传统中,其民族志的目标在于更深入地理解阶级形成过程的本质,而这很久以来就是英国的马克思主义学者特别关注的问题。

威利斯特别地将他的研究主题策略性地定位于白人工人阶级男性在学校里创造的对抗文化(oppositional culture)。其民族志还涉及了研究对象所生活的其他地点,如家庭、街道和舞厅,因而更为完整丰满;但他选取的主要是学校环境,因为这里是阶级冲突每日上演之地,也正是在这里,反叛的青年人批判性地发展了他们的阶级意识,他们在离开学校后,把这种意识和定位倾向带到了工场。威利斯论述的关键之处在于揭示了这样一种具有讽刺意味的事实：年轻人在学校里为了抵制统治阶级的灌输而发展出的文化形式却成了使他们适应工厂生活的手段。

威利斯的民族志聚焦于一个工人阶级学校中的 12 个男孩，友谊和对各种反叛计谋的相互认可使他们联结在一起。威利斯提到，他还在那些具有中产阶级背景的循规蹈矩的男孩——他们被这些反叛的男孩们称为"小耳朵"（ear'oles）——和一些具有工人阶级背景的循规蹈矩的男孩中做过对照研究，但这方面的情况在文本中只是被偶尔提到。他着重关注的呈现是那 12 个男孩中的对抗文化，并不时把关注点转向工场和家庭环境（与孩子的父母们讨论），以展示他所着重表现的、产生于学校体验的对抗文化是如何在这些其他重要场所中获得回应的（家庭场所以及父母的观点表明，这种文化在代际之间不断被再生产，但它形成的地点是在学校，而不是在家庭；而对工场这一场所的描写则表明对抗文化在职业环境中得以延续，并产生了各种极为不同的结果）。可见，为了达到论证的目标，威利斯在文本中对这一体系做了特定的、策略性的限定。他也多少注意到了体现在教职工和其他学生中的中产阶级文化，并认识到女孩、西印度群岛裔人和亚洲裔人之间视角的不同，但他主要还是把自己限定在写作一部选点于学校的、关于他的 12 个叛逆男孩的民族志。

在各个标题下，这部民族志逐字逐句地记录了这些年轻人之间的讨论，在场的作者也是参加谈话者之一。威利斯对谈话的直接阐释与从男孩们与他的群体讨论中剪切下来的对话片段交替出现。书中不时有对学校这一地点的氛围的描述，但威利斯主要是采用对话记录作为其民族志证据的主要形式。因此这一民族志的独特性主要不在于它稳定的叙事技巧，而在于它的构建步骤：即它如何定义它的主题，如何从一个场所转到另一个场所，如何将各种视角并置，从而不时地将更广阔的世界带入到叙述的中心中来，而这些年轻人就是嵌入于这一世界之中的。

文本的一个最突出的结构方式是划分为两部分，第一部分被标示为"民族志"，第二部分被标示为"分析"。很显然，威利斯把民族志主要是作为一种方法，因此在文本组织中它也就必须作为一种方法被启用和表现。第一部分被设定为资料部分，但其中的分析与描述是平分秋色的。第二部分的

"分析"是对第一部分的理论反思,也是关于民族志在政治经济学研究中所具价值的一项宣言。其中充满了各种专业化表述和抽象概念,但它仍是在第一部分对那些男孩的文化的自然主义再现之基础上修辞性地建构出来的。显然,威利斯认识到了有必要从以事实为基础的民族志描述中抽象出其理论贡献。这并不是一种如它表面所呈现出来的简单的描述/理论二分法。这里存在着两种不同层次的分析话语,第二种话语的效果取决于前面第一种话语的状况。第一部分为第二部分理论阐述的有效性和真实性提供了可靠的依据。通过将民族志与分析分离开来,威利斯获得了一种阐释的自由,由民族志站台出发,他自己关于那些年轻人对资本主义的嵌入性(embedded)批判的阐释似乎就成了这一批判的自然延伸。他只是在附录中自我批评式地展示了自己的这种写作技巧。在附录中,他逐字逐句地记录了那些男孩们在读过他的书之后作出的反应。他们能讲述自己说的话,却不能讲述威利斯对他们的世界观所做的解释性说明。他相应地指出这种不能讲述本身就证实了那些男孩对"脑力"劳动(具体表现在学术产品中)的拒绝而偏爱于"体力"劳动和直接经验,这种对立是工人阶级文化的核心。因此,在细致审查之下,第二部分的理论讨论是否真正能从第一部分的民族志讨论中推导出来就成了一个还有待讨论的问题;关键是,从修辞角度看,它们的确是有效地如此推导出来的。

在接下来讨论威利斯为民族志所做的特别宣言之前,对这一独特作品为何引起了如此众多的关注做一简短陈述是有益的。除了一些缺陷⑦(在

---

⑦ 从社会科学的方法论角度看,其最严重的缺陷也许是威利斯在样本选择和从中推演出更一般化的结论时所采取的自我实现的、循环的方式。虽然他在循规蹈矩的工人阶级年轻人中做过对照研究,但他武断地将自己的关注范围明确限定在叛逆男孩们的文化形式上,而没有考察有些人循规蹈矩、有些人则对抗叛逆这种状况的形成过程。相反,他所感兴趣的是既定的反叛性,并将其视为工人阶级意识和文化的核心。差异问题及其产生过程并没怎么让他费神。这也许是这一著作的意识形态偏见。虽然威利斯的作品是一项极具吸引力的方案——探明一种文化形式的根源,生动地描绘它,并展示出这一形式在其他场合中的延续,但它是有缺陷的。如果威利斯不在他的作品中明确地采用形式主义社会学注重方法问题的修辞手法的话,他在取样中做的这些手脚也许不会显得如此突出。如何从民族志中得出普遍性的结论,这是一个经典的问题,在关注政治经济学的民族志中,这一问题尤具突出。但是,采取方法论学家的修辞法只会削弱民族志的启示性力量(suggestive power),而传统上民族志要进行普遍概括的志向是存在于这种力量之中的。

为美国版所加的透露了一些内情的后记中，威利斯正视了这些缺陷）之外，就其抱负以及对完成这样一个文本——既探究研究对象的经验，又充分再现他们被卷入其中的更大的秩序——诸问题的把握来看，《学做工》是在现实主义（或者如威利斯将其归为的自然主义）写作传统中的民族志的典范之作。[⑧] 威利斯的书中贯穿着一种自我批判式的、模棱两可的潜台词，并且与我们前面所讨论的所有与关注政治经济学的民族志写作有关的问题纠缠在一起。它在我们所讨论过的两种文本模式之间形成一种张力：它采取了策略性定点民族志的形式，但又始终在视野中包含着多点民族志的理想。我们将看到，它同时发展了卡琳・诺尔-塞蒂娜（Knorr-Cetina 1981）所评述过的将宏观和微观视角融合起来的两种可选方法（参见第231页脚注⑥）。它利用了现实主义的各种手法，同时也清楚其局限。通过增补我们前文提到过的那个后记——在此后记中，抽样记录了民族志的描写对象对作者对他们的描述作出的反应——威利斯表明他已经意识到了可以对他的结论进行某种阐释学批判，他还认识到了一直存在着的由口头语言转换为文字这一问题。最后，在后记中他提出了一个很有可能实现的宣言：通过综合处理发生于一个抽象设定的社会秩序中任一点上的诸事件与行动的决定因素，民族志在重建高理论方面将具有重要的地位。威利斯展示了统计方法所不能解决的问题以及它们实际上是如何被过度简化的。此书的写作深受马克思

---

⑧ 近期其他一些既表现民族志对象的经验、又表现渗透于这些对象生活的政治经济体系的实验作品有迈克尔・陶西格的《南美洲的恶魔与商品拜物教》（Taussig 1980）及丹尼埃尔・伯尔托和伊莎贝尔・伯尔托-威尔姆关于法国手工面包房延续状况的论文（Bertaux and Bertaux-Wiame 1981）。后一作品与威利斯的取向接近，只不过其论述的对象是小资产阶级而不是工人阶级。陶西格的书中民族志的自觉意识较弱，它更多地表现为一场论辩，讨论当地人对资本主义的批判视角，这一视角是由那些被无产阶级化了的人们创造性地发展起来的（在这方面，他与威利斯的民族志的一个重要主张一致，关注政治经济学的阐释民族志的魅力及许诺在很大程度上即来源于此主张：我们可以与受过教育的中产阶级讨论并向他们阐述某些新颖的、富有洞察力的社会批判，这些批判是嵌入在那些资本主义的最明显的受害者的谈话和生活世界中的）。不过，陶西格仍然倚赖于他作为一位民族志作者的权威性，尽管其民族志性质总是隐藏在后台，只是被有选择性地安排到前台来，也就是说，只是为了给他的混合模式的、自觉的道德主义的和广义的先验目标提供一种合法化的修辞方式。不管是陶西格还是伯尔托与伯尔托-威尔姆都没有像威利斯那样写出这种关于民族志本质的探索性和反思性的潜台词，也没有像他那样广泛地触及这类民族志写作中的如此众多的重大问题。

主义理论的影响,但它也认识到了那些将批判焦点投注在工人阶级以外的同类民族志研究的价值。因此,它对目前的实验潮流的思考是最为复杂深刻的,这一实验潮流致力于调整民族志的写作,使其能将更大的政治经济事件及更广阔的再现视界纳入思考。

威利斯的主要概念策略

文化形式的观念是由对资本主义机制的反抗及适应而铸就的。在其研究的开端,威利斯说道:"我并不把文化简单地视为一套被传递的内部结构(如在社会化观念中通常所认为的那样),也不把它看作主流意识形态向下推行的消极结果(像某些马克思主义理论所认为的那样),但至少在某种程度上把它看作人类集体实践的产物。"(第4页)对于马克思主义者而言,一个既定假设(而这个假设是有问题的)是资本主义遮蔽了人类的多样性;与此假设相应的,是认为文化并不是先于这种历史的遮蔽而存在的,而是人们——他们的生活被建制化了的资本主义原则所结构性地规定了——如何在日常生活与实践中对这些原则作出的反应。因此,一种文化模式是从某一群体在一个制度化的秩序中的阶级地位中生发出来的,而对其进行再现和分析则是民族志调查和写作的目标。对于威利斯来说,民族志最根本的本质就是它最终要以人性化的语言来重新定义资本主义结构自身——阐明文化形式也就说明了结构对于人的意义是什么。

在这一点上,威利斯的观点与当前盛行于美国人类学民族志写作中的文化观念颇为近似。但是威利斯与出于描述目的而对文化进行的人类学建构的根本不同之处在于,他认为文化固有的间隙性和建构性特征是与政治经济的既定秩序联系在一起的。文化并不是某种自成一类的东西,而是阶级文化或亚文化,是在历史过程中得以形成的——它是在对历史上那些重大的建制趋势的抵制和适应过程中生发出来的。因此,文化形式是在阶级冲突中铸就的。

这种文化观与威利斯的观点很是契合,因为作为特别的文化形式的工人阶级——这位民族志作者的论述对象——纯粹是政治经济学的一种特定世界历史体系的发明。在工业化的西方,阶级文化是界定许多人的生活形式的唯一文化。人类学家擅长于研究那些处于发源于西方的世界历史潮流之边缘的人们,他们习惯性地将文化视做一个完整的时空隔绝体,尽管其自身内部也存在着矛盾,但至少可以说它是以其自身的完整性来抵制外界。这与马克思主义所强调的观点大为不同,后者将文化看作斗争的产物;在文化这一概念中不存在自足的完整性;对于那些处于政治经济体系中不同位置上的人来说,文化是思想与行动中的一项批评与接受的职责,而一旦从关于文化形式的民族志视角来看,这一体系最终并不是一个单一整体,而毋宁说是对资本主义政治经济运行原则的各式各样的反应。

人类学中当代民族志实验的问题就是怎样在对文化的文本表现中综合这两种倾向,因为在当代,人类学家在世界各地都常常要面对处于这两种力量影响下的研究对象。人类学偏向于强调民族志对象生活中的前资本主义维度或赋予其优先的现实性。威利斯的文化观对此是个重要的矫正。相反,我们将看到,绝大多数人类学家并没有面对威利斯所面临的困境,即要将丰富的意义注入到"单薄"的文化形式中,而后者纯粹是由对资本主义的反应而生发的。〔比较一下陶西格(Taussig 1980)与威利斯:前者拥有丰富的资料来表现无产阶级文化的抵制-适应观,尽管他过于强调前资本主义文化的纯粹性在其对象的私人生活中的翻版;后者则竭力要在一种似乎是完全对抗性的文化形式中注入积极的意义和丰富性。〕

最后,威利斯有力地论证了文化分析层次上的不可化约性和自主性,这与诸如戴维·施耐德和克利福德·格尔茨这些美国文化理论家所确立的基本假定相当类似。这个假定中包含着一种具体化(reifying)倾向。在威利斯的书中,当他由民族志再现转向更为抽象的分析部分时,尤其是当他在后记中特别强调民族志作为马克思主义体系内的一种方法的价值时,这一倾向表现得更为明显。对于威利斯来说,这种对文化的不可化约性和自主性的过激坚持——不管为此具体化要付出何种代价——是为了抵制西方(或资产阶级)社会思想中的一种倾向,即贬低或边缘化文化所强调的东西:日常生活的具体性和常识性;我们很难对其结构规定性做系统阐述,而这种阐述是资产阶级社会中一种占特权地位的话语模式(很多马克思主义著作也被其污染了）。正如威利斯所宣称的：

> 这里最主要的问题不在于制定出一个关于"文化形式"的精确的分类法或者是对"文化"进行一种严密的理论概念化。我在本书的整体方法中想要强调的是各种抽象及经验性的、鲜活的关系的领域应该被置于它们自身的具体性中、在它们自身的层次上被再现，而不能机械地将它们持续化约为一些基本的决定性结构。社会再生产和矛盾不能被看作抽象的存在，它们是动态地嵌入于真实的人的真实生活中的，而不是对那些不变的、似乎是"更深层"结构的简单"回应"和"反映"。……行动者的意向并不是发自他们自身，而是以复杂的方式通过各种"文化形式"与结构内的事物密切相关。……
>
> 民族志的功能就是要展示那些被压迫者的文化观点，他们"隐藏着的"知识和抵抗，以及那些"决定"（decisions）产生的基础，这些决定颇具诱骗性，它们看上去是自由选择的结果，但却帮助生产出了"结构"。从某种程度上说，这是一项展示工人阶级创造关于知识的集体文化形式——尽管这些形式是模糊的、复杂的并经常是讽刺性的；它们不能被化约成资产阶级的形式——之能力的工程，而其重要性在于它是政治变迁的基础之一。（Willis 1981:201-203）

由此，威利斯与人类学民族志作者一样，界定了一种自主的文化概念，它有利于对人类多样性和差异性的真实描述，而抵制那种抹杀此点的偏见；但与人类学家不同，威利斯的规划具有一种自觉的政治界定。而且，在他的规划中，作为民族志再现目标的文化展示从根本上说是一种阐释的方式，即阐述植根于工人阶级生活中的对资本主义社会的批判，这是我们马上要讨论到的概念转向。

这位民族志作者对批判理论的表述是嵌入在工人阶级的经验当中的。对于西方的文化批评传统，尤其是马克思主义传统来说，民族志目前最具吸引力之处就是威利斯（也是陶西格）所采取的这一动向，即用民族志来表现嵌入于民族志对象日常境遇与谈话中的对资本主义社会最有力而独特的批判,其力度和独特性甚至超过了那些自觉地以文化批评为职责的知识分子所作出的贡献。可以说,民族志作者是助产士,他接生出并清晰地表达出在工人阶级生活中用俚词俗语所表述的东西,由此也表现了中产阶级的生活。

使批判出自描述的对象而不是出自作为评论家的作者,这可以看作一种转向,即将批判的责任转交给了那些被表现为社会行动者的人,这样做可以使文化批评著作具有一种新的、有力的真实性。民族志传统上要求——至少在人类学领域——要表现"当地人的观点",这一要求在文化批评的姿态下成为对一种真正的批评理论的探索,它具体体现在那些作为宏大社会体系的受害者的生活之中,而这些受害者往往正是民族志所描述的对象。这一转向正好实现了诺尔-塞蒂娜所嘉许的那种将宏观与微观结合起来的模式,在这种模式中,关于对象的抽象和明确的批判理论同时也是浓缩在微观视点的民族志中的、对对象关于宏观社会体系的民间理解的再现。如威利斯所阐述的:

> 这就是为什么描述可见形式(visible forms)的民族志是有局限的。要了解外在的、具有明显创造力的、变化的和有时是随机的各种特征,就必须追溯到其核心。生活的逻辑必须追溯到其概念关系的核心,如果我们想要了解一种文化的社会创造力的话。这通常要求人们在某种层面上认识到此文化在一确定的社会结构中的独特的地位,并依此行事。
>
> 这种社会创造力之所以未能在文化表面得以理性地表达,一个最根本的原因就是这种表达只是其内容的一部分。事实上,它从文化中心生发出来并不是为了纯粹的表达目的。为了要说明这种穿透力(这是威利斯的行话,是那些小伙子中的习语,用来指对资本主义现实的敏锐理解)是什么,我们必须将其视为一种清晰连贯的洞察力;但文化的各种具体形式,就像民族志一直提醒我们的那样,并不遵循单一的、纯粹的动力学。就在其形成过程中,这些"洞察力"被扭曲、转换和归置为其他形式——比如说体力劳动的主体确认——这使人们甚至很难相信一直存在着,或者说可能存在过,一种理性内核的观念,更不用

说轻易地将它表达出来了。这就意味着,我们在阐述创造力和理性时,除了关注其他问题,还要区分开文化层次和实际的意识层次。(Willis 1981:121-122)

这样,威利斯就把民族志作者的适当角色定义为助产士。那些小伙子体现出了一些批判性的洞见,但这些洞见是以一种带有立场的(engaged)、扭曲的方式体现的,而民族志作者能将其记录下来。因此,民族志作者应该做的就是显示并阐明这些洞见,并解释为何它们会导致非预期的结果和无行动(inaction)。如威利斯所说,"正是工人阶级表面上的文化提升导致了他们自身的恶劣现状"(第122页)。

值得注意的是,为什么民族志作者作为本土批判理论的助产士这一姿态在马克思主义的文化分析中成为一个如此具有吸引力的策略,尤其是在它坚持聚焦于工人阶级(在英国,他们在历史上已被很明确地定义了)的分析时。这一阶级是"被选中者",他们最深切地体验着资本主义的种种矛盾,而其意识状态则是一个在马克思主义知识分子之间持续争论的问题。所以威利斯说,"它[工人阶级的洞见潜力]就嵌入在资本主义社会结构中这个唯一的阶级中,它并不会在神秘化自身时获得结构性的既得利益。……工人阶级不必去相信占统治地位的意识形态。它不需要民主的面具来掩盖它受压迫的面孔。而中产阶级的存在及其意识则被很深地整合进赋予它以主导地位的这一结构之中"(第123页)。

通过在无产阶级中使用民族志的助产术,威利斯揭示出,他们,而不是知识分子,具现着对资本主义最有力的批判;而考虑到无产阶级在马克思主义理论中的战略地位,这是理所当然的。威利斯的民族志试图要解决马克思主义中长期存在的一个尴尬的局面,即需要有激进的中产阶级知识分子(或者是工人阶级出生的知识分子)来作为工人阶级群体意识的代言人。威利斯希望能展示,工人阶级能平等和有力地陈述自己的意见(但对于如何在文本方面实现这一断言的解释学问题,他还缺乏足够的自我批判,下面将讨论到这一问题)。

总而言之,威利斯认识到他的对象对资本主义批判的核心在于他们对脑力劳动和体力劳动所做的区分，在于他们对前者的精心策划的拒绝以及对后者的热衷，他们将体力劳动作为其文化形式中核心的男性气质的体现。这些小伙子认识到学校教育的意识形态是要把学生培训成使他们按照工作的真正本质——用威利斯的话说，也就是劳动力这种独一无二的商品的本质——去工作。最为重要的是，这些年轻人拒绝接受可以达致社会流动的资格证明(qualifications)。对于他们来说，所有的工作都是一样的，都同样没有意义；他们在强调冒险和男性气概体验的青年亚文化中找到安全感和满足感。体力劳动是这方面的标志——它代表着男性气概和对权威的反抗。学校里的这种对抗文化发展出了对生产过程进行非正式控制的种种方法。而那些"小耳朵"，也就是那些循规蹈矩的学生，则很自然地成了这些小伙子的陪衬者，他们具现了导致中产阶级将工作神秘化的资格证明体系，而这是这些小伙子所拒绝的。

因此，这些小伙子转而确证了马克思主义的一个基本观念，即在资本主义生产过程中，劳动被简化为了商品。这样，通过在最重要的民族志对象，即工人阶级当中验证马克思主义理论的断言，威利斯手中的民族志就强有力地确证了其有效性。威利斯的很多结论依赖于他能够运用文本技巧说服读者相信那些男孩们的叛逆行为的意义，而中产阶级倾向于将这些行为看作愚蠢无知的偏离与疏离行为或不良行为而予以摈弃。接下来我们要考虑的是赋予那些男孩们的对抗文化以正当意义的目标——这是日常经验所包含的批判理论得以发展的基础——是否有效地达到了。

超越于民族志地点之外的体系以各种非预期结果的讽刺性方式上演。对非预期结果的设定是一种手段，由此，民族志作者就能将分析推进到超越起初田野工作的地点之外，用文化的、在结构上相应的术语对宏大体系(传统上被认为是抽象结构)进行再现。威利斯充分运用了这一策略，诺尔-塞蒂娜将这一策略视为(见第231页脚注⑥)将宏观视角带回到微观视角下的、生产力主导一切的当前状况的一种模式。实际上，《学做工》的主旨就在于讨论那些小伙子在学校形成的对抗文化的非预期结果：作为学校里阶级冲突的讽刺性结果，他们如何系统地使自己丧失获得中产阶级工作的资格；在不存在强制的情况下，年轻人如何会集到工场车间。就像威利斯在结束

他书中的民族志部分中时所说的:

> 这种做法除了毁灭——不管怎样,在相当程度上它是包含着这种意义的——外,还包含着这样一种意义:体力劳动代表着某种东西,它是一种提供和证实某种生活观的方式,这种生活观在批判、讽刺和贬低他人的同时也把他们自己,如他们所感觉的那样,以某种不易确定的方式置于超前于这场游戏的地位。这种感觉恰恰是从他们对自己的劳动力的感觉中生发出来的,后者作为反学校文化深层中的洞察力和自我发展而被那些孩子们习得并加以利用,并在体制化的背景中发展出了独特的阶级形式。很难想象这种力量感和非正式的、个人化的正当感如何可能以其他任何方式形成。正是这种态度,而不是正规的学校教育,使这些"小伙子"后来以某种特定方式适用于生产过程。因而从某种意义上说,在接受西方资本主义的从属角色时,存在一种自我控制的因素。不过,这种控制自相矛盾地被体验,既是一种真正学习和占用的形式,也是一种抵抗的形式。我们要怎样去理解这一切?(Willis 1981:113)

这是个框架性的问题,威利斯就是用它来精心组织他第二部分的阐述,即书中的分析部分。尽管是对现金的需求最终使这些小伙子进入了生产过程,但正是在与学校对抗的过程中形成的男性至上主义使他们能够适应工场,为他们提供了学校与工场这两个场所之间的连续性。

非预期结果的策略可以成为解决民族志表现宏大体系问题(其本质是解释性的)的一个不错的方法,但它也是威利斯记述中最明显地没有正面触及的维度。威利斯一直回避讨论他是怎样完成这样一个循环过程的,即他如何从一个如此小的样本、从他对中产阶级和那些驯服的工人阶级孩子对学校的其他不同反应(见第238页脚注⑦)的认识(但被系统地忽略了的)而作出这种普遍性的推论;他也同样没有讨论他对那些叛逆的描述对象的处理是否存在"过度社会化"的危险,也就是把他们看作纯粹的文化形式的产物,并由此最终成为威利斯进行分析的抽象焦点。再者,非预期结果策略看来与老式的功能主义目的论颇为近似,尽管是以一种反讽形式表现出来的——行动者在不同的背景下各自行事,然后,"变!"一个井井有条的系统秩序就出现了。对真实生活复杂性的某种认识只是简单地加于传统的功能主义秩序的概念之上。与以往的表现社会系统的策略相比,这的确是个改进,但它还称不上是一个与简单的秩序概念的大胆决裂。

对为实现前述概念讨论而运用的文本策略的评论

威利斯的解释学敏感

> 我想在这里强调一种认识,即不管经过怎样的修正,参与观察以及在它羽翼庇护下的各种方法,都体现出一种自然主义、因而是保守主义的倾向。民族志记述是一种关于现实生活不确定性的事后追溯性的最高产品形式。它无意中发展出了一种虚假的统一性,它要追问"后来呢?""结果怎样?""它的意义如何?"描述对象过于直接地处身于自我指涉的世界中。这种方法也是屈尊俯就式的——我们能设想在一个阶级社会里描述上层群体的民族志吗?……民族志记述的所有倾向都使它坚持强调人的能动性这一层次,后者一直以来被忽略、被否定,但是就社会整体的其他层次而言,其重要性在不断提升。尽管这个世界从来就不是直接"可知的",也不可能像民族志记述有时所暗示的那样在经验中展示自己,但不管怎样,它一定会在理论的某处被特别标示出来,如果理论声称要具有某种适用性的话。(Willis 1981:194)

这里存在争议之处是对威利斯的论述的解释学批评,他声称从他的对象的言行中提取出了一种工人阶级批判理论,这一理论正好有力地印证了马克思主义理论。在这方面,我们应该想到威利斯的文本的核心构建策略——将民族志与分析部分截然分开。这一策略也许与威利斯保持着一种实证主义社会学主义的修辞方式密切相关,即只是将民族志表现为一种方法和资料报告。而这种结构划分最重要的一点是构成了一种合法化的、自主的分析表达,通过它,威利斯可以从他熟悉的语言中发展出一种理论话语,同时又将民族志部分作为其支持背景,暗示出这种分析并不真是他自己的声音,而是一种中介,其表述的内容已包含在关于那些小伙子的民族志描述中,而这种描述被耐人寻味地视为对谈话的逐字逐句的记录。所以,我们可以说,对工人阶级经验的再现根本不是威利斯的首要目标;相反,威利斯是要通过他对工人阶级经验的再现为他的理论阐述服务。民族志构成了威利斯的作品的主体,但它本身并不是这本书的主旨。

这里至少存在着一点耍花招的蛛丝马迹,解释学的敏感(hermeneutic sensitivity)与民族志的记述结合在一起的效果就是给关于谁为谁说话、什么东西是真正被再现出来之类的论述加上了清教徒式的诚实标准,就像威利斯的文本中的核心部分所表现出来的那样。威利斯所清晰表达的对资本主义的批判理论真的是来自那些小伙子吗?是民族志作者揭示出了这些洞见,就像我们已讨论过的那样,还是他在与他的对象密切接触时在他们当中唤起了这种东西?或者,一种最为粗暴的做法,他是否只是任意地声称他用自己的语言说出的话就是对他的那些研究对象所说的话及其意义的精确注解?这是民族志实践中很核心、很古老的认识论问题,目前,在阐释学对人类学思想的冲击下,人们正在探寻这一问题。也许,这一问题的关键在于将对象的口头表达转化为民族志作者的文字表达的问题——在这一个案中,就是指将那些男孩们的谈话转化为加上了威利斯的评注和理论阐发的、充满术语的晦涩文稿。

鉴于我所提到的各种范式混乱芜杂的状况,对于在寻找某种方向的自由主义的激进文化批评者来说,目前一种很有诱惑力的观念就是认为,在研究对象的生活中必然存在着那些洞见,它们可以通过民族志这类体裁的精细阐释而被发掘出来。其结果是使类似威利斯所做的那类断言具有了特别的吸引力,它倾向于削弱解释学的自我批判所具有的怀疑精神,并轻易避开检验。将这种断言说得充满激情和富有感召力,就足以赢得中产阶级的读者,使他们将批判的责任转移给被描述的对象,并将分析家的功能修正为为解决当代理论困境提供某些具有吸引力的暗示。

那么,在威利斯的书中,存在着多大程度的解释学的敏感呢?威利斯确实是很敏锐地意识到了民族志的局限和他声称自己确实是在为那些小伙子代言这方面可能遇到的种种阻碍,但这里重要的一点是,这种意识并没有成为他文本的有机组成部分,对他而言也没有成为民族志写作的一个基础。就如在各种众多的现实主义记述中那样,解释学的敏锐,当其在场时,是被边缘化了的(就像在我们先前讨论过的那一非常敏锐的附录,以及威利斯在后记中承认民族志记述中的自然主义的局限一样——见前引文)。因此,当把解释学的意识边缘化之后,威利斯就与他的对象拉开了距离;而解释学所要反思的作者的涉入状态就只成为他文本中的一个主题,既不是其民族志再现部分的,也不是其后的分析部分的有机组成部分。

唤起的,而非民族志并置的,主流资产阶级世界

> 因为我主要关注那些"小伙子"的文化,所以那些"小耳朵"就必然成为前者的行为及创造力的多少有点戏剧化的陪衬。……不管怎么说,我所要论证的普遍性结论是:每一个社会行动者都共同参与了对他们自身命运的构建,其构建方式并不是简单地由外界决定的,而且在这一过程中,他们通常在"文化形式"的复杂迷宫中自享其乐。但这些不可能同时讲述出来!如果民族志的做法在给一种特定的"文化形式""赋予生命"的同时似乎使其他文化形式丧失了活力或显得苍白贫血,那么这不应该被认为是意味着"社会理论"只适用于前一文化形式。这本书不应该导致对学校里那些更顺从的年轻人的忽视或边缘化,而应该是鼓励从相似的视角对他们进行具体的研究,以揭示出他们的社会存在的复杂性及希望。(Willis 1981:207)

威利斯认为他在研究工人阶级时使用的概念策略也可以运用于对占主流地位的资产阶级各群体的研究,而且也会得出富有成效的结果。与这种可能性相矛盾的是,威利斯自己并没有选择用这种民族志方式来表现超出他的工人阶级对象之外的更广阔的阶级领域,尽管他在"小耳朵"中也确实做了"对照性的"田野工作,而且其文本中也不时闪露出他将统治阶级的文化形式与那些小伙子的文化形式进行对照的洞察力。但是,他没有用民族志的跨阶级平行并置的方法,而是采用了一种含混的、人格化的方式来唤起

(evoke)资本主义世界。他所倚赖的并不是他以工人阶级对象为焦点的民族志,而是未经民族志检验的、内在于马克思主义理论之中的以阶级为结构的社会意象。如我在前面提到过的,这既是在马克思主义传统中写作民族志的优势(它提供了一些现成的、经典的、人们熟悉的唤起宏观社会秩序的途径),也是其劣势(对现成的宏观意象的运用倾向于使与民族志所阐释的工人阶级对象的世界形成对照的那个模糊不可知的世界被漫画化地处理)。

威利斯没有将对不同阶级的再现作民族志的并置,而是提供了一个关于工人阶级的民族志,并只是假设了作为对照的、研究中产阶级的民族志视角。(偶尔,威利斯也意识到这个问题,就像上文引用过的他那句话中所体现出来的那样:"但这些不可能同时讲述出来!")这样,他使那些小伙子显得有血有肉,但他选择对他们所生活于其中的更大体系进行物化处理(reify)。这与他极力提倡的民族志取向的精神是不一致的。对于这些小伙子而言是"体系"的东西,则是其他人(中产阶级)的文化形式。这里存在的文本问题是在细致地表现一种生活形态的同时将除此之外的其他人的生活形态漫画化为"体系"。

在这里,危险之处在于,用"非预期结果"构建体系、连接不同的民族志场所这种做法的有效性。由于威利斯把体系的运行表现为年轻人的文化在学校和在工场发展的非预期结果,为保持一致,他也必然要认定,不同阶级之间的关系——他们的文化形式往往是处于不同的民族志场所(学校除外)——也同样是以民族志所叙述的行为所导致的非预期结果之间的联系为特征的。如果资本主义社会秩序的所有参与者都像这些年轻人一样,都发展出创造性的适应与抵制的文化形式,那么就文化层面而言,资本主义及其统治阶级如何会显得比那些作为受害者的年轻人更为定向化、更受意识形态束缚和更为目标明确?如果系统完全是通过无法觉察到的相互依存性和非预期而又相互协调的结果而运行的,那么要继续保持马克思主义理论中对统治阶级或各阶级的传统表述方式就会比较困难了。既然威利斯对于超出工人阶级的民族志表述之外的体系进行了拟人化和漫画化处理,他就用不着来处理这个难题。如果相反,他是在跨阶级的民族志并置的基础上来构建他的文本的话,他就必须更直接地面对关于他非预期结果的全部含义。

赋予年轻人的生活以意义

最后,威利斯所有的概念策略都依赖于他说服读者的能力,他要使读者相信,那些年轻人的文化实际上是充满意义的和具有创造性的,他们在把握某些东西,而不只是一个在工作条件和精神状态方面都被疏离的阶级。他的一个关键策略就是使工作世界与经验世界分离开来,工作世界是被那些小伙子视为无意义的,而经验世界则是他们赞赏并创造性地发展为一种反抗形式的领域。由于威利斯只偏向于关注最具说服力地体现工人阶级创造力的最丰富的语境——青年流行文化,他所剩下的、能唤起那些男孩生活体验的风格及创造力的材料就相当薄弱了。因而,在他对其对抗文化中富有意义的内容的反复夸赞中,存在着一种张力和特别的抗辩意味,尽管他热情地维护这一文化(就好像它还具有比他在民族志的局限中所告诉我们的东西还要多得多的意义),后者仍显得空洞。例如,就像威利斯所声称的:

> 因此,在那些"小伙子"们看来,"真正做一些事情"、在这世上做到孔武有力以及以某种方式付出劳力,其整体本质并不只是一种防卫的措施,或者是消极回应,而是对那些似乎是他们真正地、创造性地学得的东西的确证和表达。它所表达的是一种独特的成熟,一种能力和视角的实践,而这些他们认为是其他人所没有的。尽管体力劳动自身具有内在的无意义性,但对于这些哈默镇的"小伙子"而言,至少在他们生命中的这一阶段,它意味着对他们的自由的维护和对世上一种特别力量的确证。(Willis 1981:104)

很显然,威利斯对于他的对象能够从他们在社会上的位置的无意义性中提取出的这些意义给予了很高的赞赏。但是在表达这种赞赏的同时,他也不得不指出其中所包含的非真实性和自我欺骗性,但他没能对工人阶级大众文化作更为直接的探讨。威利斯最终从他对年轻人的对抗文化的热情中退却出来,在为美国版的《学做工》所写的后记中,他对女性主义者的不满作出了同情的回应:对于这些小伙子而言的生命意义是建立在对妇女压迫的基础上的。在文本自身当中,威利斯也顺便提到了种族主义和男性至上主义是构成其对象的对抗文化的框架,这种文化是以男性气概为中心的。但在写这个反思性的后记之前,他一直没有严肃地对待这个问题。因此,从某种意义上说,这种将意义赋予原本可能被视为无意义的、无控制的生活的文本策略,是以一种"过度抗议"的方式来完成的,最后又是以相当程度上的矛盾性结束的。不过,作为一种必要的修辞,为了使民族志的再现和从中得出的判断显得可信,成功地掌握这种文本策略似乎是极其重要的。

结　　论

> 本书并不试图要对那 12 个个体的整体生命过程作全景式的人类学描述——这需要将其他更多的内容包纳进来,包括他们身体和情感的发展、性、家庭经验,以及他们在整个邻里和当地生活范围内详细生动的生存状态。我关注的是在相对具体的"文化形式"中的某些特定的文化和象征过程,主要关注学校和由学校到工作之间的转换中涉及这方面的诸多内容,当然,我并没有把这些做成一种不偏不倚的分类表。也许我们可以将其称为"文化民族志",以区别于人类学的取向。(Willis 1981:217-218)

人类学家们或许会对威利斯的这种提法颇感尴尬和恼火,作为一个民族志作者,他将自己与人类学领域中同样的方案拉开距离,将后者的目标贬低为方向不明、生硬的整体主义,是一种自足的分类学描述,缺乏补充性的论点和论证。不过威利斯确实是摆出了一副挑战人类学民族志传统的姿态,后者或许是以一种不能按字面意义理解的、不可能达到的整体主义理想为基础的,而威利斯要将民族志应用于具有更为广阔的目标和理论意味的工程,如他自己所做的那样。这就需要一种混合体裁文本(mixed-genre texts)的写作,类似于雷蒙德·威廉斯所设想的社会现实主义的文本,民族志的再现和权威是其中的组成部分,其在文本中的地位则可不一而足。与威利斯对人类学民族志状况的陈旧看法相反,这种混合体裁的文本对对象的内在生活和历史政治经济学世界的本质都保持着敏感,这类文本是我们一直在讨论的当代人类学实验潮流的一个重要方面。

附录:对民族志在处理政治经济学及社会理论问题时采用的其他实验方法的简短讨论

我将简要地讨论一下在这一要雄心勃勃地处理社会理论问题、政治经济学问题和历史问题的民族志运动中的其他两种混合体裁的文本。在其中一种文本中,民族志再现的惯例被置于背景性的、边缘化的地位,或者是从属于对重大历史事件进行解释之目标的需要;在另一种文本中,民族志再现即使不是一切,也是文本的中心,而历史的、政治经济学的世界虽然也进入了文本,但是通过唤起而非真实再现的方式而被微妙地置于背景的位置。在这两种情况中,文本的写作都是来自田野工作经验和由其产生的权威性,但已做的田野工作与对此经验加以报道而写作的相应文本之间并不是简单相关关系。相反,在这两种文本中,尤其是在第一种文本中,民族志的细节与包括历史叙事、文学评注和自传式告白等其他各种写作方式平分秋色。

民族志与革命性剧变

这里要特别关注的一个问题是怎样使民族志的写作适合于处理经典的历史因果关系问题,这些问题要求对重大事件进行解释。在这方面,社会与政治革命问题是一个极好的、反复出现的事例。对于民族志作者来说,这在很大程度上要依靠幸运和机缘——民族志作者身处何时何地,从而与这一事件发生关联。关注重大革命事件的民族志通常定位在村落研究的形式下,叙述革命对日常生活造成的影响。在我看来,村落层次上的民族志中最生动地记录了后革命状态的是威廉·欣顿*的《翻身》(Hinton 1966),它生

---

* 中文名为韩丁。——译者

动深刻地记述了一种革命的社会理论是如何被运用于对一个地方村落社会进行阶级重划与社会重塑的。

但是,如果处在有利环境中的民族志作者怀抱着更大的抱负进行记述的话,民族志可以成就更多。通过对民族志再现进行精细的文本操作,他们能参与到关于革命过程本身的起因与进程的核心讨论中来。迈克尔·费希尔的《伊朗:从宗教论争到革命》(Fischer 1980)是这种混合体裁的记述中最优秀的,如果不是唯一的范例。在这类记述中,对民族志作者的权威的修辞定位和民族志细节的精细介绍,形塑了对革命的起因和发端而不是对其影响的讨论。其民族志再现主要表现为对什叶派宗教教育的描述,革命前费希尔曾在库姆受过这种教育。此书开篇就对民族志的权威性进行了定位,记录了费希尔与一位阿亚图拉*的讨论。确实,这确立了一种"他当时在那儿"的事实,但还不仅如此,因为它还是一种关于什叶派意识形态及世界观本身的现实及其传播者的表述,这种表述与表述它的话语风格是密切相关的。从这往下,这一关于什叶派文化的民族志文本交替使用历史叙事、对革命事件的时段性(moment-to-moment)报告、社会学的阶级分析、文本评注和对库姆生活本身的民族志再现等方法。虽然较之威利斯的明确标注为民族志的研究,费希尔的著作更难被界定为民族志,但它仍然像威利斯的著作一样,依赖于对民族志进行策略性地、自觉地选点。因此,当民族志作者在对重大事件(及其所包含的宏大政治经济学体系)进行讨论时,民族志本身在文本构建中就从中心地位转为了一个漫游者的角色。

民族志与现代随笔:在一个不确定的世界中对现实主义再现的侵蚀

还有些人认为,在民族志的叙事空间里再现宏大的、非个人化的体系是不可行的,但他们又对政治经济趋势颇具感受力,认为需要通过某种方式来唤起它们,这一观点又如何呢?这是更为激进的现代主义的民族志实验

---

* 阿亚图拉(Ayatollah),对伊朗等国伊斯兰教什叶派宗教领袖的尊称。——译者

的困境——这类实验避开现实主义传统而转向制作精细的实验,其形式和关注点转向视角的互换、田野工作的对话背景,甚至在传统的单一作者控制的文本中并入多重作者的声音。这些实验性的作者比坚守现实主义的雷蒙德·威廉斯要更强烈得多地感觉到,激进的解释学民族志永远也不能获得统计学所能获得的关于现实的知识——也许他们甚至不承认这种被抽象再现出来的现实具有优先性和特别的有效性。他们宁愿寻找一种不是通过再现而唤起这个世界的方法。

现代主义形式的随笔(essay)也许能满足这种要求。它反对传统的系统分析,不要求作者对其思想进行更广泛的阐发(但又显示出它包含着这些推论),也不要求作者必须将松散的内容自圆其说地组织成一个整体。随笔作家可以将世界神秘化,他从一种对民族志对象和民族志作者生活于其中的这个世界的深刻的半理解半困惑的修辞学姿态出发,对其对象的行动隐含着何种全球性意义不做任何定论。这种形式很适合于当前这个范式混乱、问题棘手、各种现象只能部分地被理解的时代。它最终成为一种对人类学民族志整体主义承诺的回避。被部分解释的("总是存在着其他替代性的解释")现象的不确定的神秘性是实验姿态的一个基本修辞特征。与现实主义民族志——它在文本直接讨论重大事件时具有背景支持——不同,现代主义民族志随笔要应对这样的文本问题,即一旦传统的现实主义再现技术被排除后,如何使这个世界成为叙述的背景。

对随笔作为一种适合于现代性的写作形式作了最深刻清晰的反思的也许是特奥多尔·阿多诺[见考夫曼的论述(Kauffmann 1988)],尤其是他对通过写作而将秩序加于一个其本质就是碎片化的世界这种做法的拒绝。现代随笔并不试图去通过有序的叙述来表现体系和重大事件(这是现实主义所偏爱的做法),相反,它允许甚至鼓励保留这种根本性的障碍——它将碎片化、模糊边界,以及要达到干扰读者之效果的自觉目标等都合法化了。因此,对于最激进的实验民族志来说,这种现代主义意义上的随笔就具有了一种特别合适的自觉姿态。它们想改变民族志的传统关注点,并由此改变读者的感知。如上文所述,它们将关注点放在了任一民族志课题都涉及的对话和视角交替上。他们试图通过对民族志文本形式的自觉关注,而不是通过对作为民族志对象的有界世界的直接关注，同样——如果不是更多地话——对现代社会作出评论。

如此利用随笔的微妙之处在于：无论民族志对象是否明确地被视为生活在一个碎片化的世界体系中，在其经验层次和民族志作者的经验层次上，更为广阔的世界是通过传达差异性经验的民族志写作的努力而被间接召唤出来的。在一个显著性差异已经消失的世界中，要再现文化差异是一个激进的取向，至少西方中产阶级的读者作如是观。这类民族志追求传达出其对象之经验的本质，这种本质不受习俗和体制——这些概念带有一种寻求秩序的内在偏见，而在经验层面上，人们并不能在同等程度上感受到并想象出这种秩序——的影响。作为现代随笔的民族志深刻瓦解了作为大多数现实主义民族志核心的、也越来越成问题的（如威利斯的文本中的障碍所表现的）整体主义承诺。它并不将其对象确定为更大秩序中的一部分，相反，它通过不确定的形式，唤起了一个不确定秩序的更为广阔的世界——这是现代主义随笔最终要培育出的姿态。在某种意义上说，由于采用了适当的随笔修辞，在现代主义民族志中，我们已讨论过的关注政治经济学的民族志模式中的那些问题不那么突出；但它同样是被民族志写作的困境所推动，这种困境就是认识到，对于现在的世界来说，20世纪的民族志范式看来已经是不够用了。在引导民族志构建方面，与威利斯和费希尔的融合民族志和政治经济学视角的动向相较，现代随笔修辞只不过是一剂猛药。

采用现代随笔修辞的民族志的实际范例还很少，尽管作家们对这种文本或充满热望，或对其可能性颇感兴趣，但在进行实验时又会避开它。文森特·克拉潘扎诺的《图哈米：一个摩洛哥人的肖像》（Crapanzano 1980）以及他更近期的《等待》（Crapanzano 1985）也许是现有的可以被认为是采用了现代随笔修辞的实验民族志中最杰出的作品。尤其是后一著作，它采用对话的形式捕捉了多重的声音，揭露出当代南非的白人的困境，体现了这类现代主义手法固有的对政治经济学的关注。南非宜人乡村中的白人的话语远不是褊狭和地方性的，而是充满了对于他们自身及其社会在世界中的位置的"会意的"讽刺。与此类似，在《图哈米》中，文本的形式和它的对象——一个被灵魂附体了的无产阶级制瓦匠——都服务于他对阿尔及利亚殖民社会和后殖民社会的论述。

现代主义民族志能容纳超出民族志对象经验之外的世界秩序之不完全性和非确定性,这一点深究起来,似乎是现代主义民族志的一个关键的修辞标志。例如,关于文本构建的一种普遍观点是,将一系列独立的、关于同一对象的不同主题或解释的随笔连缀起来[假如格雷戈里·贝特森的《纳文》(Bateson 1936)少一些英国随笔作家的那种自以为是、充斥着科学家式断言的风格,那么这本书在其实际叙述结构和精神方面可以看作现代随笔式民族志的一个早期范例;此书也确实是写于一个与当代相似的、深刻的全球不稳定的时代;《纳文》的奇特在于它混合了行为主义和解释学的关怀]。此外,随笔民族志经常用一条明确的元注释(metacommentary)来将自己界定为此类民族志,即在写作民族志的时候强调在现代社会做民族志的诸种困难。因此,总体而言,正是被手头的解释工作所困扰的民族志作者所流露出来的现代主义意识嵌入了文本中,而此文本是指涉她与她的对象所共享的更宏大的世界的。我将现代主义实验视为当前民族志方法在文本策略方面处理本文开篇提出的微观-宏观结合问题的外围边界。

族群与关于记忆的后现代艺术[*]

迈克尔·M. J. 费希尔　著

吴晓黎　译

一　结论与再思

> 为记忆女神所赞颂的历史是对不可见之物的译解，是关于超自然之物的地理学。……它在生活世界和超越了生活世界、离开了白日之光的一切必回归于此的世界之间架起一座桥梁。它带来了对过去的"召唤"。……记忆作为不朽之源泉出现……
>
> 　　　　　　　　　　　　　　　　　　让-皮埃尔·韦尔南

> 我们的时代不是被为技术而技术的胜利所定义，就像不是被为艺术而艺术所定义，不是被虚无所定义。它是行动，为了一个即将到来的世界，为了时代的超越——超越那个呼唤他者显圣的自我。
>
> 　　　　　　　　　　　　　　　　　　伊曼纽尔·列维纳斯

---

[*] 我在本文中所使用的"后现代"一词参照的是让-弗朗索瓦·利奥塔（Lyotard 1979）的界定：是现代主义的时刻针对紧接着的过去定义自己（"后"），它带着怀疑对权威、预设、成规的所有基础追根究底（"现代主义"）。利奥塔的定义包容了现代主义衰落和新生的周期循环，也让人注意到提问和去定向/重定向（deorienting/reorienting）的不同技术——从艺术中的超现实主义到自然科学的发展（不规则碎片形、灾难理论、实用悖论、不可判定物）。其他关于后现代主义的定义或是把它当作20世纪早期的现代主义的未标明的后果，或是如弗雷德里克·詹明信（Fredric Jameson），把它视为从负有政治使命的现代主义向布尔乔亚的沾沾自喜的后退，这些定义抽空了这个概念的实质意义，（在詹明信的例子里）没有确实根据地给予它负面的政治评价。我所使用的后现代概念与斯蒂芬·泰勒的用法（见本书）同出一脉，我也受到了他的启发。

本文将1970年代和1980年代两种间接相关的民族志现象——少数族群自传的盛行和学术界对关于被延宕、被隐藏或被掩蔽的意义的文本理论的迷恋①——放在一起，是想知道它们能否重振我们关于文化如何运作的思考方式，再造我们作为一种文化批评方式的民族志实践。就像游记和民族志成为探索"原始"世界的形式（见本书中普拉特的文章），现实主义小说成为探索早期工业社会中布尔乔亚的生活方式和自我的形式，少数族群自传和自传体小说也许也可以成为探索20世纪晚期多元化的后工业社会的关键形式。

最近大量出现的以族群（ethnicity）为焦点问题的自传作品似乎很难被传统上关于族群的社会学著作所容纳。像汤亭亭的《女勇士》（Kingston 1976）、迈克尔·阿伦的《亚拉腊山之行》（Arlen 1975）和玛丽塔·戈尔登的《心灵的漂泊》（Golden 1983），用群体的团结、传统价值、家庭的流动性、政治动员或其他类似的社会学范畴来讨论难以充分地理解它们。以反叛家庭、异族通婚和文化同化为主题的移民小说与这些社会学概念更为相关。

新的作品有力地促使我们认识到的，第一，是关于族群归属的悖论：族群归属是由每代中的每个人重新发明和重新阐释的某种东西；它常常是一种颇让个人迷惑、他或她控制不了的东西。族群归属不是简单地一代传一

---

① 由于篇幅的原因，这第二种现象将不得不作为伴唱，只会间断地提到。"被掩蔽"（occulted）是本书中泰勒文章的一个关键词，本文正是对他的文章的回响。"被延宕"（deferred）一词借助了雅克·德里达的努力：他让人看到隐喻如何依赖其他文本中的意义并创造新的置换，如何没有文本只在自身中、只关于自身而存在。"被隐藏"（hidden）一词指向瓦尔特·本雅明"揭示"或恢复沉积在语言地层中的意义的尝试。其他在当下的气氛中引起人们兴趣的理论家包括哈罗德·布洛姆（Harold Bloom）（像德里达一样，他关心文本间性——用他的话说即"影响的焦虑"）；西格蒙德·弗洛伊德和雅克·拉康（作为对弗洛伊德所说的"灵魂"的动力学感兴趣的符号学家，他们查点什么被压抑、隐含、被调解，或者泰勒所说的"没有说出"）；威廉·狄尔泰、克利福德·格尔茨和维克多·特纳（探索对于象征意义的建构主义式理解，用格尔茨的话说，"属于某物和为了某物的模型"）；汉斯-格奥尔格·伽达默尔（他关于从历史视野和文化传统的并置中得出意义的论述）；弗雷德里希·尼采和米歇尔·福柯（他们探究语言的霸权力量）；马克斯和乌里尔·温因赖希（Max and Uriel Weinreich）和米歇尔·塞雷斯（Michel Serres）[他们关注交互参照（inter-reference）和语际语言学（inter-linguistics）]。对于这些作者的兴趣——对弗洛伊德、尼采和本雅明来说是重生的兴趣（在文学中是针对1960年代的新批评、在人类学中是针对帕森斯主义的反应）——与少数族群自传的兴盛同时出现并非巧合。当下时期的特点是探询的问题具有共通性。

代,被教,被学。它是动态的,常常受到不成功的压抑或回避。即使没有有意识地教它,它也可能是有力的;关于它的制度化的教育很容易制造沙文主义的、贫瘠的或浮于表面的族群归属,只有通过斗争它才会充分发展壮大,这个族群归属往往是解放性的。就族群归属作为身份中深植的情感成分来说,它的传递较少地是通过认知语言或学习(社会学几乎把自己完全局限在这一领域),更多是通过与心理分析遭遇中的梦和移情类似的过程。

第二,在关于族群归属的新作品中,被发现和重新发明的也许越来越多的是一些新东西:做一个华裔美国人与做一个在美国的中国人不是一回事。在这个意义上并没有某个做华裔美国人的角色模板。问题在于找到不违背一个人身份的多重构成成分的声音或风格。采纳一个族群身份的这种过程,部分地说是对一个多元主义的、多重维度或多面的自我概念的一种坚持:一个人可以是许多不同之物,而这种个人感觉可以成为更宽广的多元主义的社会精神的熔炉。

第三,对于族群身份感的追寻和斗争是对一个伦理的、朝向未来的图景(vision)的(重新)发明和发现。尽管对连贯性的追寻植根于与过去的联系,但从过去抽象出来的意义,连贯性的一个重要标准,则是对未来有效的伦理。这样的图景可以有多种形式:可以既具有文化特殊性(例如关于黑人胜利地反抗压迫的《圣经》诗节),又是对霸权意识形态的辩证批评(例如,作为关于同化——同化为墨守成规的 1950 年代的冷漠、中立风格——的大熔炉说法的替代)。

首先给出的两个例子都是回顾性叙述,它们都对渗透着政治的形成过程的力量表示了惊奇。在《美国移民在以色列》(Avruch 1981)一书中,凯文·阿夫拉奇引用了一位美国人的话,后者嘲讽地回忆起 1967 年他对当时抨击以色列的"学生争取民主社会组织"成员的激烈反驳,他极为详细地向他们讲述了以色列的情况:"那个时候,我并不知道我的这一态度和所有那些信息是从哪里得来的。"与之类似,玛丽塔·戈尔登回忆起马丁·路德·金被刺杀的时候她正在上高中:

金死了之后,西区高中的白人学生和黑人学生之间逐渐升起了一道看不见的紧张的墙。黑人学生在当时还不知道,几个月之后,我们中的许多人将与我们的白人朋友断绝关系,发现他们不再跟我们"息息相关",相反,发现就连他们的到场也与"投入斗争"相悖,一夜之间我们的生活就变成了这样。(第15页)

这些段落表明了明晰的知识的缺乏,被压抑的东西浮上表面,和类似本我冲动的力量。弗洛伊德最先使用的"本我"(id)概念,只是德语的第三人称中性代词(*das Es*),经验的"它"(it-ness),对于讲德语的孩子来说特别有力:孩子(*das Kind*)是用一个中性名词来指称的,它逐渐才发展出一个被承认的、有性别的个体化自我。因此,对于有关一个人的本质存在之事的认可,似乎从其直接意识和控制之外而来,而又要求一种自我定义的努力。② 当代形式的族群因此既不像社会学著作所说的,不过是群体过程的结果(支持系统),不是转换的结果(同化),也不是从一代到另一代的直线传递的结果(社会化)。

从某些方面来说,当代通过记忆重新创造族群身份之举绝不是什么新鲜事。毕达哥拉斯的记忆概念(让柏拉图很是着迷)也把世界想象为一个遗忘的世界,现实隐藏在它的表面之下。只有那参与记忆活动,进行回忆,在奔向另一个世界的时候保存这一世界的知识,从天界返回这一世界的时候避开遗忘之河的水的灵魂,才能逃脱再生的循环、起起落落的无意义重复,和将人类简化为机械或野兽之符号的熵。只有通过记忆,为经常的训练和努力所打磨的记忆,一个人才能洗清过去生活的罪,净化灵魂,从遗忘的重复之渊上升和逃脱。③

因此,同样,推动当代族群归属的再创造的,不仅仅是对被削平为一般无二的工业原始人的恐惧,也是对失去可能用来更新自我和族群以及促成一个更丰富的、非常动态的多元社会的伦理(天界)图景的恐惧。在探讨为

---

② 有关弗洛伊德的用法,见贝托海姆的论述(Bettleheim 1983)。
③ 有关毕达哥拉斯和柏拉图的记忆概念,见让-皮埃尔·韦尔南的讨论(Vernant 1965/1983)。

什么白种美国人写传记而黑种美国人写自传的时候,阿诺尔德·兰佩萨德(Rampersad 1983)指出,自传(至少在它最有力的形式中)建立在一个道德图景之上,建立在自我感和社群感之间充满活力的关系之上,建立在对一个精神的共同体——不管是宗教性的还是社会性的——回顾性或预言性的诉求之上,或者建立在汉斯-格奥尔格·伽达默尔可能称之对道德传统的探求之上。

族群归属之焦虑,从神秘深处涌现的这一感觉,并不是当代族群归属表达中唯一有趣的方面。毋宁说,它们似乎是对更一般的文化过程的一种反映。对一个西方人来说,20世纪晚期的社会似乎具有如下全球性的特征:表面的同质化,传统的公共表达的剥蚀,仪式和历史之根蒂的失落。文化元素似乎越来越趋于碎片化,不过是个人任情使意的风格而已。比如说,美国的庆典和仪式就似乎常常是反讽性的,平易近人而了无信仰,洋溢着怀疑、享乐和商业气息。④ 而且,很显然,这是对于此种情境的表面文章的一种反应:就像本雅明和弗洛伊德以不同的方式指出的,语言自身包含了引起情感回响的隐喻、知识和联想的沉积,当人们注意到它们,就可能有所发现和启示。的确,当代的很多哲学兴趣(在哲学中,也在文学批评和人类学中)都投向了语言中所隐藏之物,符号所延宕之物,那些被指向的、被压抑的、暗含的或被调解的东西。

因此,那些初看起来似乎是个人主义的自传式寻求,结果却是对传统的揭示,对扩散的身份和身份的容器碎裂时那神圣闪光的重新汇集。这是毕达哥拉斯的记忆艺术的现代版:为了获得一个未来的图景而回顾过去。这样一来,那些自传式寻求结果也就有力地批评了一些当代的支配性修辞。

在民族志的写作和接受引起人类学家的很大兴趣和争论(见 Marcus and Fisher 1986)的时期,自传作品中关于族群归属的视角提示了民族志新的阅读和写作方式。

---

④ 见沃什伯恩(Wilcomb E. Washburn)的文章(Turner ed. 1982:299)。

二 扩散与先在的召唤

> 词语的力量不在于它明白的内容——如果一般来说有这样一种东西的话——而在于它把人的注意力引向别处的能力。
>
> 哈依姆·纳赫曼·比亚利克

本文的策略是三方面的:对民族志的倾听,对文化批评的关注,对实验性写作的关注。首先,是通过自传倾听一些族群的声音。选择自传是因为它像民族志一样承诺真实。自传性虚构作品也被包括在内,因为在我们这个时代,真实性已经不再可能(如果说曾经可能)局限于现实主义的成规。的确就像默里·鲍姆加滕正确地指出的,自从出现纳粹主义的德语、斯大林主义的俄语这种大众语言混乱,以及 20 世纪双重思想(double-think)的其他形式,包括美国官样文章中衰朽的语言,"作为对语言的信任的现实主义已经不可再得了",似乎"只有超现实主义的蒙太奇、立体主义的拼贴、存在主义的寓言才是合适的选择"(Baumgarten 1982:117)。而且,现实主义的成规,尤其是传统民族志所实践的,其自身也包含了寓言式隐喻并通过后者达成清晰的条理(见本书中克利福德的文章)。间接表达(参阅上面比亚利克的话)是语言使用中与生俱来的现象,应该得到有意识的探讨而不是忽略、否定以及任其产生误导。在过去的 20 年里,少数族群自传作者针对语言源泉的重新发现做了出色的探索,从而也探索了现代现实的本质。

在思考如何阅读、分析、阐释当代的这些自传文本的时候,我想到族群归属的追寻反映了双重焦点,而这一直是人类学基本原理的一部分:在我们自己的背景中观看他人,在他人的背景中观看我们自己。将外人奇异的习俗与我们熟悉的习俗并置,或者相对化我们想当然的预设,一直是人类学所许诺的那种文化批评。在一个各社会之间越来越相互依赖的世界,这种双重焦点,或者说交互视角,也变得越来越重要:所描述的文化中的成员日益成为民族志的批判性读者。使用"原始"或"异国情调"的修辞形象不再可能不受追究了:读者/听众已经多样化了。而且对于"两个或两个以上"的文化的并置和比较,"双重焦点"一定越来越是一个简略的表达法。成功的跨文化比较要求至少有一个第三方,以避免简单化地认定某一方更好或更坏的价值判断,促进多轴线的比较,⑤以及唤起更广阔的世界感,文化正是身处这样的世界之中(亦见本书中马库斯的文章)。文化和族群归属的集合,更像是家族相似而不像简单的类型树。

　　少数族群成员、民族志学者和跨文化学者一般常常以个人移情式的"双重追踪"开始,在别处的解释中寻求自我内部的过程。人们也许会想起伟大的伊斯兰学者和天主教神秘主义者路易·马西尼翁(Louis Massignon),他把苏菲派当作分析他自己在一个后基督教的和反神秘主义的世界所感受到的两难困境的代表。类似的例子可能是多种多样的。在那些最敏感最优秀的人类学作品中,就有那些将此类个人关怀带进来的作品,尽管它们只是作为一个亚文本而存在,很少得到突出的强调或明确的承认。人们会想到维克多·特纳晚期对恩登布人(Ndembu)的仪式和象征的关注与他转向天主教的关联;想到斯坦利·坦比亚(Stanley Tambiah)对泰国佛教的研究:与研究佛教的大多数西方人不同,他带着尊敬,把佛教视为有效的政治力量,间接地试图理解在他自己动乱的家乡斯里兰卡佛教的动力学;也许甚至会想到列维-斯特劳斯,他关于美洲印第安人神话的作品也可以理解为对一个被摧毁的世界的赎罪行为,类似于犹太经典《塔木德》(Talmud)的创作——保存的同时提供批评工具,允许后代的更新利用。⑥ 这样的关怀在内容上不必是关于民族或宗教的:斯蒂文·费尔德(Steven Feld)关于卡路里人(Kaluli)美学的报告是近来最好的例子之一,他使用了表演者的知识和技术,也使用了他自己的学术知识和技术。他能够提供的不仅是一个令人信

---

　　⑤ 这是贝特森(M. C. Bateson)1984年6月在西弗吉尼亚的库冯特组织召开的研讨会的主题。此次会议由文化间基金会(Intercultural Foundation)赞助主办,并得到了温纳-格伦基金会,史密森学会和乔治敦大学文化间研究中心的支持。

　　⑥ 《塔木德》讨论了在它成书的时代久已不存在的一种寺庙礼拜的细节。它因而将曾经的仪式规则转化为发展讨论和辨证技巧的工具(Neusner 1981)。同样,列维-斯特劳斯也试图收集神话,其中很多在它们原来的语境中已经不再起作用,通过比较和提出阐释程序,列维-斯特劳斯使它们复活,成为智识讨论和智识增长的主题(见 Handleman 1982)。例如,没有人再能抛开其他变体和相关神话而分析一个单独的事件、象征形象或单个神话变体,或忽略作为一种语言的神话概念:它有句法规则和意义,它们通过对比事件、人物或象征的差异用法而系统地产生。

服的描述,更重要的还有批评手段⑦,给了读者一套建立在与我们自己的极为不同的感觉和认知基础之上的概念工具。

应该说清楚,我并没有提倡根据作者的传记对民族志进行还原式阅读。业内人确实可能参照他们对于作者的了解调整他们对于民族志的阅读。这使阅读更丰富更有收获。它允许读者将作者获知的许多细微的差异、心照不宣的理解、暗含的视角带进文本——如柏拉图可能说的,给一个死的文本带来了更丰满的生命。⑧ 但对于随随便便或头脑简单的读者,根据作者的传记来阅读民族志可能是不公平的、破坏性的,会把文本简化掉而不是丰富了它。相反,我所建议的民族志阅读方式是并置两种或更多的文化传统,不仅在民族志的阅读也在它的建构中关注文化传统的并置作用于意识和潜意识的方式。对许多人来说,在另一传统中的追寻,比如,也许,戈尔登在尼日利亚的,我自己在伊朗的,都可能成为探索自己的、如今已经永远消失了的过去的一种方式。我们需要真实的支点,它们允许(自我和他者之间)双重或多重的追踪,它们促生对于细节和文化逻辑丰富、同情的好奇,它们也会受到双方传统的相互批评或相互启示。与此同时,我们需要防止将他者同化为自我,只看那些相似之处或不同之处。必须避免特定狭窄范围内的二元对立式比较,第三方、第四方或第五方的参与比较则必定会带来多维性和意义世界的更广阔之感。少数族群自传中,对其他替代性身份的尝试是达到多维性的技术之一。

这篇论文的写作策略就是并置自传写作的五个系列:亚美尼亚裔美国人的,华裔美国人的,非洲裔美国人的,墨西哥裔美国人的以及美国原住民的。我的想法是,让多重系列的声音自己说话,而我作为作者的声音尽量减低和边缘化,只作为评论出现。尽管是我筹划了这些声音的出场,但读者被引向原始材料,文本并没有被阐释所闭阖,而是指向它自身之外。我在导言

---

⑦ 费尔德的叙述从对一首以一个被抛弃的孩子的呼唤为中心的诗的文本分析开始,转到分析卡路里人基于声音对鸟的分类,转到对例如吉萨罗(Gisaro)仪式中的歌曲的音乐分析,到对卡路里词语被赋予诗意的修辞分析,到分析卡路里词汇和音乐理论,其中声音结构被编织在表现水的流动的隐喻中。卡路里的音乐、诗歌、美学和认识论一般都围绕声音而建立,与赋予视觉以优先地位的西方认识论形成强烈对比。亦可参见泰勒的著作(Tyler 1984c)。

⑧ 见柏拉图《斐多篇》和雅克·德里达在《扩散》(*Disseminations*)中对此的评论。

和结论中启用了我自己民族传统中的类似写作,作为进一步接触的点,以避免托多罗夫(Todorov 1982/1984:250 – 251)所说的诱惑:"'按照他们真实的样子'复制这些人物的声音;试图'为了他人的缘故'抹去我自己的在场……(或者)使他人屈服于我自己,使他成为一个牵线木偶。"

作为结论出现的并不简单地是美国各族群身份的平行运行过程,而是一种感觉:这些族群归属只是构成了具有相似性的家族,族群归属不能被还原为同一的社会学功能,族群归属是两个或更多的文化传统之间的相互参照过程,这些文化间知识的动力学是人类价值更新的宝库。族群记忆因此是或应该是朝向未来而不是朝向过去的。

如果这个实验中有多重声音参与,那么,它也希望能由此多样化读者的身份。援引多个不同群体的话语为读者的不同回应提供了入口。文本的话语并没有被否定非专业对话者资格的专业修辞或权威所闭阖。与此同时,它将这些不同族群话语的成员引进到人类学的比较课题中来。它不允许族群成员仅仅基于对自己族群的修辞的直觉理解来发表主张,但试图把这种直觉仅仅认作一种有效的知识来源。

最后,本文拿来讨论的这些文本有能力表达文化批评而无传统的跨文化分类常常制造的套式化扭曲之弊,这为民族志提供了一个重要的模式。对美国种族主义的控诉没有比查利·明加斯的《受压迫者之下》(Mingus 1971)、劳尔·萨利纳斯的"心灵牢狱之行"(Salinas 1969)、赵健秀(Frank Chin)那些愤怒的作品,以及詹姆斯·韦尔奇(James Welch)或格拉尔德·韦泽诺尔(Gerald Vizenor)对创伤的描绘,表达得更充分的了。然而,它们中没有一部作品仅仅是控诉,也确实没有一部作品只谴责了自我和族群之外的压迫者;所有人都想象性地描述了新的身份和世界的创造。并非幼稚地致力于直接再现,而是暗示或召唤文化的生成(emergence)(参见本书中泰勒的文章)。这些描述不那么套式化,具有相对感,一个原因是,他们都关注文本技巧的无效性(ineffectiveness)——也就是对这些技巧有意识的使用:移情、梦的转译、讲故事、多声音和多视角、突出幽默的颠覆和多个身份/传统/文化的辩证并置,以及对霸权话语的批评。用现在时髦的术语行话来说,他们展示了后现代主义知识的文本间性、交互参照和跨语言形态。在实践的层面，这样有自我意识的高超技巧能重振民族志作品的活力，而后者再一次可以完成人类学的文化批评承诺：让人意识到那些被理所当然地接受下来的方式其实是社会文化的建构，而对此我们可以行使自己的职责。

在本文的工作稿中，我将少数族群自传的五个来源（五种族群）分别作为一节讨论，这样做是想提示每个族群内部的自传写作的范围和历史轨迹，以及在每一部分突出一种不同的族群感和获得这种感觉的技术。这种组织方式更接近民族志的探索策略，但事实表明读者不太好把握。在现在的稿子中，我颠倒了等级强调：每一部分集中讨论一种写作策略，但我保留了按民族划分的做法，因为在族群的特定经验和他们获取、揭示和运用这些经验的技术之间的确存在某种联系。这并不是说某种策略或技术只为某个给定族群的作家所使用。（恰恰相反，所有这些技术为所有族群的作家所了解和使用。）然而，只按写作技术来简单地组织文章可能损害写作在每一族群传统中的历史轨迹感，⑨也会导致将每一族群写作传统中的多声部和多重风格的织体约简为仅仅是证明一种声音的例子。

在文本的织体元素（除了风格、多重技术，及与前人的对话）中还有心理分析和女性主义视角。极为突出地，当代自传作家喜欢采用心理分析的语言和／或逻辑来描述或塑造族群归属的过程（ethnic processes）。没那么出新的是族群归属的性别化方式。文化遗产通常通过父亲或母亲的形象表达。孩子们终究是以一种复杂的，常常是反应的方式，既仿效同性别也仿效

---

⑨ 例如，美洲印第安人的写作吸收了与诡术师（trickster）形象联系在一起的哲学的、神话的和纯粹诙谐的一个悠久的传统。黑人自传写作也有一个久已确立的传统，可以追溯到被带到美洲的西非穆斯林（及其他）奴隶的叙述，更直接地，在现代时期，黑人自传促进了"二战"后黑人民权运动的核心发展。没有拉尔夫・艾利森的《看不见的人》（Ellison 1952）、克劳德・布朗的《曼切尔德在希望之乡》（Brown 1965）、马娅・安热卢的《我知道笼中鸟为何歌唱》（Angelou 1969）、《马尔克姆・X自传》（Malcolm X, with Alex Haley 1973），以及埃尔德里奇・克利弗的《冰上的灵魂》（Cleaver 1968），黑人民权运动是难以想象的。华裔美国人的写作（像墨西哥裔美国人的一样），产生了与阶级相关的差异反应。一些其家族没有经历过铁路、血汗工厂和唐人街的华裔厌汤亭亭的书，认为它们进一步强化了刻板印象。男作家如赵健秀、杰弗里・保罗・陈（Jeffrey Paul Chan）也批评汤亭亭迎合刻板的异族情调，而不是创造另一种视野（Kim 1982）。

异性别的家长(或其他成年人)。要问当代关于性别角色的争论在此是否或如何得以反映,一种民族志的方式是既关注男性作者又关注女性作者,既关注男性形象又关注女性形象。

我们从沉默的痛苦走到了笑的智慧。

> 移情
>
> 我的祖先
> 在悬荡的神话中
> 跟我说话。
> 每个词都是一个谜语
> 每个梦
> 都没有后嗣。
>
> 在晴朗的日子
> 我埋下
> 词语。
>
> 它们长出了根
> 缠绕
> 被遗忘的句子。
>
> 下一个春天
> 将萌发
> 盛开的趣闻逸事。
>
> 狄安娜·德尔·霍瓦尼西安,"学习祖先的语言"[10]

---

[10] 比较威廉·萨罗扬(William Saroyan),他随身携带写有他父亲作品片段的小纸片,它们就像种子激发他的想象(《来来去去你知道谁》,第36页)。

迈克尔·阿伦的《亚拉腊山之行》(Arlen 1975)作为一个原型文本展示了族群的"移情"机制,以及如何与类本我(id-like)力量——它定义自我,不过是从外部——达成妥协。在这里,关键是克服焦虑——焦虑通过行为模式的仿效表现出来,它不能通过理性语言表达,而只能以行动表现。此处它与之类比的是心理分析治疗中通常分出的三种交流模式之三,这三种模式包括:认知的、理性的、有意识的调查;将梦转译为线性的像文本一样的言辞表现形式(因此引进了媒介语言的扭曲);移情,其中没有文本的生产,而是将以前确立的、对先前某个重要的他人的行为模式重复运用到心理分析医师身上。

迈克尔·阿伦的族群焦虑起始于他父亲对于亚美尼亚的过去保持的沉默。为了不让孩子了解过去的痛苦经验,父母往往在孩子心中制造了一个强迫性的空白,它必然要被探索和填充。阿伦说他没有明显的童年经验,除了在黄金部落餐馆(也是威廉·萨罗扬最喜欢的餐馆)吃饭时所感受的温暖和家庭幸福。然而父亲的沉默在儿子身上激发了强烈的、意味深长的矛盾情感:父亲试图成为英国人而壮烈地失败,他换了名字,(虽然是个作家)却从不写或谈论亚美尼亚人,与另一个流放者结了婚(一个希腊裔美国人),"巨细无遗地关注"穿着"是否显得懒散或不可靠",试图在圣里吉斯饭店接待大批崇拜者,回家吃"没有品位或个性"的饭,在"一个委婉地被称为图书室的小房间里"踱步,送孩子去寄宿学校上学,最终,当国会出现反对外国人的言论时搬家去了美国。在美国,他觉得自己是一个不成功的亚美尼亚人,这一点又为他拿不准如何对待孩子所肯定。然而他找到了他的第一份美国工作,在他儿子的记忆中那是亚美尼亚式诡计美妙的胜利:电影制片人路易斯·梅尔问他打算做什么;他回答他跟萨姆·戈德文谈过了(后者让他试试赛马)。梅尔:他付你多少?阿伦先生:不够。梅尔:30个星期付你1500美元怎么样?阿伦:我接受。

说过黄金部落餐馆是他唯一真实的亚美尼亚童年经验之后,迈克尔·阿伦接着说起他对父亲的矛盾情感。的确,他的文本通过父亲形象来组织,有开头、中间和结尾。开头:

我对我的亚美尼亚背景只有一点点好奇——或者我认为是这样,不过

205　如果我早先懂得如何确认这些事情,我就会知道我一直被它缠绕。多数时候我害怕它。……我怕什么呢？……也许是怕以某种方式被暴露,或者被这种关联拽倒：差异……与某些深遭蔑视的东西的联系……最后我开始因这恐惧而恨父亲。……我也爱他……他是我的父亲。但我也怕他。我们之间一直横亘着某种东西——没有说出来的,(似乎)不可触及的某种东西。我们是陌生人。(Arlen 1975:7)

阿伦描述了他心中产生的爱恨交织的矛盾情感(类似于他父亲的)：害怕他的英裔美国人的伪装会剥落的童年(当他看见一个犹太男孩被人殴打的时候他为自己感到恐惧；一个苏格兰男孩断言阿伦不可能是英国人)；害怕与亚美尼亚人在感情上太过接近；最要命的,是不能读关于亚美尼亚人被奥斯曼土耳其人大屠杀的书(变得很愤怒,但不合道理地,不是针对奥斯曼土耳其人)。⑪

为了祛除这种焦虑,阿伦访问了亚美尼亚苏维埃社会主义共和国。一开始那种爱恨交织的矛盾情感又出现了：在纪念碑前感觉不到任何东西；对于游客把他当作显然不过是另一个美国游客而向他吐露他们对亚美尼亚人的不屑和刻板印象而感到生气。不过,最终有了投入,一种超出自身的运动,一种对他个人的两难困境与其他亚美尼亚人的两难困境之间关联的承认。阿伦问起亚美尼亚人对奥斯曼土耳其人的屈服,他们是否也参与制造了自己的二等人地位,他的亚美尼亚导游被激怒了,指责他想诋毁他的父亲["祖国(fatherland),父亲。那是一回事。"(1975:98)]："'瞧瞧盎格鲁-撒逊人的冷静和超脱。……不像个儿子！'然后,萨克斯突然抓住我的手,我看着他的脸,看见他正在哭。"(同上书,第99页)

接着这一宣泄性突破,一幅18世纪埃尔祖鲁姆(Erzurum)商人的画像勾起了一串联想。那张脸让阿伦想起了他的父亲："镇静、冷漠的脸上燃烧的双眼"；"在那一刻我意识到,做一个亚美尼亚人,作为一个亚美尼亚人而生活,就是成为某种疯狂的东西……疯狂了,那深处的东西——在人类海一

---

⑪　比较萨罗扬对他父亲的扭曲的愤怒(《来来去去你知道谁》,第36页)。

样深的灵魂扭曲旋转的深处"(同上书,第103页)。[12] 他父亲曾经试图使他不受过去痛苦的影响,但突然之间阿伦想起八岁的时候父亲"以令人惊讶的严肃和强烈情感"(第139页)让他去学拳击。阿伦在思考几个世纪以来来自周围主体民族的刺激的后果,亚美尼亚人的抗议,暴徒的回应[玛格丽特·贝德罗西安评论说,这是欺负弱小的人的典型动力,他悄悄犯罪,而当受害者叫喊的时候装作受冤枉;她引用了奥斯曼内务部长塔拉·贝的话:"我们受到指责说对无辜的亚美尼亚人和有罪的亚美尼亚人不加区分,但是考虑到那些今天是无辜的人明天就可能有罪的事实,这是完全不可能的。"(Bedrosian 1982:234)]这样一种环境导致了向内发展:"[画像上的]眼睛几乎像要烧到我。冰冷的脸上燃烧的眼睛……他控制表情了吗?将自己的一部分,他的脸,冷藏起来——除了眼睛,对此没有人能够控制——手指轻叩咖啡杯,在他剪裁得体的衣袋里,手握紧又伸开……继续撑下去吗?"(第102—103页)阿伦所思考的这种环境导致了微型艺术,在这个例子里不是小的创造性表达,而是一种执迷的姿态,一种将自己隐形的努力。

直面了焦虑,探查了症候,这本书结尾再次回到了父亲,回到指向已获得的解放的梦,迈克尔·阿伦回想起父亲关于他的父亲的焦虑之梦:听不懂他的亚美尼亚语。迈克尔·阿伦反思道,他,迈克尔,不再如此频繁地梦见父亲(他的亚拉腊之行起了解放作用)。如他自己说的,解放父亲的需求已经得到满足(第292页)。

阿伦的文本开门见山,富于自我意识,[13]将族群焦虑描述为对过去的接近-回避,这个过去比自我更大,为他人承认和用来界定某个人的身份,却似乎不是来自这个人自己的经验。它使人觉得自己控制不了自己的存在。这

---

[12] 比较萨罗扬的喜剧版,如贝德罗西安(Bedrosian 1982:287)恰当地概括的:"除了彼此之外无家可归,被迫通过偶然相会创造整个遗产,通过他们青涩的孩子气的精神表明生活终究只是一场喜剧,(进一步增加历史时代的深度)——这些亚美尼亚人让我们想起萨松(Sassoon)作品中那些压服不了的疯疯癫癫的蛮勇之人。"

[13] "制造(make of)这样一个故事的是什么?我是在'构造'(fashion)或者说'再创造'(re-create)的意义上用'make'一词的。"(第177页)

是一个历史现实原则：个人经验不能自我解释。它在重复中表达自己。⑭但他在一个错误的注释中下了一个无力的结论。他称他所讲的是一个关于征服，关于和平和安全的故事："最终遇见自己的过去是一件多么奇怪的事啊：就这样遇见了，就像你最终认出了那个陪伴你很久的人，'原来是你'。"（第253页）他似乎是说，通过与先前出现断裂、沉默、焦虑的过去建立连续性，焦虑就得以释放了。在这里，为未来创造的几乎是一个失败，这点在文本中，通过他的希腊裔美国母亲的缺席也许已被勾勒出来。

迈克尔·阿伦只是逐渐增多的亚美尼亚文学声音中的一个例子，他们中的一些人已经在最近玛格丽特·贝德罗西安的博士论文中讨论过了。困惑、晦暗不明的父亲的主题是一个重复出现的突出主题，不过母亲形象也同样突出。⑮在另一种媒介中，画家戈尔基（Arshile Gorky）运用了他母亲的形象以及迂回、重复、修改等类似于移情的技巧。戈尔基（原名沃斯达尼格·阿多因，生于一个延续了38代的神父家族）是大屠杀的幸存者，母亲在39岁时被饿死，她不吃东西以便留给她的孩子，使他们可能活下来。他选择了"苦东西"（Gorky）和阿喀琉斯［Achilles（Arshile）］为名——阿喀琉斯的愤怒使自己远离战争，直到新的愤怒推动他行动。抽象和表现主义对戈尔基来说不是自发自动无意识的技巧，而是掩盖脆弱的真理的技巧。"二战"期间，他发出了一份参加伪装课程的邀请："今天，毁灭性如流行病一般横扫世界。文明人决心要制止它。而不管敌人要毁灭什么，他首先必须看见。混淆和麻痹他的视觉，就是伪装的作用。"［转引自贝德罗西安的作品（Bedrosian 1982:355）］他的画都是精心修改过的形象：他的母亲，宛湖附近他出生的村庄，村中他家的花园，村民向上帝祈愿的十字树。他的口号很明白："我将从我的亚美尼亚经验中创造新的形式，以刺激头脑而抚慰心灵！""拥有一个传统使你能够带着权威和稳固的立足点处理新问题。"

---

⑭ 作家迈克尔·阿伦，作为作家的父亲；作为美国移民的父亲，在苏维埃亚美尼亚的导游，18世纪的埃尔祖姆鲁商人；一般意义上的亚美尼亚遗产。

⑮ 例如戴维·克丁（David Kherdian）分别关于一个老男人和一个老女人的两首可爱的诗（"德德·德德"和"麻雀"）都再现了亚美尼亚的过去，被贝德罗西安引用（Bedrosian 1982）。

移情,被压抑的东西以新的形式回归,带着扭曲的重复,这些都是族群归属得以产生的机制。它们也提示了可能的写作策略。在最近的民族志写作中可以区分移情和重复的三种方式。一、在民族志的主题中,发现或导出了严格意义上的移情的心理学模式,如加纳纳思·奥贝塞克里(Obeyesekere 1981)的作品,其中,这些系统化的模式还导致了新的社会形式。二、对于有意识的重复中的变化作出了分析,这些重复实际上是通过挪用或扭曲而完成的。强调文化动力的间接性质的典型案例,是马克思对借用罗马共和国语言和服装的法国大革命的评论,和他对历史绝不会相同地出现第二次的评论。[16] 马歇尔·萨林斯最近关于库克船长以及他死后一段时期夏威夷社会所经历的结构转型的书,也探讨了文化形式非线性的有意识重复和再生产所导致的无意的扭曲、颠倒和改变。三、可能也是最吸引人的,是文森特·克拉潘扎诺在《图哈米》(Crapanzano 1980)中的暗示:在他自己和图哈米之间,访谈的动力部分来自相互移情,图哈米使民族志学者充当了一个不那么舒服的治疗者角色。克拉潘扎诺暗示,许多民族志情境中都存在这种暧昧性:被访人提供和剪裁信息,就好像人类学家是一个政府官员、医生,或其他带来援助或危险的代理人;人类学家被放置在限制他的行动的位置上,他也制造了一些角色给被访人。换句话说,民族志知识的生成并非不像族群身份的创造。在一个附体案例报告中,克拉潘扎诺也提示了这一点。在那个例子里,他采访了丈夫穆罕默德,他妻子采访了穆罕默德的妻子达维亚。[17] 不仅被附体的夫妇对同一事件提供了不同版本的叙述,而且,这些版本又取决于对谈者,在两个民族志学者之间甚至可能存在一种温和的竞争关系。由于意识到这种获得信息和见识的动力,人类学家的被访人-合作者就获得了更活跃的角色。我们开始认识到我们自己知识的基础是通过他人的行动更微妙地建构起来的。我们的知识被证明为并不那么客观,而更多的是人类多种利益兴趣交涉协商的结果,也是在田野互动中需要承担更大责任,在田野作业中需要更多道德诚实的根据(在本书中泰勒文

---

[16] 见《路易·波拿巴的雾月十八日》的开头段落。
[17] "穆罕默德和达维亚"(Muhammad and Dawia),见克拉潘扎诺和格里雍所编的书(V. Crapanzano and V. Garrion, eds. 1977)。

章的意义上)。

梦之作

汤亭亭的《女勇士》(Kingston 1975)是将族群归属的产生过程类比于梦的翻译的原型文本。就像梦需要被翻译成文本或线性的言辞叙说，以便使它能被某个没有经历过它的视觉意象的人分析，汤亭亭的文本也是由一系列片段发展而来：传统故事，神话，在她童年的一些关键时刻父母加于她却没有充分解释的习俗，这些习俗因此扎根在她的意识中，通过不断延续的经验而理解，并与经验整合。这一整合过程与心理分析疗法中被分析者的经验整合过程相类似，他或她必须将梦的视觉意象翻译成话语，这样他或她自己和分析者才能进行理性分析。对于汤亭亭来说，表达出作为一个华裔美国人意味着什么的过程，就是创造一个可以提问的、逻辑连贯的文本。

第一个片段，"无名妇人"，说的是父亲的一个妹妹的故事。她怀上了一个私生子，被激怒的村民强迫在猪圈里生下孩子，随后就自杀了。汤亭亭说，这个故事是用来警告年轻女孩的["既然你们已经开始来月经了"(第5页)]，也用来检验在美国出生的孩子确立现实的能力：区分什么是家庭、贫穷和中国特性(Chineseness)特有的东西。当汤亭亭思考它可能包含的其他可能的解释的时候，这个晦暗不明的故事获得了力量：这位姑姑是被迫的(一个女性的服从的形象)，还是一个主动的诱惑者？确实，既然她嫁了一个在美国的丈夫，为什么她仍然待在她的娘家，而没有住在丈夫父母家里——以前的越轨行为？对于青春期的汤亭亭来说，这位姑姑成了内在斗争的寓言：所有的年轻女人都希望吸引异性，但是是有选择性的：如何让一个中国人而不是白人、黑人或日本人爱上我？含混性剧增：在华人社会女人当然是被贬低的，然而这位姑姑的父亲在她出生以前只有儿子，他曾经试图用一个男婴交换一个女婴；据推测，他爱他唯一的女儿，也许鼓励了她的叛逆性格。

女人角色的含混性在"白虎"中得到了很好表现。汤亭亭被教导，她长大了将为妻为奴，但她同时也被教会唱女勇士之歌——伟大的泥山萨满传说(Nishan Shaman Legend)⑱的一个变体——女勇士像一个男人一样替她的家人报仇。女勇士花木兰的故事,是说她爬到云雾中的高山上,在那里练就了精神上和身体上的力量,等待时机,直到 22 岁时回到家乡成了一个勇士。对于汤亭亭,类似的是在她的华人社区环境中女孩子不真实的贬值,她逃离到美国社会,在那里她可以凭自己的本领成为一个强者。像花木兰一样,她觉得她必须离开,直到足够强壮的时候回来改革令人窒息的华人移民社会。

"萨满"是关于汤亭亭的母亲在家庭洗衣店里为缓解溽热而讲的鬼故事,关于那些吃得特别特别多的英雄的传说("皇帝们过去常常吃紫色单峰骆驼的尖尖的驼峰……吃啊!吃啊!我母亲喊道……血布丁在桌子中央颤动。"),以及关于战争时期的恐怖的故事。她的母亲是一个多才多艺的很有力量的女人:她有助产士学校的毕业证书,知道在孩子们做了恶梦或看了恐怖电影后如何背诵族谱以唤回他们被惊吓的灵魂。此种家庭的权力也可能是压抑性的("中国人照相的时候不笑。他们的脸命令在异国土地上的亲戚——'送钱来'——和所有的后代——'在这张照片前供上食物'")和倒退性的(只要一回到家,汤亭亭就会回复对鬼、关于战时飞机的恶梦和昏睡病的恐惧)。

这本书[以及姊妹篇《中国佬》(Chinamen)]中的这些和其他"口头故事"表明,故事如何可以成为力量的有力来源,它们如何对每一代人产生不同的作用,它们又如何只是断裂的碎片,必须被翻译、整合和修订。("除非我看见她的生活流进了我的生活,否则她给不了我祖先的帮助。")这些故事、未解释的习俗、对非华人的偏执妄想以及一般对出身的保密——其碎片式语境的一部分,建立在移民对抗美国歧视性的亚洲移民政策而发展出来的生存策略之上。人们改名换姓,隐瞒真实年龄和进入的港口,一般还掩盖他们的人生轨迹以便他们的生活不被孩子们(他们作为半个美国人也不是可以完全信赖的)看出来。非华人被称为鬼佬,但是对于作为美国华人的孩子们来说,鬼是必须被外化和驯服的过去、传统和家庭过度的自我保护的奇异的碎片。

---

⑱ 关于泥山(音译)萨满,见杜朗特的作品(Durant 1979)。在满人故事中,解决(a)揶揄和嘲弄有钱有权人士的强有力的女性萨满和(b)守寡的儿媳(urun,"做工的女人")之间的双重地位问题的方式,是将萨满的器具拿走,使她又仅仅是"做工的女人"了。就像汤亭亭版的故事表明的,这很难说是一个必要的解决。

"梦之作"可能是前瞻性的也可能是回顾性的：可以通过过去的经验而产生，也可以是白日梦。赵健秀、杰弗里·保罗·陈（Jeffrey Paul Chan）、徐忠雄（Shawn Hsu Wong）和汤亭亭都利用华裔美国男性的两难困境，来进一步探讨"白虎"中所暗示的华裔美国人特性的新颖性。在那篇作品中，汤亭亭描述了逃出唐人街以获得力量救赎（恢复、改变和创造）她的身份的需要。进一步的任务是建构或找到既不是中国人也不是欧洲人的形象。并不存在华裔美国人的明确的角色模板。作为一个华裔美国人的存在只是一个探索性的方案，关键在于找到一种声音和风格。在这些探索性的策略中，有的维护他们对美国的权利，有的坚持进取性的性别身份，有的想象性地尝试其他少数族群的经验，有的既质疑白人的霸权意识形态范畴，又质疑唐人街的意识形态范畴。

这个方案对于作家具有双重重要性：对于个人的自我定义来说，也对于战胜那些出版商和批评家来说——他们一贯反对任何与流行的关于亚裔美国人的种族主义观点相左的写作，这种观点要么是把亚裔美国人看作彻底的异国情调的，要么看作与其他人毫无差别（否定文化），或者，最后，看作模范少数族群（谦卑、有礼貌、守法、家庭取向、工作努力、重视教育）。

如伊莱恩·金描述的（Kim 1982），作为回应，赵健秀称自己是唐人街的牛仔，坚持他的根在美国西部，坚持他粗野的男人气质。对于反驳异国情调的华人刻板形象："穿丝绸袍子和拖鞋、留辫子的异教徒，嗫嚅着关于孝道的儒家格言"，这是一个格外有效的姿态。这一姿态对反驳模范少数族群的刻板形象也同样有效，后者被用来：(a) 贬低黑人；(b) 否定华裔美国人的历史（华人不寻求政府援助是因为长久以来政府对于他们的法律地位持有敌意，因此他们不得不躲开政府，结果是泛滥于唐人街的贫困、自杀和肺结核不为白人社会所注意）；(c) 使亚裔美国男性去势。赵健秀回忆起学校的典型情境，黑人和墨西哥裔学生被问到为什么他们不能像华人一样不惹麻烦、关心家人、努力学习、遵守法律："在加利福尼亚奥克兰的林肯小学，我们中国佬生活在一个无比讲求男子汉气质的世界，被黑人和墨西哥裔坏小孩所包围……突然之间被这个警察剥光剃光，我没有我自己的男子汉风格，除非这种风格是娘娘腔"(转引自 Kim 1982:178)。

如果种族主义的意识形态的刻板形象需要加以反对,那么,唐人街也需要揭穿。在赵健秀的笔下,唐人街在异国情调的表面之下正在衰朽,就像一具苍老的行尸走肉,居住的人就像臭虫、蜘蛛、青蛙,参与着葬礼式的各种活动(将衰朽的过去保存在象牙面具之下)。主人公——牛仔——必须逃出去才能活下来。像汤亭亭一样,赵健秀搬了家,宁愿在西雅图养精蓄锐,只是偶尔突击回到旧金山变化的战场。在他的作品中,赵健秀试图创造一个强硬、敢作敢为、反唇相讥的年轻男主人公,一种青春期的性特质和攻击性,这也许是尚未找到的新的声音和身份的标志。

金注意到,杰弗里·保罗·陈的写作与赵健秀的具有相似性:二者都用了唐人街像一个鸡舍的意象。在为华裔美国人寻找一种新风格的时候,陈也引入了其他少数族群的角色,尤其是美国印第安人。印第安人之所以吸引人是因为(对外人来说)他在美国拥有无可置疑的根。这是汤亭亭和徐忠雄都展开过的主题:特别是华裔美国男性标记和占有土地的需要。徐忠雄的叙述者被修铁路的祖父辈的鬼魂所纠缠,他想象他们的斗争,他们写给中国老家的信,甚至把自己幻想为一趟装满中国佬的老旧的夜行火车,奔驰在路轨上,心脏跳动就像一个红色炽热的引擎。祖父们在土地上扎下了根,就像"大树的根",就像"我的国家的泥土中锐利的爪子"。《家园》(Wong 1979)的叙述者任斯福德有一个白人女朋友,她资助他,告诉他,他是世界上最丰富最古老的文化、一个发明了现代生活的诸多元素的文明的产物,使他对于他在美国没有任何自己的东西而感到更强烈的焦虑。他拒绝了这种"爱",而她,很典型地,让他回他来的地方去:回家。但是家就在这里。是一个美国印第安人告诉他如何找到他的美国的根:他应该追溯他的人民都去了哪里,在整个美国,去看看他所由之命名的镇。他这样做了,认定美国"必须给我有灵魂的传说",梦见与威斯康星一个华裔女孩和解,她的来自中国的祖父逃离了西海岸。在汤亭亭的《中国佬》中也强调了男人拥有美国的权利的主题,书中写了铁路工人——在1869年的罢工中表现出英雄气和阳刚气:赤裸着胸膛、肌肉发达的年轻的神——被作为牺牲品,没有女人,在茫茫荒野中死去。但是，其中一个人说："我们正在标记这片土地。"

"梦之作"——是对不和谐的过去片段的整合，同时是白日梦中对另一些可能身份的"尝试"——既描述了族群身份起作用的一种方式（或一套方式），又提示了一种片段写作的策略。在这里，上面提到的克拉潘扎诺的《图哈米》可以视为最近利用这一策略的民族志文本的一个范例。它让读者面对一个难题：帮助作者分析访谈的点点滴滴，在其中被访人平等地从现实和幻想中汲取隐喻来描述他的存在的困境。图哈米是摩洛哥亚无产者的一员，他的话语风格也许为皮埃尔·布尔迪厄所称的此类亚无产者的许多成员所具有的被截的意识（truncated consciousness）作了注脚。[19] 如果是这样，克拉潘扎诺对图哈米的记录可能提供了通向一个正在生成的新的社会阶级的话语的入口，这一话语可类比于华裔美国作家关注鸡舍与铁路、牛仔与印第安人的正在生成的话语。其他相似的写作策略更容易想象，例如并置不同被访人和/或作家的观点，[20]从不同视角加以罗生门式的描述。[21]

替代性自我和双重焦点

最近两本黑人自传——作者分别为查尔斯·明加斯（Charles Mingus）和玛丽塔·戈尔登（Marita Golden）——发展了多重自我的观念并探讨了扮演替代性自我的现实限制。他们也讨论了用替代性自我挑战支配性霸权意识形态的问题，一个的方式是运用民族美学（因此在风格和内容上都是民族志式的），一个的方式是开创人类学一直许诺的双重焦点。另一位黑人作家艾丽斯·沃克（Alice Walker）注意到："当我看着伊朗和古巴的人民，他们就像我的亲戚"（Bradley 1984：35 - 36）。同样的说法见之于汤亭亭和美

---

[19] "世界的去魅"，收于《阿尔及利亚 1960》（*Algeria 1960*）（New York：Cambridge University Press，1979）。

[20] 此种"复调"的近期例子有《我卡拉姆故乡的鸟》（Majnep and Bulmer 1977），《皮马人的萨满教》（Bahr，Gregorio，Lopez and Alvarez 1974）。

[21] 见下面对莫马代（N. Scott Momaday）的讨论，在人类学文献中参见《第一时间》（Price 1983），其中口头叙述与档案并置；或《伊隆戈特人的猎头》（Rosaldo 1980），此书更多地是从话语上追求相似的目标。

国印第安作家莱斯利·马蒙·西尔科(Leslie Marmon Silko),后者描述了穿着美国军服的年轻人在东南亚因为无法区分敌人和亲族而受到严重困扰。作为对民族主义、阶级和其他霸权政治话语的人文主义文化批评,这些评论显示了一个强有力的对立修辞的潜力,与欧洲的小民族发展出的修辞相似,那些"站在历史的错误的一边"的小民族,他们"关于历史的真知灼见"是"他们的文化、他们的智慧,以及他们嘲弄伟大和光荣的'不严肃的精神'的源泉"(Kundera 1984)。

明加斯的《被压迫者之下》(Mingus 1971)采用了一个三重自我作为叙述者;对心理分析医师的叙说是总的叙述框架;执迷的焦点在父亲形象。三重自我在第一页就被引进来了,又在临近结尾的时候加以回顾(第255页):一个天生永远在爱的温柔的灵魂,总是迷上别人;一个吓坏了的动物,从经验中学会了攻击别人,因为害怕被攻击;一个疏离的第三者,站在旁边看着前两个。在文本中三个自我的声音从头到尾轮番出现,交织在一起——就像一呼一应的爵士乐段——使读者一直留意视角和事境。

同样引人瞩目的是明加斯将自传设计为对犹太精神病医生的叙说,一个讲故事的文本策略("记不记得你说过你到我这里来,不光因为我是一个心理分析医师,还因为我是犹太人?因此能够对你的问题感同身受?",第7页)这使作者运用了四个亚元素,就像即兴演奏的爵士乐主题周期性地出现。第一,心理学的结构元素(在解决身份难题的时候把读者也卷入进去,自我控制对外部力量的控制),改变话题或哭泣(阻塞、回避、痛苦、非理性的强迫性冲动的表征)。第二,拉皮条的主题被用作一个多重语域的隐喻。它将叙述者对女人的利用描述为证明他的男人气概的孩子气的方式(通过使别人服从,打破从属与依赖——皮条客作为主人)。它是经济上幸免于难的隐喻,是黑人音乐家的两难困境的隐喻,他们单靠音乐不能养活自己,而必须出卖自己和他人的身体,意思之一是倒退到依赖女人("他想自己养活自己,不要女人或其他任何人帮助",第132页)。这就是说,叙述者既是皮条客又是娼妓。这是对白人所控制的种族主义经济体系的苦涩的描述("爵士乐对白人来说是个大买卖,没有他你动弹不了。我们只是工蚁",第137页)。第三个元素是关于法茨·纳瓦罗(Fats Navarro)的一再出现的梦境。他是出生于佛罗里达的古巴音乐家,26岁时死于肺结核和麻醉剂上瘾。在全书中他是第二自我,写这样一本书的计划正是托付给了他。写这本书是为获得解放,既是经济上的(关于丰厚的版税的幻想)又是精神上的。梦还包括对一个死亡愿望的冥想,集中在这样一个念头上:一个人(只有?)当他解决了他的业(karma)的时候才能死,这正是法茨没有得到的东西。

最后,父亲形象的使用当然也是对心理分析医师的叙述的一部分——第四个亚元素——但它也引进了选择的成分和对亲属谱系的追溯("有一天我可能选择另一个父亲来教导我",第96页)。明加斯的父亲首先出现在他的童年创伤中(头朝下掉了下来,他的狗被邻居射杀,被幼儿园控告为性倒错,最重要的,是因为尿床而受到父亲的殴打和阉割的威胁,后来才发现是因为肾受到损伤了)。他的第一件乐器是父亲送给他的,但是情感上得不到回应仍使他渴望有一个真正的父亲。(父亲自己的焦虑结构也得到了分析,一个失败的建筑师,被迫在邮局中打发一生,他的焦虑通过他对孩子的错误的种族主义优越感——因为他们肤色较浅——的教育而显示出来。)在书的中间,明加斯回去想搞清楚父亲的事,而他再一次听到说他不完全是黑人,他是亚伯拉罕·林肯的表兄的后代,以及

"谈那么多关于自由的事……[是]浪费时间,因为,甚至一个奴隶也能有内在自由,只要他想。"

"这是白人给人洗脑的说法。"

"留神点儿,小子——你不完全是黑人。"(第95页)

白人亲戚并不是唯一麻烦的事。黑人社区内部的阶级偏见也威胁到年轻的明加斯。父亲建议:"你就告诉他们说你的祖父是一个非洲酋长,叫明加斯。"(第96页)这里玩的是某种替代性族群面具。明加斯在沃茨长大,肤色较浅,在镜中他觉得他可以看到印第安人、非洲人、墨西哥人、亚洲人和白人的特征,他担心他"什么人都有一点儿是,合起来什么人也不是"(第50页)。

墨西哥人是一个主要的替代性身份("墨西哥情绪"[22])。他5岁时的第一个女朋友是个墨西哥小女孩,她差点使他在17岁的时候跟她结婚。后来,在旧金山,一位犹太音乐家曾试图给他在一个白人协会找到一个位置:他作为墨西哥人被接受了,直到一个黑人音乐家出卖了他。犹太族是另一张族群牌,特别是通过他的犹太心理分析医师和贝尔维尤的心理分析医师表现出来,他们一开始似乎像纳粹,威胁要切除明加斯的前脑叶白质,但他们最终催生了明加斯的一种尊敬和爱的情感:

> 事实是医生,我不安全,我是黑人,我怕死了贫困,尤其贫困且孤身一人。没有女人我无依无靠,恐惧明天。……很容易感到骄傲和轻蔑,对那些漂亮女人说"我不要你的脏钱!"所以在贝尔维尤发生的是好事,对她们重新有了爱和尊敬的情感。……我的音乐是我的灵魂愿意在我精液的坟墓之外生活的证据。(第245—246页)

明加斯的风格中狂野的幽默、过度的性和极度的痛苦帮助提出了他在族群追寻中的矛盾和困惑:他所依赖的女人之间的差异——两个情妇,一个是黑人中产阶级的妻子,一个是金发碧眼的护士;暂时披上其他少数族群的身份;查寻非洲亲属的暗示;混血或混杂的遗产的感觉。明加斯对种族主义的批评是尖锐的,幽默得吓人,是言辞的爵士蓝调,在风格和技术上复杂精深,挥洒着少数民族的艺术敏感,把读者带往一种视角和理解。

玛丽塔·戈尔登的《心灵的漂泊》(Golden 1983)更直接地探讨了非洲的亲属关系,展示了一种不同的批评形式,也许在风格上不是那么新颖,但首次实践了人类学早就允诺的"双重焦点"的文化批评模式。戈尔登嫁给了一个尼日利亚人并去了尼日利亚,以重新体验她的美国特性。婚姻以失败告终。这个故事是一份痛苦的但最终令人更强大的认识:身份不能靠浪漫幻想的自由意志建构。存在着现实原则的限制:传统,成长模式,自我之外的动力学。几条线索结构了戈尔登的文本:父亲形象的重复出现,相对立

---

[22] 他的一张唱片的名字,1962年他说那是他最好的唱片。

的、但是次要的母亲形象(母亲、婆婆),反抗和逐渐磨炼进入成熟的女人角色,对于无法持续的跨文化的婚姻中破坏性的动态的出色描绘。

她与之斗争的父权角色(父亲和丈夫)似乎是族群归属起作用的主要载体。

> [我父亲]像一只豹子一样自信……他遗留给我——事实、神话、传说的金块。……按他自己的定义,他是"一个黑人且为之骄傲。"……非洲:"在白人到达之前那里并不黑暗。"克利奥帕特拉:"我不在乎他们在学校是怎么教你的,但她是一个黑女人。"……杜桑特·罗维迪尔的开拓。(第3—4页)

但同时:

> 他是一个很难、几乎不可能爱的男人,如果爱意味着对他的灵魂的排他的权利……他依靠[他的许多女人]……以加强他的生活的即兴性。(第3—4页)

她的非洲情人,后来的丈夫,几乎是她父亲的翻版。他的自信一开始吸引了她:

> 裹在超级自信的氛围中,这种自信在我曾经遇到的每一个非洲人周围漾开……我读过关于我的过去的书,现在它就在牛排餐厅里,坐在我的对面,平静,甚至有一点自鸣得意。……我用手指摩挲他的手。"你在干什么?"他问。"我想要你的自信沾一点在我身上,"我说。(第50—51页)

两个男人都有她无法穿透的沉默寡言的地方。她与父亲相互理解的缺乏在下面这些事情中表现出来:他要求她剪掉她"自然的"发型,母亲去世时他(和她)不能分担悲痛,他找了一个她憎恨的女人。与她的丈夫,相互理解的缺乏在于他的家庭和父权传统,例如,他与他的兄弟群体分享经济资源而不惜损害他们夫妻自己的家庭。一开始她发现父权制的男性化的尼日利亚文化很吸引人:

> 拉各斯是一座十足男性化的城市,男人们身上散发出一种专断的自信。……正是这种男子气概使男人们拥有难以抵挡的吸引力。尼日利亚是他们要毁灭或拯救的国家。这一认识使他们昂首阔步,踌躇满志,自赏不已。对一个非洲裔美国女人来说,这种确信成为一个包装华丽的礼物,每天打开都是新的。(第84页)

最终,她感到这个文化的预设要毁灭性地否定她的自我感。另一个妻子告诉她,女人只要履行她的职责,为她丈夫的生活打好基础,就几乎什么都可以原谅。生活在尼日利亚是复杂的,特别是当她的未婚夫在感到经济上独立以前拒绝结婚,当她找到工作而他没有,后来当他在她还没准备好之前就想要一个孩子,以及当他出钱抚养他兄弟的孩子而牺牲她的舒适的时候。

戈尔登的书的主要框架是对一段失败婚姻的描绘,婚姻的失败部分是因为文化预设的冲突,以及一个女人逐渐摆脱了依赖和未经思考的身份观念。但在此重要的是对作为一个美国黑人意味着什么的反思——再一次,需要创造一个身份,需要为一种社会学的现实而斗争。就像非洲一开始是"我的过去"的过于浪漫化的形象,一个自信的形象,它不可避免地会在切近的观察中动摇——尼日利亚有它自己的问题,一个美国人不可能如此容易地进入一套非洲的角色——同样,美国也因它的种族主义现实或个人幻想(例如她父亲的)也不能被接受。戈尔登从她非洲的痛苦经验中回到波士顿(是波士顿,因为它不是华盛顿或纽约,她在后两个城市长大,那里有太多回归的牵引力)。在那里她发现种族的氛围几乎是不可忍受的。不过,人们有一种感觉,她现在只有通过成为一个更强更富的人才能帮助改变这种情形。

非洲的这种用法正是人类学的文化批评该有的:一个辩证的或双向的旅程,探索文化差异的两边的现实,使它们能够相互诘问,从而形成人类可能性的一个现实主义的意象,和探索者基于比较的理解而不是种族中心主义的自信。这也许是玛格丽特·米德在《萨摩亚人的成年》和《三个原始部落的性别与气质》中想做而完全没能做到的。这两本很有影响的书帮助美国人认识到美国青少年的反叛和美国人的性别角色并不是"自然的",而是文化模塑的,因此也可能通过不同的儿童养育方式而改变。对美国的这种文化批评是通过并置世界其他地方的替代性模式而实现的：那是真实世界的例子，而不是乌托邦的幻想。在现在更复杂的世界，我们知道萨摩亚和新几内亚社会比玛格丽特·米德描述的更复杂，美国也是一样。玛丽塔·戈尔登的叙述指向了任何文化划分的两边的某些复杂性，它们是当代人类学的文化批评需要处理的问题（进一步的讨论见 Marcus and Fischer 1986）。

交互参照

路易将如约而至——	在黑暗的居室*，平常的
情节剧的音乐，就像在	锁链咔嗒作响，噼噼啪啪的
单声道唱片中——咚咚嗒啷！——克鲁斯	祈祷轮摇晃着
迪亚波洛，艾尔·查娄·尼格罗！波加德	嘶嘶有声的棘刺
——微笑着（他的微笑绝对是他的	去解开那瓦特改宗者
通行证！）。他理解角色、男人	悲叹的舌头
和名字——像黑人，小	他们慢慢地编织
路易……	玫瑰的鞭子，以相互抽打
何塞·蒙托亚，"艾尔·路易"	伯尼斯·萨莫拉，"骚动的蛇"

也许墨西哥裔美国人写作的最引人瞩目的特征是跨语言游戏：互扰（interference）、交替使用、交互参照；这些东西其他族群写作中也有，但墨西哥裔美国人将其发挥到最醒目和最戏剧化的水平。这也是前面所引的第一首亚美尼亚诗歌的主题。它在黑人英语的文本织体中表现得很明显。一些墨西哥裔美国作家使用西班牙语，另一些使用英语，还有一些在不同页或不同章中交替/对照使用西班牙语和英语（相互翻译）。奇卡诺人（Chicano）**文学杂志坚决地使用双语。英语语流中会出现西班牙语短语，西班牙

---

* 此词原文为西班牙文。——译者

** 墨西哥裔美国人。在美国西南部一些地区这个词带有族群骄傲色彩，在另一些地区则可能带有贬抑性。——译者

语的词汇和语法结构也受到英语的影响而变化。实际上,对某些波丘语(pochismo)*或卡娄语(calo)**来说,奇卡诺俚语具有优越地位。伯尼斯·萨莫拉(Bernice Zamora)说:

> 我喜欢认为卡娄语是奇卡诺文学的语言……它作为一种文学样式在演化,我最欣赏的坚持不懈地使用卡娄语的作家是塞西利奥·卡马维罗(Cecilio Camavillo)、何塞·蒙托亚(Jose Montoya)和劳尔·萨利纳斯(Raul Salinas)。我喜欢卡娄语是因为它使用英语的音素和西班牙语的动名词和动词结尾……跳行……Indios pasando we watchando……我教卡娄语,前提是,它是一种已经解决了的语言冲突。(转引自 Bruce-Nova 1980a:209)

里卡多·桑切斯(Ricardo Sanchez)提供了一个坚持双语的例子:

> 从传统来说我是一个新墨西哥土著,从经验来说我是一个花衣墨西哥人(pachuco)***……我是家里的第 13 个孩子,也是 16 世纪以来头一个在新墨西哥和科罗拉多之外出生的孩子……我是一个混血儿,印第安-西班牙结合的动荡而美丽的现实的后裔,我外祖母出生在圣胡安的特瓦村庄,在特瓦人和西班牙人之间……一个既不是西班牙人又不是印第安人的世界:唉,一个多肤色的世界,当心灵开始重构新的地平线。**** (Bruce-Nova 1980a:221)

但是比简单的语言互扰、符码转换以及双语主义引起的教育上的争论更让人感兴趣的,是如米歇尔·塞雷斯所说的事实:"有必要把互扰读作交

---

* (墨西哥和美国交界地区使用的)夹杂英语词汇的西班牙语。——译者
** 混有大量俚语和英语词汇的墨西哥西班牙语变体。——译者
*** 墨西哥裔美国青年或少年,尤指穿奇装异服并属于附近帮派的青年。——译者
**** 斜体部分原为西班牙语。——译者

互参照。"㉓使跨语言处境生气蓬勃的,不仅是由于墨西哥人涌入美国以及跨边境来来去去的浪潮使西班牙语不大可能在英语环境中逐渐消失,更是由于涉及墨西哥历史、西班牙文明、前哥伦布时代文明,特别是奇卡诺风格〔如蒙托亚在"艾尔·路易"——一个类似黑人斯特格李(Staggerlee)的人物㉔——中赞颂的埃尔·帕索和洛杉矶的花衣墨西哥人的祖特装(zoot suit)*亚文化〕或文化环境(例如萨莫拉在"骚动的蛇"开篇诗中描述的新墨西哥苦行崇拜)而带来的文化活力。

诗歌体自传——和鲁道夫·安纳亚(Rudolfo Anaya)、罗恩·阿里亚斯(Ron Arias)、罗兰多·伊诺霍萨(Rolando Hinojosa)的彻头彻尾的小说虚构——在此也许比散文体自传具有更大胆的实验品格。但是,如果把何塞·安东尼奥·维拉里尔的《波丘人**》(Villarreal 1959)视为一篇隐蔽的自传(通常被认为是第一篇重要的奇卡诺小说,尽管维拉里尔不喜欢"奇卡诺"这个标签),加上埃内斯托·加拉尔萨的《西班牙区的男孩》(Galarza 1971)、理查德·罗德里格斯的《记忆的饥饿》(Rodriguez 1981)、桑德拉·希斯内罗丝("半自传性的")的《芒果街上的小屋》(Cisneros 1983),散文体自传开创了墨西哥裔美国人写作所专注的众多主题。

维拉里尔确立了移民的主题,涉及墨西哥宗教和性的禁忌和波丘人的家庭关系。在《第五个骑手》(Villarreal 1974)中他改写了关于1910年革命的墨西哥小说体裁,以便为当代墨西哥裔美国人创造一个正面的祖先形象:一个在革命"成功"后拒绝加入抢劫人民的胜利军队、忠于革命而逃往了美国的主人公。维拉里尔的父亲确实为潘丘·维亚***战斗过,他在1921年先来到得克萨斯,后到了加利福尼亚。(父亲和儿子最后都回到了墨西哥;儿

㉓ 《互扰》(Serres 1972:157),转引自鲍姆加滕的作品(Baumgarten 1982:154),后者自己发展了这一概念,他参照的是犹太裔美国人的写作,尤其是受意第绪语影响的写作,但不局限于这一系列的交互参照。

㉔ 见格雷尔·马库斯《神秘火车》中关于狡猾石(Sly Stone)的一章(Marcus 1975)。

* 1940年代流行于爵士音乐迷等类人中的上衣过膝、宽肩、裤肥大而裤口狭窄的服装。——译者

** 墨西哥裔美国人或美国化的墨西哥人。西班牙语字面意义是"褪色的,苍白的"。——译者

*** 潘丘·维亚(Pancho Villa,1878—1923),墨西哥反殖革命的领袖,功成后遭暗杀。——译者

子最近再一次回到美国。)加拉尔萨的《西班牙区的男孩》从口头小品中取得自己的风格,也因此检验了墨西哥裔美国作家对保存基本上属于口头文化的东西的关心,虽然这些东西还是附属于西班牙语文学世界。罗德里格斯的《记忆的饥饿》支持把英语作为学校教育的媒介,西班牙语只保留为一种私密的语言;此书对两个非常不同的世界的描述,是为了否认西班牙区的社区丰富性与在北美的成功可以并行不悖。罗德里格斯引起了强烈争议,暴露了墨西哥裔美国人中深刻的阶级分化,但也说明了中产阶级的墨西哥裔美国作家所使用的穷人形象的暧昧性:这些形象只是作家表达的载体,而不是对他们真正的经验进行书写。许多奇卡诺评论家承认1960年代的奇卡诺写作的说教性质是一个政治运动兴起的关键因素。希斯内罗丝是开始更直接地书写自己的经验的许多作家中的一个,她用英语写作,有一种断片式的、富于唤起力的小品风格。

罗德里格斯的自传中的观点引起的对抗/焦虑,以及对更早的奇卡诺写作的政治说教性质的评论,对于创造真正交互参照性的少数族群声音以及让我们对于奇卡诺(更不用说讲西班牙语的美国人)社区的多样性——阶级的、地区的(墨西哥;得克萨斯对加利福尼亚对芝加哥)、谱系的(为西班牙骄傲对为前哥伦布时代的祖先骄傲)——保持警醒,都提出了关键的问题。

奇卡诺运动中最著名的诗歌,例如鲁道夫的"像软木塞一样"(Corky)、冈萨雷斯(Gonzales)的"我是华金"(I am Joaquin),阿卢里斯塔(Alurista, Alberto Urista)的"阿斯特兰的诗歌"(Floricanto en Aztlan),阿贝拉多·德尔加多(Abelardo Delgado)的"愚蠢的美国"(Stupid America),都在公开追寻能够确立奇卡诺身份的历史。"我是华金"一诗以墨西哥历史为基础,将美国描绘为一个神经病的邪恶的巨人(墨西哥的侵略者;要求人们进入同化的旋涡或熔炉,否定墨西哥裔美国人的谱系),而把奇卡诺民族描绘为一个相反的巨人,正处在通过血的牺牲(牺牲过去,也许还有未来:举出的是以色列的例子)而创造的过程中。受卡洛斯·卡斯塔涅达(Carlos Casteneda)影响,阿卢里斯塔建构了一个有些不同的英雄的过去,较之西班牙裔墨西哥人的历史,他更关注前哥伦布时代的神话(*flori-canto*,"花-歌",是那瓦特语"诗歌"一词的西班牙语翻译)。阿兹特兰是墨西哥北部的一个地区,包括现在美国的西南部,是一块充满古代智慧之地,比英裔美国人的殖民地古老得多,与自然和宇宙的和谐更为合拍。德尔加多的短诗暴露了英裔美国人在认识奇卡诺人丰富的古代遗产、创造性的现代性和综合的生产力方面的无能。奇卡诺刀可以创造性地用于雕塑,就像过去祭司(santeros)用它刻宗教人物一样;在绘画中西班牙人的现代性(毕加索)超过了英裔美国人,有机会的话,美国西班牙区的涂鸦艺术会走得远得多;文学也一样,可以从双重文化的情景中获得有力的综合——看下面这首诗:

> 愚蠢的美国,看见那个奇卡诺人
> 大刀
> 稳拿在手中
> 他并不想砍你
> 他想坐在长椅上
> 刻基督像
> 但是你不允许。
> ．．．．．．．．
> 他就是你们西部各州的
> 毕加索
> 但他将死去
> 伴随着一千件杰作
> 只悬挂在他心里。

此处交互参照包含了民间传统(祭司)和西班牙世界发达的现代主义(毕加索),把它们带到英裔美国人(英语媒介)的意识中,同时批评了美国所强加的压迫和文化剥夺。

更早期的奇卡诺写作通过故事(cuentos)的搜集来追寻有用的历史和神话,文学意识形态的大部分是要抓住和保存口头文化。加拉尔萨的《西班牙区的男孩》是向家人讲述的口头小品的文字版。托马斯·里韦拉的《土地并没有分离》(Rivera 1971)交替运用短故事和较长的插曲,生动地再现了得克萨斯受剥削的贫苦奇卡诺人的典型的危机和困境;其效果是创造了人民集体的声音,有力的、灼热的,带着民间传说的永恒而又不是非历史的品质——瓦尔特·本雅明认为这种品质来源于被分享的经验。治疗者和祖辈,通常是女性,被表现为传统、神秘知识和文化力量的重要源泉:鲁道夫·安纳亚的《保佑我,乌提玛》(Anaya 1972)中的巫医乌提玛是这类人物中最丰富的形象之一;罗恩·阿里亚斯的《通往塔马尊查拉之路》(Arias 1975)中的佛斯图是同类角色中的一个喜剧性的男性形象:祖父。安纳亚和阿里亚斯都在民间口头文化的重新讲述之外,使用了"魔幻现实主义"以创造一个充满了奇卡诺遐想的富于发明性的宇宙。乌提玛还是一个进行疗救的形象,她运用了传统知识的好的一面。佛斯图,前百科全书推销员,已经是一个非常现代主义的老人了,他不是消极地屈服于江河日下的健康状况,相反,他极其聪明地创造了一个积极的死亡游戏,经常跟一个少年一起闲逛,与一个放羊驼的秘鲁人拉上了关系,把自己运到了古库斯科(Cuzco),当起了郊狼(coyote)*,将湿背人(wetbacks)**带往美国,教他们不工作而谋生的方法:装成尸体。也许得感谢他从百科全书中学到的知识,佛斯图的死亡游戏充满典故与滑稽模仿。罗兰多·伊诺霍萨的《仪式与证人》(Hinojosa 1982)把口头模式导向一种极度喜剧化但不那么魔幻的方向,大部分由对话构成,这些对话发生在一些虚构的南得克萨斯贝肯县卡莱尔城的生活的主要机构之中,它们操纵着书中人物的生活(一家知道每个人的谱系、每个人的事情的银行,在任何意义上,尤其是在操纵房地产、政治、职业、牧场经营、银行业的时候走在人们前面一步;军队,它把一个来自卡莱尔城的奇卡诺人和一个来自路易斯安那州的克津人(Cajun)***带到一起,在哈塔尔斯基中士指挥下在亚洲作战。在这里,讽刺是现实的一个镜厅,而不是试图创造一个相反的世界。正是系列的镜子以解剖刀般的精确纵深反射,揭示更深的层面,就像一个没有结尾的故事(cuento de nunca acabar)。

---

* 美国口语,指在美墨边境负责移民偷渡的蛇头。——译者
** 美国口语,指非法进入美国的墨西哥人。——译者
*** 移居美国路易斯安那州的法人后裔。——译者

像"愚蠢的美国"一样不那么倚赖创造墨西哥或阿兹特兰的过去的新神话,两首自传体诗歌表现了交互参照的丰富性:劳尔·萨利纳斯(Salinas 1969)在写于监狱、献给艾尔德里奇·克利弗(Eldridge Cleaver)的《心灵牢狱之行》中反思了位于得克萨斯州奥斯丁的他童年的西班牙居住区的毁灭;还有伯尼斯·萨莫拉的"骚动的蛇"。萨利纳斯优美地回顾了他童年和青年的足迹,从而强有力地控诉了这些西班牙居住区里的压迫。诗的前一半描述了童年场景:在坑坑洼洼的大街上玩耍,学会玩将侵略性转向内部的游戏,用"果汁口香糖"(巧妙的婉语,用一种来自外面的、预先包装好的、乏味的生活消费品诱惑被禁止的对象)贿赂女孩,学校里的族群排斥,被"哭夫人"(居住在溪流中、绑架淘气的小孩的哭泣的女人)*所惊吓。后一半青春的转型平行于前一半:在西班牙镇咖啡馆消磨时光,"第一个成长(13)的巢"(13=大麻),吸气体麻醉剂,喝麝香葡萄酒,被警笛哭夫人追赶,涂鸦(花衣墨西哥"未来艺术家")。西班牙街区已经不在了,但"你仍然活着,我心灵中孤独的单人囚室的俘虏"。献给克利弗的这首诗一个一个提到美国的奇卡诺区的名字。诗的描述是有力的控诉,但诗歌带来的是力量:"你使我远离癫狂的饥饿的嘴",提供了"身份……归属感",这"对于成年时监禁的日子如此关键"。

最后我们回到伯尼斯·萨莫拉的"骚动的蛇"。这里它的美部分在于她注入了一种女性(她反对"女性主义者")㉕的视点——将其表达为治疗的潜能,对抗萨利纳斯、蒙托亚("艾尔·路易")所描述的男性世界的自我毁灭——以及她所描述的苦行崇拜。复活节周的鞭笞崇拜让她着迷,把她吸引到朝圣中心;但由于是个女人她不允许进入中心。她提供了一个替代性的意象:朝向中心的运动(游过去而不是骑行在干涸的河床),赋予生命之血的自然循环(而不是受鞭笞、模拟钉在十字架上等纯属于男性排他性的死亡血祭)。蛇也许是古代墨西哥(下凡的羽蛇神)的自我更新(定期蜕皮)的形

---

* 原文作 La Llorona,中文为"哭泣的女人",是美国西南部和墨西哥流行的传说中的人物。一说因丈夫背叛,她激动之下淹死他们的两个孩子作为报复,清醒后后悔莫及,在河边终日寻找孩子;一说她为了报复,把别人的孩子淹死代替自己的孩子。——译者

㉕ 萨莫拉认为女性主义忽略了种族。她说奇卡诺女人与奇卡诺男人的关系不同于女性主义者与她们的男人的关系,原因之一在于奇卡诺男人投向了白人妇女。她看到黑人妇女中有相似的问题。[见布鲁斯-诺瓦的采访(Bruce-Nova 1980:214)]

象。如布鲁斯-诺瓦(Bruce-Nova 1982)说的,在萨莫拉收有58首诗的书之开端,神话的兽骚动不宁,要求它们应得的东西;宇宙秩序乱了套,仪式都是错的、转向内部,并具有自我毁灭的攻击性;而在结尾处,一个替代的仪式——交融(communion)和性交的意象有着细微差别,男性被女性吃掉——使蛇得到了抚慰。其他女作家也运用这种微妙的技巧削弱原初的观点,通过女性的眼睛将它展现在别样的光景之中。埃万杰利娜·维吉尔(Evangelina Vigil)的"傻姑"(Dumb Broad)描述了一个女人在早上八点,拥塞的交通中,双手离开了方向盘,后视镜被打正,她梳头、涂口红、描眼影,诸如此类;诗胜利地结束于:她"梳着惹眼的漂亮发式",打开收音机,点上一支烟,接过咖啡,现在"傻姑"的叠句在它结束这首诗的时候被颠覆,几乎成为一个通勤的"艾尔·路易"。

可以说交互参照正是族群身份所表达的基本的东西,但作为未来创造性的载体,跨语言的语境的作用很少如此清晰和如此明显地丰富多彩:在英语和西班牙语世界之间;在亚文化风格、大众文化和"高雅"文化之中;在男性世界和女性世界之间。替代性视角(女性主义的,少数群体的)对于主导意识形态的想当然的预设所具有的颠覆性,多种声音(英语,西班牙语)形成的复调,正是更有织体的、注重细微差别的、现实主义的民族志的范型。[26]

反讽的幽默

>……印第安人被送回还看不见的翻译之中,在漫长的酒精的夜晚,愤怒与疯狂在他们心中发酵,将化作语言和狂暴
>
> 西蒙·奥尔蒂斯,"星期六夜晚的爱尔兰诗人和一个印第安人"
>
>诡术师在都市世界必须更好地学习如何通过幽默平衡好的和坏的力量
>
> 格拉尔德·韦泽诺尔,《语词之箭》

---

[26] 参见前注[21]。

也许没有什么像反讽把知识的现状定义得如此之好。以愈加精确的方式愈加意识到社会生活的复杂性,作家不得不寻找整合、承认的方式,并利用我们对体现了现实之特征的语境、视角、不稳定性、冲突、矛盾、竞争和多层次交流的日益经验性的理解。反讽是一种具有自我意识的理解、写作方式,它反映和模塑了这样一种意识:所有的概念化都是有限的,那些社会层面的真理通常都具有政治层面的动机。在文体上,反讽采用的修辞手段表明了作者对于他或她自己所宣称的东西的真的或假的不信任;它的中心常常在于承认语言是有问题的;因此它酷爱——或沉溺于——讽刺技法。㉗

最近的美国印第安人自传和自传体小说、诗歌正是采用反讽式幽默的最复杂的例子之一——将反讽式幽默作为一种生存技巧、承认复杂性的一种工具、暴露或颠覆压迫性的霸权意识形态的一种方法,以及面对客观困难时肯定生活的一种艺术。移情、口头故事、多重声音或视角和替代性自我的技巧都通过反讽的扭曲而获得深度或扩大了反响。因此,口头故事或与过去、与有生命的宇宙、与现在的叙述联系被表现为不仅是印第安人的,也是美国人和一般现代人的治病良药。印第安人痛苦灼人的画像被用来揭露白人诗人对印第安整体主义的挪用,其本质是浪漫化、琐碎化和霸权粉饰。几乎所有的作家都承认拥有混合遗产的创造感,这一事实推动了新身份建构的开放性。

或许是词语治疗力的大祭司("讲故事的可能性正是理解人类经验的可能性")㉘的 N. 斯科特·莫马代,是多重声音和视角的娴熟的试验家。他的第一本传记《雨山之路》(Momaday 1969)追溯了基奥瓦人(Kiowas)从蒙大拿到俄克拉何马的迁移路线,每一章都通过三个声音来讲述:永远的传奇故事;历史逸事或民族志观察,通常是一或两个句子,采用非个人的、平板的描述性或科学性散文;个人回忆,常常是抒情的、唤起某种情绪的。个人经验,文化规范或概括以及幻想故事就这样交织在一起,以至在相互强化中获得

㉗ 这一概括采用了海登·怀特的说法,他描述了 19 世纪的历史写作和社会理论克服启蒙的反讽的努力——通过传奇故事、悲剧、喜剧的修辞策略——结果带来的是更复杂精致、更彻底的反讽(White 1973)。对于 20 世纪的讨论,见马库斯和费希尔的作品(Marcus and Fisher 1986)、利奥塔的论述(Lyotard 1979),以及泰勒最近的文章,包括本书所收的一篇。

㉘ 引自韦泽诺尔《语词之箭》的导言。

并再现每个意味深长的层面的同时，暴露和凸显了形塑这些层面的修辞手段。这种做法达到了一种少量、稀疏但锋利、多维度的诗意效果。

在第二本传记《名字》(Momaday 1976)中，莫马代玩起童年幻想，有时候把自己看作对抗敌意的、愚蠢的、毫无吸引力的印第安人的白人，有时候把自己看作印第安人。这样的选择既出自经验也出自宗谱。莫马代从父亲那边说是基奥瓦人，他母亲称自己是印第安人，但她只有一个太奶奶是切罗基人。他母亲不被基奥瓦人接受，一家迁到新墨西哥，在那里莫马代跟纳瓦霍人、塔努安族普埃布洛人打过交道，也是一个白人痞子团伙的成员。莫马代的生活史、他的体格特征、他关于讲故事的力量的观念，都被结合在他获普利策奖的小说《黎明之屋》(Momaday 1968)中的人物约翰·毕格·布拉夫·托萨梅身上(以及《雨山之路》的导言)。这本小说的焦点人物阿贝尔(Abel)是一个私生子，牺牲品(不知道他的父亲或他父亲的族传，可能是纳瓦霍人)，被其他印第安人所排斥。阿贝尔是艾拉·哈耶斯(Ira Hayes)(皮马印第安人，在艾沃基马帮助白人取胜，战争之后堕为牺牲品，是白人社会所提供的被抛弃的酗酒的印第安人角色)的形象的变形。阿贝尔也是一个老兵，但他的关键问题主要是印第安人和非英裔美国人造成的。对于托萨梅他是个尴尬，因为他正好吻合了白人关于暴力的、迷信的、口齿不清的印第安人的刻板印象。在返回到垂死的祖父身边，加入一场祖父曾经取胜的仪式赛跑后他得到了赎救。在仪式上他终能(able)(阿尔贝?)回想起纳瓦霍的祷歌，此前他总也找不到的"黎明之屋"。

莱斯利·马蒙·西尔科(一个混血的拉古纳人)的《仪式》(Silko 1977)以非常相似的方式处理了同样的问题。她也设计了一个具有战争创伤的印第安人。(在他的记忆中杀死日本人的事与他叔叔约舒亚的死融合在一起；他让菲律宾的雨停下来的祈祷造成他的罪过——他的家庭和族人遭遇了旱灾和牲畜的死亡："塔尤不知道如何解释……他没有杀人……但他做了比这糟糕得多的事。")她也使用人物类型来探索与当下世界的适当的整合。主角塔尤的血统一半是墨西哥人一半是拉古纳人，因而被他长期犯病的信基督教的拉古纳姨妈看不起。后者的儿子罗基长着白人的模样并接受白人的教育，被家人当作摆脱印第安的贫穷的巨大希望。然而，他在菲律宾被杀

（错误的解决），使塔尤在困惑之外又增加了幸存者的罪。艾莫、哈雷和勒罗伊是定型化的印第安老兵，他们试图通过喝酒和讲他们在更有能耐的时代的故事来重获他们对美国的归属感。艾莫随身带着一个装着他杀死的日本士兵的牙齿的小袋子，最终将他的挫折转向与他一道的受害者，杀死了他的两个同伴。最后是塔尤代表了走出印第安——以及现代美国——的混合和困惑的道路。

塔尤的救赎来自两个老巫医，尤其是住在盖洛普贫民窟的老贝托尼。老贝托尼不仅坚持一个人必须在自身之中直面疾病-巫术，而不是采取便捷的解决方式，把所有白人一笔勾销（"是印第安巫师制造了白人"，第139页），因为巫术很大程度上是通过恐惧而起作用，他还坚持治疗仪式自身也必须改变（"不变化和不生长的东西是死的"，第133页）。确实，他的仪式用具包括纸板箱、旧衣服和抹布、干树根、小树枝、鼠尾草、山烟草、羊毛、报纸、电话簿（以知道名字）、日历、可乐瓶、袋子、包和鹿蹄响板："在过去很简单。巫医可以完全不用这些东西而达到效果。所有这些东西之中都有活的故事。"（第123页）仪式和故事不仅仅是娱乐："它们是我们用来击退疾病和死亡的所有东西。"（第2页）塔尤必须面对他自身之中、他的老兵伙伴之中以及美国内部的巫术。高潮发生在一个原子弹试验场附近的铀矿的锁链围栏边。印第安人的问题与白人的问题类似：

> 然后他们结束了那种亲密关系，与土地……
> 太阳……植物和动物……
> 他们看的时候
> 只看见物体
> 世界对他们是一件死物……
> 他们害怕世界。
> 他们摧毁他们所害怕的东西。
> 他们害怕他们自己。

幽默是治疗性的口头故事的关键元素，这些故事重新确立了与过去、宇宙和现在的联系。幽默是对抗巫术和邪恶的生存技巧。格拉尔德·韦泽诺尔，一个半是齐佩瓦族（阿尼士纳布人）的印第安活动家，是诡术艺术的一个主要实践者。《语词之箭》(Vizenor 1978b)的一系列描绘来自他当明尼阿波利斯市的美国印第安人就业与指导中心主任时的经验，他的喜剧小说《圣路易斯·比尔哈特的黑暗》(Vizenor 1978a)也来源于此。他说他拒绝与共产党一起工作，后者试图支持他的组织活动，"因为除了政治原因之外——共产党的演说太少幽默，使你不可能了解演讲者的心"(1978b：17)。《词语之箭》的描述中充满了悲哀，但也有小小的荒诞主义的胜利。有一个施洗者圣西蒙四世(Baptiste Saint Simon Ⅳ)，或"蝙蝠四"，被他父亲告之他很蠢，是个迟钝的家伙，是个傻瓜，他试图成为一个诡术师，平衡善的和恶的能量，但"无论他怎样努力，而且很有幽默感，他作为一个诡术师还是失败了，而在傻瓜的角色中安顿下来。邪恶太多了，他平衡不了。作为一个傻瓜……他是一个光辉的成功"。他在法庭上讲着绝妙的废话，使自己当庭开释，狡辩抵赖而从他的社工那里骗到钱，诸如此类(1978b：54)。有一个"会议野人"，或"流浪委员会之熊"，他从来不换洗衣服，参加所有的会议，跟白种女人睡觉，作为一种"脏熊种族主义实验"。还有一个跛子的故事，他卖他的木腿换酒喝（木腿上有一个标签好让人寄回来），对此，白人的道德是"停止喝酒"，而印第安部落的道德是用一条木腿换免费的酒喝。无疑还有"滑流上的卡斯特"，一个印第安人事务局的雇员和卡斯特的转世，他苦于自己在印第安人手中受羞辱的噩梦，因而把所有的时间都消磨在他的软垫椅上。《圣路易斯·比尔哈特的黑暗》在《语词之箭》中有过预演，是一出荒诞主义的喜剧，背景设置在美国文明崩溃之后，在石油用光和政府收回印第安保留地的树木作燃料，迫使印第安人在普鲁德·塞达非尔（小丑和诡术师）带领下从他们神圣的林地出来远游之后。在路上他们遇见和战胜了一系列的敌人，如塞西尔·斯德泼斯爵士，无铅汽油之王，他以五加仑汽油赌一个人的性命；快餐法西斯，他们把巫师悬在椽子上风干，然后把他们剁碎做外卖；政府的地区词语医院，以印第安人事务局为范本建立，依据国会关于社会问题和犯罪由语言、词语、语法和对话引起的理论。（塞西尔·斯德泼斯爵士的母亲由于在领社会救济金期间生了私生子而被政府做了绝育手术；她因此当了卡车司机,开始在购物中心绑架小孩,在她的卡车中抚养,等他们长大后把他们安排在休息站上。)

詹姆斯·韦尔奇(父母是黑脚族印第安人和格罗斯文特族印第安人)的反讽喜剧是更为严酷的一种。他的小说《血中严冬》(Welch 1974)讲的是一个黑脚族印第安人,在一个颠倒了的西部,他的情感被冷冻了(迈克尔·阿伦的18世纪亚美尼亚商人的暗中倒转);这里的牛仔是个印第安人,他的马失去控制,他眼睁睁地看着死亡降临(这一戏剧性场面出现了两次,构成了文本的框架)。韦尔奇也写诗。带着敏感的反讽,在"亚利桑那公路"(Arizona Highways)中韦尔奇写到对一个纳瓦霍女孩的爱:他感到教育和诗人的职业割断了他的种族(一般印第安人)的根;他觉得自己白("有点儿苍白")、松懈("肚子像她的一样柔软")、穿着太讲究("我的鞋太干净")。没去做一个不相称的情人,相反,他试图成为一个精神导师,但他觉得自己像一个恶鬼。这样的反讽是会让人灼痛的,像在"蒙大拿的哈莱姆[*]:就在保留区旁边"(Harlem Montana: Just off the Reservation):

> 我们这里不需要信使。酒就是法律……
> 当你死时,如果你死了,你将会记得
> 那三个年轻的家伙,他们射翻了杂货店,
> 把自己锁在里面喊了好些天,我们发财了
> 帮帮我们,哦上帝,我们发财了。

好些意义在此结合,正如迈克尔·卡斯特罗指出的(Castro 1983:165):贫困中的铤而走险的意象,把他们自己锁起来,既离开白人世界又离开印第安人世界,不能使用任一方的财富的绝望。不能发现和表达自己的身份,随波逐流和在两个世界之间迷路的象喻再次出现:

在遮遮拌拌的光线中,熊孩(Bear Child)对着镜子

---

[*] 纽约的黑人住宅区。——译者

讲了一个故事。他把他的名字表演出来,
挤出峡谷的溪流给他的杯装满
粘稠的泥浆。熊四脚着地爬行
像狗一样吠叫。像蛇一样滑行
他用鼻子稳住一枚硬币。效果是
一条热浪中的蛇。("D-Y 酒吧")

卡斯特罗又指出:熊孩找不到自己,更不用说他所由取名的熊和图腾的传统智慧和力量;他试图通过表演自己的名字恢复自我,却不过是一个可悲的动作猜字游戏,韦尔奇最后把他留在了酒吧,"垂着头,这休眠的熊"。

这些痛苦的形象是对许多白人试图挪用印第安人意识时的琐碎化和表面的浪漫主义的告诫。"许多印第安作家认为[加里·]斯奈德的呼声很高的书[《海龟岛》(*Turtle Island*)]是冲进他们地区的新骑兵的一部分,将其带来的狂暴的新浪漫主义者不仅像上个世纪的侵略者一样想占据他们的土地,而且还想占据他们的精神"(Castro 1983:159)。因此西尔科说:

> 具有反讽意义的是,当白人诗人试图抛弃他们英裔美国人的价值和他们英裔美国人的出身,他们冒犯了他们想仿效的部落民的一个基本信念:他们否定了他们的历史和他们的出身。模仿的"印第安"诗歌之作因此是一个悲惨的证据,证明在超过两百年的时间里,英裔美国人没能成功地为自己创造一个令人满意的身份。[转引自卡斯特罗的作品(Castro 1983:213)]

再一次,在评论莫里斯·肯尼(Maurice Kenny)(一个莫霍克人)拒绝扮演"救世主和武士,祭司和诗人……野人和先知,死亡天使和真理使徒"的时候,卡斯特罗说(第169页):

> 肯尼诙谐地提醒我们,精神饥饿的白人浪漫化美洲原住民的渴望如何

否定了印第安人的当代现实和人性，与此同时模糊了这样的事实——美国的现状现在是我们的共同问题：

再一次我说到饥饿：
一个"巨无霸汉堡"就成，速溶咖啡
塑料比萨，任何东西，除了圣水。

反讽和幽默是民族志学者才慢慢开始欣赏的写作策略，不过最近兴趣正在增加。现在有不少对过去的民族志写作中以前不被注意或受到误解的反讽（有意的或并非有意的展露）的分析——如本书中克拉潘扎诺的文章，詹姆斯·布恩（Boon 1972）对列维-斯特劳斯、唐·汉德尔曼（Handelman 1979）对贝特森的分析。越来越多的关注投向民族志主体对笑声的使用（Bakhtin 1965, Karp 1985, Fischer 1984）。民族志学者正在指出他们所使用的修辞手段（Marcus and Fischer 1986）。然而还是有相当大的潜力去使用幽默和其他手段——它们把注意力引向自身的局限和精确程度，与此同时在审美上又是优美的、读来让人愉快的，而不是带着书呆子的匠气。人类学中最靠近这一雄心壮志的文体家也许是列维-斯特劳斯（在文学批评中是雅克·德里达）。我承认，这只是我的个人判断，列维-斯特劳斯和德里达都不是没有问题的。与其说他们是可仿效的模式，不如说他们可能提供了更容易达到的、可复制的方法的示范。要避免书呆子的匠气暂时也是困难的，因为编辑和读者都还需要教育，以理解这样的文本。微妙（subtlety）是一种似乎常常（但不是必然）与科学写作所期待的明白晓畅和意义单一背道而驰的品质。但是，正如斯蒂芬·泰勒指出的，要求单义性常常是弄巧成拙（Tyler 1978）。

三　总结与导言

后现代知识……提炼了我们对差异的敏感，强化了我们容忍不可通约之物的能力。

让·弗朗索瓦·利奥塔，《后现代状况》

族群归属只是20世纪晚期更普遍的文化动态模式的一个领域或一个样本。少数族群的自传写作相应于当代关于文本性、知识和文化的理论,是后者的镜子和例证。两种写作形式都提示了文化批评的强有力样式。它们是后现代的,这在于它们采用了如下一系列技法:双重焦点或视点互换,多重现实的并置,文本间性和交互参照,通过家族相似进行比较。在当今文化间的对话和冲突的可能性都在不断增加的时代,民族志写作可能会从既处理族群归属又处理文本性、知识和文化的作家那里获得教益。

族群归属。我们学会了什么实质性的东西?首先,不同的族群归属构成了一个家族相似:是相似,而不是完全相同;由于交互参照,每一个都更丰富,而不可还原为团结、相互援助、政治动员或社会化的机械功能。正是交互参照,即来自不同舞台的文化之线的交织,给了族群归属凤凰再生般的能力,使之重新焕发生机,激发灵感。扼杀文化之间、现实之间的这种互动,也就是摧毁维系和更新人性态度的宝库。

在现代技术的世俗的世界,族群归属对那些为其所苦的人来说已成为一个困惑的追求。但是,不是确立一种排他感或隔离感,当代族群归属的解决倾向于一种多元主义的普遍主义,一种作为美国人的交织感(textured sense)(也许从某种意义上说我们都是少数族群,但只有部分人将族群归属感受为一种强制的力量,㉙只有部分人听得进它的声音)。不仅族群归属追寻的个人主义(将自我定义的斗争作为个人特质性的东西提出来)被这样的认识——类似的过程影响到全部文化光谱中的个人——所人文主义地调和,而且美国社会的宽容和多元主义也该被这种认识所强化。每一代人既通过类似梦和移情的过程也通过认知语言达成的族群归属的再创造,导向复原、补缺、付诸行动、澄清和揭示的努力。尽管这些冲动、压抑和追寻是个人的,其解决(找到和平、力量、目的、远景)则是文化技巧的一种展示。这种展示不仅有助于使压抑性的政治话语和多数派话语的霸权权力非法化并将

㉙ 参见乔治·利普西兹(George Lipsitz)在(即将出版的)"记忆的意义:早期网络电视中的阶级、家庭和族群"中对不完美地运行、最终不成功的同化、吸收和压制族群兴趣的机制的分析。(该文载于 *Cultural Anthropology*, Vol.1, No 4. (1986), pp. 355–387。——译者)

其置于一定视角中,而且培养了我们对于20世纪晚期后宗教、后移民、技术和世俗社会重要的、更宽广的文化动态的敏感。在这些社会中移民和文化互动过程并没有减慢,而是恰恰相反。文化织锦的多样化越来越明显,并没有——如很多人料想的——同质化为一片灰色。巨大的挑战在于,这种丰富性是否能被转化为智识和文化复兴的资源。

下述可能性总是存在的:对传统的元素的探索仍是肤浅的,不过是走向消亡的过渡。在第一代移民中,问题是公共的,与家庭有关;在后代人中,传统的遗迹仍保持在个人层面上,它们也终将消失。这是一种传统社会学的立场:意第绪语戏剧被归化了的犹太作家如伯纳德·马拉马德(Bernard Malamud)、菲利普·罗斯(Philip Roth)、索尔·贝娄(Saul Bellow)等人的作品取代,而他们也将成为过去。然而,还有一种更让人兴奋的可能性——传统中有文化资源,能够被恢复和改写成丰富现在的写作的工具,就像阿希尔·戈尔基在他的绘画中运用母亲形象一样。罗伯特·奥尔特(Alter 1982)认为,美国的犹太文艺复兴不是被罗斯、马拉马德、贝娄所定义——的确,他们完全封闭在移民适应的经验中——而是被如下作家的新的、严肃的、后正统的犹太作品所确立:语言学家尤里尔·温因赖希和马克斯·温因赖希(Uriel and Max Weinreich),历史学家雅各布·诺伊斯纳(Jacob Neusner)和格肖姆·肖勒姆(Gershom Scholem),哲学家汉娜·阿伦特(Hannah Arendt)和伊曼纽尔·莱温纳斯(Emanuel Levinas),文学批评家哈罗德·布洛姆(Harold Bloom)和罗伯特·阿尔特自己——所有人都决然地现代,而又能够把过去带进对话之中,为现在和未来生产新的视角。㉚ 或者更宽泛地说,如默里·鲍姆加滕认为的(Baumgarten 1982),马拉马德、罗斯、贝娄、辛格尔(Singer)和亨利·罗斯(Henry Roth)的作品中经久不衰的,是意第绪语和英语之间的互扰(interference),他们的英语的织体和习语既保存、改写了英语又回馈以新的丰富性;以及双重或多重文化传统之间的交互参照(inter-references)。犹太族群和其他族群一直是从一种跨语言的背景

㉚ 艾里克·古尔德在对比爱德蒙·雅贝斯(Edmond Jabès)和20世纪中期美国犹太少数族群小说时得出了相似的观点(Gould, ed. 1985:xvi)。

中生长起来的。犹太写作的未来可能有赖于一种更新了的交互参照风格的创造:辛西娅·奥齐克(Ozick 1983)通过以英语重新创造祈祷和米德拉西布道书*的声音来达到此目标;什穆埃尔·阿格诺恩(Shmuel Agnon)和乔治·路易斯·博尔赫斯是通过一种镜像游戏——其中,古代的叙述被安置在现代的背景中,其解决方式也与古代文本相应答。当代犹太族群归属方案中最重要者之一,是犹太女性主义,尤其是那些认为自己是正统派者的女性主义[如格林伯格、海希尔、普赖尔-弗德斯等人(Greenberg 1981; Heschel 1983; Prell-Foldes 1978)]。因为这里有种超乎寻常的语境,它要求创造性的阐释,所包含的文本知识和过去的传统如此丰富,以致新的可能性可能得到发现。

写作策略。当代少数族群自传具有如下共同倾向:元话语(meta-discourse),把注意力引向自身的语言和虚构特性,将叙述者设置为文本中的一个人物,他或她的操纵把人们的注意力引向权威结构,鼓励读者有意识地参与意义的生产。这与以前的自传的惯例大大不同。曾经有这样的时代和文化形态,其中很少有自我反思,很少有内在状态的表达,自传只是一种道德说教的形式,主体/叙述者差不多就是一笔习俗成规,其用处现在主要在于探索那些道德的逻辑和依据(Fischer 1982b,1983)。浪漫派诗人把作者/叙述者和他或她的内在状态放在了中心位置:知识自身被认为与个人心灵的培养不可分割。现实主义再次撤回对个人的强调,提升社会和历史的重要性,使个人成为社会过程发生的场所;这就是关于边缘化的个人和一方面是家庭/社群、另一方面是非本社群的社会之间的斗争的经典移民-同化故事写作的时刻。当代写作鼓励读者参与意义生产的特征——常常采用对理性主义成规的滑稽模仿形式(汤亭亭、明加斯、韦泽诺尔),或用断片或不完整形式迫使读者制造联系(汤亭亭、希斯内罗丝、莫马代)——不仅仅是对族群如何被体验的描述,更重要的,是一种伦理手段:试图激起读者与他人实现共同体认同(communitas)的欲望,同时保持而非抹除差异。

---

* 米德拉什(Midrash),犹太人对希伯来《圣经》的讲解布道书,编纂于公元400年到1200年之间,根据对《圣经》词句的评注、寓言以及犹太教法典中的传说而写成。——译者

作为文化批评的民族志。不是重复本文第二部分讨论的五种写作策略——从概念上来说它们属于这一部分㉛——中每一个都有的民族志终句，而是最好以一个挑战结束，呼吁一个被更新的开始。现有的民族志并没有多少实现了人类学关于完全双重焦点的文化批评的承诺。毋宁说，在设计现有的民族志时，我们脑里想到的读者比我们目前这个地球上的读者少些老练。

在可能的文化和族群认同中辩证运作的文化批评是当前关于民族志的躁动似乎导向的一个重要的方向。如果确实如此，那么在关于现代族群归属的富于启发的作品中为民族志方案找到一个语境，只会加强它们的批评潜力。*

㉛ 本文的想法原是：第二部分应该被设计为"自己为自己说话"。因为第一稿没能以读者觉得有启发的方式达到这个目的，第二稿（现在的版本）就偏向了更传统的作者的引导角色。当作者和读者都变得更有经验之后，将来的第三稿将根据做起来效果更好的方式，把插入的阐释移到（读者和作者进行）再汇总和再思考的这一部分。

* 本文的观点是在赖斯大学的美国文化课上首次形成的，我要感谢参与课程的学生。在激发讨论方面，我要感谢赖斯人类学小组的成员［在1982—1984年包括乔治・马库斯、史蒂芬・泰勒、图里奥・马兰豪(Tulio Maranhao)、朱莉・忒勒(Julie Tayler)、伊万・卡普(Ivan Karp)、雷恩・考夫曼(Lane Kaufmann)、吉恩・何兰(Gene Holland)，以及我自己和有时参加的其他人］，以及"打造民族志文本"研讨会的参与者，特别是雷纳托・罗萨尔多(他领导了对本文第一稿的讨论)和詹姆斯・克利福德(他在后一阶段提出了有益建议)。

谨以本文纪念我的父亲艾里克・费希尔，他在他参加的最后一次逾越节家宴(当时本文正在圣菲提交)的餐桌上读了它，而在一年后本文正在润色时，在五旬节前不久，他去世了。他自己的第一本和最后一本英文著作——《欧洲时代的消逝》(*The Passing of the European Age*, Cambridge, Mass.,1943)和《少数民族和少数民族问题》(*Minorities and Minority Problems*, Takoma Park, Md.,1980)——都非常关注相似的问题。

表征就是社会事实：
人类学中的现代性与后现代性

保罗·拉比诺 著

赵旭东 译

超越认识论

在《哲学和自然之镜》(Rorty 1979)这部颇具影响力的著作中，理查德·罗蒂指出，作为心理表征(mental representations)研究的认识论，出现于一个特定的历史时期，即17世纪；在一个特殊的社会，即欧洲社会中得到发展；并且凭借着同19世纪德国哲学教授这一群体的职业主张密切相联，而最终在哲学领域内获得了胜利。对于罗蒂而言，这一转变并非无缘无故，"对知识论的愿望就是对限制的愿望，即找到可资依赖的'基础'的愿望，找到不应游离其外的框架，使人必须接受的对象，不可能被否定的表征等愿望"(第315页)*。罗蒂激进化了托马斯·库恩的观点，将我们对认识论的迷恋描绘为西方文化中一次偶然的，但最终是空洞无意义的转向。

罗蒂这部实用主义的、美国式的著作含有这样一层寓意：现代专业化的哲学代表着"确定性寻求对智慧寻求的胜利"(第61页)。这场戏剧性事件的罪魁祸首便是西方哲学对认识论的关注。它将知识与内在的表征和对这些表征的正确评价等同起来。让我简要地综述罗蒂的主张，附加上由伊恩·哈金(Ian Hacking)所做出的某些重要的具体说明，进而认为米歇尔·福柯已经发展出一种观点，其可以在很重要的方式上让我们对罗蒂有所补充。

---

* 此处译文参考《哲学和自然之镜》第335页，李幼蒸译，商务印书馆，2009年。——译者

在本文余下的部分,我探询的是这些思想脉络在哪些方面与讨论他者的话语。特别是在第二部分,我讨论了最近有关民族志文本制作的争论;第三部分论及女性人类学与人类学的女性主义之间的某些差异;最后在第四部分,我提出了我自己的一项研究脉络。

罗蒂指出,哲学家将哲学标榜为科学女王。这一冠冕来自:他们宣称自己是普遍性问题的专家,以及他们有能力为一切知识提供一个确定的基础。哲学的领域在于心灵(mind);哲学特有的洞察力使其宣称,哲学是对其他一切学科进行判断的学科。然而,对哲学的这一认识只是近期的历史发展。对于希腊人来说,在外部的真实与内在的表征之间并不存在十分清晰的界线。与亚里士多德不同,笛卡尔关于知的概念依赖于在一个内部空间——即意识——中获得正确的表征。罗蒂是这样来谈论此一点的:"新颖之处是关于一个单一内部空间的概念,在这个空间中,身体和知觉的感觉(用笛卡尔的话说,感觉和想象的混合观念)、数学真理、道德准则、神的观念、忧伤的情绪和其他我们现在称之为'心的',都成为某种'准观察'(quasi-observation)的对象。"(第50页)这其中所涉及的内容并不是全新的,但尽管如此,笛卡尔还是成功地将它们综合为一个新的问题,取消了亚里士多德将理性视为对普遍性的把握的概念;从17世纪开始,知识便成为内在的、表征性的和判断性的。当一个被赋予了意识的认识主体和它的表征内容成为思维的核心问题,即一切认知的范式之时,现代哲学便诞生了。

现代认识论的观念于是便转向了对主体表征的澄清和判断:"认识便是对外在于心的物加以精确表征;因此,理解知识的本质和可能性便是去理解心有能力建构这些表征的方式。哲学的永恒关怀便是要成为一门关于表征的基本理论,一门将文化划分为三个区域的理论。这三个区域分别是:能够很好地表现现实的区域,不能很好地表现现实的区域,以及根本不表现现实(尽管它们假装是在表现现实)的区域"(第3页)。通过了关于"现实"和"认识主体"的表征检验的知识就是具有普遍性的知识。当然,这种普遍性的知识就是科学。

直到启蒙运动末期,极为精细化的关于哲学是一切可能知识的评判者的观念才在康德的著作中出现并成为教条。罗蒂论述道:"哲学同科学之间最终的分野因这样一种观念而成为可能,即哲学的核心是一种'知识论',一种与科学不同的理论,因为它就是科学的基础。"(第132页)康德把笛卡尔主义所主张的我们能够确定的只有观念当作一项先验前提建立起来。康德认为,"通过将我们言说的一切视为我们已经构造好的,而有可能把认识论当作一门奠基性的科学。……于是,他使哲学教授们得以自视为一个纯粹理性法庭的主持者,有能力判断其他学科是否超出了由它们各自研究对象的'结构'所设定的合法范围"(第139页)。

作为一门以建立其对知识所拥有的权利为正当活动的学科,哲学被19世纪的新康德主义者所发展,并在19世纪的德国大学中得到了制度化。德国哲学在意识形态和经验心理学之间拓展出一片空间,写下了自己的历史,制造出我们关于"伟人"的现代规范。这项任务完成于19世纪末。以一系列伟大思想家的面目出现的哲学史叙事一直延续至今天的哲学入门课程。然而,哲学宣称自身是杰出智慧的体现这一说法只持续了较短的一段时间,到了1920年代,只有哲学家和大学本科生相信唯有哲学才能奠定并评判文化生产。无论是爱因斯坦还是毕加索,都不会太关心胡塞尔是怎样看待他们的。

尽管哲学系一直在讲授认识论,但是在选择了另一条道路的现代思想中,存在一股反传统的力量。罗蒂评论,"维特根斯坦、海德格尔和杜威都认为应当抛弃这样的观念,即将知识视为精确的表征,它由特殊的精神过程实现,通过一种基本的表征理论被人理解"(第6页)。这些思想家并没有去寻求建构一种关于心灵或知识的、更为优越的替代性理论。他们的目标不是改进认识论,而是要进行一场完全不同的游戏。罗蒂把这一游戏称为解释学。这一称谓不过是指一种没有根基的知识,一种在本质上相当于启发对话的知识。到目前为止,罗蒂对这一对话的内容还甚少言及,也许是因为关于它并没有什么可说的。在维特根斯坦、海德格尔和——以一种不同的方式——在杜威那里,罗蒂看到了恼人的或许也是喜人的事实,即一旦对西方哲学的历史的或者逻辑的解构已经完成,对于哲学家来说就真的没有什么特别的事情可做了。当人们认识到哲学并不拥有对其他学科的知识说三道四的基础或者说正当性时,哲学的任务就变成了对其他学科的著作发表评论,并与其对话。

真理与真理或者谬误之间的对立

即使我们接受罗蒂对认识论的解构,这一举动的后果仍然是开放性的。在对其中一些后果进行探讨之前,重要的是强调:抛弃认识论并不意味着抛弃真理、理性或判断标准。伊恩·哈金在"语言、真理和理性"(Hacking 1982)一文中简明地指出了这一点。与罗蒂将确定性与理性对立区分开的做法类似,哈金也对以下二者作出了区分,一是追求真理的哲学体系,一是他称之为思想风格(styles of thinking)的——这样就不至于将其限定在现代哲学的范畴内——根据"真理或者谬误"之推进而开启的新的可能性的哲学体系。

哈金提出了一个基本上很简单的论点:当前被视为"真理"的判断所依赖的是一个先于它发生的历史事件——一种关于真理和谬误的思考方式的出现。这种思考方式建立了考察一个命题所需的条件,即这一命题首先能够被视为真或伪。哈金这样写道:"我说的推理不是逻辑,而恰恰是它的反面,因为,逻辑是真理的保存方式,而一种推理的风格则带来了或真或伪的可能性。……推理风格创造出真和伪的可能性。演绎和归纳仅仅保存了这些可能性"(第56—57页)。哈金并不"反对"逻辑本身,他反对的是逻辑宣称自己为一切真理得以建立的基础。逻辑在它自己的领域内是可靠的,但是这一领域却是有限的。

指出这一区别,使我们避免了将理性完全相对化,或者把关于真理与谬误的历史概念转化成一个主观问题所带来的麻烦。这些概念是历史和社会的事实。哈金的如下表述很好地阐明了这一观点:"由是则虽然哪一命题判断为真将取决于数据,但这些命题可候选被判定为真这一事实乃是一个历史事件的后果。"(第56页)在调查一组问题时,我们所使用的分析工具——希腊几何学、17世纪的实验方法或者是现代社会科学中的统计学——都已发生了转变,这一事实无须求助于某种否认真理的相对主义就可以得到解释。进一步,以这种方式理解的科学仍然是相当客观的,"这只不过是因为我们运用的推理风格决定了何为客观性。……需要通过推理才能证明的那一类命题,只是因为推理的风格才具有了一种实在性,才可能被判断为真或伪"(第49、65页)。福柯所谓的真理与谬误的统治,或者游戏,既是历史实践的组成部分,又是它的产物。其他的程序和对象有可能同样合乎它的标准,同样是真实的。

哈金在那些日常的、常识性的和无须运用精确理由的推理,与更为专门化的领域内那些需要精确理由的推理之间做了区别。在这些专门化的领域中以及与它们相关的、具有历史和文化差异性的风格中,同时存在着一种文化和历史的多元性。通过对推理、方法和客体的历史风格的多样性的接受,哈金得出结论认为,思想家们频繁地纠正事物、解决问题、确立真理。但是,他指出,这并不意味着我们应当追求一种统一的波普尔式的真理王国,而是像保罗·费耶阿本德(Paul Feyerabend)那样,我们应让我们探询的选择尽可能地开放。哈金提醒我们,古希腊人没有统计学的概念,并且从未使用过统计方法,这一事实既未使古希腊科学、也未使统计学失去其价值。这一立场并不是相对主义的,但也不是帝国主义的。罗蒂将这些命名为解释学,哈金则称其为"无政府的理性主义"(Anarcho-rationalism)。无政府的理性主义是把"对他人的宽容与自身的真理和理性标准相结合"(第65页)。在此,让我们将其称为良善的科学。

米歇尔·福柯也以一种平行的而非一致的方式对许多此类问题进行了思考。他的《知识考古学》(Foucault 1976)以及《语言散论》(Foucault 1976)也许是对哈金所说的"真理或者谬误"和"思想风格"的进行理论表达,或者至少是进行分析的尝试中最为成熟的一次。对于话语对象、陈述模式、概念和话语策略的形成和转化机制等问题,福柯所做的系统化的工作超出了我这篇文章的范围[①],但其中有许多观点却与我们的讨论相关联。在此我们只举一例作为说明。在《语言散论》中,福柯讨论了真理的生产过程的限制和条件,在这里,真理被理解为可以认真加以对待的关于真和伪的陈述。同其他思想家一样,福柯也检验了科学学科的存在。他说:

一门科学的存在,取决于公式化地陈述——并且是无限地进行公式化

---

① 关于这一问题的讨论可参阅德赖弗斯和我的相关论述(Dreyfus and Rabinow 1982:44-79)。

陈述——新鲜命题的可能性。……这些命题必须符合客体、主体、方法等具体条件。……每门学科都在自己的范围内承认这些命题为真命题和假命题,但它不承认畸形学问。……简言之,一个命题在被一门科学所承认之前,必须满足某些烦琐、复杂的条件;在它能够被宣布为真或伪之前,它必须如冈奎莱姆(Canguilhem)先生所说:"位于真理所及的范围之内。"(Foucault 1976:223-224)

福柯以孟德尔(Mendel)为例指出:"孟德尔在一个与他那个时代的生物学完全疏离的理论视野内谈论对象、运用方法和给自己定位。……孟德尔谈论真理,但是他并不处于当代生物学话语的真理范围之中(*dans le vrai*)"(第224页)。这种思想风格的丰富性的展现已经成为福柯、冈奎莱姆以及其他法国的科学史和科学哲学,尤其是"生命科学"的实践者的伟大力量。

罗蒂和哈金都将自然科学、数学和哲学的历史作为关注的对象,这也许并非出于偶然。在他们的思考中遗漏了权力的范畴,并在较弱的程度上(在哈金的研究中)遗漏了社会的范畴。然而,哈金目前非常有趣的关于19世纪统计学的研究中却包含了这些范畴。而罗蒂的叙述尽管有着难以抵挡的毁灭性力量,但却由于没能解释认识论的转变在西方社会中是如何发生的——在罗蒂看来,它就像伽利略的科学那样,就那么发生了——或者由于没能看到知识在解放和启发对话之外的作用,而显得说服力不足。尽管罗蒂反对于尔根·哈贝马斯对原教旨主义的追求,但他也将自由交流、文明的对话视为终极目标,这一点和哈贝马斯没有什么不同。如哈金所说:"也许罗蒂关于对话的中心思想在将来的某一天成了一种充满语言学倾向的哲学,看上去就像来自上一时代牛津的分析一样。"(Hacking 1984:109)然而,对话的内容以及对话的自由应如何产生,则是哲学领域之外的问题。

但是,个体或文化之间的对话,只在由历史、文化和政治关系以及建构这些关系的,只具有部分话语性的社会实践所塑造和界定的语境中才是可能的。因此,罗蒂的考虑就遗漏了任何有关思想和社会实践之间如何相关的讨论。罗蒂对于消解哲学被过分夸大的地位是有其作用的,但他恰恰在要严肃考虑自己的洞察——即思想只不过相当于一组可以历史地定位的实践活动——之时止步不前了。如何进行这种思考,同时又避免回复到认识论或者某种可疑的超级结构或基础结构中去,这是另外一个问题,而罗蒂也不是唯一没有解决这一问题的人。

表征与社会

米歇尔·福柯为我们提供了一些用于分析作为公共与社会实践思想的重要工具。福柯接受了罗蒂提到的尼采和海德格尔对于西方形而上学的思考以及认识论中的主要因素,但是,他从这些思想中得出了不同的结论。在我看来,这些结论与罗蒂的相比更为和谐一致、更为有趣。例如,我们在福柯对委拉斯开兹的绘画《宫娥图》(Las Meninas)所作的著名分析中可以找到许多同样出现在罗蒂的哲学史中的元素——现代主体、表征与秩序。但是也存在着一些重要的不同。福柯没有把表征问题当作观念历史中的特殊问题来对待,而是当作一种更为基本的文化关怀,一种存在于许多其他领域之中的问题。在《事物的秩序》(Foucault 1973)及其后的著作中,福柯阐明了,正确表征的问题是如何塑造了从植物学的争论到监狱改革方案等一系列的众多社会领域与实践的。因此,对于福柯而言,表征的问题并不是一个偶然出现在哲学中而随后又对哲学思维进行了300年统治的问题。通过对秩序、真理和主体的独特关注,它与范围广泛的、异质的然而又是相互关联的社会和政治实践相联系,这些实践建构了现代世界。于是,福柯就是在这种意义上与罗蒂相区别,即前者把哲学观念当作社会实践,而非对话或哲学之中的机缘巧合。

但是,福柯也不能同意许多马克思主义思想家的观点。后者从概念上将绘画中的问题视为社会"真实"状况的附带现象或表现。这使得我们简单地转向意识形态问题。在一些地方,福柯认为,一旦人们将主体的、表征的或是真理的问题视为社会实践,那么意识形态这一观念本身就成了问题。他说:"在意识形态概念的背后隐藏着某种对一种半透明的知识形式的眷恋,这一知识形式超脱于一切谬误和幻象之上。"(Foucault 1980:117)在这一意义上,意识形态概念与认识论概念有着紧密的亲缘关系。

在福柯看来,现代的意识形态概念包含三个相互关联的属性:(1)从定义上来说,意识形态与"真理"之类的事物相对立,仿佛是一种错误的表征;

(2)意识形态由一个主体(个人或集体)所制造,用来掩藏真理。因此,分析者的任务就包括:揭露这一错误的表征,并揭露(3)相对于某种更为真实的事物,某种基础性的、意识形态寄附于其上的层面来说,意识形态是次要的。福柯拒绝了这三个主张。

我们已经涉及了对主体加以批评的较为宽泛的线路,并提到了对被看作根基于正确表征之上的确定性的追求。因此,让我们简要地关注一下第三个要点:真理的生产对其他事物而言是否是一种附带现象。福柯并未将他的研究工作描述为对历史上的思想主张的真伪进行判断,"而是历史地考察真理的效果在没有内在真伪性的话语中是如何产生的"(第131—133页)。他打算研究的对象是作为社会实践构成中的有效组成部分的、他称之为真理统治的东西。

福柯提出了三个操作性的假设:"(1)真理应当被理解成一个有关断言的生产、规定、分配、流通和操作的程序;(2)真理与产生真理并维护真理的权力系统在一个环形关系中相连,并且跟由真理引起又扩展真理的权力效用相连;(3)这一体制并不仅仅是意识形态上的,或者超级结构的:它是资本主义形成和发展的一种状态。"(第133页)

我想,正如马克斯·韦伯曾经指出的,17世纪的资本主义者并不仅仅是建造船只和买卖的经济人,他们也欣赏伦勃朗的绘画、绘制世界地图、对其他民族的特性有清楚的认知,并且对自己的命运抱有深远的忧虑。从理解他们的身份和行为方式的角度而言,这些表征是强大有效的力量。如果我们追随罗蒂而摒弃认识论(或者至少还之以其本来面目:西方社会中的一次重要文化运动),并接受福柯的观念,即将权力视为对社会关系起到加速和渗透作用的力量,以及在现行权力体制内的真理的生产,那么将开启思想与行动中的多种新的可能性。下面是一些从以上关于认识论的讨论中得出的初步结论和研究策略。在转向最近人类学如何成功地描述"他者"的讨论之前,我把它们列在下面。

1. 认识论必须被看作一个历史事件——一场独特的社会实践,它是在

17世纪的欧洲以新的方式人为产生出来的许多种社会实践之一。

2.我们不需要一种关于"本土的"认识论的理论,或者一种关于"他者"的认识论。对于我们的历史实践应当引以为戒的是,我们在过去将自身的文化实践投射到他者身上;我们的任务是展示别的民族在何时、通过何种文化和体制的方法、如何开始拥有他们自己的认识论。

3.我们需要对西方世界进行人类学研究:展示它的现实构成已经具有多大的异域性;重点关注那些最被想当然地认为具有普遍性的领域(包括认识论和经济学);尽可能使它们显示出历史的特殊性;展示它们对真理的宣称是如何与社会实践相关联,并因而成为社会世界中的有效力量的。

4.我们必须谋求多元化和差异性的途径:反对经济或哲学霸权的一个根本动向是使抵制中心多样化:要避免发生反向本质化的错误——西方主义并不能挽救东方主义。

民族志文本的写作:图书馆的幻想

当概念跨越学科界限时,会发生令人惊奇的时间上的延迟。当史学界的同行在(非代表性的)克利福德·格尔兹那里发现文化人类学的时候,格尔兹正在人类学界受到质疑(这是圣菲研讨会上不断出现的主题之一,这导致了本书的出现)。同样,人类学者,或者至少一部分人类学者,由于受到解构主义文学批评观念的影响,正在追求和积极转向这一新的天地,而此时的解构主义在文学系却正在逐渐丧失其文化的能量,德里达正在发现政治学。尽管这一杂交过程体现在很多人身上[其中很多人已出席此次研讨会了,另外还有诸如詹姆斯·布恩(James Boon)、斯蒂芬·韦伯斯特(Stephen Webster)、詹姆斯·西格尔(James Sigel)、让-保罗·杜蒙以及让·雅曼(Jean Jamin)],但是,可以说,在这些人中,只有一个人是"专业"的。因为,虽说上面提到的其他人是执业的人类学家,但詹姆斯·克利福德已经创造出并担当起了对我们的杂乱书写加以记述的角色。作为一个奠基性的人物,格尔兹也许会在论述中停下来,思考关于文本、叙述、描述和解释的问题。克利福德将过去和现在的人类学者——不管他们自己是否意识到,他们的工作就是生产文本、写作民族志——都当作既是他的信息提供人,又是他的"土著"。我们正在被观察和铭写。

初看上去,詹姆斯·克利福德的作品,像本书中其他人的作品那样,似乎自然沿袭了格尔兹的解释道路。然而,他们之间有着重要的区别。格尔兹像其他人类学家一样仍然致力于借助文本中介而重新创造一门人类学的科学,他的核心活动仍然是对他者的社会描述,尽管它已经过新的话语、作者或文本的概念调整。而对于克利福德来说,他者就是对他者的人类学表征。这意味着,克利福德在对自己的研究有着更牢固的控制的同时,也有着更多的依附。他可以几乎不受限制地创造出自己的问题;他必须经常性地吸收他人的文本。

这一新的专业方向目前正在自我界定的过程之中。使某种新的途径合法化的第一步是要宣称它有自己的研究对象,最好是一个以前被人忽略的、但却是一个重要的对象。与格尔兹的主张,即巴厘岛人一直将他们的斗鸡活动作为文化文本来解释相对应,克利福德认为,人类学者无论自己是否知道,一直在进行写作形式的实验。人类学中解释的转向已经初见成效(产生出了大量的作品,并且几乎已经作为一个分支专业建立起来),但是,现在仍然不清楚,人类学的解构主义与符号学的转向(一个公认的含义模糊的标签)是否会是一次有益的放松、一次能够刺激产生出重要新作品的开放,抑或是一种根本应当从社会学意义上来理解的文化政治学领域内的策略。既然肯定是第一种和第三种可能性,那么对这种转向进行一次细致的考察则是值得的。

在"图书馆的幻想"一文中(Foucault 1977),米歇尔·福柯熟练地把玩了福楼拜在其一生中一直运用着的、关于圣安东尼的诱惑的寓言。福楼拜对圣像研究和文献学的引证远远不是丰富想象力的、无甚价值的产物,在他对圣者心中的幻觉所做的看似千变万化的渲染中,这些引证实际上是中规中矩的。福柯向我们展示了,福楼拜是如何终其一生回归到这一体验和写作的展现,并用它来作为一种苦行的训练:训练自己制造并控制萦绕在作家世界中的魔鬼。于是,意料之中地,作为作家的福楼拜在身后留下了《布瓦尔与佩库歇》(Bouvard et Pécuchet)这部卷帙浩繁的关于平凡之物的文集。《布瓦尔与佩库歇》是对其他文本的忠实的注解,它可以被读解为一种将文本性(textuality)彻底驯化为一项自足的排列与分类练习的过程,这是一种图书馆的幻想。

出于论证的目的,我们将克利福德·格尔兹的解释人类学与詹姆斯·克利福德的文本主义的元人类学并置起来。如果格尔兹仍然寻求通过他对虚构化的场景的有限运用,来召唤和捕捉那些在虚构化场景中才得以展现的异国情调的魔鬼——剧场国家、皮影戏、斗鸡,那么文本主义与解构主义的转向就会有这样的危险:即制造出更多更高明的关于其他文本的档案系统,以及想象着世界上的其他人都在努力做着同样的事情。为了使讨论不致偏离方向,应当强调的是,我并不是想说,克利福德的事业到目前为止无甚可观。人类学早就应该提升自身文本操作模式的自我意识了。尽管格尔兹间或会承认虚构化的不可避免,他却从未将这种思考深入下去。这样的思考似乎需要一个元立场来找回它的真正力量。来自校园图书馆的声音是一种有益的声音。在这一节里,我想简要地回顾一下这位坐在咖啡馆里桌子对面的、运用着他自己的描述范畴研究民族志学者们的民族志学者,考察一番他的文本生产。

克利福德的中心主题是人类学权威的文本建构。在他的民族志中运用的主要文学策略,"自由的间接风格",已经被丹·斯帕伯(Sperber 1982)成功地分析过,毋庸在此赘述。关于人类学者写作时借用文学传统这一认识,尽管有趣,却不一定会引起危机。许多人现在都认为虚构与科学并不是对立的,而是互补的范畴(de Certeau 1983)。我们对人类学写作中虚构的品质(从"制造的""编造的"意义上讲)的意识和人类学写作的特有的生产模式的整合已经有了进一步的发展。在人类学文本生产中,对风格、修辞和辩证的自我意识将引导我们发现其他更富想象力的写作方式。

克利福德所说的似乎并不止于此。实质上,他指出,从马林诺夫斯基以来,人类学权威一直依靠两条文本之腿行走。经验性的"我曾在那里"这一要素确立人类学者特有的权威;文本中对这一要素的隐瞒树立起人类学者的科学权威。[②] 克利福德为我们展示了这一策略在格尔兹著名的关于斗鸡的论文中是如何运作的:"研究过程与它所产生的文本以及这些文本所唤

---

② 此种双重活动的重要性是我的著作《摩洛哥田野作业反思》(Rabinow 1977)一书的核心讨论之一。

起的虚幻世界是分离的。话语情境和个体交谈者的现实存在被分离出去。……民族志解释中的对话和情境方面的内容往往会被从最后的表征文本中剔除。当然,不是完全剔除;对于研究过程的描绘,有经过认可的传统模式。"(Clifford 1983:132)克利福德将格尔兹的"迷人寓言"作为范式呈现出来:人类学者确证了他在现场,然后又从文本中消失了。

克利福德以他自己的风格作出了相应的举动。正如格尔兹对自我指涉性(self-referentiality)表示敬意(从而建立起他权威的一个方面)然后(以科学的名义)却逃避了它的后果一样,克利福德也大量地谈论了对话的不可避免(从而建立起他的"开放"的权威),但他自己的文本却并不是对话性的。它们是以一种调整过的自由的间接风格写成的。它们使用了一种"我曾经在那儿,在人类学的传统之中"的语气,然而依然沿用了福楼拜式的消除手法。除了用来建立权威之外,格尔兹和克利福德都没能在运用自我指涉性方面有更多建树。克利福德将对巴厘人斗鸡活动的读解讲述为一个全景式的构造,这使他形成了有说服力的观点,但是在另一层面上,他犯了同样的疏忽之过。他进行了读解和分类,描述了意图,建立起一种规范;但是他自己的写作和处境却并未接受检验。当然,指出克利福德的文本立场并不意味着要否定他的洞见(正如他对马林诺夫斯基文本动机的读解并不能否定马林诺夫斯基对库拉的分析一样)。这么做只是要给予它们具体的定位。我们已经从特罗布里恩群岛上挤满了土著的帐篷中回到了大学图书馆的书桌前面。③

分类是建立一门学科或分支学科合法性的基本步骤。克利福德提出了四种人类学写作的样式,它们大致按照年代的先后依次出现。在"论民族志权威"一文中,克利福德讨论了这一写作形式的演变,并主张任何一种权威模式并不优于其他模式。"在这篇文章中所讨论的权威模式——经验的、解释性的、对话性的、复调的——对于所有西方和非西方的民族志文本写作者都是适用的。没有一种是过时的,没有一种是纯粹的:在每一范式之内都有可供创新的空间。"(第142页)这一结论与克利福德这篇文章的修

---

③ 我要感谢阿帕杜莱(Arjun Appadurai)对厘清这一点以及其他诸点所给予的帮助。

辞特性是相抵触的。这是一种很重要的文本张力,我们将在后面回到这个问题上来。

克利福德的中心论题是,人类学写作一直以来都在压制田野工作中的对话因素,它将对文本的充分控制权交给了人类学者。克利福德工作的主体就在于展示这种对话性文本的削减如何可能通过新的写作形式得到挽救。这使得他把经验的、解释的写作模式读解为单一声音的、总体上与殖民主义相联系的模式。"解释人类学······在它的主流的现实主义取向中······并没能够躲开那些反对'殖民式'的表征的批评者的责难。1950年代以来,这些批评者已经弃绝了那些在描述其他民族文化现实的同时不对自身现实进行质疑的话语。"(第133页)这一陈述易于被读解为对某些"范式"的偏好。极为可能的是,克利福德的思想本身就是矛盾的。然而,在有解释的余地之时,他的确清楚地将某些模式称为"迫切的"并因此在当时是更为重要的模式。如果我们运用的是一种强调了对话语进行压制的解释框架,那么我们很难不把人类学写作的历史读解为一个向着对话性和复调文本缓慢前进的过程。

在对前两种民族志权威模式(经验的和现实性/解释性的模式)作出大致否定之后,克利福德转而对另外一组模式(对话的和复调的)进行了热情洋溢的描述。他说:"对话的和建构论者的范式倾向于分散或分解民族志的权威,而初始的叙事确证了研究者的特殊能力。经验和解释范式将逐渐让位于话语的、对话的和复调的范式。"(第133页)宣称新的模式正在走向胜利在经验上是令人怀疑的;正如雷纳托·罗萨尔多(Renato Rosaldo)所说,"大部队没有跟上"。然而,在这类问题中显然有很大的趣味。

什么是对话性?最初,克利福德似乎是在字面意义上使用这一术语的:一种体现了两个主体间的话语交流的文本。凯文·德怀尔(Kevin Dwyer)与一位摩洛哥农民之间交流的"相当精确的记录"(第134页)是第一个作为"对话式的"文本被引证的例子。然而,在文章的下一页,克利福德补充道,"当我们说一个民族志是由话语组成的,并且它的不同组成部分之间是对话性地相联系的时候,我们并不是说,它的文本形式应该是严格的对话形式"(第135页)。他给出了不同的描述,但并未形成最终的定义。因而用以界定这一风格的特征仍然是不明确的。

　　克利福德迅速地转而提醒我们,"但是,如果解释性权威得以建立的基础是排斥对话性,那么反之亦然:一种纯粹的对话性权威也压制着文本化这一不可避免的事实"(第134页)。这一点被德怀尔的姿态所证实——他坚定地与他所认为的人类学中的文本主义倾向保持着距离。解释与对话的对立关系是难于把握的——在几页之后,克利福德赞许了解释学派最著名的代表人物,汉斯·格奥尔格·伽达默尔,因为他对"激进的对话论"(第142页)的渴望;然而,在伽达默尔的文本中显然并不包含任何直接的对话。克利福德最后指出,对话性的文本毕竟也只是文本,只是对话的"表征"。人类学者仍然保有其作为建构主体和主导性文化的代表的权威性。对话性文本与经验性文本或解释性文本一样能够被策划和控制。模式并不提供任何文本上的保证。

　　最后,在对话性文本之上,还有复调文本:"一座差异性的狂欢舞台"。在米哈伊尔·巴赫金之后,克利福德也将狄更斯的作品当作一个"复调空间"的例证或许可为我们充当范式。"狄更斯是一名演员、口头表演者和复调论者,福楼拜是一个像上帝般控制着他笔下人物的思想和感情世界的大师,二者处在相对立的位置上。民族志与小说相仿,也与这些不同的风格纠缠在一起。"(第137页)如果说对话性文本已沦为统一化民族志改造的牺牲品,那么,也许更为激进的复调文本能够幸免:"复调文本侵入了民族志领域。如果赋予地方性陈述以一个自为的文本空间和足够长的篇幅,它会产生与民族志学者的编排之下的文本不同的意义。……它指出了一种替代性的文本策略,一个不仅给予合作者以独立的陈述者地位、还给予他写作者地位的多重作者的乌托邦。"(第140页)

　　但是,克利福德立刻又补充道:"引文总是由引者所操纵……更为激进的复调文本也只是取代了民族志的权威,但却依然肯定了由单一作者对其文本中所有话语的最终编排。"(第139页)新的写作形式,新的文本实验可以产生出新的可能性,但不能担保什么。克利福德对此感到不安,他做着进一步的努力。在经过了对对话性文本暂时的热情之后,他对使用溢美之词开始有所保留。他把我们导向复调文本:诱惑着我们——持续了一个自然段的长度——直到我们认识到:遗憾的是,它也不过是一种写作方式而已。克利福德以这样的宣告结束了他的文章:"我已指出,这种将一致性强加于难以控制的文本处理过程的做法,不可避免地是一个策略选择的问题。"(第142页)

克利福德的论述为我们清楚地提供了一种演变过程,尽管到了文章结尾处,它成了纯粹的决定论式的。然而,克利福德又明确地抵制一切等级划分。起初,我只将其视为某种不一致,或者自相矛盾,或者一种尚未解决但富有创造性的张力的体现。而现在,我认为克利福德与他人一样,也处在真理的范围之内(dans le vrai)。我们正处于这样一个话语时期:作者的意图在最近的批评思想中已被清除或抑制。更进一步地,我们已被导向对不同写作模式自身的结构和轮廓作本质上的询问。弗雷德里克·詹明信识别出后现代写作中的多种要素(例如,对等级的拒绝,对历史的扁平化,对图像的运用),其识别方式似乎相当符合克利福德的方案。

人类学中的现代主义到后现代主义

在"后现代主义和消费社会"一文(Jameson 1983)中,弗雷德里克·詹明信为我们定位人类学与元人类学写作的最新发展提出了几个有用的出发点。他没有去寻求一种后现代主义的明确定义,而是通过给出一系列要素限定了这一概念的范围:它的历史位置,它的拼凑模仿(pastiche)的运用,意象(image)的重要性。

詹明信将后现代主义历史地和文化地定位为一个阶段性的标志而不是一种风格术语。他以此来寻求将1960年代的文化生产特征与其他的社会和经济转型相分离和相联系。分析标准以及它们与社会经济变革关系的建立,在詹明信看来是非常初级的,它大体相当于一种场所的标志。当然,场所还是值得去标志的。晚期资本主义被詹明信定义为这样一个时期:"在古典资本主义时代存活下来的自然的最后一段残躯,这时也终于被消灭了,也就是说第三世界和无意识被消灭了。因此,1960年代应被视为一个重要的转型时期,在这一时期,系统的重建是在全球范围内进行的。"(第207页)本文并不是要捍卫或批评詹明信的这种他认为是权宜的分期化。我们只需认识到,这种权宜的划分使我们有可能讨论在西方发展语境下表征形式的变化。这种变化导向了目前的描述写作状况，它不是在回顾模式下进行的，这种模式是在极其不同的语境下确立文本与作者的关系的，而这种方式通常会抹去各种差异。由于这一原因，我们将詹明信的这种分期视作具有启发意义的。

1960 年代形成的种种后现代主义形式，至少是部分地作为一种对早先的现代主义运动的对抗而出现的。古典现代主义——这一表达现在已不再是自相矛盾的了——产生于高级资本主义和布尔乔亚社会的背景之中并且与之相对立："它以其对中产阶级社会的羞辱和攻击——丑陋、聒噪、性震骇……颠覆性的——出现在商业社会的辉煌时代"（第 214 页）。詹明信将 20 世纪早期颠覆性的现代主义转向同后现代文化的扁平化和反应本质做了比较。

> 那些曾经是颠覆性的和战斗的风格——抽象的表现主义绘画；庞德、艾略特或者华莱士·史蒂文斯（Wallace Stevens）的伟大现代主义诗篇；国际式建筑风格；勒·柯布西耶（Le Corbusier）、赖特（Frank Lloyd Wright）和密斯（Mies）；斯特拉文斯基；乔伊斯、普鲁斯特和托马斯·曼——对我们的祖辈来说是不像话的或震撼性的；而对于处在 1960 年代门槛前的一代，则成了建制和敌人——死去的、压抑的、规范的、实体化的纪念物，要想有任何新的作为，便得先把它们摧毁。这意味着，有多少高级现代主义，就有多少后现代主义的不同形式，因为后者至少一开始是针对那些模式的特定和局部的反动。（Jameson 1983：111-112）

与哈贝马斯（Habermas 1983）没有什么不同，詹明信清楚地认为，现代主义之中有重要而又关键的要素存在。尽管对于这些要素是什么，他们之间可能有异议，但是他们都会同意，从某种重要的意义上说，现代性的规划尚未完成，其特定的特征（其目的在于批判、世俗化、反资本主义、理性化）值得给予强调。

我想补充的是，如果后现代主义在 1960 年代出现的时候，部分地是为了对抗伟大现代主义艺术家的学院经典化,那么后现代主义自身也迅速地在1980年代成功地进入了学院体制。通过分类科目的繁衍、规范的建立、等级的划分、对冒范行为的抑制、对大学标准的默许,后现代主义成功地驯化和包装了自己。正如现在的纽约有了展示涂鸦作品的画廊一样,在最为前卫的院系也有人写作关于涂鸦艺术和霹雳舞的论文。就连索邦大学已接受了一篇研究大卫·鲍伊(David Bowie)的学位论文。④

什么是后现代主义?它的第一要素是其作为对现代主义加以对抗的那种历史地位。相比利奥塔(Lyotard 1979)的,现在已成为"经典"的定义——宏大叙事的终结——更进一步,詹明信将后现代主义的第二个要素定义为拼凑模仿(pastiche)。这一词汇在字典中的定义——"(1)借鉴了多种风格的艺术作品;(2)混杂物(hodge podge)"——是不完备的。比如,庞德就借鉴了多种艺术风格。詹明信所指的拼凑模仿的运用是已失去其规范根基的,它将杂乱无章的元素视为既有的现实接受下来。而"混杂物"则来源于法语 *hochepot*,即"大杂烩",在这一点上,二者是有区别的。

乔伊斯、海明威、伍尔夫等作家的写作均始于对一个内化的和独特的主体性的构想,这一主体性既来源于一般性的言论与身份认同,又与其保持着距离。曾经存在着"一种语言规范,与伟大的现代主义的风格相对照"(Jameson 1983:114),既可用于攻击,也可用于吹捧,总之是对现代主义风格进行评价。但是,如果存在于布尔乔亚的常态与现代主义对文体的极限冲刺之间的张力终于断裂,并沦为这样一种社会现实:即我们拥有的只剩下"风格的多样性和差异性",而这种多样性和差异性并不具备一个相对稳定的身份认同或语言规范的前提(无论多么具有争议性),那么情况会怎样呢?在这样的条件下,现代主义者进行争论的立场便失去了力度:"唯有去模仿死去的风格,去戴着面具并且用某种想象中的博物馆风格的声音说话。但这也意味着当代艺术或后现代主义艺术将以一种全新的方式关于艺术自身;甚至,这还意味着它所传达的根本信息之一将涉及艺术和美学的必然失败,新事物的必然失败,并且被禁锢在过去之中。"(第115—116页)在我看

---

④ 正如《新观察家》(*Le Nouvel Observateur*)所报道的那样(1984年11月16—22日)。

来,这种被禁锢于过去的状态与历史主义有着很大的不同。后现代主义超越了对历史主义的(在现在看来几乎是令人欣慰的)疏离——后者隔着很远的距离将异文化视作一个个单一的整体。自我与他者的辩证性也许会造成相互间关系的疏远,但它是一种有着可界定的规范和身份认同的关系。今天,在疏离和相对主义之外,又多了拼凑模仿的运用。

为了证明这一点,詹明信对怀旧电影进行了一番分析。当代的怀旧电影,例如《唐人街》(*Chinatown*)或《体热》(*Body Heat*),以一种"追溯式的风格"为特征,并被法国批评者转译为"怀旧风尚"(*la mode rétro*)。与传统的、寻求将另一个时代的故事作为他者而重新创造出来的历史题材影片相反,怀旧电影寻求运用模糊时间界限的精致的技巧和风格化的手段来唤起一种感伤情调。詹明信指出,近来的怀旧电影,其故事通常发生在现在(或者,像《星球大战》那样,发生在将来),它们对其他表征的元指涉的不断增加,抹平和清空了电影的内容。其中的一项主要手段是借用旧有的影片情节:"当然,对旧的情节的暗示性和隐蔽性的抄袭也是拼凑模仿的一个特点。"(第117页)这类影片并不意在更多地否认现在,而是要模糊具体的过去,要搅乱作为不同特定阶段的过去与现在(或将来)之间的界限。这类影片所做的,是要表征出我们对其他时代的表征。"如果这里还剩下任何现实主义的话,这种'现实主义'就是来自这样的震撼:即把握了那种局限性,以及无论出于什么原因,认识到我们似乎最该通过我们自己创造的关于过去的流行意象和成见来寻求历史,而这历史却永远难以企及。"(第118页)在我看来,这里描述了一种把关于表征的表征策略性选择视为其主要问题的研究方法。

尽管詹明信讨论的是历史意识,然而在民族志写作中也呈现出相同的趋向:解释性人类学者处理对他人的表征加以表征的问题,历史学者和人类学的元批评(metacritics)学者处理分类、规范化问题以及使表征的表征的表征"成为可能"。在怀旧电影的拼凑模仿中发现的历史的平面化在元民族志的平面化中得到重新体现,它使得全世界的文化都化做了文本性的实践者(practitioners of textuality)。这些叙事的细节精确,意象具有感召力,带有典型的中立性,并且具有怀旧的风尚。

詹明信的后现代主义的最后一个特征是"文本性"。他借鉴了拉康关于精神分裂的观念,将文本运动的定性特征之一表达为能指之间关系的断裂:"精神分裂是一种有关孤立的、隔断的、非连续的物质能指的感受,它们无法接续在一个连续的序列之中……一个失去了所指的能指由此被转化为一个意象。"(第120页)尽管使用精神分裂一词所遮蔽的要多于它所阐明的,但要点还是被传达了出来。当一个能指被从对此能指与其外部指涉物的关系的考虑中解放出来之后,它并不能脱离所有的指涉性;它的指涉形成了其他的文本、其他的意象。对詹明信来说,后现代文本(他所讨论的是使用文学语言的诗人)有着相似的运动过程:"它们的指涉物是其他的意象、另外的文本,而这首诗的整体性并非寓于文本之中,而是在它之外的一本缺席之书的确定的整体性之中。"(第123页)于是,我们又回到了"图书馆的幻想",不过这一次不是作为尖刻的戏仿,而是仪式性的拼凑模仿。

显然,这并不意味着我们由此可以轻易武断地解决当前的表征危机。回到早期的自我无意识的表征模式不是一个前后一致的立场(尽管这一动向还没有传到大多数的人类学系)。但是,我们也不能用无视表征形式与社会实践之间关系的态度来解决这一问题。如果我们试图消除社会指涉性,其他的指涉物便会填充社会指涉物留下的空缺。认识到这一点,德怀尔的摩洛哥信息提供人的回答(当被问到他们的对话中哪一部分最令他感兴趣时,他回答说,没有一个问题能引起他的兴趣)也就不那么令人烦恼了,只要其他的人类学者阅读此书并将它纳入自己的话语。但是,显然德怀尔和克利福德都不会对这样的回答感到满意。他们的取向和话语策略是背离的,而后者看上去似乎误入歧途。

解释的共同体,权力关系,伦理

> 年轻的保守派们……宣称,一个去中心化的、从工作和有用性的要求中解放出来的主体性是他们自己的新发现,带着这种体验,他们走出了现代世界。……他们将想象力、自我体验和情感的自发力量转移到了遥远的、古老的世界中。
>
> 于尔根·哈贝马斯,"现代性——一项未完成的工作"

在过去十年中,一系列重要的写作都探讨了世界宏观政治学与人类学之间的历史关系:西方世界与非西方世界的对抗;帝国主义;殖民主义;新殖民主义。从塔拉勒·阿萨德关于殖民主义和人类学的论述到爱德华·萨义德关于西方话语与他者的论述,这一系列工作将这些问题列入到当代论坛中的显著位置上。然而,正如塔拉勒·阿萨德在本书中他的文章中所指出的,这并不意味着这些宏观政治经济状况已经受到人类学领域内进行的论争的显著影响。我们也对在人类学者与他或她的工作伙伴之间存在的权力话语关系有了很多认识。人类学与它的"他者"之间宏观和微观的权力与话语关系终于开始面对质询。我们知道,其中的一些问题是值得去发问的,我们已经将这些问题的提问列入此一学科的计划之中。

对民族志写作中的表征危机的元反思(metareflections)表明了人类学关注的重心已从对它与异文化之间的关系,开始转向对我们文化中的表征传统和元表征的元传统(metatraditions of metarepresentation)的一般性关注。我在此将克利福德的元立场(metaposition)作为我的试金石。克利福德只是通过他的分析性考虑、话语的修辞和策略,对人类学同他者之间的关系进行了一般性的讨论。这给了我们重要的启示。然而,我已经指出,这一途径包含了一个有趣的盲点,一种对自我反思的拒绝。詹明信对后现代文化的分析被作为一种关于这一文化发展的人类学视角介绍给我们。无论对错(在我看来,对多于错),他指出了一些将这一新的表征危机的出现当作一个有着自身特殊的历史局限的历史事件来思考的方法。换句话说,他使我们认识到,在一些其他的批评立场(它们也具有自身独特的盲点)所不具有的重要方面,后现代主义者对自身的位置(situation)和"定位性"(situatedness)一无所知,因为作为后现代主义者,他遵循一种带有偏好的、易变的信条,对于这一信条来说,一个人的自身位置或诸如此类之物已经如此的不稳定、不具备认同感,以至于它们无法再被当作持续性反思的对象。⑤ 后现代的拼凑模仿既是一种批评立场,同时也是我们当代世界的一个方面。詹明信的分析帮助我们建立起对它们之间的联系的理解,从而避免了怀旧情绪

---

⑤ 就这一点我要感谢詹姆斯·福比昂(James Faubion)。

和将一种非常具体的历史情境普遍化和本体论化的错误。

在我看来,最近关于写作的争论的关键并不是直接的、传统意义上的政治性问题。在别处我曾指出(Rabinow 1985),这一问题所涉及的政治是学院派的政治,而这一层面上的政治还从未被探讨过。皮埃尔·布尔迪厄(Bourdieu 1984a,b)的著作对于提出关于文化的政治问题会有所帮助。布尔迪厄已经教会我们去询问,任一给定的作者是在何种权力场域以及该权力场域中的何种位置上进行写作的。他关于文化生产的新社会学在本质上并不寻求将知识还原为社会地位或利益本身,而是要将这些变量全都置于它们得以产生和被接受的复杂的限制——布尔迪厄的惯习(habitus)概念——之中。布尔迪厄尤其关注文化权力的策略,它通过否认同直接的政治目的的牵连而发展自身,并由此积聚了象征资本和"高级"的结构性地位。

布尔迪厄的作品使我们开始怀疑,当代的反对殖民主义的学术主张,尽管令人赞赏,却并非问题的全部。这些主张须被视为学术团体内部的政治活动。在1950年代末期,不管是克利福德,还是我们中的其他任何人都没有在写作。他的受众既不是殖民地官员,也不是那些在殖民力量庇护下工作的人们。而我们的政治场域更为人们所熟悉:1980年代的学院体制。因此,将表征危机置于去殖民化的时代背景中考虑,即使不是完全错误,从它进行的方式而言,也是不得要领的。的确,人类学必然要反映更大范围内发生的事件的轨迹,尤其要反映它与其所研究的群体之间历史关系的变化,然而,据此宣称新的民族志写作的出现是因为去殖民化的进程,则恰恰忽略了那些赋予目前的研究对象以历史意义的中间环节。

这使得人们去考虑今天的学院体制内关于解释的政治学。篇幅更长的、分散的、有多个作者的文本对获得学院内的终身教职是否有帮助?询问这样的问题也许是琐碎无聊的。但这些正是尼采劝诫我们要加以注意的权力关系的内容。这一类的权力关系在文本生产中的存在和影响是毫无疑问的,我们应当给予这些不那么体面的,或是有着更为直接的压迫性的状况更多的注意。阻止将它们具体化的禁忌比对抨击殖民主义的限制要强大得多;一门关于人类学的人类学将会容纳它们。从前也曾经有过这样的话语难题,它阻止了对确立人类学者权威的田野工作实践的讨论,现在这个难题已经解开了(Rabinow 1977),与之相似,如今的学院体制的微观实践也许同样需要被评细审查。

提出这一问题的另外一种方式是参照"走廊谈话"(corridor talk)。多年以来,人类学者们一直在非正式的场合互相讨论田野工作的经验。有关一位人类学者田野工作经历的闲言碎语是这名学者个人声望的重要组成部分。但是直到最近,这类问题才被"严肃地"论及。它仍然停留在走廊和教师俱乐部的范围之内。但是无法公开讨论的东西也就无法分析或反驳。这些无法分析和反驳的,然而直接与等级相关的领域不应被视为无害的或者是不相关的。我们知道,一个精英群体最普遍使用的策略就是拒绝讨论——表示嫌其浅薄或无趣——那些让他们感觉不适的问题。当关于田野工作的走廊谈话转变为话语时,我们学到了很多东西。将人类学知识的生产环境由闲言碎语的领地——在那里它仍然为那些倾听闲谈的人们所拥有——转移至知识领域将是朝着正确方向迈出的一步。

我深信,关注人们被聘任、给予终身教职、出版著作、获得经费、盛情款待等状况的努力最终将获得回报。⑥ "解构主义"潮流是如何与过去10年中学院派的另一主要倾向——女性主义发生分歧的?⑦ 职业生涯是如何被造就和破坏的?品位的分界是什么?是谁建立和推行了这些仪规?不管我们还知道什么,我们必定知道,文本运动得以繁荣发展的物质条件必须包括大学,包括其微观政治学及其潮流动向。我们知道,权力关系的这一层面影响着我们,影响着我们的主题、形式、内容、听众。我们应当对这些问题给予关注——哪怕只是为了确实它们的相对分量。这样,就像对待田野工作一样,我们才能进而处理更具全球性的问题。

停止制造意义:对话与认同

玛丽莲·斯特拉森在她富有挑战性的论文"驱逐一种世界观:女性主义

---

⑥ 马丁·芬克尔斯坦对社会科学中出现的这些论题中的某些论题给出了一种很有价值的总结(Finkelstein 1984)。

⑦ 加州大学圣克鲁斯分校的德博拉·戈登(Deborah Gordon)在写作一篇重要的博士论文,讨论这些问题。

与人类学关系中的挑战和反挑战"(Strathern 1984)中,在关于文本写作策略的定位方面通过与人类学女性主义者近期的工作相比较而迈出了重要的一步。斯特拉森将女性主义人类学与人类学女性主义做了区别:前者是人类学的一门分支学科,致力于学科的推进;后者的目的在于建立一个女性主义共同体,它的前提和目标与人类学不同,乃至与人类学相反。在人类学女性主义的事业中,评价标准是差异和冲突——作为身份认同和知识的历史条件——而不是科学和和谐。

斯特拉森反思了当她的一位职位较高的男性同事称赞女性主义人类学为丰富这一学科所做的贡献时,她所感到的困扰。她的这位同事说:"要百花齐放。"她认为,"总的来说,女性主义批评的确丰富了人类学——拓展了对于意识形态、象征系统的建构、资源管理及财产概念等新的认识"。人类学相对的开放性和折中主义的确使它整合了这些科学的进步,起初有些勉强,但现在则是极为迫切的。斯特拉森借用了被广泛应用的库恩的范式概念,指出,这就是正统科学的工作方式。然而,这种"百花齐放"的容忍使她产生了不适感;随后,斯特拉森意识到,她的这种不适感来源于这样的观念:女性主义者应当在另外的领域内工作,而不是为人类学锦上添花。

斯特拉森通过两种方式使她自己的实践与正统科学模式保持着距离。首先,她主张社会科学与自然科学是不同的:"不只[因为]在任何一门学科内都可以找到不同的'学派'(对科学来说也成立),而且[因为]它们各自的前提相对应地竞争地建立起来的。"其次,这种竞争不仅引发了认识论问题,而且最终导致了政治和伦理上的差异。在"什么使解释得以接受?"这篇文章中,斯坦利·菲什(Fish 1980)提出了相似的观点(尽管是为了展开一个非常不同的主题)。他指出,一切陈述都是解释,一切诉诸文本或事实的活动本身都建立在解释的基础之上;这些解释是共同体的,而不是主观的(或个人的)事务——也就是说,意义是文化的和可以从社会获得的,它不是由单一的诠释者凭空创造出来的。最后,所有的解释,尤其是那些不承认自己为解释的解释,只有在其他解释的基础上才是可能的,它们在遵从其他解释的规则的同时又宣称自己否定了这些规则。

菲什指出,我们永远无法通过诉诸事实或文本来解决分歧,因为"事实只有在某种观点的语境之中才能显露出来。由此,则分歧必然出现在持有不同观点(或者说被不同观点所占据)者之间,而分歧中的关键是在此之后确定如何言说事实的权利。事实并不能排解分歧,而分歧则使事实得到安置"(第338页)。斯特拉森在她对人类学女性主义和实验人类学的对比中也机敏地表明了这些观点。

斯特拉森指出,对实验民族志写作感兴趣的那些学者的主导价值取向是对话性:"努力要创造与他者之间的某种关系——如同在追求一种表达的媒介,它能够提供相互的解释,也许可以形象化为一种普遍的文本,或者更像是一种话语的东西。"女性主义对斯特拉森来说,则是从统治秩序的初始的、不能同化的事实中发展出来的。将女性主义的观念纳入一门改良的人类学学科或者一种新的对话修辞中的尝试被视为进一步的暴力行为。女性主义人类学试图转移话语,而不是改进一种范式:"也就是说,它改变了听众的本质、读者的范围和作者与读者间的交互作用,通过允许他人说话的方式改变了对话的主题——谈论什么和与谁谈论"。斯特拉森并不是在寻求一种新的综合,而是强化差异。

在此出现的反讽是令人愉快的。实验者们(几乎全是男性)精力充沛而乐观,也许还有一些多愁善感。克利福德主张以1960年代的理想主义和1980年代的反讽相结合为出发点展开工作。文本主义的激进分子谋求建立关系,试图表明联系与开放性的重要,推进共享和相互理解的可能性,然而却不清楚权力和社会经济局限的现实。斯特拉森的人类学女性主义坚持主张:不能无视根本差异、权力关系与等级制度。她寻求表明一种建立在冲突、隔离和对抗基础之上的公共性认同:它一部分是在反抗一种关于爱、相互性和理解的范式对它进行包围的威胁,在这一范式中她看到了其他动机和结构;另一部分则是作为将有意义的差异本身作为独特的价值保存下来的一种手段。

差异在两个层面上表现出来:在女性主义者与人类学之间以及在女性主义者共同体的内部。对外部而言,抵抗和非同化是最高的价值观。然而在这一新的解释共同体内部,对话关系的优点则得到了肯定。在内部,女性主义者们也会有意见不一致和相互竞争,但是这些行为都是彼此呼应地进行的。"女性主义理论不能仅以简单的方式附加到人类学上面,或者取代人类学,这完全是因为女性主义理论并不把自己的过去当作'文本'建构起来。如果女性主义者总能在自身与他者之间保持界线,那么,在他们的自身内部,通过对比,便可以创造出某种的确更接近于话语、而不是接近于文本的东西。这一话语的特点在于它探讨的是'对话的共同产品',新的民族志也以此为目标。"所有人都能够使用修辞时,如何利用这些修辞就至关紧要了。

伦理学与现代性

> 在一种一度被禁止的活动中有派系出现,是这一活动已经取得正统地位的明确标志。
>
> 斯坦利·菲什,"什么使解释得以接受?"

在最近关于打造民族志文本的讨论中,显露出差异与对立的观点,同时也有一些达成共识的重要领域。仍然借用格尔兹的说法,就是我们能够,并且已经用"利益"这一解释性进展的试金石,互相使对方产生了烦恼。在最后这一部分里,通过将前文叙述过的三个立场做概要的并置,我将提出自己的立场。尽管对于每个立场的内容我持有批评性态度,我还是将它们视为我所属的、假如不是一个解释的共同体至少也是一个解释性同盟的组成部分。

人类学者、批评家、女性主义者以及批判性的知识分子都关注真理及其社会定位的问题,关注想象力与表征的形式的问题,关注统治与反抗的问题,关注道德主体和成为道德主体的技巧的问题。然而他们以不同的方式对这些主题进行了解释;将不同的危险和不同的可能性分辨出来,并维护了这些范畴之间的不同等级。

1. 解释人类学者。被理解为解释性实践的真理和科学是主导性的术语。人类学者和土著居民都被视为从事着解释日常生活之意义的活动。表征的问题对二者来说都是核心问题,也是进行文化想象的场所。然而,表征并不是独特的;它们是用以理解生活世界(在构造生活世界时它们也是工具性的)的手段,因此它们在功能上存在着差异。人类学者与土著居民有着不同的目的。又例如,科学和宗教作为文化体系在策略、社会精神气质(ethos)和目的上有着不同。政治立场和道德立场尽管很大程度上是隐含的,但仍然是重要的支点。韦伯把科学和政治都视为职业的双重理想,如果体现在研究者身上,就会在这一立场上产生出道德主体。从概念上来说,关于文化差异的科学叙述是人类学者工作的核心。从内部来看,最大的危险是将科学与政治相混淆。从外部来看,最大的弱点是在解释性科学周围所划出的历史的、政治的和经验的隔离线。

2. 批评家。指导性的原则是形式化的。文本是第一位的。对权威赖以建构的比喻和修辞手法的关注使统治、消除和不平等的主题得以引入。但它们只是物质性的。它们由批评家/作者赋予形式,不管是人类学者还是土著居民:"他者的部落,他者的书写"。根本上,我们是通过想象的构造改变自身的。我们意欲成为开放的、可渗透的、对宏大叙事持怀疑态度的存在;是"多元论者"。但是作者的控制似乎抑制了自我反思和对话的冲动。危险则在于:对有意义的差异的抹煞,即韦伯式的对世界的"博物馆化"。经验和意义在表征中得以传达,这一事实会被扩展而将经验和意义同表征的形式方面等同起来。

3. 政治性主体。主导价值取向是一种以共同体为基础的政治主体性。人类学女性主义者反对一个以差异性的和暴力的面目出现的他者。在共同体内部,对真理的追求以及社会的和美学的实验都被一种对话的欲望指引。虚构的他者会导致呈现出各种系列差异。危险在于,这些被授权的、关于根本差异的虚构有可能成为实体性的,从而导致他们本想瓦解的压迫性社会形式的重现。斯特拉森很好地表达了这一观点:"现在,如果女性主义对人类学自诩其产品是由多个作者合作的方式生产出来表示轻视的话,人类学也会对女性主义者自诩能够成就其所向往的那种区分表示轻视。"

4. 批判性的世界主义知识分子。我已经强调了高度解释性的科学和有过多权力的叙述者所具有的危险,并且我已被从女性主义对话的直接参与中排除出去。因而我将世界主义知识分子作为第四种形象提出来:其主导价值取向是道德。这是一种对立性的立场,它怀疑至上的权力、普遍的真理、过度相对化的价值、地方性的真实、高度或低度的道德主义。其第二位的价值取向是理解,但这是一种对自身的帝国主义倾向抱有怀疑的理解。它力图对差异保持高度的关注(和尊重),但同时也谨防将差异本质化的倾向。我们分享的生存状态——今天它被我们互相消灭的能力,有时则被我们互相消灭的渴望所强化——是一种历史经验和场所的特殊性,不管它们多么复杂,多么具有争议,它还是一种包容了任何地方特性的世界范围内的宏观的相互依存关系。不管我们是否愿意,我们都处在这一关系之中。借用一个曾在不同的时代被用于基督徒、贵族、商人、犹太人、同性恋者和知识分子身上的术语(虽然改变了它的意义),我把对这种双重评价的接受称为世界主义(cosmopolitanism)。让我们将世界主义定义为一种宏观的相互依存的社会精神气质:它带有对场所、角色、历史轨迹和命运的必然性和特殊性的敏锐意识(经常是强加于人的)。尽管我们都是世界主义者,人类(Homo sapiens)这个术语无法很好地解释这种状况。我们似乎在进行平衡方面遇到了麻烦,要么倾向于地方性认同,要么倾向于普遍性认同的建构。我们生活在两者之间。诡辩论者赋予这一位置以一个虚构的形象:他明显是希腊人,然而经常被各个城邦开除公民身份;他是世界主义的局内人眼中某个特殊历史文化世界中的局外人;他不属于某个构造出的(位于上帝、皇权或者理性法则之下的)普遍制度;他是修辞学的虔诚信徒并因而充分意识到它的滥用状况;他关注当下的事件,但却讽刺性地为矜持所延滞。

主体性、真理、现代性以及表征之间有问题的关系曾是我研究的核心。由于感觉到早期我在摩洛哥的研究上对于权力与表征的考量过于地方化,我便又选择了一项更广义地使用这些范畴的研究课题。由于气质上站在反对的立场上更觉得舒适,我便选择一个精英群体来研究,他们是法国的行政官员、殖民地官员以及社会改革家,都曾关注过1920年代的城市规划。通过"向上研究",我发现,相较于代表统治群体或边缘群体"发声",我现在处在一个更舒适的位置上。我选择的是一个关注政治与形式问题的有权力的人群,他们既非英雄亦非恶棍,并与我保持着必要的人类学的距离,我们离得够远,可以防止一种轻易的认同,又挨得够近,可以实现一种宽容的(即使是批判的)理解。

在法国殖民地,特别是在摩洛哥,现代城市化理论在实践中的应用是在赫伯特·利奥泰(Hubert Lyautey)总督的领导之下的(1912—1925)。殖民地的建筑设计师以及雇佣他们的殖民地政府官员都把他们工作的城市当作社会与美学的实验室。这些场景为这两个群体提供了一个机遇,使他们试图发展出新的、大范围的规划概念,并要去检验在把这些规划同时应用到殖民地以及最终如他们所希望的那样应用到自己本土时在政治上的影响力。

直到最近,对殖民主义的研究几乎已经无一例外地都是依据这种支配、剥削以及反抗的辩证法。这种辩证法现在是而且过去也是一种带有实质性的辩证法。然而,就其本身而言,其至少忽略了殖民地情景中的两个重要维度:它的文化与它所处的政治场域。这导致许多让人诧异的后果;足以让人奇怪的是,在对殖民地进行的历史与社会学的研究中,最少受到注意的群体就是殖民主义者本身。令人庆幸的是,这种情况正在发生着改变;社会分层的多样性制度以及殖民地生活的文化复杂性——在不同的历史时期伴随着不同的地点而有所改变——正在开始赢得人们的理解。

因为有关殖民文化的更为复杂的观点正在得到清楚表达,我想我们也需要一种对于殖民地当中的权力的更复杂的理解。此二者是相互关联的。人们常常把权力理解成人格化的力量:一个单一群体,即殖民者所拥有的力量。有许多原因说明这一概念的不恰当性。首先,殖民者自身存在着高度的派系与分层。其次,我们需要对国家(特别是殖民国家)有更多的了解。第三,把权力理解成一个物、或者一种拥有、或者由上而下单方向发出来的、或者主要是通过武力的运用而加以操作的观点已经是存在严重问题的。毕竟,在1920年代,法国人以少于两万人的军队对印度支那地区有了一定程度的控制,但在五十多年以后,美国人以50万军队却未曾实现这种控制。权力涉及的不仅仅是军队,尽管它肯定并不排除军队。

米歇尔·福柯对于权力关系的研究为我们提供了某些有益的分析工具。福柯(Foucault 1982:212)在剥削、支配与屈从之间做了区分。他认为,大多数权力的分析几乎无一例外地都集中在支配与剥削的关系上:谁在控制谁以及谁攫取生产者的生产成果。第三个术语:屈从,集中在权力场域中离武力的直接使用最远的向度上。权力关系的那一维度就是个体与群体的认同经受考验之所,那里也是体现最宽泛意义的秩序形态之所。这是文化与权力最为紧密地交织在一起的王国。福柯有时会称这些关系为"治理术"(governmentality),而这个术语是一个有益的术语。

追随福柯,雅克·东泽洛(Jacques Donzelot)认为,在19世纪后期,具有重大历史意义的一个新的关系领域得到建构:东泽洛(Donzelot 1979)称之为"社会"。这常常被认为是在政治之外出现的专门化的领域,比如卫生、家庭结构、性,都成为国家干涉的目标。此一社会变成了一套得到区分的以及客体化的实践,通过新的社会科学学科涌现出来的方法与制度,其部分地得到建构并部分地得到理解。"社会"就是一个对新的政治理性形式进行实验的一个特许场所。

利奥泰高度成熟的殖民化观点,引发了把社会群体转变成一个与先前存在于殖民地的情形大不一样的权力关系领域的需求。在他看来,这只能通过大范围的社会规划而获得,其中城市规划起着核心的作用。正如他在给他的首席设计官亨利·普罗斯特(Henri Prost)的赞词中所说的那样:"在古典时代如此流行的城市化的艺术与科学,似乎自第二帝国时代以来已经经历了一种彻底的衰退。城市化,也就是发展人类聚集的艺术与科学,经普罗斯特而妙手回春。在这个机械化的时代里,普罗斯特是'人文主义'的一位守护者。普罗斯特的工作不仅仅在于物,还在于人,在于不同类型的人,对其而言,城市所应提供的不单单是道路、运河、下水道以及运输系统。"(Marrast, ed. 1960:119)那么,对于利奥泰以及他的建筑师而言,新的人文主义不仅可以将其恰如其分地应用到物的上面,而且还可以应用到人的上面,而且不仅应用到一般的人上去——这并非是柯布西耶的人文主义——而且还可以应用到不同文化与社会情景中的人上去。问题就是要容纳这种差异性。对于这些建筑师、设计师以及行政官员而言,摆在他们面前的任务就是如何构想以及造就出一种新的社会安排(ordonnance)。

这便是为什么在利奥泰的眼中摩洛哥的城市如此重要。它们似乎呈现出一种希望,一种避免法国和阿尔及利亚的僵局的方式。利奥泰的名言"一个施工场地(chantier)等于一个营"要表示的就是这个意思。利奥泰害怕,如果允许法国人像往常一样继续执政,结果就是持续的灾难。然而,一种直接的政治上的解决并非轻而易举。迫在眉睫的恰是需要一种新的科学的以及策略性的社会艺术；只有以这种方式，政治才能够得到规避，而权力才真正能够得到"安排"(ordonné)。

这些人，就如20世纪的许多其他人一样，都试图逃避政治。然而，这并不意味着他们漠视权力的关系。远非如此。他们的目标，也就是一种技术专家政治的自我殖民，是要发展出一种崭新的权力关系的形式，其中"良性的"社会、经济与文化关系得到展现。整合进这一图景之中的是发明一种新的治理术的需要，由此能够使（对他们而言的）法国致命的颓废以及个体主义的倾向得到重新塑造。为了将此付诸实施，他们对一种现代秩序与技术的新的表征都给予了建构和明确的表述。这些表征就是现代的社会事实。

本文已经概要指出了现代表征的话语和实践的某些要素。这种分析与政治实践之间的关系仅仅是一种旁敲侧击。那些对事物秉持一种近似看法的人，他们可能代表的是什么、如何代表以及代表谁，都规避在我们所说的更为标准的社会行动者以及政治修辞之外。在结语中，我仅仅是划定空间。针对因为他不肯成为已确认的、有政治地位的群体中的一员，所以无权代表任何人或任何价值这一指责，福柯回应："罗蒂指出，在这些分析中我不属于任何'我们'——不属于任何一个其共识、价值观以及传统为一种思想设定框架，并界定这种框架得以生效的条件的'我们'。但是，问题恰好就是要决定：为了确定一个人所认可的原则和所接受的价值观，就把其置于一个'我们'中，这样做是否真的合适？或者，如果这样做不合适，未来是否有必要去构建一个'我们'？"(Foucault 1984：385)*

---

* 我要感谢塔拉勒·阿萨德、詹姆斯·福比昂、斯蒂芬·福斯特(Stephen Foster)、迈克尔·罗金(Michael Rogin)、玛丽莲·斯特拉森以及圣菲研讨会的参会者。一般的声明在此处适用。此文的一些段落在别处发表过。

跋：民族志写作与人类学职业

乔治·E. 马库斯　著

李　霞　译

> 如果你想理解一门科学，你首先应该看的不是它的理论或它的发现，当然也不会是它的辩护者所宣扬的那些东西；你应该去看看它的从业者们在做些什么。
>
> 　　　　　　　　　　　　　　　克利福德·格尔茨，《文化的解释》

　　这次圣菲研讨会（本书的各篇论文就是在此研讨会的基础上诞生的）的任务是通过展示解读和写作民族志的不同方法而为民族志实践引入一种文学意识（literary consciousness）。我们对于这项再现社会和文化的事业所做的种种论述在当代纷繁复杂的文学理论论争中并不新鲜，后者所致力推动的一个主要目标是使文学批评转向涵盖性更广的文化批评。庆幸的是，人类学的民族志实践者不必为获得某种治疗效果而过深地陷于那些经常是错综复杂和专业化的纷纭论争。他们比以往任何时候都更自觉地认识到自己是作家，作为正在走向成熟的职业学者，按照常规，他们已经超越了那些曾将他们引入人类学的民族志模式。

　　接下来人类学家所面临的问题是，这种文学治疗的结果将会如何——它是否只是增加了一种我们在阅读和写作民族志记述时可取可舍的、对民族志的新的批判性理解？或者它为再概念化人类学职业和评估各种策略革新——将田野工作与写作联接起来的种种方案——扫清了道路？以历史学为例，它一直以来具有一种内部话语（历史编纂技巧），即认为历史学的方法就是写作，而近期的很多著作［怀特的作品（White 1973）是其中最突出者］则已经在探索赋予这一话语一种明确的文学意味，正如我们努力在本书中对民族志所作的思考一样。不过,这种文学治疗对历史学家实践的潜在激进影响也只限于使他们认识到"一种叙事的视角"——一种理解历史写作的有效方式,仅此而已。而正在生发的民族志的文学意识则在某种程度上会具有更为重大的意义,这不仅是因为作为职业活动的写作之特出地位在人类学中从来没有像在历史学中那样是当然之事,而且还因为这种意识产生在这样一种时刻:20世纪社会与文化人类学的更为宏大的理论工程正处于混乱之中;不仅是知识的文本表述,而且产生这些表述的职业过程,都成了学科的争论焦点,并都受到质疑。因此,从文学角度对民族志加以审视,就不只是一种对过去占主导地位的表述惯例进行去神秘化,而是使更多的东西都成问题了。或者更确切地说,这种批评使得研究和写作活动中对各种选择所进行的实验和探索合法化了,而这种实验和探索是应该与在当代人类学思想中影响甚大的解释性分析模式的各种主张和抱负同等重要的。

因此,我准备将这次关于民族志写作的研讨会所关注的主要问题放在当代人类学家的典型职业背景中来讨论——尽管这种讨论颇为简略。依此脉络进行深入分析,我们将发现,这次研讨会的论文所论及的各种问题与对人类学职业文化本身的详尽的民族志剖析是联系在一起的,后者是保罗·拉比诺所倡导的。

绝大多数参加研讨会的人类学家都将自己表现为民族志的读者,而且主要阅读的是有影响的经典作品,而不是那些当前还未有确定地位的、带有自觉意识的实验性作品。这样一种读者角色遮蔽了一个事实,即他们和所有的职业社会文化人类学家一样,同样是(如果不说主要是的话)民族志的写作者,而且都在这方面颇有成就。除了博士学位论文,所有参加研讨会的人类学家都还发表过其他的民族志作品,而且都参与过一些写作课题,这些课题与当初作为其人类学职业生涯开端的工作完全不同。在研讨会期间的交谈中,我曾随意问过与会者"最近在作什么研究",回答表明大家正在从事的课题极为不同,而所有这些课题都以这种或那种方式与他们的知识经验相关,这些经验是从各人写作民族志的最初经验中生发出来的,而这种写作是职业训练所要求的。

我逐渐这样来理解这些递交来并经过讨论的论文:它们反映出其作者

从他们作为民族志作者的最初经验中悄然蜕变出来,并对这种经验作出回应。因此,理解以下这一点是很重要的,即研讨会的各篇论文对某些问题——通过民族志的修辞策略和文学构建来解读以往的和当前的民族志——的明确关注主要不是来自后结构主义文学理论的激发,也不是出于一种想担任批评家的角色,以使自己区别于受批评的体裁的作者的愿望〔尽管当代文学理论的一个核心主张,如杰弗里·哈特曼的作品(Hartman 1980)以及其他作品中所表述的,是要求批评话语要达到,或者说要追求达到,作为批评对象的作品的文学地位〕。相反,推动与会者用文学模式对民族志进行解读的最大动力来自他们作为活跃的研究者和写作者所处的困境:既受过民族志实践传统的人类学训练,又敏锐地意识到1960年代以来逐渐加强的对其传统手法提出的种种批评。对于当前的实验运动——它鼓励新老各代人类学家在各种写作项目中采取多样的策略以及产生多样化的影响——而言,去除加于对以往民族志的阅读方式之上的种种限制,并由此揭示以往民族志中被遗忘的或未被注意到的各种可能性,这二者是必然且自然相伴而生的〔参见马库斯和费希尔的著作(Marcus and Fisher 1986)〕。

虽然我的一些最有价值的认识实际上是在研讨会间隙的谈话中获得的,但我并不打算更进一步地通过将我所理解的与会者目前正从事的写作课题与他们作为民族志的批判性读者必须要说的那些内容加以对照,以此来揭示在此次研讨会中被遮盖的那一面。相反,我想说明的是,人类学当前这种自觉的实验潮流和写作课题的多样化趋势是如何可能从其制作民族志记述的内在经验中产生的,这种经验是他们在获取职业资格证明的过程中获得的。

不管人类学家们是否发表过专著——很多人类学家从来没有——他们的职业生涯大多是从一个民族志调查过程开始的,这个过程的所有阶段都包括进行描述-解释性写作和利用各种技术来再现社会文化生活。虽然这种最初的民族志体验不一定会成为他们以后的职业生涯中可能被一再重复的实际职业技能模式,但它的确会打造出各种认知术语,而人类学家是通过这些术语来思考和谈论他们的研究课题的。这些课题首先被划分为构成民族志写作项目的各个田野工作时期,作为民族志写作项目来完成。尽管制作出"一个民族志"的意象和概念的确还很强烈地在影响着人类学家思考和讨论他们的职业课题的方式,但是写作生涯事实上已经结束了。

不管是在田野背景中还是在学院背景中,文本化都是民族志事业的核心。在某种重要的意义上,田野工作等同于一种通过田野笔记和录音而记录下口头话语之不同语境的活动。与历史研究(口述史研究除外)不同,民族志是以口头性为起点的,这使它在向书面形式转换方面具有了难度。于是,很多对民族志现实主义中一些主流传统手法的批评,以及各种替代方法,都是出于对在这个最初的文本化过程中的人类学知识起点的反思。将铭写(inscription)作为民族志的任务、在民族志报道中再现对话的诸种策略,以及对再现这一观念本身的反动,这些都是在整个研讨会期间一再被讨论的问题,尤其是在克利福德和泰勒在其论文中明确地表述了这些问题之后。

人类学博士学位论文是绝大多数人类学家必须写作的一种民族志,它以对田野工作的直截了当的分析性和描述性记述为特征。由于作者的人类学职业资格评定取决于其学位论文所获得的评价,因此学位论文一般趋于采取保守的做法。只有在将学位论文转成专著出版和作为系列论文发表的过程中,作者才在各个层次上决定自己的专业取向。这部分是由于声望和终身教职的获得依赖于学位论文之外的写作。在更为个人化的智识发展层面上,将学位论文以及作为其基础的文本化的田野资料转换为其他的写作样式,体现着一种对民族志实践之训练模式的反思。在这种转换中,作者可以更加自由地进行各种探索,也更倾向于具有互文性(intertextuality)——也就是说,写作是在其他作者的影响下,同时也期望影响其他作者。对于近几代的人类学家来说,新的"经典",即那些正在被作为人类学实践范例之理想化形象标志的独特的民族志,从根本上说,就是出于对起初的专业训练经验的反思而写作出来的。

受各时代不同的普遍知识潮流之影响,人类学家在试图去改写那种保守的民族志训练模式时结果各异,他可以在个人层次上再次确证、或暗中修正、或积极批评,甚至是拒绝他们最初为获得职业资格而写作报告的经验。

当前普遍的知识倾向是进行自我反身(reflexive)和自我批评,学位论文的种种惯例的保守性也许已经降低了些,而在出版报告的写作方面,可选择的合法范围也大大扩展了。制作一个以田野工作为基础的民族志报告,在开启人类学家的职业生涯方面和在人类学家当中创造出一个具有共同经验的意识形态团体方面仍然担任着极其重要的角色,但是它不可能再被简单地看作人类学家在以后的研究生涯中可以照搬的定型的技能模式。在很多人的职业生涯中,他们在学位论文之后所制作出的——或没能制作成功的——文本样式对他今后从事的写作课题是有塑形作用的。这类文本往往以各种有趣的方式背离于其民族志学位论文,尤其是在由田野资料主体构成的文本运用中。

也许一直以来都是这样:在人类学家的研究生涯中,最初的民族志写作经验是构成性和实验性的,即使是在现代民族志实践的先驱榜样,如在马林诺夫斯基、埃文思-普里查德和弗思那里也是如此,而在后继各代人类学家——他们仍将这些前辈的某些文本视为典范——中同样如此。继学位论文之后,人类学家会对其田野资料进行重写,在上面打上更多的个人印记,不过,由此锻造出的民族志只是很多人类学家的职业经历中另备一格(one-of-a-kind)的东西,不是一个标准产品。一些杰出的成果是通过不断重写原始田野资料而取得的;而且我们发现,通常情况下,当人类学家开始做他的第二项研究课题,一切重新开始时,他们很少能具有在其职业开端从事第一项课题时的那种新鲜感和强度。人类学中最有意思的作者往往是这样一类人:他们在写作中不断地激发出民族志的权威,持续地梳理各种民族志细节,他们从不会去复制他们为完成专业训练而写的那种文本类型,而是努力去探索从那种经验中可获得的教训,这种教训是需要通过各种形式和风格来展现的。

民族志的特定形象是由人类学者最初接受的研究训练有力地灌输出来的,并通过一种职业的社会化的话语明确地表述出来,这一话语是围绕着其研究对象进行论述,而不是面对其对象说话(尽管人们普遍认为存在着一些标准,但你只有在读到一本民族志的时候你才知道它是不是一本好的民族志)。因此,就文本产品而言,人类学职业中事实上存在的差异性和样式一直是模糊的,并且在很大程度上是未经检验的。这次研讨会的工作就是要通过文学治疗来拆除那些狭隘的框架,民族志一直以来总是在这些框架之内被阅读的。这项工作绝不像一些人所担心的那样,是一种封闭的、幼稚的事情,因为大多数当代文学批评所关注的是揭示出写作的历史及政治语境,而这正是具有阐释倾向的民族志长期以来被批评为忽略或避开的维度。不过,在此批评功能之外,我们对当代人类学中现实主义描述的某些特定模式的质疑还为人类学家发展各种写作策略打下了基础,这些人类学家仍然关注着民族志的传统,探索它的各种局限以及可能性。通过对那些民族志的各种术语的批评和对典范的民族志作品进行另类的读解,我们试图揭示出以往民族志写作中的多种可能性,从而使它切合于当前的实验精神。

参 考 文 献

ADORNO, THEODOR
    1977   *Aesthetics and Politics*. London: New Left Books.

AGAR, MICHAEL
    1985   *Independents Declared: The Dilemma of Independent Trucking*. Washington, D. C.: Smithsonian Institution.

ALTER, ROBERT
    1981   *The Art of Biblical Narrative*. New York: Basic Books.
    1982   "The Jew Who Didn't Get Away: On the Possibility of an American Jewish Culture." *Judaism* 31: 274 – 86.

ALURISTA [ALBERTO URISTA]
    1976   *Floricanto en Aztlan*. Los Angeles: UCLA Chicano Studies Center.

ANAYA, RUDOLFO
    1975   *Bless Me Ultima*. Berkeley, Calif.: Tonatiuh International.

ANGELOU, MAYA
    1969   *I Know Why the Caged Bird Sings*. New York: Random House.

ARIAS, RON
    1975   *The Road to Tamazunchale*. Reno, Nev.: West Coast Poetry Review.

ARLEN, MICHAEL
    1975   *Passage to Ararat*. New York: Farrar, Straus and Giroux.

ASAD, TALAL
    1980   "Ideology, Class, and the Origin of the Islamic State." *Economy and Society* 9: 450 – 73.
    1983a   "Anthropological Conceptions of Religion: Reflections on Geertz." *Man* 18: 237 – 59.
    1983b   "Notes on Body Pain and Truth in Medieval Christian Ritual." *Economy and Society* 12: 287 – 327.

——, ed.

1973   *Anthropology and the Colonial Encounter*. London: Ithaca Press.

ATKINSON, JANE

1982   "Anthropology." *Signs* 8: 236 – 58.

AVRUCH, KEVIN

1981   *American Immigrants in Israel*. Chicago: University of Chicago Press.

BAHR, DONALD, J. GREGORIO, D. I. LOPEZ, AND A. ALVAREZ

1974   *Piman Shamanism and Staying Sickness*. Tucson, Ariz. : University of Arizona Press.

BAKHTIN, MIKHAIL

1965   *Rabelais and His World*. Cambridge, Mass. : MIT Press.

1981   "Discourse in the Novel." In *The Dialogical Imagination*, edited by Michael Holquist, 259 – 442. Austin, Tex. : University of Texas Press.

BALANDIER, GEORGES

1955   *Sociologie actuelle de l'Afrique noire*. Paris: Presses universitaires de la France.

1957   *L'Afrique ambiguë*. Paris: Plon.

BARAKA, AMIRI

1984   *The Autobiography of LeRoy Jones*. New York: Freundlich.

BARNES, R. H.

1984   *Two Crows Denies It : A History of Controversy in Omaha Sociology*. Lincoln, Nebr. : University of Nebraska Press.

BARROW, JOHN

1801   *Travels in the Interior of Southern Africa in the Years 1797 and 1798*. New York: Johnson Reprint Corp. , 1968.

BARTHES, ROLAND

1977   *Image Music Text*. New York: Hill and Wang.

1981   *Camera Lucida*. New York: Hill and Wang.

1984   "Jeunes Chercheurs." In *Le Bruissement de la langue*, 97 – 103. Paris: Le Seuil.

BATESON, GREGORY

1936   *Naven : A Survey of the Problems Suggested by a Composite Picture of* a Culture of a New Guinea Tribe Drawn from Three Points of View. Stanford, Calif.: Stanford University Press.

BAUDELAIRE, CHARLES

1846 "Salon de 1846." In *Oeuvres complètes*, edited by Y. G. le Dantec and Claude Pichois, 605 – 80. Paris: Edition'de la Pléiade, 1954.

BAUMGARTEN, MURRAY

1982 *City Scriptures: Modern Jewish Writing*. Cambridge, Mass.: Harvard University Press.

BEATTIE, JOHN

1964 *Other Cultures*. London: Cohen and West.

BEAUJOUR, MICHEL

1980 *Miroirs d'Encre*. Paris: Le Seuil.

1981 "Some Paradoxes of Description." *Yale French Studies* 61: 27 – 59.

BEDROSIAN, MARGARET

1982 "The Other Modernists: Tradition and the Individual Talent in Armenian-American Literature." Ph. D. diss., University of California, Davis.

BENEDICT, RUTH

1934 *Patterns of Culture*. New York: New American Library.

BENJAMIN, WALTER

1969 *Illuminations*. New York: Schocken.

1977 *The Origin of German Tragic Drama*. London: New Left Books.

1978 *Reflections*. Translated by Edmund Jephcott and edited by Peter Demetz. New York: Harcourt Press.

BENVENISTE, EMILE

1966 *Problèmes de linguistique générale*. Paris: Gallimard.

BERGER, HARRY, JR.

1984 "The Origins of Bucolic Representation: Disenchantment and Revision in Theocritus' Seventh *Idyll*." *Classical Antiquity* 3, no. 1: 1 – 39.

BERNSTEIN, MICHAEL ANDRÉ

1983 "When the Carnival Turns Bitter: Preliminary Reflections upon the Abject Hero." *Critical Inquiry* 10, no. 2: 283 – 305.

BERNSTEIN, RICHARD J.
 1976 *The Restructuring of Social and Political Theory*. Philadelphia: University of Pennsylvania Press.
 1983 *Beyond Objectivism and Relativism: Science, Hermeneutics, and Practice*. Philadelphia: University of Pennsylvania Press.

BERTAUX, DANIEL, AND ISABELLE BERTAUX-WIAME
 1981 "Artisanal Bakery in France: How it Lives and Why it Survives." In *The Petite Bourgeoisie: Comparative Studies of the Uneasy Stratum*, edited by Frank Bechhofer and Brian Elliott, pp. 187 – 205. New York: St. Martin's Press.

BETTELHEIM, BRUNO
 1983 *Freud and Man's Soul*. New York: Alfred A. Knopf.

BIALE, DAVID
 1979 *Gershom Scholem*. Cambridge, Mass.: Harvard University Press.

BIOCCA, ETTORE
 1969 *Yanoama: The Narrative of a White Girl Kidnapped by Amazonian Indians*. New York: E. P. Dutton.

BLOOM, HAROLD
 1973 *The Anxiety of Influence*. New York: Oxford University Press.
 1975a *A Map of Misreading*. New York: Oxford University Press.
 1975b *Kabbalah and Criticism*. New York: Seabury.
 1982a *Agon: Towards a Theory of Revisionism*. New York: Oxford University Press.
 1982b *The Breaking of the Vessels*. Chicago: University of Chicago Press.

BLU, KAREN
 1980 *The Lumbee Problem*. Cambridge: Cambridge University Press.

BOON, JAMES
 1972 *From Symbolism to Structuralism: Lévi-Strauss in a Literary Tradition*. New York: Harper and Row.
 1977 *The Anthropological Romance of Bali, 1597 – 1972*. Cambridge: Cambridge University Press.
 1982 *Other Tribes Other Scribes*. Ithaca, N. Y.: Cornell University Press.
 1983 "Folly, Bali, and Anthropology, or Satire Across Cultures." *Pro-*

ceedings of the American Ethnological Society, 156–77.

BOUGAINVILLE, LOUIS DE

    1772   *A Voyage Round the World*. Ridgewood, N. J.: Gregg Press, 1967.

BOURDIEU, PIERRE

    1977   *Outline of a Theory of Practice*. Cambridge: Cambridge University Press.

    1979   *Algeria 1960*. New York: Cambridge University Press.

    1984a   *Distinction*. Cambridge, Mass.: Harvard University Press.

    1984b   *Homo Academicus*. Paris: Editions de Minuit.

BOWEN, ELENORE SMITH [PSEUD. OF LAURA BOHANNAN]

    1954   *Return to Laughter*. New York: Harper and Row.

BOWERS, ALFRED W.

    1950   *Mandan Social and Ceremonial Organization*. Chicago: University of Chicago Press.

BRADLEY, DAVID

    1984   "Novelist Alice Walker: Telling the Black Woman's Story." *New York Times Magazine*, January, 8, 1984, 25ff.

BRIGGS, JEAN

    1970   *Never in Anger*. Cambridge, Mass.: Harvard University Press.

BRODY, HUGH

    1982   *Maps and Dreams*. New York: Pantheon.

BROWN, CLAUDE

    1965   *Manchild in the Promised Land*. New York: Macmillan Co.

BROWN, NORMAN O.

    1969   *Hermes the Thief: The Evolution of a Myth*. New York: Random House.

BRUCE-NOVA, JUAN, ed.

    1980   *Chicano Authors: Inquiry by Interview*. Austin, Tex.: University of Texas Press.

    1982   *Chicano Poetry*. Austin, Tex.: University of Texas Press.

BRUNER, EDWARD M., ed.

    1984   *Text, Play, and Story: The Construction and Reconstruction of Self and Society*. Washington, D. C.: American Ethnological Society.

1986 "Ethnography as Narrative." In *The Anthropology of Experience*, edited by Victor Turner and Edward M. Bruner. Urbana: University of Illinois Press.

BURKE, KENNETH

1969 *A Rhetoric of Motives*. Berkeley and Los Angeles: University of California Press.

BURTON, RICHARD F.

1868 *The Lake Regions of Central Africa: A Picture of Exploration*. New York: Horizon Press, 1961.

CASTANEDA, CARLOS

1968 *The Teachings of Don Juan*. Berkeley and Los Angeles: University of California Press.

CASTRO, MICHAEL

1983 *Interpreting the Indian: Twentieth Century Poets and the Native American*. Albuquerque, N. Mex. : University of New Mexico Press.

CATLIN, GEORGE

1841 *Letters and Notes on the Manners, Customs, and Conditions of the North American Indians*. 2 vols. New York: Dover Publications, 1973. Citations from vol. 1.

1867 *O-Kee-Pa: A Religious Ceremony and Other Customs of the Mandan*. New Haven, Conn. : Yale University Press, 1967.

CESARA, MANDA

1982 *Reflections of a Woman Anthropologist: No Hiding Place*. New York: Academic Press.

CHAGNON, NAPOLEON

1968 *Yanomamo: The Fierce People*. New York: Holt, Rinehart and Winston.

1974 *Studying the Yanomamo*. New York: Holt, Rinehart and Winston.

CHAN, JEFFREY PAUL

1972 "Auntie Tisa Lays Dying." In *Asian American Authors*, edited by Kai-yu Hsu and Helen Palubinskas, 77 – 85. Boston: Houghton Mifflin Co.

1974a "Jackrabbit." In *Yardbird Reader*, vol. 3, edited by Frank Chin and

	Shawn Hsu Wong, 217–38. Berkeley, Calif.: Yardbird Publication Co.
1974b	"The Chinese in Haifa." In *Aiiieeeee! An Anthology of Asian-American Writers*, edited by Frank Chin, J. P. Chan, Lawson Fusao Inada, and Shawn Hsu Wong, 11–29. Washington, D.C.: Howard University Press.

CHIN, FRANK

1970	"Goong Hai Fot Choy." In *19 Necromancers from Now*, edited by Ishmael Reed, 31–54. New York: Doubleday.
1972a	"Confessions of the Chinatown Cowboy." *Bulletin of Concerned Asian Scholars*: 58–70.
1972b	"Food for All His Dead." In *Asian American Authors*, edited by Kai-yu Hsu and Helen Palubinskas, 48–61. Boston: Houghton Mifflin Co.
1977	"Riding the Rails with Chickencoop Slim." *Greenfield Review* 6, nos. 1 and 2: 80–89.
1981	*The Chickencoop Chinaman and the Year of the Dragon*. Seattle: University of Washington Press.

——, AND JEFFREY PAUL CHAN

1972	"Racist Love." In *Seeing through Shuck*, edited by Richard Kostelanetz, 65–79. New York: Ballantine Books.

——, JEFFREY PAUL CHAN, LAWSON FUSAO INADA, AND SHAWN HSU WONG, eds.

1974	*Aiiieeeee! An Anthology of Asian-American Writers*. Washington, D.C.: Howard University Press.

CHODOROW, NANCY

1978	*The Reproduction of Mothering*. Berkeley and Los Angeles: University of California Press.

CISNEROS, SANDRA

1983	*The House on Mango Street*. Houston, Tex.: Arte Publico Press.

CLARK, TERRY

1973	*Prophets and Patrons: The French University and the Emergence of the Social Sciences*. Cambridge, Mass.: Harvard University Press.

CLEAVER, ELDRIDGE

1968   *Soul on Ice.* New York: McGraw-Hill.

CLIFFORD, JAMES

1979   "Naming Names." *Canto: Review of the Arts* 3, no. 1: 142–53.

1980   "Review Essay of Edward Said's *Orientalism.*" *History and Theory* 19, no. 2: 204–23.

1981   "On Ethnographic Surrealism." *Comparative Studies in Society and History* 23, no. 4: 539–64.

1982a   *Person and Myth: Maurice Leenhardt in the Melanesian World.* Berkeley and Los Angeles: University of California Press.

1982b   Review of *Nisa: The Life and Words of a !Kung Woman*, by Marjorie Shostak. *Times Literary Supplement*, September 17, 1982.

1983a   "On Ethnographic Authority." *Representations* 1, no. 2: 118–46.

1983b   "Power and Dialogue in Ethnography: Marcel Griaule's Initiation." In *Observers Observed: Essays on Ethnographic Fieldwork*, edited by George W. Stocking, Jr., 121–56. Madison, Wis.: University of Wisconsin Press.

1985a   "On Ethnographic Self-Fashioning: Conrad and Malinowski." In *Reconstructing Individualism.* Stanford, Calif.: Stanford University Press.

1985b   "Histories of the Tribal and the Modern."*Art in America*, April 1985, 164–77.

COHN, BERNARD

1980   "History and Anthropology: The State of Play." *Comparative Studies in Society and History* 22: 198–221.

1981   "History and Anthropology: Towards a Rapprochement." *Journal of Interdisciplinary History* 12, no. 2: 227–52.

COLERIDGE, SAMUEL TAYLOR

1936   *Miscellaneous Criticism.* Edited by T. M. Raysor. London: Constable.

CRAPANZANO, VINCENT

1973   *The Hamadsha: A Study in Moroccan Ethnopsychiatry.* Berkeley and Los Angeles: University of California Press.

1977	"The Writing of Ethnography." *Dialectical Anthropology* 2: 69–73.
1980	*Tuhami: Portrait of a Moroccan*. Chicago: University of Chicago Press.
1981a	Review of *Meaning and Order in Moroccan Society: Three Essays in Cultural Analysis*, by C. Geertz, H. Geertz, and L. Rosen. *Economic Development and Cultural Change* 29: 851–60.
1981b	"The Self, The Third, and Desire." In *Psychosocial Theories of the Self*, edited by B. Lee, 197–206. New York and London: Plenum.
1981c	"Text, Transference, and Indexicality." *Ethos* 9, no. 2: 122–48.
1985a	*Waiting: The Whites of South Africa*. New York: Random House.

———, AND VIVIAN GARRISON

1977　　Case Studies in Possession. New York: John Wiley and Sons.

CRICK, MALCOLM

1976　　Explorations in Language and Meaning. London: Malaby Press.

CULLER, JONATHAN

1975　　Structuralist Poetics. Ithaca, N.Y.: Cornell University Press.

DARNTON, ROBERT

1985　　"Revolution sans Revolutionaries." *New York Review of Books*, January 31, 1985, 21–28.

DAVIS, NATALIE

1979	"Les Conteurs de Montaillou." *Annales: Economies, Sociétés, Civilisations*, no. 1: 61–73.
1981	"The Possibilities of the Past." *Journal of Interdisciplinary History* 12, no. 2: 267–75.

DE CERTEAU, MICHEL

1980	"Writing vs. Time: History and Anthropology in the Works of Lafitau." *Yale French Studies* 59: 37–64.
1983	"History: Ethics, Science, and Fiction." In *Social Science as Moral Inquiry*, edited by Norma Haan, Robert Bellah, Paul Rabinow, and William Sullivan, 173–209. New York: Columbia University Press.

DEHOLMES, REBECCA

1983　　"Shabono: Scandal or Superb Social Science." *American Anthropologist* 85, no. 3: 664–67.

DE LAURETIS, TERESA

    1984   *Alice Doesn't: Feminism, Semiotics, Cinema.* Bloomington, Ind. : University of Indiana Press.

DELEUZE, GILLES

    1962   *Nietzsche and Philosophy.* New York: Columbia University Press.

DELGADO, ABELARDO

    1982   "Stupid America." In *Chicano Poetry*, edited by Juan Bruce-Nova, 30. Austin, Tex. : University of Texas Press.

DELORIA, VINE

    1969   *Custer Died for Your Sins.* New York: Macmillan Co.

DE MAN, PAUL

    1969   "The Rhetoric of Temporality." In *Interpretation: Theory and Practice*, edited by Charles Singleton, 173 – 209. Baltimore: Johns Hopkins University Press.

    1979   *Allegories of Reading.* New Haven, Conn. : Yale University Press.

DERRIDA, JACQUES

    1967   *L'Ecriture et la différence.* Paris: Editions du Seuil.

    1972   *Disseminations.* Chicago: University of Chicago Press.

    1973   *Speech and Phenomena.* Evanston, Ill. : Northwestern University Press.

    1974   *Of Grammatology.* Baltimore: Johns Hopkins University Press.

DIAMOND, STANLEY

    1974   *In Search of the Primitive: A Critique of Civilization.* New Brunswick, N. J. : E. P. Dutton.

DONNER, FLORINDA

    1982   *Shabono: A True Adventure in the Remote and Magical Heart of the South American Jungle.* New York: Laurel Books.

DONZELOT, JACQUES

    1979   *The Policing of Families.* New York: Pantheon.

DOUGLAS, MARY

    1966   *Purity and Danger.* London: Routledge & Kegan Paul.

DREYFUS, HUBERT, AND PAUL RABINOW

    1982   *Michel Foucault Beyond Structuralism and Hermeneutics.* Chicago:

University of Chicago Press.

DUCHET, MICHELE

1971 *Anthropologie et histoire au siècle des lumières.* Paris: Maspero.

DUMMETT, MICHAEL

1981 "Objections to Chomsky." *London Review of Books*, September 3 – 16, 1981, 5 – 6.

DUMONT, JEAN-PAUL

1976 *Under the Rainbow.* Austin, Tex.: University of Texas Press.

1978 *The Headman and I.* Austin, Tex.: University of Texas Press.

DURANT, STEPHEN

1979 "The Nishan Shaman Complex in Cultural Contradiction." *Signs* 5: 338 – 47.

DUVIGNAUD, JEAN

1970 *Change at Shebika: Report from a North African Village.* New York: Vintage Books.

1973 *Le Langage perdu: Essai sur la différence anthropologique.* Paris: Presses universitaires de France.

DWYER, KEVIN

1977 "The Dialogic of Anthropology." *Dialectical Anthropology* 2: 143 – 51

1982 *Moroccan Dialogues.* Baltimore: Johns Hopkins University Press.

EAGLETON, TERRY

1983 *Literary Theory.* Oxford: Oxford University Press.

EISENSTEIN, ELIZABETH I.

1979 *The Printing Press as an Agent of Change.* Vol. 2. Cambridge: Cambridge University Press.

ELLISON, RALPH

1952 *Invisible Man.* New York: Random House.

EMPSON, WILLIAM

1950 *Some Versions of Pastoral.* Norfolk, Conn.: New Directions.

ESTROFF, SUE E.

1985 *Making it Crazy: An Ethnography of Psychiatric Clients in an American Community.* Berkeley and Los Angeles: University of California Press.

EVANS-PRITCHARD, EDWARD E.

1940 *The Nuer*. Oxford: Oxford University Press.

1956 *Nuer Religion*. Oxford: Clarendon Press.

1976 *Witchcraft, Oracles, and Magic among the Azande*. Oxford: Oxford University Press.

1981 *A History of Anthropological Thought*. London: Faber and Faber.

EWERS, JOHN C.

1967 Introduction to *O-Kee-Pa: A Religious Ceremony and Other Customs of the Mandan*, by George Catlin. New Haven, Conn.: Yale University Press.

FABIAN, JOHANNES

1983 *Time and the Other: How Anthropology Makes Its Object*. New York: Columbia University Press.

FAHIM, HUSSEIN, ed.

1982 *Indigenous Anthropology in Non-Western Countries*. Durham, N. C.: Carolina Academic Press.

FAIRLEY, BARKER

1947 *A Study of Goethe*. Oxford: Clarendon Press.

FAVRET-SAADA, JEANNE

1980 *Deadly Words: Witchcraft in the Bocage*. London: Cambridge University Press.

——, AND JOSÉE CONTRERAS

1981 *Corps pour corps: Enquête sur la sorcellerie dans le bocage*. Paris: Gallimard.

FAY, STEPHEN

1982 *Beyond Greed*. New York: Viking Press.

FELD, STEVEN

1982 *Sound and Sentiment: Birds, Weeping, Poetics, and Song in Kaluli Expression*. Philadelphia: University of Pennsylvania Press.

FERNANDEZ, JAMES

1974 "The Mission of Metaphor in Expressive Culture." *Current Anthropology* 15: 119-45.

FINKELSTEIN, MARTIN J.
  1984   *The American Academic Profession: A Synthesis of Social Scientific Inquiry Since World War II*. Columbus, Ohio: Ohio State University Press.

FIRTH, RAYMOND
  1936   *We, the Tikopia*. London: Allen and Unwin.
  1966   "Twins, Birds and Vegetables." *Man* 1: 1-17.

—— et al.
  1977   "Anthropological Research in British Colonies: Some Personal Accounts." *Anthropological Forum* 4, no. 2.

FISCHER, MICHAEL M. J.
  1977   "Interpretive Anthropology." *Reviews in Anthropology* 4: 391-404.
  1980   *Iran: From Religious Dispute to Revolution*. Cambridge, Mass.: Harvard University Press.
  1982a   *From Interpretive to Critical Anthropologies*. Trabalhos de Ciencias Sociais, Serie Antropologia Social, no. 34, Fundaçao Universidade de Brasilia.
  1982b   "Portrait of a Mulla: The Autobiography of Aqa Naijafe-Quchani." *Persica* 10: 223-57.
  1983   "Imam Khomeini: Four Ways of Understanding." In *Voices of Resurgent Islam*, edited by J. Esposito, 89-108. New York: Oxford University Press.
  1984   "Towards a Third World Politics: Seeing Through Fiction and Film in the Iranian Culture Area." *Knowledge and Society* 5: 171-241.

FISH, STANLEY
  1980   "What Makes an Interpretation Acceptable?" In *Is There a Text in This Class?* Cambridge, Mass.: Harvard University Press.

FLETCHER, ANGUS
  1964   *Allegory: The Theory of a Symbolic Mode*. Ithaca, N. Y.: Cornell Univeristy Press.

FONTANIER, PIERRE
  1977   *Les Figures du discours*. Paris: Flammarion.

FOSTER, GEORGE, et al., eds.

1979	*Long-term Field Research in Social Anthropology*. New York: Academic Press.

FOUCAULT, MICHEL

1973	*The Order of Things*. New York: Vintage Press.
1976	*The Discourse on Language*. In *The Archaeology of Knowledge*, 215-37. New York: Harper and Row.
1977	"Fantasia of the Library." In *Language, Counter-Memory, Practice*, edited by Donald Bouchard, 87-109. Ithaca, N. Y.: Cornell University Press.
1978a	*Discipline and Punish*. New York: Pantheon Books.
1978b	*The History of Sexuality: Introduction*. New York: Pantheon Books.
1980	"Truth and Power." In *Power/Knowledge*. New York: Pantheon Books.
1982	"The Subject and Power." In Hubert Dreyfus and Paul Rabinow, *Michel Foucault Beyond Structuralism and Hermeneutics*, 208-26. Chicago: University of Chicago Press.
1984	"Polemics, Politics, and Problemizations." In *The Foucault Reader*, edited by Paul Rabinow, 381-90. New York: Pantheon.

FREEMAN, DEREK

1983	*Margaret Mead and Samoa: The Making and Unmaking of an Anthropological Myth*. Cambridge, Mass.: Harvard University Press.

FREUD, SIGMUND

1911-13	*The Interpretation of Dreams*. 3rd ed. New York: Macmillan Co.

FRYE, NORTHROP

1963	*Fables of Identity: Studies in Poetic Mythology*. New York: Harcourt Brace Jovanovich.
1971	*Anatomy of Criticism*. Princeton, N. J.: Princeton University Press.

FUSSELL, PAUL

1975	*The Great War and Modern Memory*. Oxford: Oxford University Press.

GADAMER, HANS-GEORG

1960	*Truth and Method*. New York: Seabury.

GALARZA, ERNESTO

1971	*Barrio Boy*. Notre Dame, Ind.: University of Notre Dame Press.

GEERTZ, CLIFFORD
 1973 *The Interpretation of Cultures*. New York: Basic Books.
 1983a "Slide Show: Evans-Pritchard's African Transparencies." *Raritan Review*, Fall 1983, 62–80.
 1983b *Local Knowledge*. New York: Basic Books.
 1988 *Works and Lives: The Anthropologist as Author*. Stanford: Stanford University Press.

CELLEY, ALEXANDER
 1979 "The Represented World: Toward a Phenomenological Theory of Description in the Novel." *Journal of Aesthetics and Art Criticism* 37: 415–22.

GELLNER, ERNEST
 1959 *Words and Things*. London: Gollancz.
 1969 *Saints of the Atlas*. London: Weidenfeld and Nicolson.
 1970 "Concepts and Society." In *Rationality*, edited by B. R. Wilson, 18–49. Oxford: Basil Blackwell.

GENETTE, GERARD
 1982 *Figures of Literary Discourse*. New York: Columbia University Press.

GIDDENS, ANTHONY
 1979 *Central Problems in Social Theory*. Berkeley and Los Angeles: University of California Press.

GLUCKMAN, MAX
 1973 "The State of Anthropology." *Times Literary Supplement*, 3. August, 1973, 905.

GOETHE, J. W. VON
 1976a *Italienische Reise*. 2 vols. Frankfurt am Main: Insel Verlag.
 1976b *Tagebuch der Italienische Reise: 1786*. Frankfurt am Main: Insel Verlag.
 1982 *Italian Journey: 1786–1788*. Translated by W. H. Auden and Elizabeth Mayer. San Francisco: North Point Press.

GOLDEN, MARITA
 1983 *Migrations of the Heart*. New York: Doubleday.

GOODY, JACK

 1977 *The Domestication of the Savage Mind*. Cambridge: Cambridge University Press.

GOULD, ERIC, ed.

 1985 *The Sin of the Book: Edmond Jabès*. Lincoln, Neb. : University of Nebraska Press.

GREENBLATT, STEPHEN

 1980 *Renaissance Self-Fashioning: From More to Shakespeare*. Chicago: University of Chicago Press.

GREENBURG, BLU

 1981 *On Women and Judaism*. Philadelphia: Jewish Publication Society.

GUSDORF, GEORGES

 1956 "Conditions et limites de l'autobiographie." In *Formen der Selbstdarstellung*, edited by Günther Reichenkrom and Erich Haase. Berlin: Duncker and Humblot.

HABERMAS, JURGEN

 1975 *Legitimation Crisis*. Boston: Beacon Press.

 1983 "Modernity – An Incomplete Project." In *The Anti-Aesthetic Essays on Postmodern Culture*, edited by Hal Foster, 3–15. Port Townsend, Wash. : Bay Press.

 1984 *The Theory of Communicative Action*. Boston: Beacon Press.

HACKING, IAN

 1982 "Language, Truth, and Reason." In *Rationality and Relativism*, edited by R. Hollis and S. Lukes, 185–203. Cambridge, Mass. : MIT Press.

 1984 "Five Parables." In *Philosophy in History*, edited by Richard Rorty, J. B. Scheewind, and Quentin Skinner, 103–24. Cambridge: Cambridge University Press.

HAMILTON, SIR WILLIAM

 1863 "On the Philosophy of Commonsense." In *The Philosophical Works of Thomas Reid*, vol. 2, 186–312. Edinburgh: James Thin, 1895.

HANDELMAN, DON

 1979 "Is Naven Ludic? Paradox and the Communication of Identity." *So-

cial Analysis 1, no. 1: 177-92.

HANDELMAN, SUSAN

1982 *The Slayers of Moses: The Emergence of Rabbinic Interpretation in Modern Literary Criticism.* Albany: Suny Press.

HARAWAY, DONNA

1985 "A Manifesto for Cyborgs: Science, Technology, and Socialist Feminism in the 1980s." *Socialist Review* 15, no. 2: 65-108.

HARRIS, MARVIN

1968 *The Rise of Anthropological Theory.* New York: Thomas Crowell.

HARTMAN, GEOFFREY

1980 *Criticism in the Wilderness.* New Haven, Conn.: Yale University Press.

HARTOG, FRANÇOIS

1980 *Le Miroir d'Hérodote.* Paris: Gallimard.

HESCHEL, SUSAN

1983 *On Being a Jewish Feminist: A Reader.* New York: Shocken.

HINOJOSA, ROLANDO

1982 *Rites and Witnesses.* Houston, Tex.: Arte Publico Press.

HINTON, WILLIAM

1966 *Fanshen: A Documentary of Revolution in a Chinese Village.* New York: Alfred A. Knopf.

HOLLANDER, JOHN

1959 "Versions, Interpretations, and Performances." In *On Translation*, edited by R. A. Brower, 205-31. Cambridge, Mass.: Harvard University Press.

HONIGMAN, JOHN J.

1976 "The Personal Approach in Cultural Anthropological Research." *Current Anthropology* 16: 243-61.

HOOKS, BELL

1981 *Ain't I a Woman?* Boston: South End Press.

HULL, GLORIA; PATRICIA BELL SCOTT, AND BARBARA SMITH, eds.

1982 *All the Women Are White, All the Men Are Black, but Some of Us Are Brave: Black Women's Studies.* Old Westbury, Conn.: Feminist Press.

HYMES, DELL, ed.
    1974   *Reinventing Anthropology*, New York: Vintage.

IRIGARAY, LUCE
    1977   *Ce sexe qui n'en est Pas un*. Paris: Editions de Minuit.

IVINS, WILLIAM
    1953   *Prints and Visual Communication*. Cambridge, Mass. : MIT Press.

JAEGER, WERNER
    1945   *Paideia: The Ideals of Greek Culture*. Translated by Gilbert Highet. Vol. 1. 2nd ed. New York: Oxford University Press.

JAMES, HENRY
    1873   "A Roman Holiday." In *Italian Hours*, 136 - 54. New York: Grove Press, 1959.

JAMESON, FREDRIC
    1980   "Marxism and Historicism." *New Literary History*, Spring 1980, 41 - 73.
    1981   *The Political Unconscious: Narrative as a Socially Symbolic Act*. Ithaca, N. Y. : Cornell University Press.
    1983   "Postmodernism and Consumer Society." In *The Anti-Aesthetic Essays on Postmodern Culture*, edited by Hal Foster, 111 - 25. Port Townsend, Wash. : Bay Press.
    1984a   "Postmodernism, or the Cultural Logic of Late Capitalism." *New Left Review* 146: 53 - 92.
    1984b   "Periodizing the 60s." In *The Sixties Without Apology*, edited by S. Sayers, A. Stephanson, S. Aronwitz, and F. Jameson, 178 - 215. Minneapolis, Minn. : University of Minnesota Press.

JAMIN, JEAN
    1979   "Une Initiation au réel: À propos de Segalen." *Cahiers internationaux de la sociologie* 66: 125 - 39.
    1980   "Un Sacré college, ou les apprentis sorciers de la sociologie." *Cahiers internationaux de la sociologie* 68: 5 - 32.

——, ed.
    1985   "Le Texte ethnographique." Special issue of *Etudes rurales*, nos. 97 - 98. Contains essays by M. Leiris, P. Lejeune, P. Rabinow, J. Jamin,

F. Zonabend, J. Clifford, J. Lindenfeld.

JEHLEN, MYRA
 1981 "Archimedes and the Paradox of Feminist Criticism."*Signs* 6, no. 4: 575–601.

KAEL, PAULINE
 1984 Film Review of "The Bostonians," *The New Yorker*, August 6, 1984, 68.

KARP, IVAN
 1987 "Laughter at Marriage: Subversion in Performance." In *The Transformation of African Marriage*, edited by David Parkin. London: International African Institute.

KAUFFMANN, ROBERT LANE
 1981 "The Theory of the Essay: Lukács, Adorno, and Benjamin." Ph.D. diss., University of California, San Diego.

KELBER, WERNER
 1983 *The Oral and Written Gospel*. Philadelphia: Fortress Press.

KELLER, EVELYN FOX
 1985 *Reflections on Gender and Science*. New Haven, Conn.: Yale University Press.

KERMODE, FRANK
 1952 *English Pastoral Poetry: From the Beginnings to Marvell*. London: Harrap.

KIM, ELAINE
 1982 *Asian-American Literature*. Philadelphia: Temple University Press.

KINGSLEY, MARY
 1897 *Travels in West Africa*. London: Macmillan & Co.
 1899 *West African Studies*. London: Macmillan & Co.

KINGSTON, MAXINE HONG
 1976 *The Warrior Woman: Memoirs of a Girlhood Among Ghosts*. New York: Alfred A. Knopf.
 1980 *Chinamen*. New York: Alfred A. Knopf.

KLUCKHOHN, CLYDE
 1948 Introduction to *Magic, Science, and Religion* by Bronislaw Mali-

nowski. Garden City, N. J. : Free Press.

KNORR-CETINA, KARIN

1981   *The Manufacture of Knowledge*. Oxford: Pergamon Press.

——, AND A. V. CICOUREL

1981   *Advances in Social Theory and Methodology: Toward an Integration of Micro- and Macro-Sociologies*. Boston: Routledge & Kegan Paul.

——, AND MICHAEL MULKAY

1983   *Science Observed: Perspectives on the Social Study of Science*. Beverley Hills, Calif. : Sage Publications.

KONNER, MELVIN

1982   *The Tangled Wing: Biological Constraints on the Human Spirit*. New York: Harper and Row.

KRIEGER, SUSAN

1983   *The Mirror Dance: Identity in a Women's Community*. Philadelphia: Temple University Press.

KRISTEVA, JULIA

1980   "Women Can Never Be Defined. " In *New French Feminisms*, edited by Elaine Marks and Isabelle de Courtivon, 118 - 35. Amherst, Mass. : University of Massachusetts Press.

KUHN, ANNETTE

1982   *Women's Pictures: Feminism and Cinema*. London: Routledge & Kegan Paul.

KUKLICK, HENRIKA

1984   "Tribal Exemplars: Images of Political Authority in British Anthropology, 1885 - 1945. " In *History of Anthropology*, vol. 2, edited by George Stocking, 59 - 82. Madison, Wis. : University of Wisconsin Press.

KUNDERA, MILAN

1984   "The Tragedy of Central Europe. " *New York Review of Books*, April 26, 1984, 33ff.

LACAN, JACQUES

1968   *The Language of the Self*. Baltimore: Johns Hopkins University Press.

1977 *Ecrits*. New York: Norton.

LACOSTE-DUJARDIN, CAMILLE

1977 *Dialogue des femmes en ethnologie*. Paris: Maspero.

LAFITAU, JOSEPH FRANÇOIS

1724 *Moeurs des sauvages ameriquains*. Paris: n. p.

LARCOM, JOAN

1983 "Following Deacon: the Problem of Ethnographic Reanalysis." In *History of Anthropology*, vol. 1, edited by George Stocking, 175 – 95. Madison, Wis. : University of Wisconsin Press.

LATOUR, BRUNO

1984 *Les Microbes: Guerre et paix, suivi des irréductions*. Paris: Metailie.

——, AND STEVE WOOLGAR

1979 *Laboratory Life: The Social Construction of Scientific Facts*. Beverley Hills, Calif. : Sage Publications.

LEACH, EDMUND R.

1954 *Political Systems of Highland Burma*. London: G. Bell and Sons.

1973 "Ourselves and Others." *Times Literary Supplement*, July 6, 1973, 771 – 72.

LECLERC, GERARD

1972 *Anthropologie et colonialisme: Essai sur l'histoire de l'africanisme*. Paris: Fayard.

LEE, RICHARD B.

1979 *The !Kung San: Men, Women, and Work in a Foraging Society*. New York: Cambridge University Press.

——, AND IRVEN DEVORE

1976 *Kalahari Hunter-Gatherers*. Cambridge, Mass. : Harvard University Press.

LEIRIS, MICHEL

1934 *L'Afrique fantôme*. Paris: Gallimard.

1950 "L'Ethnographe devant le colonialisme." *Les Temps modernes* 58. Reprinted in *Brisées*, 125 – 45. Paris: Mercure de France, 1966.

LEITER, KENNETH

1980 *A Primer on Ethnomethodology*. Oxford: Oxford University Press.

LEJEUNE, PHILIPPE

    1975   *Le Pacte autobiographique*. Paris: Seuil.

LE ROY LADURIE, EMMANUEL

    1978   *Montaillou: The Promised Land of Error*. New York: George Braziller.

LEVINAS, EMMANUEL

    1963   "To Love the Torah More Than God." *Judaism* 110(2): 216–23.

LÉVI-STRAUSS, CLAUDE

    1975   *Tristes Tropiques*. New York: Atheneum.

LEWES, GEORGE HENRY

    1855   *The Life and Works of Goethe*. London: J. M. Dent.

LIEBERSON, JONATHAN

    1984   Review of *Local Knowledge: Further Essays in Interpretive Anthropology*, by C. Geertz. *New York Review of Books* 31: 39–46.

LIENHARDT, GODFREY

    1954   "Modes of Thought." In *The Institutions of Primitive Society*, by E. E. Evans-Pritchard et al., 95–107. Oxford: Basil Blackwell.

    1961   *Divinity and Experience: The Religion of the Dinka*. Oxford: Oxford University Press.

LURIA, A. R., AND F. I. YUDOVICH

    1971   *Speech and the Development of Mental Processes in the Child*. London: Penguin Books.

LYOTARD, JEAN FRANÇOIS

    1979   *La Condition postmoderne*. Paris: Editions de Minuit. Translated by Geoff Bennington and Brian Massumi as *The Postmodern Condition: A Report on Knowledge*. Minneapolis, Minn.: University of Minnesota Press, 1984.

MACCORMACK, CAROL, AND MARILYN STRATHERN

    1980   *Nature, Culture and Gender*. Cambridge: Cambridge University Press.

MAJNEP, IAN SAEM, AND RALPH BULMER

    1977   *Birds of My Kalam Country*. Auckland, N. Z.: Auckland University Press.

MAKKREEL, RUDOLPH

    1975   *Dilthey: Philosopher of Human Sciences*. Princeton, N. J.: Princeton University Press.

MALCOLM, JANET

    1982   *Psychoanalysis: The Impossible Profession.* London: Pan Books.

MALCOLM X (WITH ALEX HALEY)

    1965   *The Autobiography of Malcolm X.* New York: Grove Press.

MALINOWSKI, BRONISLAW

    1961   *Argonauts of the Western Pacific.* New York: E. P. Dutton.

    1967   *A Diary in the Strict Sense of the Term.* New York: Harcourt, Brace, & World.

MAQUET, JACQUES

    1964   "Objectivity in Anthropology." *Current Anthropology* 5: 47–55.

MARCUS, GEORGE

    1980   "Rhetoric and the Ethnographic Genre in Anthropological Research." *Current Anthropology* 21: 507–10.

——, ed.

    1983   *Elites: Ethnographic Issues.* Albuquerque, N. Mex. : University of New Mexico Press.

——, AND DICK CUSHMAN

    1982   "Ethnographies as Text." *Annual Review of Anthropology* 11: 25–69.

——, AND MICHAEL FISCHER

    1986   *Anthropology as Cultural Critique.* Chicago: University of Chicago Press.

MARCUS, GREIL

    1975   *Mystery Train.* New York: E. P. Dutton.

MARRAST, JEAN, ed.

    1960   *L'Oeuvre de Henri Prost: Architecture et urbanisme.* Paris: Imprimerie de Compagnonnage.

MARX, KARL

    1963   *The Eighteenth Brumaire of Louis Bonaparte.* New York: International Publishing Co.

MATTHEWS, WASHINGTON

    1873   *Grammar and Dictionary of the Language of the Hidatsa.* New York:

Shea's American Linguistics, series 2, no. 1.

MAUSS, MARCEL

 1967 *The Gift: Forms and Functions of Exchange in Archiac Societies*. New York: Norton.

MAYBURY-LEWIS, DAVID

 1965 *The Savage and the Innocent*. Cleveland: World Publishing Co.

 1967 *Akwe-Shavante Society*. Oxford: Clarendon Press.

MEAD, MARGARET

 1923 *Coming of Age in Samoa*. New York: William Morrow.

MEIGS, ANNA

 1984 *Food, Sex, and Pollution: A New Guinea Religion*. New Brunswick, N. J.: Rutgers University Press.

MERNISSI, FATIMA

 1984 *Le Maroc raconté par ses femmes*. Rabat: Société marocaine des éditeurs réunis.

MICHEL, CHRISTOPH

 1976 "Nachwort" in J. W. von Goethe, *Italienische Reise*, vol. 2, 737. Frankfurt am Main: Insel Verlag.

MINGUS, CHARLES, AND NEL KINGE

 1971 *Beneath the Underdog*. New York: Alfred A. Knopf.

MOMADAY, N. SCOTT

 1968 *The House Made of Dawn*. New York: Harper and Row.

 1969 *The Way To Rainy Mountain*. Albuquerque, N. Mex.: University of New Mexico Press.

 1977 *The Names: A Memoir*. New York: Harper and Row.

MORAGA, CHERRIE

 1983 *Loving in the War Years*. Boston: South End Press.

MULVEY, LAURA

 1975 "Visual Pleasure and Narrative Cinema." *Screen* 16, no. 3: 6-18.

MURPHY, ROBERT

 1984 "Requiem for the Kayapo." *New York Times Book Review*, August 12, 1984: 34.

NADER, LAURA

1969 "Up the Anthropologist-Perspectives Gained from Studying Up." In *Reinventing Anthropology*, edited by Dell Hymes, 284 – 311. New York: Pantheon.

NEEDHAM, RODNEY

1970 "The Future of Anthropology: Disintegration or Metamorphosis?" In *Anniversary Contributions to Anthropology*, 34 – 47. Leiden: Brill.

1972 *Belief, Language, and Experience*. Oxford: Basil Blackwell.

1974 *Remarks and Inventions: Skeptical Essays on Kinship*. London: Tavistock Publications.

NEUSNER, JACOB

1981 *Judaism: The Evidence of the Mishnah*. Chicago: University of Chicago Press.

NILSSON, M. P.

1949 *History of Greek Religion*. 2nd ed. Oxford: Oxford University Press.

OBEYESEKERE, GANANATH

1981 *Medusa's Hair*. Berkeley and Los Angeles: University of California Press.

OHNUKI-TIERNEY, EMIKO

1984 "'Native' Anthropologists." *American Ethnologist* 11, no. 3: 584 – 86.

OLNEY, JAMES

1972 *Metaphors of Self: The Meaning of Autobiography*. Princeton, N. J.: Princeton University Press.

ONG, WALTER J.

1967 *The Presence of the Word*. New Haven, Conn.: Yale University Press.

1971 *Rhetoric, Romance, and Technology: Studies on the Interaction of Expression and Culture*. Ithaca, N. Y.: Cornell University Press.

1977 *Interfaces of the Word*. Ithaca, N. Y.: Cornell University Press.

1982 *Orality and Literacy*. London: Methuen.

ORTNER, SHERRY B.

1974 "Is Female to Male as Nature is to Culture?" In *Women, Culture, and Society*, edited by Michele Rosaldo and Louise Lamphere, 67 – 87. Stanford, Calif.: Stanford University Press.

1984 "Theory in Anthropology Since the Sixties." *Comparative Studies in Society and History* 26, no. 1: 126 – 66.

OWENS, CRAIG

1980 "The Allegorical Impulse: Toward a Theory of Postmodernism (Part 2)." *October* 13: 59 – 80.

OZICK, CYNTHIA

1983 *Art and Ardor*. New York: Alfred A. Knopf.

PARK, MUNGO

1799 *Travels in the Interior Districts of Africa*. London: Blackwood's, 1860.

PICCHI, DEBRA

1983 "Shabono: A Visit to A Remote and Magical World in the Heart of the South American Jungle." *American Anthropologist* 85, no. 3: 674 – 75.

PLATO

370 B. C. *Phaedrus*, translated by Walter Hamilton. Harmondsworth: Penguin, 1973.

POCOCK, DAVID

1961 *Social Anthropology*. London and New York: Sheed and Ward.

POGGIOLI, RENATO

1975 *The Oaten Flute: Essays on Pastoral Poetry and the Pastoral*. Cambridge, Mass.: Harvard University Press.

POLANYI, KARL

1944 *The Great Transformation: The Political and Economic Origins of Our Times*. New York: Rinehart and Co.

PORTER, DENIS

1984 "Anthropological Tales: Unprofessional Thoughts on the Mead/Freeman Controversy." *Notebooks in Cultural Analysis* 1: 15 – 37.

PRATT, MARY LOUISE

1977 *Toward a Speech Act Theory of Literary Discourse*. Bloomington, Ind.: Indiana University Press.

1982 "Conventions of Representation: Where Discourse and Ideology Meet." In *Contemporary Perceptions of Language: Interdisciplinary Dimen-*

sions, edited by Heidi Byrnes, 139 - 55. Georgetown University Roundtable on Language and Linguistics. Washington, D. C.: Georgetown University Press.

1985　　"Scratches on the Face of the Country: What Mr. Barron Saw in the Land of the Bushmen." *Critical Inquiry*, 12 - 1: 119 - 143.

PRELL-FOLDES, RIV-ELLEN

1978　　"Coming of Age in Kelton." In *Women in Ritual and Symbolic Roles*, edited by J. Hoch-Smith and A. Spring, 75 - 99. New York: Plenum.

PRICE, RICHARD

1983　　*First-Time: The Historical Vision of an Afro-American People*. Baltimore: Johns Hopkins University Press.

PULLUM, GEOFFREY K.

1984　　"The Revenge of the Methodological Moaners." *Natural Language and Linguistic Theory* 1, no. 4, 583 - 88.

RABINOW, PAUL

1975　　*Symbolic Domination: Cultural Form and Historical Change in Morocco*. Chicago: University of Chicago Press.

1977　　*Reflections on Fieldwork in Morocco*. Berkeley and Los Angeles: University of California Press.

1985　　"Discourse and Power: On the Limits of Ethnographic Texts." *Dialectical Anthropology*, 10, no. 112, 1 - 13.

RAMPERSAD, ARNOLD

1983　　"Biography, Autobiography, and Afro-American Culture." *Yale Review* 73: 1 - 16.

RANDALL, FREDERIKA

1984　　"Why Scholars Become Storytellers." *New York Times Book Review*, January 29, 1984, 1 - 2.

REID, THOMAS

1895　　*The Philosophical Works of Thomas Reid*. Edinburgh: James Thin.

RICH, ADRIENNE

1976　　*Of Woman Born*. New York: Norton.

1979　　"Disloyal to Civilization: Feminism, Racism, Gynephobia (1978)."

In *On Lies, Secrets, and Silence*. New York: Norton.

RIVERA, TOMAS

1971   *y no se lo trago la tierra (and the earth did not part)*. Berkeley, Calif.: Quinto Sol Publications.

ROBERTS, HELEN, ed.

1981   *Doing Feminist Research*. London: Routledge & Kegan Paul.

RODRIGUEZ, RICHARD

1981   *Hunger of Memory*. Boston: David R. Godine.

RORTY, RICHARD

1979   *Philosophy and the Mirror of Nature*. Princeton, N. J.: Princeton University Press.

ROSALDO, MICHELE

1980   "The Use and Abuse of Anthropology: Reflections on Feminism and Cross-Cultural Understanding." *Signs* 5 no. 3: 389–417.

——, AND LOUISE LAMPHERE, eds.

1974   *Woman, Culture and Society*. Stanford, Calif.: Stanford University Press.

ROSALDO, RENATO

1978   "The Rhetoric of Control: Ilongots Viewed as Natural Bandits and Wild Indians." In *The Reversible World: Symbolic Inversion in Art and Society*, edited by Barbara A. Babcock, 240–57. Ithaca, N. Y.: Cornell University Press.

1980   *Ilongot Headhunting 1883–1974: A Study in Society and History*. Stanford, Calif.: Stanford University Press.

1984   "Grief and a Headhunter's Rage: On the Cultural Force of Emotions." In *Text, Play, and Story*, edited by E. Bruner, 178–95. Seattle: American Ethnological Society.

1985   "Where Objectivity Lies: The Rhetoric of Anthropology." MS.

ROSEN, LAWRENCE

1984   Review of *Moroccan Dialogues*, by Kevin Dwyer. *American Ethnologist* 11, no. 3: 597–98.

RUBIN, GAYLE

1975   "The Traffic in Women: Notes on the 'Political Economy' of Sex."

In *Towards an Anthropology of Women*, edited by Rayna Reiter, 157–210. New York: Monthly Review Press.

RUPP-EISENREICH, BRITTA, ed.

    1984   *Histoires de l'anthropologie: XVI-XIX siècles*. Paris: Klincksieck.

RUSS, JOANNA

    1975   *The Female Man*. New York: Bantam.

SAID, EDWARD

    1978   *Orientalism*. New York: Pantheon.

SAHLINS, MARSHALL

    1981   *Historical Metaphors and Mythical Realities*. Ann Arbor, Mich.: University of Michigan Press.

SALINAS, RAUL R.

    1969   "Trip through the Mind Jail." *Entrelineas* 1, no. 1: 10–11.

SAMUELSSON, KURT

    1961   *Religion and Economic Action*. London: Heinemann.

SAPIR, EDWARD

    1966   "Culture, Genuine and Spurious (1924)." In *Culture, Language, and Personality*, 78–119. Berkeley and Los Angeles: University of California Press.

SAROYAN, WILLIAM

    1961   *Here Comes, There Goes, You Know Who*. New York: Simon and Schuster.

SCHNEIDER, DAVID

    1972   "What is Kinship All About?" In *Kinship Studies in the Morgan Centennial Year*, edited by P. Reining, 32–63. Washington, D.C.: Anthropological Society of Washington.

    1980   *American Kinship*. 2nd ed. Chicago: University of Chicago Press.

    1984   *A Critique of the Study of Kinship*. Ann Arbor, Mich.: University of Michigan Press.

SCHOLEM, GERSHOM

    1965   *On the Kabbalah and Its Symbolism*. New York: Schocken.

    1971   *The Messianic Idea in Judaism*. New York: Schocken.

SCHOLTE, BOB

1971 "Discontents in Anthropology." *Social Research* 38, no. 4: 777-807.

1972 "Toward a Reflexive and Critical Anthropology." In *Reinventing Anthropology*, edited by Dell Hymes, 430-57. New York: Pantheon.

1978 "Critical Anthropology Since Its Reinvention." *Anthropology and Humanism Quarterly* 3, nos. 1, 2: 4-17.

SCHOOLCROFT, H. R.

1851-57 *Historical and Statistical Information Respecting the History, Condition, and Prospects of the Indian Tribes of the United States*. Washington, D. C.: Bureau of Indian Affairs.

SEGALEN, VICTOR

1978 *Essai sur l'exotisme: Une Esthétique du divers*. Montpellier: Editions Fata Morgana.

SERRES, MICHEL

1972 *L'Interférence*. Paris: Editions de Minuit.

SHORE, BRADD

1982 *Sala'ilua: A Samoan Mystery*. New York: Columbia University Press.

SHOSTAK, MARJORIE

1981 *Nisa: The Life and Words of a !Kung Woman*. Cambridge, Mass.: Harvard University Press.

SILKO, LESLIE MARMON

1977 *Ceremony*. New York: Viking Press.

SONTAG, SUSAN

1966 *Against Interpretation*. New York: Farrar, Straus and Giroux.

SPARRMAN, ANDERS

1785 *Voyage to the Cape of Good Hope*. New York: Johnson Reprint Corp., 1975.

SPERBER, DAN

1982 "Ethnographie interprétative et anthropologie théorique." In *Le Savoir des anthropologues*, 13-48. Paris: Hermann.

STADE, HANS

1874 *The Captivity of Hans Stade of Hess in A. D. 1547-1555 Among the Wild Tribes of Eastern Brazil*. London: Hakluyt Society.

STAIGER, EMIL

1956   *Goethe*. Vol. 2. Zurich: Atlantis Verlag.

STOCK, BRIAN

1983   *The Implications of Literacy*. Princeton, N. J.: Princeton University Press.

STOCKING, GEORGE

1968   "Arnold, Tylor, and the Uses of Invention." In *Race, Culture, and Evolution*, 69–90. New York: Free Press.

1983   "The Ethnographer's Magic: Fieldwork in British Anthropology from Tylor to Malinowski." In *Observers Observed: Essays on Ethnographic Fieldwork*, edited by George W. Stocking, Jr., 70–120. Madison, Wis.: University of Wisconsin Press.

——, ed.

1983   *Observers Observed: Essays on Ethnographic Fieldwork*. Vol. 1 of *History of Anthropology*. Madison, Wis.: University of Wisconsin Press.

STOLLER, PAUL

1984a   "Sound in Songhay Cultural Experience." *American Ethnologist* 12, no. 3: 91–112.

1984b   "Eye, Mind and Word in Anthropology." *L'Homme* 24, nos. 3–4: 91–114.

STRATHERN, MARILYN

1984   "Dislodging a World View: Challenge and Counter-Challenge in the Relationship Between Feminism and Anthropology." Lecture at the Research Center for Women's Studies, University of Adelaide, July 4, 1984. Forthcoming in *Changing Paradigms: The Impact of Feminist Theory upon the World of Scholarship*, edited by Susan Magarey(Sydney: Hale and Iremonger); a version will also appear in *Signs*.

TAMBIAH, STANLEY J.

1976   *World Conqueror, World Renouncer*. New York: Cambridge University Press.

TARN, NATHANIEL

1975   "Interview with Nathaniel Tarn." *Boundary* 24, no. 1: 1–34.

TAUSSIG, MICHAEL

1980   *The Devil and Commodity Fetishism in South America*. Chapel Hill, N.

C.: University of North Carolina Press.

1984 "History as Sorcery." *Representations* 7: 87 – 109.

TEDLOCK, DENNIS

1979 "The Analogical Tradition and the Emergence of a Dialogical Anthropology." *Journal of Anthropological Research* 35: 387 – 400.

1983 *The Spoken Word and the Work of Interpretation*. Philadelphia: University of Pennsylvania Press.

THEAL, GEORGE MCCALL

1897 *History and Ethnography of Africa South of the Zambesi*. London: S. Sonnenschein and Co.

1892 – 1919 *History of South Africa*. 11 vols. London: George Allen and Unwin. Cape Town: C. Struik, 1964.

THOMAS, ELIZABETH MARSHALL

1959 *The Harmless People*. New York: Alfred A. Knopf.

THORNTON, ROBERT J.

1983 "Narrative Ethnography in Africa, 1850 – 1920." *Man* 18: 502 – 20.

1984 "Chapters and Verses: Classification as Rhetorical Trope in Ethnographic Writing." Paper presented at the School of American Research Seminar, "The Making of Ethnographic Texts," April 1984.

TODOROV, TZVETAN

1973 *The Fantastic*. Cleveland and London: Case Western Reserve Press.

1982 *The Conquest of America: The Question of the Other*. New York: Harper and Row, 1984.

TRAWEEK, SHARON

1982 "Uptime, Downtime, Spacetime and Power: An Ethnography of U. S. and Japanese Particle Physics." PhD thesis, University of California, Santa Cruz, History of Consciousness Program.

TURNBULL, COLIN

1962 *The Forest, People*. New York: Simon and Schuster.

TURNER, VICTOR

1974 *Dramas, Fields, and Metaphors: Symbolic Action in Human Society*, Ithaca, N. Y.: Cornell University Press.

1975 *Revelation and Divination in Ndembu Ritual*. Ithaca, N. Y.: Cornell

University Press.

——, ed.

1982　　　　*Celebration*: *Studies in Festivity and Ritual*. Washington, D. C.: Smithsonian Institution.

TYLER, STEPHEN A.

1978　　　　*The Said and the Unsaid*. New York: Academic Press.

1981　　　　"Words for Deeds and the Doctrine of the Secret World." In *Papers from the Parasession on Language and Behavior*, 34 - 57. Proceedings of the Chicago Linguistics Society. Chicago: Universiy of Chicago Press.

1984　　　　"The Vision Quest in the West or What the Mind's Eye Sees." *Journal of Anthropological Research* 40, no. 1: 23 - 40.

1985a　　　"Ethnography, Intertextuality, and the End of Description." *American Journal of Semiotics* 3, no. 4: 83 - 98.

1985b　　　"What Laksmayya Wrote: Koya Ethnographic Texts." MS.

1986　　　　"Postmodern Anthropology." In *Proceedings of the Anthropological Society*, edited by Phyllis Chock, 23 - 49. Washington, D. C.: Smithsonion Institution Press.

VALDEZ, LUIS, AND STAN STEINER, eds.

1972　　　　*Aztlan*: *An Anthology of Mexican-American Literature*. New York: Alfred A. Knopf.

VALERO, HELENA

1969　　　　*Yanoama*: *The Narrative of a White Girl Kidnapped by Amazonian Indians*. New York: E. P. Dutton.

VAN DER POST, LAURENS

1958　　　　*The Lost World of the Kalahari*. London: Hogarth Press.

VERNANT, JEAN-PIERRE

1965　　　　*Myth and Thought Among the Greeks*. London: Routledge & Kegan Paul, 1983.

VIELIE, ALAN R.

1982　　　　*Four Indian Literary Masters*: *N. Scott Momaday, James Welch, Leslie Marmon Silko, Gerald Vizenor*. Norman, Okla.: University of Oklahoma Press.

VIGIL, EVANGELINA
  1983   "Woman of Her Word: Hispanic Women Write." *Revista Chicano-Riquena* 10: 3 - 4.

VILLARREAL, JOSE ANTONIO
  1959   *Pocho*. New York: Doubleday.
  1974   *The Fifth Horseman*. New York: Doubleday.

VIZENOR, GERALD
  1978a   *Darkness in Saint Louis Bearheart*. Saint Paul, Minn.: Bookslinger.
  1978b   *Wordarrows: Indians and Whites in the New Fur Trade*. Minneapolis, Minn. : University of Minnesota Press.

WAGLEY, CHARLES
  1977   *Welcome of Tears*. New York: Oxford University Press.

WAGNER, ROY
  1979   "The Talk of Koriki: a Daribi Contact Cult." *Social Research* 46, no. 1, 140 - 65.
  1980   *The Invention of Culture*. Chicago: University of Chicago Press.

WALKER, JAMES
  1917   *The Sun Dance and Other Ceremonies of the Oglala Division of the Teton Sioux*. New York: AMS Press, 1979.
  1982a   *Lakota Belief and Ritual*. Edited by Raymond J. DeMallie and Elaine A. Jahner. Lincoln, Nebr.: University of Nebraska Press.
  1982b   *Lakota Society*. Edited by Raymond J. DeMallie. Lincoln, Nebr.: University of Nebraska Press.
  1983   *Lakota Myth*. Edited by Elaine A. Jahner. Lincoln, Nebr.: University of Nebraska Press.

WALLERSTEIN, IMMANUEL
  1976   *The Modern World System: Capitalist Agriculture and the Origins of the European World-Economy in the Sixteenth Century*. New York: Academic Press.

WASHBURN, WILCOMB E.
  1982   Postscript to *Celebration: Studies in Festivity and Ritual*, edited by Victor Turner, 297 - 99. Washington, D. C.: Smithsonian Institution.

WEBSTER, STEVEN
 1982 "Dialogue and Fiction in Ethnography." *Dialectical Anthropology* 7, no. 2: 91 – 114.

WEINER, ANNETTE
 1976 *Women of Value, Men of Renown*. Austin, Tex.: University of Texas Press.

WEINREICH, MAX
 1980 *History of the Yiddish Language*. Chicago: University of Chicago Press.

WEINREICH, URIEL
 1968 *Languages in Conflict*. The Hague: Mouton.
 1969 *Conference on Yiddish Dialectology*. The Hague: Mouton.

WELCH, JAMES
 1974 *Winter in the Blood*. New York: Harper and Row.

WHITE, HAYDEN
 1973 *Metahistory*. Baltimore: Johns Hopkins University Press.
 1978 *Tropics of Discourse*. Baltimore: Johns Hopkins University Press.

WHITTEN, NORMAN E.
 1978 "Ecological Imagery and Cultural Adaptability: The Canelos Quichua of Eastern Equador." *American Anthropologist* 80: 836 – 59.

WILLIAMS, RAYMOND
 1966 *Culture and Society: 1780 – 1950*. New York: Harper and Row.
 1973 *The Country and the City*. New York: Oxford University Press.
 1981 *Politics and Letters: Interviews with New Left Review*. London: New Left Review Editions, Verso.

WILLIS, PAUL
 1981 *Learning to Labour: How Working Class Kids Get Working Class Jobs*. New York: Columbia University Press.

WITTIG, MONIQUE
 1975 *The Lesbian Body*. Translated by David LeVay. New York: Avon.
 1981 "One is Not Born a Woman." *Feminist Issues*, Winter 1981, 47 – 54.

WOLF, ERIC
 1980 "They Divide and Subdivide and Call it Anthropology." *New York Times*, November 30, 1980.

WOLIN, RICHARD

1982   *Walter Benjamin*. New York: Columbia University Press.

WONG, SHAWN HSU

1979   *Homebase*. New York: Reed Books.

WOOLF, VIRGINIA

1936   *Three Guineas*. New York: Harcourt, Brace & World.

YANAGISAKO, SYLVIA

1979   "Family and Household: The Analysis of Domestic Groups." *Annual Review of Anthropology* 8: 161 - 205.

YATES, FRANCIS

1966   *The Art of Memory*. Chicago: University of Chicago Press.

YERUSHALMI, YOSEF HAYIM

1982   *Zakhor: Jewish History and the Jewish Memory*. Seattle: University of Washington Press.

ZAMORA, BERNICE

1976   *Restless Serpents*. Menlo Park, Calif.: Diseños Literarios. (Bound with José Antonio Burciaga, *Restless Serpents*.)

撰稿人及译校者简介

·撰稿人·

塔拉勒·阿萨德(Talal Asad)

纽约城市大学人类学系特聘教授,主要研究兴趣为意识形态、宗教及人类学与殖民主义的关系等。主要作品包括《人类学与殖民遭遇》(主编,1973)、《宗教系谱学:基督教与伊斯兰教中权力的原因及规则》(1993)、《世俗的构成:基督教、伊斯兰教与现代性》(2003)等。

詹姆斯·克利福德(James Clifford)

加州大学圣克鲁斯分校意识史特聘教授,并在斯坦福大学任人类学访问教授。是《人类学的历史》《历史和人类学》和《物质文化》等期刊的编委。研究方向主要为历史人类学、殖民地话语分析、文化研究、博物馆研究等,主要作品包括《文化的困境》(1988)、《线路:20世纪晚期的旅行与翻译》(1997)等。

文森特·克拉潘扎诺(Vincent Crapanzano)

纽约城市大学人类学与比较文学特聘教授。曾执教于普林斯顿大学、哈佛大学、芝加哥大学、巴黎大学等。主要研究方向为象征与解释人类学、人类学与文学、解释理论及南非、北非研究等。较多关注精神分析以及民族志的写作与认识论。主要作品有《图哈米:一个摩洛哥人的肖像》(1985)、《等待:南非的白人》(1986)和《伺候语言》(2000)等。

迈克尔·M. J. 费希尔(Michael M. J. Fischer)

麻省理工学院人类学系教授。主要研究兴趣包括阐释人类学的理论问题、第三世界的现代信仰和诗学运动,以及人类学及科学技术研究。曾在加勒比海地区、伊朗、印度及美国进行田野工作。主要作品包括《伊朗：从宗教争论到革命》(1980)、与乔治·马库斯合著的《作为文化批评的人类学》(1986)以及《辩论穆斯林：传统与现代之间的文化对话》(1990)、《新起的生活形式与人类学的声音》(2003)等。

乔治·E. 马库斯(George E. Marcus)

加州大学尔湾分校人类学校长讲座教授，曾经多年担任赖斯大学人类学系教授，《文化人类学》(*Cultural Anthropology*)的创刊主编。主要研究方向为文化理论与比较文化研究，以及对精英群体（中产阶级、知识分子等）的民族志研究。主要作品包括与迈克尔·费希尔合著的《作为文化批评的人类学》(1986)和《不顾深浅地迈向民族志》(1998)、《重读文化人类学》(主编，1992)等。

玛丽·路易丝·普拉特(Mary Louise Pratt)

纽约大学西班牙与葡萄牙语言文学系教授，现已退休。主要研究兴趣包括言语行动理论和话语分析，研究方向包括拉丁美洲文学与文化、性别与文化、文学与殖民主义等。主要作品有《帝国之眼：游记与跨文化》(1992)等。

保罗·拉比诺(Paul Rabinow)

加州大学伯克利分校人类学系教授。研究方向涉及从殖民和后殖民政体下的摩洛哥后裔到分子生物学和基因组等诸多课题，关注诸如权力与象征、田野工作、解释性社会科学等诸多现代性问题。主要作品有《摩洛哥田野工作的反思》(1977)、《福柯读本》(1984)、《当代人类学：对现代设备的反思》(2003)等。

雷纳托·罗萨尔多(Renato Rosaldo)

斯坦福大学社会文化人类学教授，现已退休。曾任美国民族学学会会长、斯坦福大学人类学系主任等。其研究涉猎人类学工作中历史所处的地位问题、菲律宾的支配话语问题，以及玛雅人研究和奇卡诺人研究。主要作品有《伊隆戈特人的猎头(1883—1974):一项社会与历史的研究》(1980)和《东南亚岛国的文化公民身份:腹地地区的民族与归属》(2003)等。

斯蒂芬·A. 泰勒(Stephen A. Tyler)

赖斯大学人类学系及语言学系教授。主要研究方向为德拉威语言及文化、认知人类学、后现代主义等。主要探讨后现代民族志诗学的多种可能性,尤其关注口头模式与文字模式之间的对照以及当地合作者的写作。主要作品包括《印度:人类学的视角》(1986)和《认知人类学》(1987)等。

·译校者·

高丙中,北京师范大学民俗学博士,北京师范大学人文和社会科学高等研究院教授、博士生导师。

龚浩群,北京大学人类学博士,厦门大学社会与人类学院教授、博士生导师。

吴晓黎,北京大学人类学博士,中国社会科学院民族学与人类学研究所副研究员。

周歆红,北京大学人类学博士,浙江大学管理学院讲师。

杨春宇,北京大学人类学博士,中国社会科学院民族学与人类学研究所助理研究员。

康敏,北京大学人类学博士,北京外国语大学马克思主义学院副教授。

李荣荣,北京大学人类学博士,中国社会科学院社会学研究所副研究员。

谢元媛,北京大学人类学博士,清华大学国家战略研究院研究员、项目总监。

李霞,北京大学人类学博士,商务印书馆编审。

赵旭东,北京大学社会学博士,中国人民大学人类学研究所所长、教授。

谢国先,云南大学历史学博士,海南热带海洋学院人文社会科学学院教授。

索　引

（索引页码为原书页码，即本书边码）

Adorno, Theodor 特奥多尔, 阿多诺 131, 132, 191

Advances in Social Theory and Methodology《社会理论与方法论的进展》169 注释

Aesthetic integration 审美整合 125, 132

Africa 非洲 9, 35, 40, 93, 116, 192, 216—217。参见 Evans-Pritchard, Edward E.；!Kung；Morocco

Afrique fantôme《影子非洲》13

Afro-Americans 非洲裔美国人 201, 202—203 注释, 213—218

Agnon, Shmuel 阿格诺恩, 什穆埃尔 232

Akwe-Shavante Society《阿奎-沙万特社会》31, 40—41

Algeria 阿尔及利亚 192

Allegory 寓言 67—68, 75, 98—121, 122, 127—128, 132, 198

Allochronic representations 异时的表述 111

Alphabetic writing 字母文字写作 117

Alter, Robert 奥尔特, 罗伯特 231

Alurista (Alberto Urista) 阿卢里斯塔 (阿尔贝托·乌里斯塔) 220

Ambiguity 含混 135—136

America 美国 见 United States

American Anthropologist《美国人类学家》28

American Ethnologist《美国民族学家》112

American Immigrants in Israel《以色列的美国移民》196

Amerindians 美洲印第安人 115 注释, 201, 202 注释, 211, 212, 224—229。参见 Mandan Indians；Yanomamo

Anachronism 时间错误 83

Anarcho-rationalism 无政府-理性主义 238

Anaya, Rudolfo 安纳亚, 鲁道夫 219, 221

Angelou, Maya 安热卢, 马娅 203 注释

Anglo-American identity 英裔美国人的身份 229

Anglo-American thought 英美思想 166, 167 注释, 169。参见 British academics

Anthropology and the Colonial Encounter《人类学与殖民遭遇》9

Anxiety, ethnic 族群焦虑 197—198, 204—206

Arabic 阿拉伯的 158

Archaeology 考古学 4

Archaelogy of Knowledge《知识考古学》238

Arendt, Hannah 阿伦特, 汉娜 231

Argonauts of the Western Pacific《西太平洋上的航海者》1—2, 27, 37—38

Arias, Ron 阿里亚斯, 罗恩 219, 221—222

Aristotle 亚利士多德 133—134, 235

"Arizona Highways" "亚利桑那公路" 228

Arlen, Michael 阿伦, 迈克尔 195, 204—207

Armenian-Americans 亚美尼亚裔美国人 201, 204—207, 218

Arrival Stories 到达故事 13；巴罗描写的～47；布干维尔描写的～35, 36—37, 47；埃文思-普里查德描写的～39—40；弗思描写的～35—36；格尔茨描写的～69—70；马林诺夫斯基描写的～37—38；梅伯里-刘易斯描写的～40—41；肖斯塔克描写的～42—44, 45, 47

Art 艺术 3, 4, 5—6

Asad, Talal 阿萨德, 塔拉勒 9, 97 注释, 251, 261 注释；～论寓言 119；～论文化翻译 19, 22, 24, 141—164

Austin, J. L. 奥斯汀, J. L. 144

Authority 权威 6, 15, 32, 118, 163, 189, 243, 244—247；"深度游戏"中的～53, 74, 76, 244；《伊朗》中的～192；《北美印第安人的风俗、习惯和状况》中的～53, 57, 58, 59—60, 76；《蒙塔尤》中的～77, 78—81, 82；《努尔人》中的～41, 77, 88—89, 90, 92；《罗马狂欢节》中的～53, 68 注释, 76

Autobiography 自传 195，197，198—233

Autobiography of Malcolm X《马尔克姆·X自传》203 注释

Avruch, Kevin 阿夫拉奇,凯文 196

Azande 阿赞德人 90

Babcock, Barbara 巴布科克,芭芭拉 26 注释

Baker, Tanya 贝克,塔尼娅 164 注释

Bakhtin, Mikhail 巴赫金,米哈伊尔 15，64 注释，67，246

Balandier, Georges 巴朗迪尔,乔治 8，9，14

Balinese cockfight 巴厘斗鸡 53—54，68—76，244

Barrio Boy《西班牙区的男孩》219—220，221

Barrow, John 巴罗,约翰 46，47

Barthes, Roland 巴特,罗兰 1，12，105

Barton, Roy-Franklin 巴顿,罗伊-弗兰克林 31

Bastian, Adolph 巴斯蒂安,阿道夫 112

Bateson, Gregory 贝特森,格雷戈里 192—193

Baudelaire, Charles 波德莱尔,查尔斯 56

Baumgarten, Murray 鲍姆加滕,默里 198，231—232

Beattie, John 贝亚蒂耶,约翰 142

Beaujour, Michel 博茹尔,米歇尔 99

Beaver Indians 海狸印第安人 115 注释

Bedrosian, Margaret 贝德罗西安,玛格丽特 205 注释，206，207

Belief, Language, and Experience《信仰、语言和经验》143

Beneath the Underdog《受压迫者之下》202，213—215

Benedict, Ruth 本尼迪克特,鲁思 3，4，102

Benjamin, Walter 本雅明,瓦尔特 131，194—195 注释,198，221；~论寓言 119；~论翻译 51，52，156，157，159

Benveniste, Emile 本维尼斯特,埃米尔 71

Berbers, Moroccan 贝尔韦斯,莫罗坎 153—155

Berger, Harry 伯杰,哈里 121 注释

Bernstein, Michael André 伯恩斯坦,米夏埃尔·安德烈 68 注释

Bernstein, Richard J. 伯恩斯坦,理查德·J. 166 注释

Bertaux, Daniel 贝尔托,达尼埃尔 176 注释，177 注释

Beyond Greed《超越贪婪》171—172

Beyond Objectivism and Relativism《超越客观主义和相对主义》166 注释

Bialik, Chaim Nachman 比亚利克,哈伊姆·纳赫曼 198

Bible《圣经》127

Bifocality 双重焦点 199，213—218，233

Biocca, Ettore 比奥科,埃雷托 28 注释

Biographies 传记 197

Biological anthropology 生物人类学 4

Birmingham Centre for Comtemporary Cultural Studies 伯明翰当代文化研究中心 23

Blacks 黑人 9，201，202—203 注释，213—218

Bless Me Ultima《保佑我,乌提玛》221

Bloom, Harold 布洛姆,哈罗德 135，195 注释，231

Boas, Franz 博厄斯,弗朗兹 4，113

Bogard, Abraham 博加德,亚伯拉罕 55，60

Bohannan, Laura 博安南,劳拉 13

Borges, Jorge Luis 博尔赫斯,豪尔赫·路易斯 232

Bougainville, Louis de 布干维尔,路易·德 35，36—37，47

Bourdieu, Pierre 布尔迪厄,皮埃尔 3，169，212，252

Bouvard et Pécuchet《布瓦尔与佩库歇》243

Bowen, Elenore Smith 鲍恩,埃勒诺勒 113

Briggs, Jean 布里格斯,吉恩 14

British academics 英国学术界 17—18，89，111，141—164，166，169，170—171，174

Brown, Claude 布朗,克劳德 203 注释

Bruce-Nova, Juan 布鲁斯-诺瓦,胡安 223

Bucher, Henry 布赫,亨利 116 注释

Buddhism 佛教 199

Bulmer, Ralph 布尔默,拉尔夫 136

Burce, Amy 伯斯,埃米 97 注释

Burke, Kenneth 伯克,肯尼思 11，96

Burton, Richard 伯顿,理查德 35，40

Bushmen 布须曼人 见! Kung

Canguilhem, Georges 冈奎莱姆,乔治 238

Capitalism 资本主义 172—186 各处，241，247，248

Captives, images as 俘虏的形象 38

Captivity of Hans Stade of Hesse《黑森州的汉斯·施塔德 1547—1555 年在巴西东部原始部落的被囚经历》33—34

Carnival, Roman 罗马的狂欢节 53，54，60—

索　　引　　**381**

68，75
Castaneda, Carlos 卡斯塔涅达,卡洛斯 28，30
Castaway image 漂泊者的形象 38
Castro, Michael 卡斯特罗,迈克尔 228，229
Catlin, George 卡特林,乔治 53—68 各处，72，74，75，76
Ceremony《仪式》226—227
Césaire, Aimé 塞泽尔,艾梅 9
Chagnon, Napoleon 沙尼翁,拿破仑 31
Chan, Jeffrey Paul 陈,杰弗里·保罗 203 注释，210，211—212
Charity, excessive 过度仁慈 143，146，149，150，151，152—153
Chicanos 奇卡诺人　见 Mexican-Americans
Chin, Frank 赵健秀 202，203 注释，210，211
Chinamen《中国佬》212
Chinatown 唐人街 211
Chinese-Americans 华裔美国人 201，203 注释，208—212
Cicourel, Aaron V. 奇科尤瑞尔,阿伦·V. 23，169 注释
Cisneros, Sandra 希斯内罗丝,桑德拉 219，220
Civil rights movement 民权运动 203 注释
Clark, Terry 克拉克,特里 11 注释
Class culture 阶级文化 178　参见 Middle class; Working class
Cleaver, Eldridge 克利弗,埃尔德里奇 203 注释
Clifford, James 克利福德,詹姆斯 1—26，39 注释，97 注释，233 注释，265；～论寓言 98—121；对～的批评 242，243—247，251，252，255；～论叙述 32，100，106
Cockfight, Balinese 巴厘斗鸡 53—54，68—76，244
Coleridge, Samuel Taylor 柯尔律治,塞缪尔·泰勒 101
Colonialism 殖民主义 8—9，10，40—41，42，252—253，259—261；昆人 46—47，48，49；努尔人与～ 91，93，96
Colorado Historical Society 科罗拉多历史协会 16
Coming of Age in Samoa《萨摩亚人的成年》102—103，217
Communication, vs. representation 交流对表征 123—124
Communist Party 共产党 227
"Concepts and Society" "概念与社会" 143—156

Context 语境 6，151—153
Continental philosophy 欧陆哲学 166，236
Conversation 交谈 236，239
Cooperation, enthnographic 民族志合作 126，127—128
Cosmopolitanism 世界主义 258
Country and the City《乡村与城市》113，170
Crapanzano, Vincent 克拉潘扎诺,文森特 6，23—24，51—76，97 注释，192；～与梦之作 212；～与后现代主义 136；～与移情 208
Crawford, L. 克劳福德,L. 55，60
Crime and Punishment《罪与罚》72，73
Cultural anthropology 文化人类学 4
Cultural criticism 文化批评 3，23，233，262；自传中的～ 195，199，201—202，217—218，230；～与威利斯的研究 180—182
Culturalist allegories 文化主义寓言 101，102
Cultural poetics 文化诗学 3，12，16—17，24，26，125—126　参见 Poetry, ethnic autobiographical
Cultural translation 文化翻译　见 Translation
Culture 5—6，15 18，19，141，170—171，178—179
"Culture, Genuine and Spurious" "文化,真实的和伪造的" 114
Custer Died for Your Sins《卡斯特为你等之罪而死》9

Damas, Léon 达马斯,莱昂 9
Darkness in St. Louis Bearheart《圣路易斯·比尔哈特的黑暗》227—228
Davis, Natalie 戴维斯,纳塔莉 3
Deacon, A. B. 迪肯,A. B. 117
de Beauvoir, Simone 德·波伏娃,西蒙娜 110
de Certeau, Michel 德·塞尔托,米歇尔 3，5
"Deep Play" "深度游戏" 68—76
Deep Throat《深喉》68—69
Defense 辩护　见 Justification
Deferred meaning 被延宕的意义 194 注释
DeHolmes, Rebecca B. 德霍尔姆斯,丽贝卡·B. 28—30
Deictics 直示 53，58，65—66，75
Delgado, Abelardo 德尔加多,阿韦拉多 220—221
Deloria, Vine 德洛里亚,瓦因 9
De Man, Paul 德·曼,保罗 100，110

Der Hovanessian, Diana 德尔·霍瓦尼西安, 狄安娜 203

Derrida, Jacques 德里达, 雅克 10, 117—118, 128, 131, 194 注释, 195 注释, 229

Descartes, René 笛卡尔, 勒内 235

Description 描写 51—76, 81—87, 166, 175; 寓言与~ 100, 101;~与叙述 28, 32—33, 34—35, 38—39, 41, 45; 后现代主义与~ 130—131, 137

Devil and Commodity Fetishism in South America《南美洲的恶魔与商品拜物教》173, 176 注释

Dewey, John 杜威, 约翰 236

Dialectics, negative 否定的辩证法 132

Dialogue 对话 14—15, 175, 244, 245—246; 女性主义与~ 255, 256; 后现代民族志中的~ 126, 132, 140

Diamond, Stanley 戴蒙德, 斯坦利 9

Dickens, Charles 狄更斯, 查尔斯 246

Diderot, Denis 狄德罗, 德尼 12

Dilthey, Wilhelm 狄尔泰, 威廉 10, 195 注释

Dinka 丁卡人 17—18

Discourse 话语 5, 11—19, 27, 166, 251, 256; 文化翻译与~ 145—146, 160; 后现代主义与~ 122—139 各处。参见 Description; Narrative; Rhetoric

Discourse on Language《关于语言的话语》238

"Dislodging a World View" "驱逐一种世界观" 21 注释, 254

Dissertations 学位论文 265—266

Divinity and Experience《神性与经验》17—18

Dixon, John 狄克逊, 约翰 164 注释

Domination 支配, 控制 12, 81, 88, 93, 96—97, 255, 261 参见 Politics/Power

Donner, Florinda 多内尔, 弗洛林达 28—31, 38

Donzelot, Jacques 东泽洛, 雅克 260

Douglas, Mary 道格拉斯, 玛丽 3, 160

Dream-work 梦之作 208—213

"Dumb Broad" "傻姑" 223

Dumont, Jean-Paul 杜蒙, 让-保罗 14, 31

Durkheim, Emile 涂尔干, 爱弥尔 145

Duvignaud, Jean 迪维尼奥, 让 3

Dwyer, Kevin 德怀尔, 凯文 245, 246, 251

Eagleton, Terry 伊格尔顿, 特里 5

Ecology 生态学:《蒙塔尤》78—79;《努尔人》87—88

Elective Affinities《选择性亲和》76

Elementary Forms of the Religious Life《宗教生活的基本形式》145

Eliot, George 艾略特, 乔治 114

Ellison, Ralph 埃利森, 拉尔夫 203 注释

Engels, F. 恩格斯, F. 174

Enlightenment 启蒙 147, 224 注释

Epistemology 认识论 234—241

Essays, modernist 现代主义随笔 191—193

Ethics 伦理 122, 126, 131, 136, 232—233, 257, 258

Ethnicity 族群, 族群归属 22, 84—85, 194—233

"Ethnographe devant le colonialisme" "殖民主义之前的民族志" 8

Ethnographic pastoral 民族志田园诗 见 Pastoral

Europe 欧洲 120, 166, 236 参见 Colonialism; 各国词条

Evangelical justification 福音正当化 59

Evans-Pritchard, Edward E. 埃文思-普里查德, 爱德华·E. 90, 142;~的《努尔人》32, 39—42, 77—78, 83, 85, 87—97, 111—112, 161;~的《努尔人的宗教》90, 149—150, 151

Evocation 唤起 12, 99, 123—139 各处, 185—187, 189, 190

Explanation 解释 19, 59, 145, 150, 167

Exploitation 剥削 260

Fabian, Johannes 费边, 约翰尼斯 12, 33, 101—102, 111

Fanshen《翻身》189

"Fantasia of the Library" "图书馆的幻想" 243, 250

Faubion, James 福比昂, 詹姆斯 261 注释

Fay, Stephen 费伊, 斯蒂芬 171—172

Feld, Steven 费尔德, 史蒂文 200

Feminism 女性主义 17, 18, 19—21, 203; 犹太~ 232;~与《学做工》188;《尼萨》与~ 107—108; 斯特拉森论~ 254, 255—256, 257—258; 萨莫拉与~ 223

Fenellosa, Ernest 费内略萨, 埃内斯特 130

Feyerabend, Paul 费耶阿本德, 保罗 238

Fictions 小说, 虚构 5, 6—7, 243—244

Fieldwork accounts 田野记录 13—14, 27—50, 109, 189, 208, 253, 264;《尼萨》中的~

42—46，106—107，109；《努尔人》中的～32，39—42，88—93，96
Fifth Horseman《第五个骑手》219
Figurative style 修辞风格 5 注释
Films, nostalgia 怀旧电影 249—250
Fingere 塑造 6
First-Time《第一时间》7—8
Firth, Raymond 弗思，雷蒙德 13，35—36，38—39，41，150
Fischer, Eric 费希尔，埃里克 233 注释
Fischer, Michael M. J. 费希尔，迈克尔·M. J. 22，23—24，97 注释，121 注释，190，194—233
Fish, Stanley 菲什，斯坦利 255，256
Flaubert, G. 福楼拜，G. 243，246
Fletcher, Angus 弗莱彻，安格斯 98 注释，100
Floricanto en Aztlan《阿斯特兰的诗歌》220
Foster, Stephen 福斯特，斯蒂芬 261 注释
Foucault, Michel 福柯，米歇尔 11 注释，18 注释，81，195 注释，234；～论福楼拜 243；～论文学 5；～的圆形监狱 92；～论权力/政治 241，260，261；～论思想 238，239—240；～论真理/虚假 237，238，240—241
Fournier, Jacques 富尼耶，雅克 78，79—80，81，82，88，93
France 法国 3，9，259
Frankenberg, Ruth 弗兰肯堡，鲁特 26 注释
Freeman, Derek 弗里曼，德雷克 102—103
Freud, Sigmund 弗洛伊德，西格蒙德 195 注释，196，198
Frye, Northrop 弗莱，诺思罗普 96 注释—97 注释，98 注释，102
Functionalism 功能主义 141—142，143—145，146，147—148，150，183
Fussell, Paul 富塞尔，保罗 89

Gabon 加蓬 116
Gadamer, Hans-Georg 伽达默尔，汉斯-格奥尔格 195 注释，197，246
Galarza, Ernesto 加拉尔萨，埃内斯托 219—220，221
Garfinkel, Harold 加芬克尔，哈罗德 23
Geertz, Clifford 格尔茨，克利福德 3，35，179，195 注释，242，243，256，262；～论巴厘的斗鸡 53，68—76，244；～论埃文思-普里查德 40，93

Gelley, Alexander 盖莱，亚历山大 57—58
Gellner, Ernest 盖尔纳，欧内斯特 142，143—156，162，163—164
Gender 性别 见 Men；Women
Genres 体裁 6，27，188，189—190
German philosophy 德国哲学 236
Gevirtz, Susan 吉弗茨，苏珊 121 注释
Giddens, Anthony 吉登斯，安东尼 166 注释，169
Gift《礼物》120
Ginzburg, Carlo 金斯伯格，卡洛 3
Gluckman, Max 格拉克曼，马克斯 143
Goethe, Johann Wolfgang von 歌德，约翰·沃尔夫冈·冯 53，60—68，69，75，76
Golden, Marita 戈尔登，玛丽塔 195，196，213，215—218
Gordon, Deborah 戈登，德博拉 21 注释，26 注释
Gorky, Arshile 戈尔基，阿尔希尔 20，231
Governmentality 治理术 260，261
Grammatology 写作学 117
Great Transformation《大转型》173—174
Great War and Modern Memory《大战与现代记忆》89
Greek philosophers 希腊哲学家 116，133—134，235，238
Greenblatt, Stephen 格林布拉特，斯蒂芬 3
Griaule, Marcel 格里奥尔，马塞尔 9
Guilt 罪，罪恶 45—46，47

Habermas, Jurgen 哈贝马斯，于尔根 125，239，248，251
Hacking, Ian 哈金，伊恩 234，237—239
Hall, Stuart 霍尔，斯图尔特 23
Hamilton, William 汉密尔顿，威廉 133
Handler, Richard 汉德勒，理查德 121 注释
Haraway, Donna 哈拉韦，唐娜 26 注释
"Harlem Montana" "蒙大拿的哈莱姆" 228
Harmless People《毫无恶意之人》105
Hartman, Geoffrey 哈特曼，杰弗里 264
Harvard Kalahari Project 哈佛喀拉哈里项目 45，48，49，105，110
Hawthorne, N. 霍桑，N. 66
Hayes, Ira 哈耶斯，艾拉 225
Headman and I《头人和我》31
Heidegger, Martin 海德格尔，马丁 10，236
Hermeneutics 解释学 10，166；"深度游戏"中的～75，76；《学做工》中的～177，183—

185；罗蒂论～ 236，238
Hermes 赫耳墨斯 51，52—53，68，76
Herodotus 希罗多德 2
Heteroglossia 复调 246—247
Hidden meaning 隐藏的意义 194—195 注释，198
Hinojosa, Rolando 伊诺霍萨,罗兰多 219，222
Hinton, William 欣顿,威廉 189
Historical and Statistical Information Respecting the History, Condition and Prospects of the Indian Tribes of the United States《关于美国印第安部落的历史、现状和前景的历史和统计资料》60
Historical ethnography 历史民族志 3，77
History 历史 3，6，8—11，24，165—166 注释，189，162—163；寓言与～ 101—102，119；～与性别 17—18；《蒙塔尤》与～ 77；后现代主义与～ 24 注释，249；真实与～ 237
Holism 整体主义 132—133，171，188，191，192，224
Homebase《家园》212
House Made of Dawn《黎明之屋》225—226
House on Mango Street《芒果街上的小屋》219
Humanism 人文主义 101，102，260
Humboldt, Alexander von 洪堡,亚历山大·冯 60
Humor 幽默 224—230
Hunger of Memory《记忆的饥饿》219，220
Hunt Brothers 亨特兄弟 172
Hymes, Dell 海姆斯,德尔 9
Hypotyposis 生动叙述 53，57—58

"I am Joaquin" "我是华金" 220
Id 本我 196
Identity, ethnic 族群认同,族群身份 195—196，197，201，211，216，217，220，228
Ideology 意识形态 240
I Know Why the Caged Bird Sings《我知道笼中鸟为何歌唱》203 注释
Ilongots 伊隆戈特人 165—166 注释
Immigrant novels 移民小说 195
Indians 印第安人 见 Amerindians
Indigenous ethnographers 本土民族志作者 9 参见 Autobiography
Indochina 印度支那 259
Inscription 铭写 99，113，116，117，118

Interdisciplinarity 跨学科性 3
Interference 互扰 219，232
Interlinguistics 语际语言学 195 注释，202，218—220
Interpretive anthropology 阐释人类学 167，168 注释，169，250，256—258；克利福德与～ 242，243，245，246；菲什论～ 255；格尔茨与～ 53，75—76，242，243，256；盖尔纳论～ 143—144，151，152
Inter-references 交互参照 195 注释，201，202，218—223，230，232
Intertextuality 互文性 117，195 注释，202，265
Invisible Man《看不见的人》203 注释
Iran《伊朗》190
Irony 讽刺 111—112，121，182—183，224—230
Israel 以色列 196
Italienische Reise (Italian Jourey)《意大利游记》53，61，62，63，64

Jacobson, Roman 雅各布森,罗曼 10
James, Henry 詹姆斯,亨利 66，68n
Jameson, Fredric 詹明信,弗雷德里克 3，194 注释，247—250，252
Jewish-Americans 犹太裔美国人 231—232
Justification 辩护,证明正当 58—59，123，125，145，150

Kachins 克钦人 151—152
Kaluli 卡路里 200
Kant, Immanuel 康德,伊曼努尔 235—236
Kauffmann, Angelika 考夫曼,安格利卡 63
Kenny, Maurice 肯尼,莫里斯 229
Kim, Elaine 金,伊莱恩 211
King, Martin Luther, Jr. 金,马丁·路德 196
King Lear《李尔王》72，73
Kingsley, Mary 金斯利,玛丽 35
Kingston, Maxine Hong 汤亭亭 195，203 注释，208—210，211—212，213
Kipp, J. 基普,J. 55，60
Kluckhohn, Clyde 克拉克洪,克莱德 31
Knorr-Cetina, Karin 诺尔-塞蒂娜,卡琳 169 注释，177，180，182
Knowable community 可知的共同体 170
Knowledge 知识 234—241
Kuhn, Thomas 库恩,托马斯 3，234，254
Kuklick, Henrika 库克利克,亨里卡 111

索 引

! Kung 昆人 42—49，98—99，103—109
Lacan，Jacques 拉康，雅克 195 注释，250
Lafitau，Joseph François 拉菲托，约瑟夫·弗朗索瓦 101
Lake Regions of Central Africa《中非的湖区》35，40
Lakota Belief《拉科塔信仰》15—16，17
Lakota Myth《拉科塔神话》16，17
Lakota Society《拉科塔社会》16，17
Languages 语言：～的不平等性 156—160，164；～的科学 4，10 参见 Interlinguistics
"Language, Truth, and Reason" "语言、真理与理性" 237
"Law of the Conditioned" "条件法则" 133
Leach，Edmund 利奇，埃德蒙 3，142，151—152
Learning to Labour《学做工》169，173—188
Leavis，F. R. 利维斯，F. R. 142
Leclerc，Gérard 勒克莱尔，热拉尔 9
Lee，Richard 李，理查德 47，48
Leiris，Michel 莱里斯，米歇尔 8，9，13
Lele 莱勒人 160—161
Le Roy Ladurie，Emmanuel 勒·罗伊·拉迪里，伊曼纽尔 3，77—88，93，94，95，97
Levinas，Emanuel 列维纳斯，伊曼纽尔 194，231
Lévi-Strauss，Claude 列维-斯特劳斯，克劳德 3，112，121 注释，199—200，229
Lienhardt，Godfrey 林哈特，戈弗雷 17—18，142，145，158—159
Linguistics 语言学 4，10 参见 Interlinguistics
Linton Ralph 林顿，拉尔夫 141
Literacy 读写能力 117，118
Literary approaches 文学取向 3—4，5—6，262—263，266
Literature 文学 5—6，138
Logic 逻辑 237
Lyautey，Hubert 利奥泰，赫伯特 259，260—261
Lyotard，Jean François 利奥塔，让·弗朗索瓦 125，137，194 注释，230，249

Macro perspectives 宏观视角 22，165—193，251，258
Majnep，Ian Saem 迈奈普，伊恩·塞姆 136
Malinowski，Bronislaw 马林诺夫斯基，布罗尼斯拉夫 1—2，3，13，27，29，37—38，112；～与文化翻译 141—142；～的日记 14，31，92；～的叙述-描写的双重性 35；～与科学民族志 39，41；～与帐篷 1—2，92 注释
Manchild in the Promised Land《曼切尔德在希望之乡》203 注释
Mandan Indians 曼丹印第安人 53，54—60，72，75，76
Manners, Customs, and Conditions of the North American Indians《北美印第安人的风俗、习惯和状况》55，56，57，58，59，60
Maps and Dreams《地图与梦想》115 注释
Maquet，Jacques 马凯，雅克 9
Marcus，George E. 马库斯，乔治·E. 20，22，24，26 注释，97 注释，156—193，262—266
Marin，Louis 马兰，路易 199
Marx，Karl 马克思，卡尔 207—208
Marxism 马克思主义 23，170—187 各处，240
Massignon，Louis 马西尼翁，路易 199
Master narrative 主导叙事 24 注释
Maurs，Guillaume 莫尔，纪尧姆 86
Maury，Pierre 莫里，皮埃尔 86，87，95
Mauss，Marcel 莫斯，马塞尔 120
Maximilian of Neuwied，Prince 新维德的马克西米利安王子 60
Maybury-Lewis，David 梅伯里-刘易斯，戴维 14，31，39，40—42
Mayhew，Henry 梅休，亨利 23
Mead，Margaret 米德，玛格丽特 1，3，9，13，109；～与《萨摩亚人的成年》102—103，217；～与文化批评 217；～与女性领域 18
Meaning 意义 53—54，160—163，187—188
Melanesia 美拉尼西亚 115 注释
Melville，Herman 梅尔维尔，赫尔曼 103
Memory 记忆 163，197，198，201
Men 男人 18—19；Asian-American 亚洲裔美国～211—212；丁卡～ 17—18
Mendel，Gregor 孟德尔，格雷戈尔 238
Ménil，René 梅尼，勒内 9
Mexican-Americans 墨西哥裔美国人 201，215，218—223
Micro perspectives 微观视角 166—167，169 注释，170，177，180，182，193
Middle class 中产阶级 174，175，176 注释，181—186 各处，191—192
Middlemarch《米德尔马契》114
Midwifery, ethnographic 民族志助产术 180，181
Migrations of the Heart《心灵的漂泊》195，

215—218
Mingus, Charlie 明加斯，查利 202，213—218
Mitchell, David D. 米切尔，戴维·D. 60
Mixed-genre texts 混合体裁的文本 188，189—190
Modernism 现代主义 21，138—139，168 注释，190—193，194 注释，248
"Modes of Thought" "思维模式" 142，158—159
Momaday, N. Scott 莫马代，N. 斯科特 225—226
Monophony 单声部 见 Univocity/Monophony
Montaillou《蒙塔尤》77—87，88，93，95
Montesquieu, C. 孟德斯鸠，C. 2
Montoya, Jose 蒙托亚，何塞 218，223
Morocco 摩洛哥 153—155，212，259，260—261
Mpongwé 姆彭戈韦 116
Multi-locale ethnography 多点民族志 171—173，177
Murphy, Robert 墨菲，罗伯特 115
Myth 神话 200 注释

Nambikwara 南比克瓦拉 112
Names《名字》225
Narayan, Kirin 纳拉扬，基林 97 注释
Narrative 叙事，叙述 24，28—47，165 注释，171，172，175，263; 寓言与～100; 美洲印第安人的口头故事 224—228; ～与描写 28，32—33，34—35，38—39 41，45;《意大利游记》中的～53;《蒙塔尤》中的～88;《尼萨》中的～42—45，47，106;《努尔人》中的～39—40，41，88—93，94
Nationality 民族 84—85 参见 Ethnicity
Natural history 博物学 130—131
Navarro, Fats 纳瓦罗，法兹 214
Naven《纳文》192—193
Needham, Rodney 尼达姆，罗德尼 5，143，164 注释
Negative dialectics 否定的辩证法 132
Négritude movement 黑人传统认同运动 9
Neusner, Jacob 诺伊斯纳，雅各布 231
Newspapers 报纸 127
Newsweek《新闻周刊》28
New-York Commercial Advertiser《纽约商业广告报》55
Nield, Keith 尼尔德，基思 164 注释

Nietzsche, Friedrich 尼采，弗里德里希 195 注释，253
Nigeria 尼日利亚 216—217
Nines, Charles 尼内斯，查尔斯 15
Nines, Richard 尼内斯，理查德 15
Nisa《尼萨》42—46，98—99，103—109
Nishan Shaman 泥山萨满 209
Novels 小说 114，170，195
Nuer《努尔人》32，39—42，77—78，87—97，111—112，161
Nuer Kinship and Marriage《努尔人的亲属制度与婚姻》77 注释，90
Nuer Religion《努尔人的宗教》90，149—150，151

Obeyesekere, Gananath 奥贝塞克里，加纳纳思 207
Objectivity 客观性 13，14，63，93—95，237
"Objectivity in Anthropology" "人类学中的客观性" 9
Occult 神秘的，被掩蔽的 134，194 注释
Odor 气味 11
Oglalas 奥格拉拉 15—16
O-Kee-Pa ceremony 欧吉帕仪式 53，54—60，67—68，72，75
Olson, Charles 奥尔森，查尔斯 24
"On Ethnographic Authority" "论民族志的权威" 245—247
Ong, Walter J. 翁，沃尔特·J. 10，11—12，119，131
Orality 口头性 115—117，118，128，177，184—185，221—222，264—265
Order of Things《事物的秩序》239
Orientalism 东方主义 12
Ortigues, Edmond 奥蒂格斯，埃德蒙 9
Ortiz, Simon 奥尔蒂斯，西蒙 224
Ortner, Sherry B. 奥特纳，谢里·B 22 注释
Other Culture《异文化》142
Otherness 他者(性) 23，127—128，142，167—168 注释
Outline of a Theory of Practice《实践理论纲要》169
Oxford 牛津大学 142
Ozick, Cynthia 奥齐克，辛西娅 232

Pannwitz, Rudolf 潘维茨，鲁道夫 157

索　引　387

Panopticon 圆形监狱 92
Paris 巴黎 3
Park, Mungo 帕克, 芒戈 35, 38
Park, Robert 帕克, 罗伯特 23
Partiality 不完全性 7—8, 18, 24 注释, 25
Participant-observation 参与观察 13, 14, 38, 111, 183—184; 艾略特小说中的～114;《北美印第安人的风俗、习惯和状况》中的～57;《努尔人》中的～88, 92;《罗马的狂欢节》中的～66—67
Passage to Ararat《亚拉腊山之行》195, 204—207
Pastiche 混合 249—250, 252
Pastoral 田园诗 96—97, 110, 113—116, 118—119, 121 注释;《蒙塔尤》中的～86—87, 95, 96—97;《努尔人》中的～89, 95, 96—97
Patterns of Culture《文化模式》102
Phaedrus《斐多篇》117
Phenomenology 现象学 75, 166
Philosophy and the Mirror of Nature《哲学与自然之镜》234
Physical anthropology 体质人类学 4
Picchi, Debra 皮基, 德布拉 30
Pine Ridge Sioux Reservation 松树岭苏族人保留地 15—16
Plato 柏拉图 116, 133
Pocho《波丘人》219
Pocock, David 波科克, 戴维 161—162
Peotics 诗学 232 参见 Cultural poetics
Poetry, ethnic autobiographical 族群的诗歌体自传 219, 220—223, 228
Polanyi, Karl 波兰尼, 卡尔 173—174
Political economy 政治经济学 165—193, 251 参见 Capitalism
Political Systems of Highland Burma《缅甸高地诸政治体系》151—152
Politics/Power 政治/权力 6, 11, 17—18, 24, 166, 239, 251—261 各处;～与文化翻译 152—153, 163, 164; 福柯论～241, 260, 261;《蒙塔尤》与～81, 88, 97;《努尔人》与～88, 91, 93, 96, 97, 111;～的修辞 122, 125 参见 Colonialism; Feminism; Political economy
Polyphony/Polyvocality 复调性/多声部 15, 126, 127, 137, 203, 223, 246;《蒙塔尤》中的～82;《尼萨》中的～45, 104—106, 109
Positivism 实证主义 100, 166, 169, 184

Post-modernism 后现代主义 21, 22—23, 24, 122—140, 194—233, 247—251, 252
"Postmodernism and Consumer Society" "后现代主义与消费社会" 247—250
Pound, Ezra 庞德, 埃兹拉 130
Power 权力 见 Politics/Power
Practice 实践 166, 169, 170, 177
Pragmatism 实用主义 59
Pratt, Mary Louise 普拉特, 玛丽·路易丝 11, 13, 24, 27—50, 97 注释
Présence Africaine《非洲的在场》9
Price, Richard 普赖斯, 理查德 7—8
Prost, Henri 普罗斯特, 亨利 260
Psychoanalysis 精神分析 161, 162, 196, 203, 204, 209, 213—214
Puns 双关语 69

Quintilian 昆体良 98 注释

Rabinow, Paul 拉比诺, 保罗 24, 26 注释, 31, 97 注释, 164 注释, 234—261, 163;～所作田野工作记录 14, 31, 165 注释;～与斯特拉森 21 注释, 254, 255—256, 257—258
Racism 种族主义 202, 211, 214, 215
Radin, Paul 雷丁, 保罗 13
Rampersad, Arnold 兰佩萨德, 阿诺尔德 197
Raponda-Walker, Abbé 拉波达-沃克, 阿贝 116
Realism 现实主义 25, 130, 168 注释, 171, 198, 232, 265; 卡特林的～57—58; 德曼与～100; 埃文思-普里查德的～92; 现代主义随笔与～190, 191, 192; 怀旧电影中的～250; 后现代主义的～134, 137; 威廉斯论～169—170, 188, 190; 威利斯的～175, 176, 177, 185
Reasoning 推理 237—238
Redemptive ethnography 救赎型民族志 99, 113, 165 注释
Reflections on Fieldwork in Morocco《摩洛哥田野作业反思》31
Reid, Thomas 里德, 托马斯 137
Reinventing Anthropology《重新发明人类学》9
Relativism 相对论 129, 147—148, 155
Religion 宗教, 信仰 135, 149—150, 153—155
Religion and Economic Action《宗教与经济行为》143
"Religion of the Dinka" "丁卡人的宗教" 17—18

Repetitions 重复 206, 207—208
Representation 再现, 表述, 表征 10—11, 19, 77, 123, 168 注释, 169, 189—193, 234—261; 后现代主义与～ 128, 129—130, 131; 威利斯与～ 177, 180, 183, 184 参见 Rhetoric
Research Group on Colonial Discourse 殖民话语研究小组 26 注释
Restless Serpents《骚动的蛇》222, 223
Restructuring of Social and Political Theory《社会与政治理论的重构》166 注释
Return to Laughter《回到笑声》13
Revolutions 革命 189—190
Rhetoric 修辞, 修辞学 5, 6, 10—11, 12, 57, 122, 135; 寓言与～ 100; 讽刺的～ 224; 现代随笔中的～ 191, 192;《蒙塔尤》中的～ 77, 81—87;《努尔人》中的～ 77, 83, 85, 93—95; 政治～ 122, 125; 科学～ 122, 123—125, 130, 136
Ricoeur, Paul 利科, 保罗 10
Rites and Witnesses《仪式与证人》222
Rivera, Tomas 里韦拉, 托马斯 221
Rivet, Paul 里韦, 保罗 9
Road to Tamazunchale《通往塔马尊查拉之路》221—222
Rodriguez, Richard 罗德里格斯, 理查德 219, 220
Rogin, Michael 罗金, 迈克尔 261 注释
Roman carnival 罗马狂欢节 53, 54, 60—68, 75
Romanticism 浪漫主义 100, 114, 128, 229
Römische Karneval (Roman Carnival)《罗马狂欢节》61, 62, 63, 67
Rorty, Richard 罗蒂, 理查德 234, 235, 236, 237, 238—239, 261
Rosaldo, Michelle 罗萨尔多, 米歇尔 110—111
Rosaldo, Renato 罗萨尔多, 雷纳托 12, 23, 24, 77—97, 165—166 注释, 233 注释, 245

Sacks, Harvey 萨克斯, 哈维 23
Sahlins, Marshall 萨林斯, 马歇尔 208
Said, Edward 萨义德, 爱德华 3, 12, 92 注释, 241, 251
Said and the Unsaid《已说出的和未说出的》140 注释
Sahlinas, Raul 萨利纳斯, 劳尔 202, 222, 223
Salvage ethnography 抢救型民族志 112—113, 115, 118, 165 注释
Samoa 萨摩亚 102—103, 119, 217
Samuelsson, Kurt 萨穆埃尔松, 库尔特 143—144
Sanchez, Ricardo 桑切斯, 里卡多 218—219
Santayana, George 桑塔亚纳, 乔治 78
Sapir, Edward 萨丕尔, 爱德华 3, 4, 10, 114
Saramakas 萨拉马卡人 7—8
Saroyan, William 萨罗扬, 威廉 203 注释, 204, 205 注释
Sartre, Jean-Paul 萨特, 让-保罗 128
Saudis 沙特阿拉伯人 172
Saussure, Ferdinand de 索绪尔, 费尔迪南德·德 10
Savage and the Innocent《野蛮人和无知者》31
Schizophrenia 精神分裂症 250
Schneider, David 施耐德, 戴维 121 注释, 179
Scholem, Gershom 肖勒姆, 格肖姆 231
Scholte, Bob 斯科尔特, 鲍勃 9
Schoolcraft, Henry Rome 斯库克拉夫特, 亨利·罗梅 60
Science 科学 235; 艺术与～ 3, 4; 解释～ 257;～的修辞 122, 123—125, 130, 136; 先验～ 135
Scientific communities, study of 对科学共同体的研究 3
Scientific ethnography 科学民族志 39, 41, 104—105, 110—111
Segalen, Victor 塞加朗, 维克多 103
Self-fashioning 自我塑造 23—24
Selves, alternative 替代性自我 213—218
Semiotics 符号论 3, 11, 166, 195 注释
Senghor, Léopold 桑戈尔, 利奥波德 9
Sense 感觉 11—13, 131
Serres, Michel 塞雷斯, 米歇尔 195 注释, 219
Sex (gender) 性(性别) 见 Men; Women
Sex and Temperament in Three Primitive Societies《三个原始部落的性别与气质》217
Sexuality, in Montaillou《蒙塔尤》中的性 83—84
Shabono《夏波诺》28—31, 32
Shavante 沙万特人 41
Shi'ites 什叶派 190
Shore, Bradd 肖尔, 布雷德 165 注释
Shostak, Marjorie 肖斯塔克, 玛乔丽 42—46, 47, 48, 49, 98—99, 103—109, 110

索　引　**389**

Silko，Leslie Marmon 西尔科，莱斯利·马蒙 213，226，227，229
Silver market 银业市场 172
Simple style 简单风格 5 注释
Snyder，Gary 斯奈德，加里 229
Social anthropology 社会人类学 4
Social heredity 社会遗传 141
Social planning，in colonies 殖民地的社会规划 260—261
Social structure 社会结构 93—94；《蒙塔尤》82—86；《努尔人》中的～88，93—95
Sociology 社会学 22，23，114，162，195
Socrates 苏格拉底 116，117
Soul on Ice《冰上的灵魂》203 注释
Sounds 声音 11 注释，12—13
South Africa 南非 192
South Seas 南太平洋 35—37，102—103
Sparrman，Anders 斯帕雷曼，安德斯 46
Sperber，Dan 施佩贝尔，丹 243
Stade，Hans 施塔德，汉斯 33—34，38
Staiger，Emil 施泰格，埃米尔 63
Statistics 统计学 177，238
Stocking，George 斯托金，乔治 11 注释，92 注释
Strathern，Marilyn 斯特拉森，玛丽莲 21 注释，254，255—256，257—258，261 注释
Structures of feeling 情感结构 3，112
Studying the Yanomamo《雅诺马马人研究》31
"Stupid America" "愚蠢的美国" 220—221
Style，scholarly 学者风格 164
Subjection 屈从 260
Subjectivity 主观性，主体性 5，13，96，111，114，135—136；卡特林与～57；格尔茨与～70，73—74；肖斯塔克与～107，108
Subversion 颠覆 51—76
Sun Dance and Other Ceremonies《太阳舞及提顿族苏人奥格拉拉分支的其他仪式》15
Sword，George 索德，乔治 15，16，117
Symbolic Domination《符号控制》31

Tahiti 塔希提岛 36—37
Talmud 塔木德 200
Tambiah，Stanley 坦比亚，斯坦利 199
Tarn，Nathaniel 塔恩，纳塔涅尔 12—13
Taussig，Michael 陶西格，迈克尔 176—177 注释，178—179，180
Tedlock，Dennis 特德洛克，丹尼斯 136

Television 电视 163
Tent 帐篷 1—2，92 注释
Textuality 文本（性）10，12，20—21，168—173，190—193，230，241—255 各处，264—266；～与寓言 99，111，113，114—118；后现代主义与～127，128，129，250；威利斯与～171，173，175，177，183—188，190 参见 Dialogue；Evocation；Intertextuality；Polyphony/Polyvocality；Representation；Rhetoric
Thomas，Elizabeth Marshall 托马斯，伊丽莎白·马歇尔 48，105
Thornton，Robert 桑顿，罗伯特 97 注释
Thought，analysis of 思维分析 238，239—240
Todorov，Tzvetan 托多罗夫，茨韦坦 3，98 注释，201
Transcendence 超越 99，123—136 各处
Transference 移情 203—208
Transcription 转写 116—117
Translation 翻译 22，51，52，137—138，141—164
Travels in the Interior Districts of Africa《非洲腹地旅行记》35
Travels in West Africa《西非之旅》35
Travel writing 游记 11，28，33—42 各处
"Trip Through the Mind Jail" "心灵牢狱之旅" 202，222
Tristes Tropiques《忧郁的热带》13，112，121 注释
Trobriand Cricket《特罗布里恩板球》112
Trobriands 特罗布里恩群岛 38，112
Tropes 比喻 50，132，256；抵达的～37，42—43；东方主义的～12
Truths 真理 6，7，25，52—53，237—238，240—241，257
Tuhami《图哈米》192，208，212
Turnbull，Colin 特恩布尔，科林 1
Turner，Victor 特纳，维克多 3，98，195 注释，199
Tyler，Stephen A. 泰勒，斯蒂芬·A. 1，12，24，97 注释，195 注释，265；～的后现代主义 21，122—140，194 注释；～论单一意义 230
Tylor，E. B. 泰勒，E. B. 141
Tyon，Thomas 泰昂，托马斯 15—16
Typee《泰皮》103

Under the Rainbow《彩虹之下》31

Unintended consequences 非预期的结果 182—183

United States 美国：～的政治经济学界 167 注释；～的族群 194—233；～的社会思想 166, 169

Univocity/Monophony 单义性/单声部 5, 15, 126, 132, 203, 230

Urbanism 城市主义 259, 260—261

"Use and Abuse of Anthropology" "人类学的运用与滥用" 110

Utopianism 乌托邦主义 127, 128—129, 138—139

Valero, Helena 瓦莱罗, 海伦娜 28—30, 38

van der Post, Laurens 范德波斯特, 洛朗斯 48

Vernant, Jean-Pierre 韦尔南, 让-皮埃尔 194

Vico, G. 维柯, G. 10, 127

Vigil, Evangelina 维吉尔, 埃万杰利娜 223

Village studies 乡村研究 189

Villarreal, Jose Antonio 维拉里尔, 何塞·安东尼奥 219

Visualism 视觉主义, 视觉至上论 11—12, 57—58, 130—131

Vizenor, Gerald 维泽诺尔, 格拉尔德 202, 224, 227—228

Wagner, Roy 瓦格纳, 罗伊 115 注释

Waiting《等待》192

Walker, Alice 沃克, 艾丽斯 213

Walker, James 沃克, 詹姆斯 15—17, 117

Wallerstein, Immanuel 沃勒斯坦, 伊曼纽尔 22 注释, 167

Warner, Lloyd 沃纳, 劳埃德 23

Way to Rainy Mountain《雨山之路》225

Weber, Max 韦伯, 马克斯 143, 144, 241, 257

Weiner, Annette 韦纳, 安妮特 20

Weinreich, Max 温因赖希, 马克斯 195 注释, 231

Weinreich, Uriel 温因赖希, 乌里尔 195 注释, 231

Welch, James 韦尔奇, 詹姆斯 202, 228

Welsh ancestry, of Mandans 曼丹人的威尔士祖先 55, 59

Wendt, Alfred 文特, 阿尔弗雷德 119

Werther《少年维特之烦恼》62

West African Studies《西非研究》35

We, the Tikopia《我们, 蒂科皮亚人》35—36

"What Makes an Interpretation Acceptable" "什么使解释得以接受" 255—256

White, Hayden 怀特, 海登 3, 26 注释, 224 注释

Whorf, Benjamin Lee 沃尔夫, 本雅明·李 10

Whyte, William F. 怀特, 威廉·F. 23

Williams, Raymond 威廉斯, 雷蒙德 5—6；～论田园诗 113—114；～论现实主义 169—170, 188, 190；～论情感结构 3, 112

Williams, William Carlos 威廉姆斯, 威廉·卡洛斯 3

Willis, Paul 威利斯, 保罗 23, 169, 171, 173—188, 190

Winter in the Blood《血中严冬》228

Wittgenstein, L. 维特根斯坦, L. 10, 144, 236

Women 女人, 妇女 17—19；丁卡～ 17；《心灵的漂泊》中的～ 217；《尼萨》与～ 99, 104, 107—108；《女勇士》与～ 209；工人阶级与～ 188；萨莫拉与～ 223 参见 Feminism

Woman Warrior《女勇士》195, 208—210

Wong, Shawn Hsu 徐忠雄 210, 211—212

Woolf, Virginia 伍尔夫, 弗吉尼娅 2

Wordarrows《语词之箭》227

Working class 工人阶级 174—188 各处

World system 世界体系 22, 165 注释, 167

World War Ⅰ 第一次世界大战 120

World War Ⅱ 第二次世界大战 207

Yanagisako, Sylvia 柳迫, 西尔维亚 97 注释

Yanoama 雅诺阿马 28

Yanomamo 雅诺马马人 28—31

Yanomamo: The Fierce People《雅诺马马人：凶猛的族群》31

Yates, Frances 耶茨, 弗朗西丝 12

y no se tragó la tierra (*and the earth did not part*)《土地并没有分离》221

Zamora, Bernice 萨莫拉, 伯尼斯 218, 222, 223

图书在版编目(CIP)数据

写文化:民族志的诗学与政治学:25周年纪念版/(美)詹姆斯·克利福德,(美)乔治·E.马库斯编;高丙中等译.—北京:商务印书馆,2022
（汉译人类学名著丛书）
ISBN 978-7-100-20797-3

Ⅰ.①写… Ⅱ.①詹… ②乔… ③高… Ⅲ.①民族志—写作—研究 Ⅳ.①K18

中国版本图书馆CIP数据核字(2022)第043150号

权利保留,侵权必究。

汉译人类学名著丛书

写 文 化

——民族志的诗学与政治学

（25周年纪念版）

〔美〕詹姆斯·克利福德 乔治·E.马库斯 编
高丙中 吴晓黎 李 霞 等译
谢国先 校

商 务 印 书 馆 出 版
（北京王府井大街36号 邮政编码100710）
商 务 印 书 馆 发 行
北京艺辉伊航图文有限公司印刷
ISBN 978-7-100-20797-3

2022年4月第1版　　开本710×1000 1/16
2022年4月北京第1次印刷　印张26
定价:99.00元